U0542788

南京大学法学院院史

1927~2021

张仁善 编

南京大学出版社

图书在版编目(CIP)数据

南京大学法学院院史：1927～2021 / 张仁善编. —
南京：南京大学出版社，2023.3
 ISBN 978-7-305-25636-3

Ⅰ.①南… Ⅱ.①张… Ⅲ.①南京大学法学院—校史
—1927—2021 Ⅳ.①D92-40

中国版本图书馆CIP数据核字(2022)第063419号

出版发行	南京大学出版社
社　　址	南京市汉口路22号　　邮　编　210093
出 版 人	金鑫荣

书　　名	南京大学法学院院史(1927～2021)
编　者	张仁善
责任编辑	束　悦　曹思佳
照　　排	南京开卷文化传媒有限公司
印　　刷	徐州绪权印刷有限公司
开　　本	787×1092　1/16　印张　23　字数　557千
版　　次	2023年3月第1版　印次　2023年3月第1次印刷
ISBN	978-7-305-25636-3
定　　价	88.00元

网　　址：http://www.njupco.com
官方微博：http://weibo.com/njupco
官方微信号：njupress
销售咨询热线：(025)83594756

＊版权所有，侵权必究
＊凡购买南大版图书，如有印装质量问题，请与所购
　图书销售部门联系调换

编者的话

张仁善

历史，有记忆的历史和遗忘的历史之分。前者经过筛选加工，后者往往被人为忽视，或被刻意系统地删弃。后世看到的历史多为记忆的历史，而遗忘的历史往往更能反映历史本真。为了防止遗忘或减少遗忘，需要整理业已发生的史实，记录正在发生的事实。历史的层级虽有国族、组织及个人高低之别，但其生成发展、曲折迂回的进路则大同小异。南京大学法学院的历史也不例外。

南京大学的源头被确定为1902年创建的三江师范学堂，南京大学法学院的源头则是1927年6月创设的国立第四中山大学社会科学院法律学系。1949年8月8日，更名为国立南京大学法学院；1950年10月10日，改名为南京大学法学院；1952年12月9日，南京大学法学院被撤销；1981年恢复成立法律系；1988年11月29日，南京大学成立法政学院，法律系与政治学系、社会学系，成为法政学院三系；1994年5月20日，成立南京大学法学院，沿用至今。2021年，为恢复建系（院）40周年。

《南京大学法学院院史》（简称《院史》）编辑时段大致分两部分：1927—1952年，1981—2021年。具有94年院龄的法学院，历经沧桑，积淀深厚，活力满满，值得为之总结、检讨及纪念。此乃编写《院史》的原动力所在。

《院史》分为《峥嵘岁月》《时代足音》和《教研菁英》3编、22章及附录。上编《峥嵘岁月》，由5章组成：中央大学的历史脉络、中央大学法学院的发展沿革、法学院的师资队伍、法学院的教研活动以及名家身影。1927年，国立第四中山大学成立社会科学院法律学系、政治学系。1928年，国立中央大学组建法学院，含法律学系、政治学系和经济学系。抗战期间，法学院又增加了社会学系、边疆政治系及法律系司法组。《院史》介绍对象以法学院法律系、政治学系和司法组为主，经济学等系基本不作介绍。1928年以后，由于新兴的南京国民政府充满朝气，加之首都政治中心的区位优势，法学院甫一成立，就吸引了一批高水平的法政教师，尤其受到留洋法学博士及其他高材生的青睐，学生生源亦属优质。全面抗战爆发后，法学院随中央大学整建制地西迁陪都重庆。在兵荒马乱的岁月，其他许多大学法学院或独立法政院校所受冲击颇大，唯独中央大学法学院保持比较完整的结构：由于掌校者如罗家伦等的个人魅力、陪都的"虹吸"效应，北大、清华以及西南联大的原法政教师纷纷加入中央大学法学院教研团队，职司政府法律、外交等机关的法政公职人员，也多在法学院兼任教职。1928—1949年的20年中，法学院法、政二系专任及兼任教职人员达120余人，在局势震荡下，形成了规模不减反增的中央大学法学院的特有风景线，在全国大学中独领风骚。

中央大学法学院的老师和学生，在当时国际国内法律、政治、外交以及学术等舞台上，竞展风流，异彩纷呈：有中央大学求学背景的留洋法学博士12名；国民政府司法行政部部长1位；1948年，首届司法院大法官会议17名成员中，曾在国立中央大学法学院任教的有7人，约占42%，另有1人获首届大法官提名；1人去台湾后被任命为"司法院"第二届正式大法官；有在法学院求学背景的台湾地区第五届"司法院"大法官1位；任教于法学院的最高检察长1位；2位教师担任战后远东国际军事法庭起诉日本战犯的检察官；1位教师担任战后橡树园会议（国际安全机构预备会议）、太平洋学会会议及金山会议中国代表团专门委员。1949年前后，在决定中央大学去留之际，法学院教师积极参加校务维持活动，保证了由国立中央大学向国立南京大学、南京大学的平稳过渡。其他师生也在各自领域多有建树，度过了属于他们的峥嵘岁月。

近代中国法科教育界素有"北朝阳、南东吴"之说，实际上，在1927—1949年（特别是1928—1945年），中央大学法科无疑位居全国高校之冠，因此，"北朝阳、南东吴"之外，宜加上"中中央"。

中编《时代足音》，则由南大法学院发展历程、本科教育、学科发展、法硕培养、学术平台、中德法学研究所、学术刊物、实践教学及图书资料等9章组成，叙述了恢复建系（院）40年来法学院的发展状况。1981年，南京大学法学院恢复招生，伴随改革开放的鼓点，一路走来，人才培养节节向上，教研成果逐日攀升：1994年，在全国综合性大学法律系中，第一批升系为院；创办第一个公开发行的法学学术期刊《南京大学法律评论》（校报特刊）；成立第一个中外合作办学的典范——中德经济法研究所；1985年，开始招收法学理论专业硕士研究生，是江苏省最早的法学硕士点；2007年，获得硕士学位一级学科授权；2008年，被评为江苏省人民政府法学一级学科重点学科；2001年，获得经济法学专业博士学位授予权；2007年，国家人事部批准为法学博士后科研流动站；2010年，获教育部法学博士一级学科学位授予权；现为国家双一流建设学科。

多年来，法学院专任教师人数大致保持在六七十人，规模在全国重点综合性大学法学院中属中等偏下，但教学质量、科研成果等在全国有几大政法院校参加的综合排名中一直居于前列。在2017年教育部组织的第四轮学科评估中，法学专业获得A−佳绩。法学院的教研效率之高，颇为足观。

恢复招生40年来，法学院共计培养本科以上学历、学位毕业学生11 300多人（尚不包括函授、自考生），校友遍布全国、踪迹海外，不断追寻南大法律人的梦想，实践南大法律人的价值。

下编《教学菁英》，为恢复建系以来专任教师的学术风采录，以教研室为单位，包括每位教师的学术背景、学术成果和学术创见。此编是当代人记录当代法学学术史的一次尝试。

附录二则为40年历届校友名录和奖学金名目。

《院史》凸显了旧、全、新三个特色：

第一，旧。既回溯94年前（1927年）法律学系的组建，厘清院史源头，又对119年前（1902年）南京大学的源头适当钩沉，梳理校史进程。

第二，全。既有纵向的详细描述，又有横向的专题深入，由3编、22章和附录组成的结构体系即可佐证。另如，《峥嵘岁月》的教师介绍涵盖了清末民初以来、南京国民政府以及汪伪国民政府三个阶段的教师，不因一些教师曾执教汪伪中央大学而刻意回避；近40年中举凡任过教职的老师几乎都有介绍；众多教辅人员、行政人员乃至有关工友，均有提及。

第三，新。当代教师编当下院史，本身即具"新"意。领受编写任务，时在2020年年初，完成书稿，则在2021年9月，故一边编写，一边关注教师队伍的变化、学术研究的新动向，所列"教研菁英"，已包括2021年9月1日前入职法学院的专职科研人员，学术成果则收录至9月20日前获得的课题立项、发表的著述及其他荣誉；校友名录也收录了1985—2021年夏季前毕业的近1.1万名历届学生，确保《院史》成为恢复建系40年的"足本"纪念物。

在文化寻根势头日增的今天，不少高校、院系都在纷纷努力挖掘本校、本院的文化资源，大打文化品牌，以求传递学术薪火，焕发学术风貌。南京大学素来低调，连如今的校歌还是采用的1916年李叔同先生制谱、南高师首任校长江谦先生作词的那首，低沉雅驯，不持歌词，少有人能随口哼唱；校训则是在国立中央大学"诚朴雄伟"之上，加上"励学敦行"组合而成，更显厚重。法学院的风格与南大风格颇有类似，不热衷追逐名流，不刻意包装张扬，承继的是拥有"天团"级的法律先贤群组的国立中央大学法学院的学术衣钵，蕴含深厚的法律文化底蕴，是天然耀眼的法律文化品牌；而今又是国家双一流建设学科，汇聚了一批中青年法学才俊，招收和吸引众多优质生源。

站在历史的节点，回溯过去，应当铭记前贤的法学事功；观照当下，需要记录教研菁英的鲜活风采；展望未来，可以激发更多的后进研习法学。编写《院史》的宗旨在乎此，价值盖亦在乎此。

目 录

上 编 峥嵘岁月：国立中央大学法学院

第一章 国立中央大学到南京大学 …… 004
　　一、历史溯源 …… 004
　　二、创办及播迁 …… 004
　　三、沦陷区的中央大学 …… 005
　　四、中央大学的复员 …… 006
　　五、接管与更名 …… 007
　　六、历任校长 …… 009

第二章 国立中央大学法学院的沿革 …… 010
　　一、法学院的创设 …… 010
　　二、襄助学校西迁 …… 012
　　三、西迁后增设的系所 …… 012
　　四、复员及改组伪法商学院 …… 013
　　五、参与学校新旧交接 …… 014

第三章 师资队伍 …… 018
　　一、师资队伍的高起点 …… 018
　　二、师资来源的多元化 …… 029
　　三、法政教师名录 …… 035
　　四、教研平台的提升 …… 036
　　五、外交政坛的贡献 …… 037

第四章 教研活动 …… 040
　　一、招生标准 …… 040
　　二、课程设置 …… 041
　　三、司法组的组成 …… 045
　　四、学生人数及去向 …… 046

五、创办学术刊物 048

第五章　名家身影 053

一、法学院院长 053
二、法、政学系主任 058
三、留洋法政博士、硕士校友 063
四、司法院大法官及最高检察长 068
五、远东国际军事法庭检察官 072
六、其他知名法政师生 073

中编　时代足音：南京大学法学院

第六章　法学院的发展历程 083

一、正名与撤销 083
二、恢复法律系 084
三、法政学院法律系 087
四、成立法学院 088
五、学科归并 091

第七章　本科教学 093

一、法学专业课程及任课教师 093
二、大类招生一年级课程 098
三、法科学生的公共课程 100
四、本科课程特色 102
五、国际化办学 105
六、本科教学成就 108

第八章　法学硕士博士生方向 112

一、硕士点的设置 112
二、硕士专业方向 113
三、硕士专业方向特色 116
四、博士专业方向 120

第九章　法律硕士培养 122

一、招生概况 122
二、培养方案 123
三、培养特色 129

四、培养成效 ··· 133

第十章　学术平台 ··· 135

　　一、中国法律案例研究中心 ··· 135
　　二、住宅政策与不动产法研究中心 ··· 135
　　三、犯罪预防与控制研究所 ··· 136
　　四、经济刑法研究所 ··· 137
　　五、商法研究中心 ··· 138
　　六、私法研究所 ··· 138
　　七、经济法研究所 ··· 139
　　八、保险法研究所 ··· 139
　　九、法典评注研究中心 ··· 140
　　十、紫金知识产权研究中心 ··· 141
　　十一、司法文化研究中心 ··· 141
　　十二、证据法研究中心 ··· 142
　　十三、司法制度研究中心 ··· 142
　　十四、网络与信息法学研究中心 ··· 143
　　十五、财税法学研究中心暨资产管理产品法律研究基地 ············· 143
　　十六、费彝民法学论坛 ··· 143

第十一章　中德法学研究所 ··· 145

　　一、研究所的创设 ··· 145
　　二、人才培养 ··· 146
　　三、学术研究 ··· 147
　　四、社会活动及影响 ··· 148

第十二章　学术刊物 ··· 153

　　一、《南京大学法律评论》 ··· 153
　　二、《南大法学》 ··· 156
　　三、《中德经济法学研究所年刊》 ··· 157
　　四、《判例评论》 ··· 159

第十三章　实践教学 ··· 161

　　一、实践教学概况 ··· 161
　　二、法律援助中心 ··· 163
　　三、劳动法律援助中心 ··· 166
　　四、竞赛参与 ··· 168

第十四章　图书资料	170
一、图书馆的发展	170
二、院图校图联动	170
三、馆藏资源建设	171
四、专业学科服务	174
五、对外合作交流	175

下编　教研菁英：学术风采录

第十五章　法理教研室	179
第十六章　宪法行政法教研室	194
第十七章　法律史教研室	212
第十八章　经济法教研室	223
第十九章　民商法教研室	244
第二十章　刑法教研室	263
第二十一章　诉讼法教研室	274
第二十二章　国际法教研室	284

附　录	302
附录一　校友名录	302
附录二　奖学金名目	347
主要参考文献	351
编后记	355

| 上 编 |

峥嵘岁月：国立中央大学法学院

编前导言

1949年以前,法科教育界常说"北朝阳、南东吴","北朝阳"指的是1912年创办、位于北平的私立法科大学——朝阳大学,20世纪20年代末,国民政府进行高校改制,朝阳大学因只有法科,单科不具备申办大学的基本要件,故改称"朝阳学院",但"朝阳大学"印章一直沿用,社会上也俗称其为"朝阳大学"。"南东吴",特指创始于1915年、位于上海的东吴大学法科,即"中国比较法学院",简称"东吴法科"(英文为the Comparative Law School of China)。东吴大学本部已于1901年创办于苏州。这两所法科学校是培养近代法律人才的翘楚,1927年之前尤为突出。

1927年以后,随着国民政府定都南京,位于南京的国立第四中山大学社会科学院法律学系、江苏大学社会科学院法律学系以及随后的中央大学法学院的创办,中央大学法学院法政专业异军突起,迅速跻身全国最强法科行列。1937—1945年的8年,发展势头最为迅猛。这期间,受战事影响,朝阳大学先后迁至湖北沙市、四川成都、重庆,抗战胜利后,复员北平,留在重庆的称"正阳学院"①,因为内迁的颠簸及战后的拆分,朝阳学院的教研活动及办学规模均受到严重影响。

以教授英美法著称的东吴法科,先是避难租界进行授课。1941年太平洋战争爆发后,日军开进租界,1942年,叫停租界办学,东吴师生经浙江金华,先后迁至福建邵武、南平,广东曲江,广西桂林,最后到达重庆,1943年3月15日,东吴与沪江两校在重庆成立"东吴沪江联合法商学院",1945年8月,与之江工学院一起,组成"东吴之江沪江联合法商工学院"。留在上海的法学院,只能借用中华职业教育社教室继续上课,法学院名称也被迫改为"董法记",以瞒过日伪当局。1945年9月,东吴大学在重庆的法科师生迁回上海复校,东吴法学院也恢复"东吴大学法学院"中文名称。② 这期间,东吴法科的重组、师生的流动、图书的分散等,均严重妨碍了教研的开展。全面抗战期间,由北大、清华、南开三校组成的西南联大法学院,无论师资力量还是学生规模,均不足观。

反观国立中央大学法学院,1937年"七七事变"不久,校长罗家伦、法学院院长马洗繁,已预判到中日战争持久性的可能,学校宜早做远避战争中心的准备。"八一三"战事不久,罗家伦即委托马洗繁和法学院经济学系的吴幹教授,赴重庆考察筹划迁校地址。9月23日,等罗加仑在南京拿到教育部的准迁令时,马、吴两教授已先期将重庆松林坡校区的施工计划付诸实施。10月初,校舍便已初步建成。11月初,迎来第一批千余名师生入住,开始上课和生活。与此对应的是,10月29日,政府提出迁都;10月30日,国民政府决定动迁;11月20日,国民政府才发表迁都重庆宣言。中央大学未雨绸缪,实现了整建制的搬迁。

迁渝后的法学院,规模不降反增,在原有法、政、经三系基础之外,又增设了社会学系、边疆政治系、法律系司法组,另设法科研究所、高级医师检验职业科、司法检验员训练班等。西

---

① 参见薛君度、熊先觉、徐葵主编:《法学摇篮:朝阳大学·前言》(增订版),东方出版社2001年版。
② 参见王国平编著:《博习天赐庄:东吴大学》,河北教育出版社2003年版,第110~111页、115~120页、123~124页。

南联大等诸多法政教研名流也纷纷涌向陪都重庆,专任或兼任中央大学法学院教职,师资阵容之齐整,举世无双。以法、政为主的中央大学法学院的法科教育,起步晚、起点高;教师队伍名家云集,教研成果丰硕,毕业学生优异;师生的社会影响蜚声中外,造就了近代中国法科教育的辉煌。

本编《峥嵘岁月》,主要介绍国立中央大学法学院从创办到结束 20 余年间的办学经历、社会定位及国内国际声誉,力图再现动荡年代中国法科教育实态。

第一章 国立中央大学到南京大学

一、历史溯源

南京大学法学院，渊源于1949年前的国立中央大学法学院。欲行了解南京大学法学院的历史，须得对南京大学的历史脉络作简要梳理。

南京大学，系由1949年国立中央大学改名而来，国立中央大学也曾有其非凡的前世。中央大学的前身，推源溯流，为1902年清末两江总督刘坤一倡办、1903年张之洞创办的新式学校——三江师范学堂（两江总督名义上管辖江苏、安徽、江西三省，故称"三江师范"），1905年改为两江师范优级学堂（江西古称江右；安徽、江苏两省古称江左，明代为南直隶，清初改为江南省，后又复分置为安徽、江苏两省），1911年两江师范学堂停办，1915年接续成立南京高等师范学校。1921年9月，教育部组建国立东南大学，南京高等师范学校于1923年春并入。东南大学初设文理科、教育科、农科、工科，并于上海设商科，后工科停办，文理分科。

1927年，国民政府定都南京，深感首都大学当"立深远之规模，为全国之楷范"，试行大学区制。1927年6月，政府指令，由国立东南大学改组合并河海工程大学、江苏法政大学、江苏医科大学及江苏省立南京工专、苏州工专、南京农业、上海商业等专门学校而成，初名国立第四中山大学；因南京为北伐军攻占的第四大省会城市，故以第四中山大学命名，亦寓纪念孙中山先生之意义。设文学、哲学、自然科学、社会科学、工学、教育学等六院于四牌楼，设农学院于三牌楼，又设商学院、医学院于上海，合计9个学院。因按大区设校，组织庞大，治理困难，为改变这一状况，1928年2月23日，遵中华民国大学院训令，以大学委员会之决议，第四中山大学改名为江苏大学，仍保留9个学院。①

二、创办及播迁

1. 创办

1928年5月11日，经国民政府大学院院长蔡元培批准，江苏大学改称为国立中央大学。

---

① 参见《南大百年实录：南京大学史料选》上，该书编写组编，南京大学出版社2002年版，第267页。下引该书，只注《南大百年实录》上、下。

起初,仍沿用第四中山大学、江苏大学时期的9院体制及名称,1928年7月,呈准中华民国大学院,将自然科学院改称理学院,社会科学院改称法学院,哲学院并入文学院,改为哲学系,将社会科学院之社会学系与历史地理学系归入文学院,合教育、医学、农、工、商,共计8院。① 自此,国立中央大学一名沿用至1949年8月8日。

中央大学的成立,起点高、底蕴深,学校对学生寄予厚望。正如1928年7月9日,校长张乃燕为第一届毕业生毕业纪念册所作序言中说:"中央大学,顾名思义,允宜树全国风声,第一届毕业生,尤当为此后历届之领导,危乎重哉,中央大学第一届毕业生之重任也!……夫乃燕忝长国立中央大学,与毕业诸君相处一年,既于行毕业之前一日,与诸君恳切谈话,复为是文以资振励,亦使社会知现在大学毕业生所处之地位既困且艰,相与扶植而奖掖之,俾得各展所长,益自奋于学艺之林也。"② 张乃燕对中央大学的诠释,一是学校要成为全国大学表率,二是毕业的学生担当社会各界的领导者,三是校长的职责是帮助在校学生出类拔萃、各具特长。

1929年春,教育行政院迁至镇江,9月,大学区制停止试行。1932年秋,商学院、医学院各自在上海独立。1935年夏,在南京增设医学院,并附设国立牙医专科学校。1934年起,计划在南部石子岗建设新校址,1937年春开始动工,孰料抗战军兴,全校西迁,至今只有罗家伦撰写的奠基碑文立于三江学院门口。

2. 播迁

1937年7月,日寇全面侵华,8月,中央大学决策迁川,除医学院及畜牧兽医系迁往成都外,其余院系均迁至重庆沙坪坝,在松林坡处,临时兴建校舍,教职员工筚路蓝缕,协力经营。12月首都南京沦陷,中央大学已在重庆上课。西迁后的8年间,中大师生在极为艰苦的条件下奋发努力,学校事业有了新的发展。至1946年,中央大学已经拥有除商学院外的文、理、法、农、工、医、师范等7个学院、37个系、6个专修科、26个研究所,是当时中国大学里系科中设置最齐全完备的大学。1948年,美国普林斯顿大学发布的世界大学排名中,中央大学已超过东京帝国大学(今东京大学),雄居亚洲第一。③ 当时国际上承认中国五所具有国际水平的综合性大学,即国立中央大学、国立西南联大、国立浙江大学、国立武汉大学及国立中山大学,其中又以国立中央大学和国立西南联大更为杰出。抗战期间,在文化教育战线上,中央大学以其学术地位及良好的社会声誉,对我国的抗战在国际国内的影响都起了非常重要的作用。④

三、沦陷区的中央大学

1940年3月,汪精卫在南京建立伪国民政府。同年4月,伪行政院通过在南京建立中央大学方案,任命樊仲云、钱慰忠(任职3个月后辞职)为正副校长。同时成立招生委员会,分

---

① 《南大百年实录》上,第269~270页;中国第二历史档案馆档案(以下简称二档馆档案)。全宗号648,案卷号823,《国立中央大学一览》,1928年。
② 1928年7月9日,张乃燕:《第一届毕业生毕业纪念册·序言》《南大百年实录》上,第271页。
③ https://baike.baidu.com/item/%E4%B8%AD%E5%A4%AE%E5%A4%A7%E5%AD%A6/18112881.
④ 参见刘敬坤:《抗战中的中央大学》,江苏文史资料编辑部:《江苏文史资料集萃》,1995年印行,第19、21页。

别在沦陷区的南京、北平、上海、苏州、杭州、武汉、广州等七城市招生,校址设于南京建邺路红纸廊——原中央政治学校所在地,8月正式开学。1943年5月,樊辞职,由伪教育部部长李圣武暂行兼代;李圣武因政务繁忙,于同年10月委陈柱任校长;1944年,陈氏辞职,任命陈昌祖继任。学校有文、法商、教育、理工、农、医六学院,及艺术、农业两专门科。

1942年,学校复迁至原金陵大学校舍(建邺路房屋改充附属实验中小学校舍)。1944年全校学生总数为940人,其中文学院70人,法商学院290人,教育学院75人,理工学院205人,农学院150人,医学院150人。① 1944年,第一届本科生189人、专修科42人毕业;1945年,第二届本科生227人、专修科11人毕业。② 1945年8月,日本无条件投降,汪伪政府随之垮台。重庆国民政府教育部于同年9月下旬下令解散南京中央大学,对收复区(即日军占领区)专科以上学校,包括已经毕业及尚在校学生,进行甄审,承认其学籍。于1945年10月在京、津、沪、宁四地,设立临时大学补习班,令在校学生通过补习,进行甄别考试,但遭到学生抗议。1946年6月,临时大学撤销,应届毕业生修业期满的发给毕业证书,并授予学士学位;未毕业的学生则按其所学院系与地区,分别转学到中央大学、安徽大学、上海交通大学、江苏医学院等校继续学习。转到南京中央大学各院系的学生,成为复员后中央大学学生的组成部分之一。③

四、中央大学的复员

在渝期间,中央大学学生由1 000余人增至4 000余人。1945年8月,学校筹备复员,设立复员委员会,将学年缩短,功课加紧。10月,派员回南京,接受校产,成立驻首都办事处。1946年5月起,师生员工分批东下。文、理、法、师、工五院及农学一部分与附属医院,设于四牌楼,称为本校第一部;医、农二院及一年级与先修班,设于丁家桥,称为第二部。至11月,部署完成,开学上课。④ 1945年8月,知名物理学家吴有训接任校长,他极重视教师的延聘和研究工作,把民主作风带进了中大。这些管理学校的民主措施,对抗战胜利后的中大民主运动,起了推动作用。南京的接收工作延至1947年2月。战前南京中华门外石子岗征购的8 000余亩土地重建已不可能,校产接收委员会决定在此建立"中华农村福利试验区",由农经系主办。

1946年12月24日,北平发生美国兵奸污北大女学生沈崇事件,引发了全国数十个大中城市举行罢课和示威游行,将反美爱国运动推向高潮。1947年1月2日,中大近千名学生自动加入金大、剧专、音乐院、药专、东方语等组织的声援抗议游行行列。

1947年5月20日,由中大学生发起而后扩展到京津沪苏杭平津等全国60多个大中城市的"反饥饿、反内战、反迫害"的青年学生爱国民主运动在南京拉开序幕,游行队伍在珠江路路口遭到国民政府军警的镇压,重伤19人,轻伤104人,被捕28人,被殴打侮辱者不计其数。此"珠江路血案",亦称"五二〇"血案,进一步激起了全国青年学生的响应,学生运动日

---

① 《国立中央大学复校第一届毕业纪念刊》,见插页国立中央大学各院系学生人数统计表。
② 据《国立中央大学复校第二届及医学院第一届毕业纪念刊》"本校概况"摘录,《南大百年实录》上,第590页以下。
③ 南京大学校史编写组编著:《南京大学史》,南京大学出版社1992年版,第199~200页。
④ 《南大百年实录》上,第485~486页。

趋高涨。5月20日,也成为现在南京大学的校庆日。

1948年8月,吴有训辞职获准后,教育部任命原教务长周鸿经担任中大校长。1948年底到1949年初,人民解放军取得了三大战役的辉煌胜利。行政院下达了长江以北的"国立院校应变计划",要求各院校拟具应变措施,选定迁校地址,呈教育部备案。中大校长周鸿经于1949年元旦前接到教育部有关迁校电文。

1949年1月21日,校务会议讨论中大的迁校问题,却遭到大多数教授的反对。会议成立了由校长,教务、训导、总务三长,各院院长,大学医院院长,会计室主任(以上为当然委员),各院教职员、学生代表等21人组成的应变委员会。1月31日,中大教授会投票选举产生"中大校务维持会"。

附《教授会关于成立校务维持会的通知》道:

> 敬启者:本校周校长鸿经因事离京,校政无人主持,群情惶急。经本会全体大会决议,在周校长未返校前,组织校务维持会维持校务。当经选举欧阳翥、郑集、张更、蔡翘、刘庆云、梁希、吴蕴瑞、胡小石、楼光来、吴传颐、刘敦桢等十一人为委员;李旭旦、张江树、宗白华、钱钟韩四人为候补委员,并经推定胡小石、梁希、郑集三人为常务委员,即日组织正式成立。除分呈、公告并分函外,用特函达,敬希查照为荷。此致
>
> 各 院系科组
> 　　部分(疑为"部门"——编者)。①

2月4日,召开系科代表大会,汇合各应变会组成"中央大学应变会",下分财务、购料、校产监督等委员会。7日,如期开学。

1949年4月1日,南京市专科以上10所学校举行了"争生存、争和平"的请愿大游行。学生纷纷涌进总统府时,遭到预先埋伏的警察的殴打,中大47人受伤,其中物理系学生程履绎和电机系学生成贻宾重伤,救治无效死亡,司机陈祝山被殴致死,刘庆云、吴传颐等教授也受到殴辱,此即"四一"血案。中大维持委员会痛心于无力保护自己的学生,向教授会提出集体辞职。4月15日选举产生了新的校务维持委员会,委员有熊子容、孙本文、陈章、刘世超、胡焕庸、蔡翘、商章孙、刘庆云、高济宇、干铎、范存忠11位,推定孙本文、熊子容、刘世超三人为常务委员。② 领导全校师生员工开展护校,组织应变。

五、接管与更名

1949年4月23日,人民解放军占领南京。5月7日,刘伯承、宋任穷任命赵卓为中央大学军代表,正式接管中央大学。8月8日,南京军管会文化教育委员会发布关于更改校名的

---

① 《教授会关于成立校务维持会的通知》(1949年1月31日),《南大百年实录》上,第532页。
② 《南大百年实录》上,第544页;南京大学校史编写组编著:《南京大学史》,第215~232页。

通知,通知中大校务维持会将国立中央大学改为国立南京大学。① 12日,成立国立南京大学校务委员会,梁希为校务委员会主席(该年11月,梁希调任中央人民政府林垦部部长后,由潘菽继任校务委员会主席)。8月15日,原校务维持委员会常务委员会向新的校务委员会移交了所有清册文件,中央大学的接管工作宣告结束。②

从1949年4月南京解放至1950年5月,国立南京大学属南京市军管会高等教育处领导。1950年5月20日,奉华东军政委员会命令,国立南京大学归华东军政委员会教育部直接领导。③ 安徽大学、私立金陵大学、金陵女子文理学院等3校,一同改由华东军政委员会直接领导。同年10月10日,《华东军政委员会转发中央教育部印信条例函·华东军政委员会教育部通知》(教秘字第6704号):

> 为转知中央教育部颁布各级学校印信条例希即知照南京大学……经政务院核定,除私立学校于校名上加冠"私立"二字外,各级学校校名概不加国立、省立、市立、县立及公立字样。……部长吴有训。

1950年10月29日,启用"南京大学印"④,"南京大学"校名正式启用,沿用至今。

1952年7月,响应全国院系调整,以南京大学和金陵大学的文、理学院为主体合并,奠定了今日南京大学的基础。校址由四牌楼迁至天津路的金陵大学校址,位于现在的南京大学鼓楼校区。金陵大学是一所著名的教会大学,创办于1888年。20世纪30年代,美国有学者将金陵大学和中央大学等国内少数几所大学一同列为"甲级大学"。

其他各院系中,除了被调整到江苏省以外的,省内拆分单建的有:南京大学工学院独立建校,组建了南京工学院(今东南大学);南京大学师范学院独立建校,组建了南京师范学院(今南京师范大学);南京大学农学院独立建校,组建了南京农学院(今南京农业大学);南京大学农学院林学系独立建校,组建了南京林学院(今南京林业大学);南京大学工学院水利系独立建校,组建了华东水利学院(今河海大学);南京大学工学院化学工程系独立建校,组建了南京化工学院(今南京工业大学的主体);南京大学工学院食品工程系独立建校,组建了无锡轻工学院(今江南大学);南京大学工学院农业机械系独立建校,组建了镇江农业机械学院(今江苏大学的主体)。

因此,2002年时值南京大学百年校庆,江苏省政府铸造了9个大鼎,赠送9个学校——南京大学、东南大学、南京师范大学、河海大学、南京农业大学、南京林业大学、南京工业大学、江南大学、江苏大学,在中外校庆史上堪称罕见的盛事。

南京大学的前身,历经20世纪前半个世纪,伴随中国教育近代化步伐,过程曲折,砥砺磨炼,底蕴雄厚,成果卓著。"北大、南高"早在南京高等师范学校时期即已在中国教育界流行。国立东南大学时期以"科学名世",与"以文史哲著称"的北大各执中国高校的南北牛耳。

---

① 《刘伯承、宋任穷任命赵卓为中央大学军代表的通知》(1949年5月7日),《南大百年实录》下,第5页;《南京市军管会文化教育委员会关于更改校名的通知》(1949年8月8日),《南大百年实录》下,第6页。
② 《校务维持委员会和校务委员会交接文》(1949年8月15日),《南大百年实录》下,第7页。
③ 教秘字第00308号,《南大百年实录》下,第17页。
④ 参见《南大百年实录》下,第19~20页。

国立中央大学时期更是盛极一时,其规模之大、院系之多、学科之全,不但在国内首屈一指,在亚洲也被视为顶尖高校的代表。①

六、历任校长

杨觐圭:1903—1905年,三江师范学堂(监督)

徐乃昌:1905—1906年,两江师范学堂(监督)

李瑞清:1906—1911年,两江师范学堂(监督)

江谦:1915年夏—1919年夏(南京高等师范学校)

郭秉文:1919年夏—1923年春(南京高等师范学校)

郭秉文:1921年秋—1925年冬(国立东南大学)

蒋维乔:1925年夏—1927年春(国立东南大学)

张乃燕:1927年夏—1930年冬

朱家骅:1930年冬—1932年春

任鸿隽:1932年1月31日—5月4日,未到任

刘光华(代):1932年5月4日—6月30日

段锡鹏(代理):1932年6月30日

教育部接管,派易克嶷、金桂荪、周震裳接受:1932年7—8月

罗家伦:1932年秋—1941年夏

顾孟余:1941年秋—1943年春

蒋中正:1943年春—1944年秋

顾毓琇:1944年秋—1945年秋

吴有训:1945年9月—1948年8月

周鸿经(代):1948年8月—1949年1月

梁希、潘菽:1949年8月—1952年7月,校务委员会主席②

---

① 参见黄细良主编:《走向辉煌——今日南京大学》,南京大学出版社1995年版,第1页。
② 参见《南大百年实录》上,第488页。

第二章　国立中央大学法学院的沿革

中央大学法学院的沿革与中央大学的发展同步,作为全校的院系之一,法学院的变迁又具有独特的地位和作用。以下将沿着中央大学的历史轨迹,重点介绍具有法学院特色的发展概况。

一、法学院的创设

国立中央大学法学院的创建,始于国立中央大学组建之后。法学院创建初期,关系较为复杂,大致分四阶段:

第一阶段,国立第四中山大学社会科学院。1927年6月,国立第四中山大学成立,组建社会科学院。社会科学院基础有二:一是前国立东南大学文科政治学系、经济学系、史地学系;二是先期已被合并到国立东南大学的江苏法政大学。社会科学院由史地学系、社会学系、经济学系、政治学系及法律学系组成。南京大学法学院源头即始于此。

第二阶段,江苏大学社会科学院。1928年2月23日,大学区制的"第四中山大学"改名为"江苏大学"①,继以第四中山大学中山院所在地作为院址,建立江苏大学社会科学院。系科及教职员顺沿第四中山大学社会科学院,法律学系亦仍其旧。

第三阶段,国立中央大学社会科学院。国立中央大学设定初期仍设社会科学院,依然包含原先5个系。1927年6月到1927年7月,尽管校名被3次更改,社会科学院法律学系的名称却一直未变。

第四阶段,法学独立成院。1928年7月2日,国立中央大学首任校长张乃燕为修改大学本部各学院名称,向中华民国大学院院长蔡元培呈文,请求酌拟修改大学本部各学院名称,法学院正式进入创建阶段:

> 呈为本部学院名称酌拟修改呈请备案事:窃职本部现设自然科学院、社会科学院、教育学院、文学院、哲学院、农学院、工学院、商学院、医学院,共九院。当创始之初,就前东南大学及其他大学专门等校合并改组,名称不免参差,编制亦未甚妥适。校长悉心考虑,觉非酌加改订不足以昭正确而利进行。敬为钧长陈之:……(二)社会科学院名义亦觉稍广泛,且其中政治、法律两系,学生毕业之后,仅以社会科学为名,于曾习法律一层,不易使人明瞭。对于法官律师诸职务,每滋隔阂。

---

① 《南大百年实录》上,第267页。

兹拟易名法学院,以资醒目。其现有社会科学院之社会学系与历史地理系归入文学院……如此改并,则理、法两学院,涵义显明,与国内各大学渐趋一致。文学一院,内容益形充实。合之教育、农、工、商、医共计八院,形式既觉整齐,精神亦易贯注。于行政方面较为经济,而于学术方面亦足以循名核实,俾得愈臻完美。至学生方面,不过名称上略有变更,实际上毫无出入。

张乃燕提出设立法学院的理由是,原来的社会科学院中含有法律方向,但没有法律专业特色,司法实务部门不易从社会科学笼统方向中挑选专业性人才,法学院有独立成院的必要。呈文上报仅两天,7月4日,即获大学院指令:"呈悉。所请应予照准。仰即知照。此令。"①获"照准"后,对现有院系调整如下:原社会科学院中的史地、社会两学系并入文学院,社会科学院改名为法学院,法学院宣告成立。

1928年秋季招生,法学院为独立招生单位,分法律、政治、经济三个学系方向,分别录取。1929年,制定颁布《中央大学本部组织大纲》,第四章"学院"的第五条规定:"大学本部设理学院、文学院、法学院、教育学院、医学院、农学院、工学院、商学院。"第六条规定:"法学院设政治学系、法律系、经济学系。"②国立中央大学法学院的名称由此确立,延续至1949年8月,历时20年。

法学院采取的是大法学院制,只有其中的法律系才是真正讲授法律专业知识的系科,任职教师都是具有科班法律专业知识背景的人士。不过,政治学系专业的一些课程,尤其是宪法、宪政、行政法以及社会治理等,都是与法律学系相通的;任课教授中,拥有法律知识背景的不在少数,故而编者在介绍法学院发展历程时,在大法学院的框架下,以法律学系为主线,兼涉政治学系的部分情况。另外,经济学系少数法律课程,也由法律专业的老师开设,下一章专业教师队伍部分,拟选择性个别介绍。

1928年后,法学院教研活动正式进入正常发展期,直到1937年8月。其间只有1932年"一·二八"事变,曾经临时打乱法学院教学步骤。事变发生后,国民政府军事委员会制定对日应对原则为:"一面预备交涉,一面积极抵抗。"1月30日,国民政府发布《迁都洛阳宣言》,表示绝不屈服于日本的威胁。中央大学法学院法律学系、政治学系的不少课程系由在政府任职的若干人士兼任,不少教师移至洛阳办公,留守的教师往往一人兼授多门课程。如回国不久的阮毅成,一人就要讲授国际私法、国际政治、现代政治学说、英国法例研究、市政概论、行政法等6门课程。这学年寒假后因战事,开学约延至4月。③

1932年9月,罗家伦执掌中央大学,积极招揽人才,聘请专任教授,压缩兼任教师,从北京大学和清华大学毕业后留学归国的"海归生"中,物色了一批成绩优异的法政年轻学者充实法学院。又新置社会学系,附属于法学院下。一批名师云集中央大学,法学院人才尤为集中。10月,中大重新开学,法学院正式授课,各项教学活动步上正轨。

---

① 《张乃燕为修改大学本部各学院名称呈文》(1928年7月2日),《南大百年实录》上,第270页;大学院指令第590号(1928年),抄件,《南大百年实录》上,第271页;参见《国立中央大学一览》,第四种《法学院概况》(1930年1月印行)。
② 《中央大学本部组织大纲》(1929年11月15日),《南大百年实录》上,第273页。
③ 参见阮毅成:《八十述忆》,1984年自印,第329页。

二、襄助学校西迁

1937年"七七事变",全面抗战爆发。与北方清华、北大、南开等大学一样,国立中央大学为保全国学文脉,罗家伦校长主持决策指挥,一次性整体成功千里西迁巴蜀,赢得海内外一片赞誉。在西迁壮举中,法学院及其主政者马洗繁先生居功至伟。

1932年,被罗家伦校长聘为法学院院长的著名法政专家马洗繁先生,被罗校长倚为股肱。卢沟桥事变后,围绕中央大学是否迁校的问题,校内外众说纷纭,主意不一。罗家伦、马洗繁研判战事走势和中央大学可能遭遇的威胁,预感中日战争必定持续,学校必须远迁,最好迁往战火一时难以燃及的、相对安全的内地四川。罗家伦将觅地迁校重任托付给马洗繁和法学院经济学系的吴幹两位教授,委派二人前往重庆寻觅校址,落实迁校事宜。"八一三"淞沪战事爆发,马、吴果决离宁,溯江而上,经过多方考察协调,选择嘉陵江边松林坡作为新校址。罗家伦急电通知立即成立中央大学重庆办事处,由马洗繁全面负责建校、迁校事宜。马、吴在重庆一面组织筹建新校区,一面联络运送船队,预备接运中大的师生、设备。9月23日,罗校长才在南京拿到教育部的准迁令,当日电告重庆开工,"设计监工事宜……一切须先请兄决定",委托马洗繁全权负责。马、吴两教授立即将施工计划付诸实施。10月初,可供一千余名学生就读与食宿的校舍,以及教职员工(连同眷属约两千人以上)的生活用房,仅用42天便建成,在当时的背景下堪称奇迹。11月初,除医学院另迁成都外,其他文、理、法、农、工、教育6个学院40多个系科千余名师生第一批抵达。自此,由宁迁渝的莘莘学子便在松林坡新校址再续弦歌。

抗战中迁往内地的大批高校,以中央大学迁校筹划最周密,速度最快,保存最完整。西迁后,中大随即迎来了在艰苦条件下发展壮大的新高潮,很快恢复到正常的办校规模。法学院教授无疑是支撑中央大学迁校的台柱桩基。

迁居重庆期间,法学院仍分设法律、政治、经济三系。各学院均设院长一人,综理院务,由校长就教授中聘任之;各系科各设主任一人,综理系务,由校长就教授中聘任之;研究院设院长一人,由校长兼任之;各研究所及所属各部,各设主任一人,由校长聘任之。校长拥有各院院长的聘任权。[①] 法学院院长马洗繁自1932年被罗家伦聘为法学院院长后,一直任职到1943年主动辞职为止(马洗繁筹划中央大学迁校期间,在中大任教的钱端升偶尔代理法学院院长职务;1943年在罗家伦离开、蒋介石亲自兼中大校长后,他坚辞法学院的所有职务),是中央大学任职时间最长的法学院院长。[②]

三、西迁后增设的系所

迁渝后的法学院,为了适应社会实际及民族战争的需要,系科有所扩展。新增系科有社

---

① 参见1940年《中央大学组织大纲》。
② 参见钱端升《我的自述》,赵宝煦等编:《钱端升先生纪念文集》,中国政法大学出版社2000年版,第392页。

会学系、边疆政治系、司法组等,另设法科研究所。

社会学系 该系创建于1928年,1936年奉令暂行停办。1941年秋,恢复社会学系,隶属法学院,系主任孙本文。该系课程开设整齐,尤其注重理论与实践相结合,除课堂教学外,延请社会名流,开设系列学术讲座,社会实践活动也较多。

边政系 国民政府西迁,大批机关人员涌入内地,西北和西南边疆的地位益形重要。为"开发西北""建设西南",急需培养边政建设人才。1944年秋,教育部令中央大学和西北大学创设边疆政治系,简称边政系,隶属法学院,并于当年招生。课程设置从边疆特殊的政治制度、社会、民族、宗教、历史、地理、语言等方面着眼,课程涉及文学院或法学院,接触面比较广。高等学校设立边政系,在我国历史上属于首次。中央大学聘请国内著名的民族学家凌纯声为首任系主任(后由韩儒林继任)。

司法组 20世纪40年代初期,为了适应战后司法实务人才的需要,在法学院增加了司法组,以便学生一毕业直接进入司法界,无须经过以往法官考试的一般程序。尽管司法组的设置及对于学生就业的优待在当时受到法律教育界的质疑,但不失为弥补复员后司法人才紧缺的权宜之举。①

新增专业 1939年之后,法律系又办了高级医师检验职业科、司法检验员训练班等。

增设法科研究所 1939年8月,中央大学呈文教育部,申请设置文科研究所。理由有二:第一,因大学各系所习必修课程仅为三年,时间颇感不足,若拟毕业后继续研究,庶可前后衔接,达到研究高深学术之目的;第二,因抗战以来,国外留学之机会极少,提高学术研究,含入国内之学术研究机关,别无他途,于是大学研究所之设置,更为必要。基此理由,中央大学提出设置文科研究所之案并请呈部核定,提前筹备。教育部接呈后不久,部长陈立夫即予批准,并专门就法学院呈请发出指令:"呈悉。该校拟增设法科研究所政治经济学部以期社会科学平均发展一节,应予照准。"②依照部令,中央大学研究院院长由校长兼任,各系主任兼任各研究所主任,不另外设置。

1944年夏,研究院有20名学生通过教育部学术委员会审议,法科研究生的《我国物价指数的研究》等论文,具有实际指导意义,受到社会重视。③

1944年8月2日,教育部指令:准中央大学自33年度(1944年)起,增设文科研究所中国文学学部、法科研究所法律学部、师范科研究所教育学部三个研究学部。法科研究所的法律学部,正式获得教育部的批准。④ 这就意味着,法科研究所由原来的中央大学校级所,升格为全国研究所,这是西迁以来法学院的一大变化。

四、复员及改组伪法商学院

沦陷区时期,伪中央大学法学院合并成"法商学院"。1940年秋季,伪中央大学复校之

---

① 《南京大学史》,第171~172页。
② 《教育部指令同意中大增设法科研究所政治经济学部》、《设置文科研究所理由书》、《各科研究所主任名单》,《南大百年实录》上,第406~407页。
③ 《南京大学史》,第174页。
④ 《南大百年实录》上,第440页。

初,原分法律学、商学两院,由前校长樊仲云兼任法学院院长,前文学院院长王仲麒兼任商学院院长。后因王仲麒升任教导长,商学院院长也由樊仲云兼任。

1941年度开始,因人力物力两方面的困难,两院功课又多,于是将法学、商学两院合并为法商学院,除一年级新生仍分甲、乙两组外,二年级开始,分为政经、法律、商学三系,并聘请胡道维为该院院长,后又续聘康焕栋为法律系主任,王雨生为商学系主任,原教务主任唐有樑为政经系主任。第二学期,唐有樑辞职,政经系主任改由胡道维兼任。

1942年度,法商学院除原分的三个系外,三年级学生开始分组,即政经系分为政治、经济两组,商学系分银行、会计两组,并聘郎依为政经系主任。

1943年上学期,郎依辞职,政经系主任仍由胡道维院长兼任。下学期政经系分为政治、经济两组,由奚树基任政治系主任,胡道维兼任经济系主任,并聘请狄侃为法律系主任,郭瑞璋暂代商学系主任。1944年,法商学院分设政治、经济、法律、商学四系,商学系又分设银行、会计两组。①

1946年11月,国立中央大学回迁南京的工作部署完成,学生开学上课,伪中央大学法商学院的存续就此自然结束。

图 2-1　伪中央大学法商学院学生毕业证书

五、参与学校新旧交接

1948年以后的中央大学,一直处于政局动荡的风口浪尖上,法学院难免卷入政治旋涡。

---

① 《国立中央大学复校第二届(医学院第一届)毕业纪念刊》,《南大百年实录》上,第591页。

各派政治势力都在校内争取师生的政治认同,做出去留抉择。

1948—1949 年,除了开展正常的教学科研之外,为了维护学校稳定,确定学校去留大方向,法学院师生积极参与了中央大学应变时局变化的活动。以下所述多为单个师生的个体行为,以其出自法学院或法律学系,某种程度上代表了一部分师生群体的价值取向,具有法学院集体行为性质。他们的活动主要有:

第一,参加维持学校稳定。

1948 年底至 1949 年初,为了应付可能出现的校务危机,国立中央大学校务会议决定组成应变委员会,1949 年 1 月 22 日开会,推选七人,组成应变筹备委员会,法律学系主任何义均为七人之一。1949 年 6 月 1 日,召开应变工作总结报告会,法学院参加的教员代表有高植、钟肇勋,学生代表有董俊松、常建宇。①

1949 年 1 月 31 日,战争形势日趋紧张,为保持中央大学的基本稳定,由教授会决定,成立校务维持会。法学院教授吴传颐等十一人为委员;并推定胡小石、梁希、郑集三人为常务委员。同日,常务委员会备文呈报给李代总统、行政院院长、教育部代理部长陈(雪屏)。②

第二,积极营救释放政治犯。

校维持会的一项重要举措,就是争取释放在政治运动中被处分或处罚的学生。著名法学家杨兆龙先生在其中起到了重要作用。③ 1948 年底,在中共南京地下组织的力劝及家人的影响下,已决意离开政坛的杨兆龙,接替南京政府最高检察长郑烈的职务,担任新任总检察长,并设法营救"五二〇"学生运动中被国民政府关押的中共学生党员李飞等。1949 年 1 月 21 日,蒋介石宣布引退,由李宗仁代理总统职务,改组政府,其中民国元老张知本接替谢冠生继任司法行政部长。杨利用与张知本的长期亲密关系,亲笔自述,乘赴南京莅任之际,向张提出:最近和谈之声甚嚣尘上,各方面要求释放政治犯者颇多,而所谓政治犯大都是热血青年,我们身为司法界的人,实在于心不安。受杨兆龙的触动,张知本正式提案,为表示国共和谈诚意,要求行政院决议释放政治犯。经过交涉,行政院决议释放政治犯,命令司法行政部执行。张知本立即训令最高检察署拟具详细办法,通令全国各级司法机关将政治犯一律释放。为此杨曾亲携决议,乘飞机赴广西说服代总统李宗仁签字。最终结果:不仅李飞等 3 人重获自由,还进行了全国性的大释放,同时对"五二〇"一案被捕者撤销公诉。根据江苏、浙江、安徽等十几个省的司法官长报告的数字,估计全国释放一万余人。上海方面托上海市高等法院院长郭云观暗中关照监狱方面,妥为保护政治犯,后来释放了 360 余人。是年 2 月,杨还以司法应当统一为由,建议撤销了司法行政部的特刑司和各地的特刑庭。④

2 月 2 日,中央大学校维持会巧妙地援引李宗仁"释放政治犯"及"废除戡乱时期危害国民紧急治国条例"的命令,发布了所有被非法逮捕、传讯、开除的学生一律取消处分的布告。

---

① 《南大百年实录》上,第 524~525 页;同见《校长室召开应变委员会筹备委员会第一次会议函》(1949 年 1 月 22 日),第 526 页;《应变委员会工作总结报告》(1949 年 6 月 1 日),同上,第 528~529 页。
② 《教授会关于成立校务维持会的通知》(1949 年 1 月 31 日),第 532 页;《郑集等关于成立校务临时维持委员会致李宗仁等的呈文》,《南大百年实录》上,第 532 页。
③ 杨兆龙受聘中央大学教授是 1949 年 5 月底,举家从上海迁回南京后的事。他营救政治犯时,还不是中央大学法学院教授。(参见《杨兆龙法学文集》,法律出版社 2005 年版,第 726 页)鉴于杨兆龙主持释放的政治犯不少是中央大学包括法学院的学生,与中央大学关系密切;释放政治犯后 2 个月后,即受聘于中央大学法学院;又过了两个月,即为国立南京大学法学院教授。故此处特将其作为法学院一员略加叙述。
④ 参见《杨兆龙法学文集》,法律出版社 2005 年版,第 724~725 页。

为布告事：依据李代总统释放政治犯之明令，同时戡乱时期治罪条例已明令废止，教育部前令已失根据。所有被捕后经开释之同学72人及被传未出庭之同学50人，应一律恢复学籍，取消处分；其他去年因学生自治会活动，以领导游行请愿挟众要求名义被勒令退学之同学，一律取消处分并请公决一案，兹经本会第十二次会议决：照案通过，即将名单公布。记录在卷。兹将名单公布于后，希各知照。

此布

常务委员：胡小石　梁希　郑集

中华民国38年2月2日①

经过学校和社会有识之士的努力，1949年4月13日，已被判刑的华彬清、朱成学和李飞获得自由，返回学校。

在国民党撤离大陆前夕，杨兆龙的去向有三条路可选：(一)去国外任教；(二)随国民党去台湾；(三)留在大陆。他最后选择了第三条路。1949年5月底，杨兆龙携全家迁回南京，其随即接受国立中央大学聘请，担任法学院教授，8月，成为国立南京大学法学院教授。

1950年7月，杨兆龙赴北京出席全国首届司法工作会议，为最高法院院长董必武赞赏。时值东吴法学院院长一职空缺，董老当即决定直接调杨兆龙继任。南大法学院学生闻讯，联名上书校方领导，要求挽留杨兆龙。南大校长潘菽致函东吴称："为你校拟请杨兆龙教授为院长，本校曾表示万难同意，理由是南大法律系确倚畀杨兆龙先生，但你校并未重视我校意见，仍聘杨前往，致引起该系师生在教学情绪上之极大不安。"因此，派学生陈世震、罗华俊代表南大赴沪与东吴方面协商。最后经双方同意，做如下决定：由杨兆龙任东吴法学院院长，但为照顾南大法律系之特殊困难起见，同时由杨兆龙在南大担任专任名义兼任待遇之教授。

1952年10月全国院系调整，南京大学法学院与东吴法学院一起被撤销，杨兆龙与南大法学院关系遂告终结。②

第三，协助完成学校交接。

1949年，"四一惨案"发生后，法学院教授吴传颐所在的校务维持委员会向中大教授会提出总辞职。4月15日，改选组成以孙本文为主席的新校务维持会。③新校务维持会没有法学院教授参加，但仍非常尊重法学院教授的意见，吸纳法学院教授不记名地参加校维持会的活动，处理维持会的实务。如在4月22日的校务维持会委员与各行政单位主管人联席会议第八次会议上，通过决议案，其中一项就是"敦请吴传颐先生不居名义处理主任秘书职务案"。④5月5日，孙本文等在教授大会上报告道：第二届校维会会议已开过五次，又联席会议开过两次，共有议案37案。4月28日，校维会致教授会理、监事会转教授大会函，陈述将来办理移交终了时，校维会会务即告终了，今将此函再朗诵一次，请大会公鉴。其中一项即为："第二届校维会主任秘书请吴传颐先生不拘名义担任，此工作处理日常事件异

---

① 国立中央大学《校务维持委员会为所有被非法逮捕、传讯、开除之学生一律取消处分布告》(1949年2月2日)，《南大百年实录》上，第537页。

② 参见陆锦璧：《献身民主与法治大业的先驱——纪念著名法学家杨兆龙教授百年诞辰》，《东吴法学》2005年春季卷，第272~274页。

③ 《校务维持委员会总辞职书》，《南大百年实录》上，第543、544页。

④ 《南大百年实录》上，第547页。

常繁难,总务委员会三委员,因劳致疾,极力坚辞,无法挽留,已改聘于铎、吴襄、陈定闳三位先生继任。"①从校务维持会对吴传颐教授的倚重,足见他在全校教授队伍中的威望,堪称"无冕委员"。

1949年8月8日,中央大学改为国立南京大学。8月10日,成立国立南京大学校务委员会,由梁希、潘菽等21人组成,法学院法律学系吴传颐、边政系韩儒林两名教授成为其中成员。法学院也更名为国立南京大学法学院,吴传颐被任命为法学院院长。② 9月13日,修正国立南京大学行政系统,法学院由三个系组成:法律学系、经济学系、政治学系。国立中央大学法学院正式完成了向国立南京大学法学院的过渡。1950年,更名为南京大学法学院。

在经历了教授会、校应变会、校务维持会、军事管制委员会的组织管理后,1952年,在院校合并的大潮中,南京大学法学院前23年的历史画上了休止符。

---

① 孙本文等在教授大会上的报告记录(1949年5月5日),《南大百年实录》下,第4页。
② 《南京市军管会文化教育委员会关于组织校务委员会的决定》(1949年8月10日),《南大百年实录》下,第6页。

第三章 师资队伍

一、师资队伍的高起点

从国立第四中山大学到国立中央大学社会科学院法律系时期，就有一批优秀法（政）精英来此执教。兹以1928年7月的教职员统计为例：

表3-1 国立中央大学社会科学院教职员(法政)一览①(1928年7月制,9月印)

姓名	字	籍贯	履历	职务
戴修骏	质夫	湖南常德	法国巴黎大学政治经济法律科博士，中央法制委员会委员，北京法政大学教授	院长,兼经济系主任
周览	鲠生	湖南长沙	国立北京大学教授，政治学系主任	政治学系主任,副教授
谢冠生		浙江嵊县	巴黎大学法学博士	法律学系主任,副教授
乔万选	子青	山西太原	哥伦比亚大学哲学博士，芝加哥大学法学博士	政治及法律学系副教授
刘之谋		江苏松江	法国巴黎大学法学硕士，比国鲁文大学法学博士	法律学系副教授
刘镇中	谷盦	福建闽侯	法国巴黎大学法学博士（应为硕士）	法律学系副教授
胡文炳		江苏上海	法国巴黎大学法学博士	法律学系副教授
梁仁杰		灵山	法国巴黎大学法学博士	法律学系副教授
吴建邦		安徽太湖	比利时干城大学(根特大学)	政治学系副教授
赵谦	雨仲	湖南宝庆	比利时岗城大学(根特大学)政治学博士	政治学系副教授
程天放		江西新建	美国伊利诺伊大学硕士，都郎度大学政治学博士，曾任江西省政府委员兼教育厅厅长	政治学系副教授
章世长	企韩	江苏吴县	日本明治大学法学士	法律学系讲师

---

① 二档馆档案,全宗号648,案卷号823。

从上表看,除社会科学院院长外,法律学、政治学系教员共 11 人,其中任教法律学系的 7 人(包括 1 位法、政两系兼任教员)。11 人中,除周览(鲠生)未标海外留学背景外(周也是海外留学博士),其余均有海外留学经历,学位从学士到博士不等。重视海外教育背景,也成了后继的中央大学法学院招聘教员的一种传统。

法学院创立伊始,即着力制定院规院章,组建高层次的师资队伍,合理配置教职员岗位:院长 1 人,综理院务;各系设主任 1 人,副教授、讲师、助教各若干人,分任各系教授、研究、调查等职。院设助教、助理,襄助院长、主任处理、编辑文牍、图书事务;院长、系主任出席院务会议,审议本院重要事项;系主任及系教授、讲师出席系教授会,计划该系学术及设备事项。

国立中央大学法学院首聘专任教师,计有:院长 1 人;法律系 18 人(副教授 17 人,助教 1 人);政治系 17 人(副教授 15 人,讲师 1 人,助教 1 人);经济系 26 人(副教授 22 人,助教 1 人);法学院助教、图书馆管理员、文书庶务助理及总务助理 4 人。其中,法政系教职员合计 35 人。

法学院成立之初,所聘教授的门槛甚高,"副教授"为国立中央大学创办伊始教师最高职称:凡受该校聘者,不问男女老少,也不论文、法、理、工、农、医,一律"贬称副教授"。坊间虽然有"像巴黎、里昂等大学的教授才配称教授,受之者颇觉可笑"①一说,实际上,除了毕业于巴黎大学的院长戴修骏之外,三个系主任中,毕业于巴黎大学的谢冠生,跟其他两位毕业于美国大学的系主任一样,也是副教授。所聘教师未明确标明专任还是兼任,盖创始之初,以专任为首要。

图 3-1　首任法学院院长　戴修骏　　　图 3-2　首任法律学系主任　副教授谢冠生

---

① 《钱端升先生纪念文集·我的自述》,中国政法大学出版社 2000 年版,第 391 页。

图3-3 首任政治学系主任 副教授卢锡荣 　　图3-4 首任经济学系主任 副教授马寅初

图3-5 1929年11月国立中央大学法学院职员会影

鉴于晚近以来,法律专业与法政专业的界限不明,学堂称法政学堂,杂志称法政杂志,可见法律与政治关系密切、内容互通,教研人员学识背景时有雷同,专业亦可兼跨,故特列法律系、政治系教师名单于下表。另经济系主任和该系纯粹法学背景的两位教师、法学士出身的职员也一并列入。①

---

① 参见《国立中央大学一览》第四种《法学院概况》,1930年1月印行。

表 3-2　1928—1929 年国立中央大学法学院教职员表(1930 年 1 月制)

序列	姓名	别号	性别	年岁	籍贯	经历	职务
1	戴修骏	毅夫	男	39	湖南常德	巴黎大学法学士,政治经济科博士,北京法政大学教授	院长
2	谢冠生		男	32	浙江嵊县	巴黎大学法学博士	法理学、罗马法、中国法制史副教授,兼法律学系主任
3	刘镇中	谷盦	男	44	福建闽侯	北京大学法科毕业,巴黎大学法学硕士	民法总则、债权法、继承法副教授
4	胡文炳		男	33	江苏上海	中俄大学教授	商法、物权、海商、破产法副教授
5	马达	质父	男	30	江苏	巴黎大学法学硕士、博士,持志大学教授	法律系劳动法、经济系经济名著副教授
6	狄侃	狄山	男	36	江苏溧阳	曾任律师及在国立广东大学教书	民事诉讼法副教授
7	夏勤	敬民	男	37	江苏泰县	前北京朝阳大学教务长,现任最高法庭庭长	刑事诉讼法副教授
8	于能模	伯度	男	36	浙江浦江	法学博士	国际私法副教授
9	向哲浚	明思	男	35	湖南宁乡	历任北京国立法政大学讲师,国立北京大学、北京盐务学校、北京交通大学、保定河北大学教授	英美法及法律哲学副教授
10	史尚宽		男	32	安徽	日本东京帝国大学法学士,曾任广州中山大学教授	法律系副教授
11	胡长清	次威	男	29	四川万县	日本明治大学法学士,曾任北平国立法政大学、朝阳大学、中国大学教员	刑法各论副教授
12	林幾	百渊	男	33	福建	北京国立医学专门毕业,日本德国各地大学法医学教室社会卫生学教室研究员,医学博士,北平医科大学校讲师	法医学副教授
13	方文政	乐胥	男	37	浙江金华	日本早稻田大学法律部毕业,江苏法政大学、上海法科大学、上海法政大学等校教授	契约法副教授
14	张乘运	时清	男		湖北	法官训练所教授	诉讼实习副教授
15	沈家彝	季让	男				司法公文程序副教授

(续表)

序列	姓名	别号	性别	年岁	籍贯	经历	职务
16	叶在均	乃崇	男		福建	最高法庭庭长	刑法总论副教授
17	张于浔	惠民	男		江西	最高法院推事	形势政策及监狱学副教授
18	曹 凤	仲韶	男	39	江苏高邮	最高法院推事	强制执行法副教授
19	马志振		男		浙江	国立北京师范大学毕业，曾任浙江省立第四中学专任教员两年	法律学系助教
以下为政治系教师							
1	卢锡荣	晋侯	男	37	云南陆良	北美纽约哥伦比亚大学博士，前东大文科主任	政治学系副教授兼系主任
2	钱端升		男	35	江苏		政治学系副教授
3	桂崇基		男		江西	广东大学教授	政治学系副教授
4	孔宪铿		男			巴黎大学法学硕士，比利时（布鲁塞尔）大学经济学博士，曾任国立广东大学法科学院院长，国立中山大学商学系主任，上海法政大学教务长	政治学系党义副教授
5	崔崇埙		男	32	河南南阳	美国士丹佛大学政治学博士，上海法科大学教授，吴淞中国公学教务长，暨南大学、大夏大学教授	政治学系副教授
6	刘师舜		男	30	江西	美国哈佛大学博士	政治学系副教授
7	林天兰		男			匹灵司顿大学硕士	政治学系副教授
8	章渊若	责公	男		江苏	巴黎大学研究员	政治学系副教授
9	官其钦		男		广东		政治学系副教授
10	雷沛鸿		男		广西		政治学系副教授
11	罗 鼎	崇民	男	42			政治学系副教授
12	谭绍华		男				政治学系副教授
13	张国辉	光甫	男	33	福建邵武	哥伦比亚大学法学硕士、文学士，芝加哥大学法学博士，北京师范大学、中国大学、厦门大学教员	政治学系副教授
14	潘廷干		男	33	浙江	日本早稻田大学毕业，北京民国大学预科主任	政治学系副教授
15	雷啸岑		男	33	湖南嘉禾	日本早稻田大学毕业，北京民国大学教授	政治学系副教授

(续表)

序列	姓名	别号	性别	年岁	籍贯	经历	职务
16	徐辅德	佐良	男	33	江苏昆山	无	政治学系讲师
17	陈育凤		男				政治学系助教
以下经济系(23人,其中主任及副教授17人,讲师4人,选录偏于法律专业的3人)							
1	马寅初		男	44	浙江嵊县	美国哥伦比亚大学经济学博士,历任北京大学教授	经济学系主任
2	楼同荪	佩兰	男	33	浙江永康	私立浙江法政专门学校毕业,法国巴黎大学法学硕士,上海国民光华学艺、中国公学、法政大学、法科大学教授,浙江省政府秘书,浙江省立政治人员养成所所长,浙江公立法校校长	经济学系副教授
3	陈粲	苕之	男		湖南长沙	北京大学法学士,美国加利福尼亚大学经济学硕士,曾任厦门大学商科主任,大学秘书,经济史、经济学、财政学教授,国立中央大学商学院工商管理科主任	经济学系副教授
属于法学院人员							
1	吴联辉		男	25	湖南	国立中央大学法学士	法学院助教
2	章梓	伯纯	男	27	江苏武进	国立中央大学法学士	法学院图书管理

表3-3 1931年春季法学院法律学系、政治学系新增部分教师名单①

姓名	别号	籍贯	任课	经历	任职单位
郭心崧				日本帝国大学经济学系	代理国立中央大学法学院院长
杭立武				伦敦大学政治学博士	副教授,兼政治学系主任
王凤仪	来庭			巴黎大学法学博士	副教授(秋季学期政治学系主任)
阮毅成		浙江余姚	1. 陪审制度 2. 现代政治学说	法国巴黎大学毕业,获国家法学硕士学位	兼任副教授

---

① 本名单为手抄稿,插于1930年1月《国立中央大学一览》第四种《法学院概况》中,未注明各位教师的任职时间。根据有关教师的日记或回忆,如阮毅成《八十忆述》(第325~328页),谢冠生《篆生堂文稿》(第125页),陶希圣《潮流与点滴》《郭心崧传》等的记载,始于1931年春季以后,截止时间大致为1936年度。(参见《国立中央大学法学院概况》,1937年初印行)

(续表)

姓名	别号	籍贯	任课	经历	任职单位
陶希圣		湖北黄冈	1. 中国法律思想史 2. 中国政治史	北大法科学士,安徽省立法政专门学校教员。上海商务印书馆编辑,曾在上海大学、上海法政大学、东吴大学等校讲授法学和政治学	副教授
端木恺			1. 党义甲、乙 2. 市政学 3. 政治学	毕业于上海复旦大学政治系,东吴大学法科,美国密西根大学法学博士	政治学系副教授
杨云竹				东京帝国大学政治学科毕业	法学院法律学系、政治学系副教授
雷震	儆寰	浙江长兴	1. 三民主义研究 2. 五权宪法	东京帝国大学法学院行政法学毕业,铨叙部秘书兼调查统计局局长	政治学兼任系副教授
吴颂皋			1. 宪法 2. 政治思想史 3. 国际政治	复旦大学毕业,法国巴黎大学法科,伦敦大学研究员归国后,历任复旦大学法学院院长、国立中央大学法学院副教授	政治学系副教授
吴文辉					政治学系助教
庄心在					政治学系助教

　　法律学系、政治学系及经济学系的专任教师来源大致分三类:一是在国内外大学法科毕业(留学国家以法国、美国、日本为主)或已有执教经验的教师;二是在司法实务部门工作多年、司法经验丰富的教师;三是具有法科背景同时具有财经等学科背景的教师。[①]

　　国立中央大学法学院成立之初,法学方向有江苏法政大学的基础,南京是国民政府新首都所在地,"新首都"的凝聚、吸引力强,名校海归博士或此前已闻名的法学界的"大咖",甘居副教授之任。因国立中央大学聘任规定,无论是国内素有名望的学者,还是海归名流,初次接受国立中央大学聘书,职称上限一律为副教授,聘书均由校长张乃燕签章发出,足显国立中央大学招聘人才的门槛之高。教职也以专任为主,不鼓励兼任。正高职称的放宽,及兼任教职的增加,直到1932年罗家伦主校以后方始变通。

　　"九一八"事变后,华北政局动荡,不少教师南下谋职,也首选国立中央大学,故而,国立中央大学法学院又迎来一批海内外著名的法界精英充实教师队伍。

　　抗战期间迁校重庆,法律人才汇集于此,一时称盛天下。兹举1940—1941学年法学院教师履历表为证。(表3-4)

---

① 《国立中央大学概览》,1930年1月印行。

表 3-4　1940—1941 学年法学院任职教师履历表（1941 年 10 月制）①

姓名	部门	职别	到职时间	学历	履历
马洗繁	法学院	院长 专任教授	1932 年	哥伦比亚大学及伦敦大学研究生	前北京法政大学教授 北京特别市党部委员 河北省训政学院院长 南京市社会局局长 中央政治学校行政系主任
何义均	法律系	法律系主任 专任教授	1934 年 9 月	美国留学，得文学士，法学士、硕士、博士学位	历任国立中央大学专任教授、中央警官学院兼任教官、军事委员会政治部设计委员、三民主义青年团后补干事
何襄明	法律系	教授	1941 年 8 月	东吴大学法律学院毕业，巴黎国际学院毕业，巴黎大学法科研究院研究员	国立中山大学兼任讲师，国立云南大学教授
梁传愈	法律系	教授	1941 年 10 月	美国西北大学法学博士	历任复旦大学、中央政治学校教授
张庆桢	法律系	教授	1937 年 8 月	美国西北大学法学博士	厦门大学教授，司法院法规委员会委员，监察院简任秘书
赵之远	法律系	教授	1932 年 10 月		前国立北京大学法学院教授，前国立中央大学法律系主任，前中央政治学校兼任教授
芮光琇	法律系	教授	1941 年 12 月	江苏法政大学毕业，高等考试司法考试及格，法官训练所毕业	曾任河南开封地方法院推事，河南高等法院第一分院推事，河南信阳地方法院推事，四川重庆地方法院推事兼庭长，河南大学民诉法教授，中央警官学院行政法讲师
林纪东	法律系	兼任教授		北平朝阳大学法学士，日本明治大学研究员	现任中央政治学校教授
梅仲协	法律系	兼任教授		法国巴黎大学法学士	中央政治学校教授兼法律系主任
陈耀东	法律系	兼任教授		东南大学政治经济学士，巴黎大学法学硕士，国际法学博士，伦敦大学研究员	中央政治学校、重庆大学教授，全国律师协会秘书长

① 中国第二历史档案馆馆藏档案，全宗号 648，案卷号 1849。

(续表)

姓名	部门	职别	到职时间	学历	履历
任祖宏	法律系	助教	1939年9月	国立中央大学法律系毕业	
陈应钿	法律系	助教	1941年8月	国立中央大学法律系毕业	经济部专利办法筹备委员会编译
政治系					
张汇文	政治系	教授兼主任兼法科研究所政治经济组主任	1932年8月	清华大学毕业,美国斯坦福大学政治系毕业,得学士、硕士、博士学位,美国公务研究所研究员	除任国立中央大学教授外,曾任立法院简任编修,兼任中央政治学校教授,兼任陆军大学政治教官
江康黎	政治系	专任教授		美国西北大学、密西根大学政治学硕士	曾任中山大学、暨南大学教授
吴恩裕	政治系	专任教授	1940年8月	国立清华大学文学士,英国伦敦大学(伦敦政治经济学院)政治学博士	中央政治学校研究部任研究员
孟云桥	政治学系	专任教授	1938年7月	国立北京大学毕业,牛津大学哲学硕士	
黄正铭	政治学系	专任教授	1936年2月	国立中央大学毕业,伦敦大学政治学博士。英国格罗秀士学会会员,国际法学会会员	
程憬	政治学系	专任教授	1939年8月	清华大学研究员毕业	厦门国际研究所研究员。国立暨南大学史学系教授,兼主任(3年)。国立中央大学史学系兼政治系教授(4年),安徽大学教授兼文学院院长(4年)
戴克光	政治系专任教授		1941年8月	国立清华大学学士,英国伦敦大学硕士	曾任中央政治会议专门委员,国防最高委员会法制专任委员,国立四川大学中英庚款讲座教授

该列表中,法律学系、政治学系仅芮光琇等一两位无海外留学经历外,其余多为"海归派"。

1946—1947年,为国立中央大学回迁南京的第二年,也是战后政局最为稳定的两年,法学院依旧是国内最能吸引高端教师的法学院之一,专任、兼任俱有,且专任教师有所增加。(表3-5)

表 3-5　1947 年法学院教职员名录(1947 年 4 月 1 日制表。部分教师学历、履历待考——作者)①

姓名	部门	职别	到职时间	学历	履历
何联奎	法学院	院长、教授	1932		
何义均	法律系	主任、教授	1934 年 9 月	美国留学,得文学士、法学士、硕士、博士学位	历任国立中央大学专任教授、中央警官学院兼任教官、军事委员会政治部设计委员、三民主义青年团后补干事
戴修瓒	法律系	教授(部聘)	1942 年 8 月	日本中央大学	曾任上海法学院、清华大学、北京大学、朝阳大学等法律系教授,系主任
吴传颐	法律系	教授	1943 年 8 月	震旦大学	历任民国大学、大夏大学教授,云南大学、贵州大学法学教授
张庆桢	法律系	教授	1937 年 8 月	美国西北大学法学博士	厦门大学教授,司法院法规委员会委员,监察院简任秘书
赵之远	法律系	教授	(休假)1932 年 8 月		前国立北京大学法学院教授,前国立中央大学法律系主任,前中央政治学校兼任教授
陈耀庭	法律系	教授	1944 年 8 月		
孙煦存	法律系	教授	1947 年 1 月		
翟楚	法律系	教授	1944 年 8 月		
吕炯	法律系	兼任教授			
赵九章	法律系	兼任教授			
陈耀东	法律系	兼任教授	1934 年 8 月	东南大学政治经济学士,巴黎大学法学硕士、国际法学博士,伦敦大学研究员	中央政治学校、重庆大学教授,全国律师协会秘书长
吕复	法律系	兼任教授	1944 年 8 月		
吴学义		兼任教授	1946 年 8 月		
史尚宽	教授	兼任教授	1946 年 8 月		
章剑	教授	兼任教授	1946 年 8 月		
霍清高	法律系	助教	1945 年 9 月		
蔡哲琛(女)	法律系	助教	1945 年 12 月		
戴声贤	法律研究所	助理			

---

① 中国第二历史档案馆馆藏档案,全宗号 648,案卷号 1232。

(续表)

姓名	部门	职别	到职时间	学历	履历
司法组教职					
刘克儁	司法组	教授兼主任	1946年8月		
林振镛	司法组	教授	1941年8月		
张企泰	司法组	教授	1933年8月		
钱清廉	司法组	教授	1943年8月		
于望德	司法组	兼任教授	1946年8月		
孙 潞	司法组	兼任教授	1946年8月		
曾劭薰	司法组	兼任教授	1946年10月		
曹凤箫	司法组	兼任教授	1946年10月		
冒 莹	司法组	助教			
骆泽民	司法组	助教			
政治系教职					
黄正铭	政治系	教授兼主任，兼政治经济研究所主任	1936年2月	国立中央大学毕业，伦敦大学政治学博士	英国格罗秀士学会会员，国际法学会会员
江康黎	政治系	教授		美国西北大学、密西根大学政治学硕士	曾任中山大学、暨南大学教授
吴恩裕	政治系	教授	1940年8月	国立清华大学文学士，英国伦敦大学（伦敦政治经济学院）政治学博士	中央政治学校研究部任研究员
樊德芬	政治学系	教授			
卢锡荣	政治学系	教授（1946年上学期未聘，下学期增补）			
程 憬	政治学系	教授	1939年8月	清华大学研究员毕业	厦门国际研究所研究员。国立暨南大学史学系教授，兼主任（3年）。国立中央大学史学系兼政治系教授（4年），安徽大学教授兼文学院院长（4年）
史国纲	政治学系	教授			
刘静文	政治学系	教授			

(续表)

姓名	部门	职别	到职时间	学历	履历
沈乃正	政治学系	教授			
何联奎	政治学系	教授	1946年8月		
浦薛凤	政治学系	教授	1946年8月		
吴其玉	政治学系	教授			
张泽汶	政治学系	助教			
李学禧	政治学系	助教			
刘祖慰	政治学系	助教			
叶锦章	法学院	助教	1934年5月		

法律学系专任、兼任教授持平，司法组专任、兼任也各4人，政治学系教师则均为专任。这与国民政府1946年底通过《中华民国宪法》，决定1947年实施"宪政"、倡导"法治"的大气候不无关系，法学院又开始重视法律人才的培养。

尤其值得一提的是司法组。全国公立大学法律系司法组，是抗战后期为适应战后司法人才的大量需求而设立的，尽管司法组与法律系的毕业生毕业后，担任司法官资格的要求不同（法律系一般专业，必须参加全国司法考试；司法组毕业的只要参加铨定资格考试），曾引起法律教育界的讨论。这里所要表达的是以刘克儁、林振镛、张企泰、钱清廉为专任教授和以于望德、孙潆、曾劲薰、曹凤箫为兼任教授组成的司法组师资队伍，堪称豪华。

司法组毕业的合格人数也颇多，如1947年，就有23名学生符合参加全国司法组铨定资格考试的要求①，而在重庆时，1942年法律系毕业的全部学生才13名（男12名，女1名）。司法组的师资及毕业学生规模均大幅提高。

二、师资来源的多元化

随着形势的发展，法学院师资队伍的扩充也踏上新节奏。1932年罗家伦掌校后，幅度有所加大。罗家伦1920年毕业于北京大学，后赴美国留学，在普林斯顿大学、哥伦比亚大学研究历史，1922年改入英国伦敦大学，1923年冬入德国柏林大学历史研究所，1925年又转入法国巴黎大学。1926年回国，任东南大学教授。1928年，清华学校改为国立清华大学，罗家伦被任命为首任校长。后辞去清华校长职务，受聘武汉大学教授。蒋介石掌握国民政府大权后，罗家伦受到重视，受邀出任国立中央大学校长。1932年9月5日，罗家伦到校视事。他认为大学校长治校的首要之举是聘请一流人才以推动学科发展和教学、科研进步。他一上任，就从延聘师资入手，极力稳定原有的优良师资队伍，同时随时准备罗致专门学者。②

---

① 参见二档馆档案，全宗号648，案卷号4051。
② 参见《南京大学史》，第119页。

当时国立中央大学教师分专任和兼任两种，罗家伦主张教师队伍应以专任为主。他认为："学术本系专门事业，担任教授者自应专心从事。本校频年离乱，常感空虚。整理伊始，则极力挽留原有良好教授，而随时罗致专门学者。凡可得其专任者，莫不请其专任。即以本学年论，总计六院添聘教授76人，其中专任41，兼任35。若论其所授课目总数，兼任所授课目不过专任四分之一……且兼任教授，多系某种特殊科学之专家，系政府及其他学术机关所借重，为本校所欲罗致而事实上有不可能者，得其协助本校，自深感谢。"①可见，其聘请原则是"凡可得其专任者，莫不请其专任"，"以求其心无二用，专心在中大授课"。像钱端升、马洗繁等，都是这期间来法学院任教的。

钱端升在法学院创始阶段即已执教法学院，1930年离开，此次为再度就聘于国立中央大学。据钱端升回忆："校长罗家伦希望我去法学院，有助于加强学术空气。到了1936至1937那一年，我除偶尔不得不代理法学院院长职务外，只能倾全力于政治系附设的行政研究室工作，并组织该室同人，在一年内完成了两卷本《民国政制史》。"②

再如马洗繁先生，为资深法政专家。1913年考入天津南开学校，毕业后东渡日本求学，参加"新中学会"，继而赴美国哥伦比亚大学、英国伦敦经济政治学院深造，攻读政治学与经济学理论，获硕士学位。1923年学成回国，曾在北平创办艺文中学，担任朝阳大学、中国法政大学教授以及河北省训政学院院长。1932年罗家伦出掌国立中央大学，特聘马洗繁到校任教，兼政治系主任、法学院院长、国立中央大学研究院法科研究所所长，历时十一载，对国立中央大学的建设与发展的贡献堪称卓巨：致力将"政治学"导向"政治科学"，培养了若干名法学、政经人才，扩展法学院系科结构，力揽各方名师。在抗日战争爆发、首都濒危之际，更是倾心维系法学院教学研究持续不断。马洗繁执掌法学院，直至1943年辞别前夕。③

法学院的起色，在1934年国立中央大学的年度报告中曾有总结：自罗家伦校长掌校两年以来，中大兼任教师由110人减少到34人，而这些为数不多的兼任教员，均系某种专门学科的专家，为政府和其他学术机关所倚重，"本校所欲罗致而事实上有不可能者"。据1933年度《国立中央大学教员人数统计表》统计，法学院教员：

专任15人：法律学系4人，政治学系5人；经济学系6人。
兼任28人：法律学系13人，政治学系9人；经济学系6人。
专任教授：法律学系3人；政治学系4人；经济学系5人。
兼任教授：法律学系13人，政治学系9人；经济学系6人。
讲师：三系均无。
助教：法律1人；政治1人；经济2人。④

1934年以后，法学院增设了行政研究室和经济统计研究室。前者设在政治学系，后者

---

① 罗家伦：《两年来之国立中央大学》，1934年6月，《南大百年实录》上，第315页。
② 《钱端升先生纪念文集·我的自述》，中国政法大学出版社2000年版，第391~392页。
③ 参见马伯伦：《抗战时期的中大人：法学院院长马洗繁》，http://js.ifeng.com/a/20170527/5704085_0.shtml。
④ 参见《国立中央大学教员人数统计表》(1933年度下学期)，《南大百年实录》上，第311页。

设在经济学系。行政研究室具有法学和政治学学科特点,人员也是法学、政治学兼具,宗旨在于"现在从事研究中国的一般政治制度,将来更将对于各实际的行政问题,分别为精深的研讨;冀于中国行政之改良,能有所贡献,而于大学之行政学教材亦可有所补充"①。

20 世纪三四十年代,中国军政纷争不断,政局变幻不定,对国立中央大学法学院的规模、人事难免造成影响。30 年代,国民政府五院初建、训政始行,急需法政人才充实党政岗位。国立中央大学法学院的不少教师进入政府部门,从事专职行政工作。如戴修骏为专任立法委员;司法院成立后,谢冠生任该院参事,一度兼代理法学院院长,1930 年 4 月,任司法院秘书长。② 此后,基本不再占用法学院专任教员岗位。

随着研究室的增设,1937 年度,各院系普遍增加一个年级,开设课程增多,兼职教员稍有增加,但总体原则仍以专任教员队伍建设为主。全校以往兼任教员最多时,共达 111 人,自罗家伦到校后,力事裁减,1932 年度为 81 人,1933 年度为 80 人,1934 年度为 75 人,1935 年度为 34 人。兼任教授以法学院法律系为最,兹列举 1934 年春季学期法学院名册表为例。

表 3-6 1934 年法学院专任兼任教师名册(1934 年 10 月制作)③

姓名	部门	职别	学历	履历	课目
马洗繁	法学院	院长 专任教授	哥伦比亚大学及伦敦大学研究生	前北京法政大学教授,北京特别市党部委员,河北省训政学院院长,南京市社会局局长,中央政治学校行政系主任	比较地方政府
曹祖蕃	法律系	专任教授 主任	东京法政大学法学毕业	曾任最高法院推事,北京大学、法政大学、朝阳大学讲师,中山大学教授,司法行政部法官训练所教员	
赵之远	法律系	专任教授	法学学士、法学博士	前国立北京大学法学院教授	民法总论、民法继承罗马法、比较法律哲学
吴祥骏	法律系	专任教授	美国哥伦比亚大学法学博士、硕士、维斯康星大学学士	美国国家研究院、弗吉尼亚大学代理讲师	证据法学、公用法、英美法
何义均	法律系	1934 年秋,新聘专任教授	美国耶鲁大学法学博士		宪法原理、法理学、劳动法
林 彬	法律系	兼任教授		前任国立北京大学教授;最高法院审判官;国民政府法治编审立法委员等	刑法各论

---

① 《南大百年实录》上,第 324~325 页。
② 参见谢冠生:《篑生堂文稿·追忆居觉生先生》,1951 年 11 月印,第 125 页。
③ 二档馆档案,全宗号 648,案卷 1310。

(续表)

姓名	部门	职别	学历	履历	课目
刘镇中	法律系	兼任教授	北京大学、巴黎大学毕业，法学硕士	北京修订法律馆纂修；法权讨论会秘书；法制局参事；北京大学、法政大学、民国大学、宏文法政专校教员；江苏省政府司法厅秘书	债编各论、票据法
于能模	法律系	兼任教授	巴黎大学国际法学院毕业	国立中央大学兼任教授4年，外交部条约委员会委员4年	国际私法
洪文澜	法律系	兼任教授		最高法院推事；中央公务员惩戒委员会委员；前大理院推事；法官训练所教员	债编总论、民事诉讼法
夏勤	法律系	兼任教授		最高法院庭长；前国立北京大学法科法律系教授；北京朝阳大学教务长、副校长	民法物权、刑事诉讼法
胡文炳	法律系	兼任教授	法国巴黎大学法学博士	法权讨论委员会秘书；中国大学教授	海商法、保险法
史尚宽	法律系	兼任教授	日本东京帝国大学法学士	曾任广州中山大学教授	土地法
曹凤萧	法律系	兼任教授		最高法院推事，中央政治学校讲师	诉讼实习
孙忧照		兼任教授		德国柏林大学比较法学院研究员，巴黎大学法学院研究员	比较司法制度、近代法律思想史
刘含章		兼任教授	京师法律学堂最优等毕业	历任福建、广东、京师等审判厅庭长；福建高等厅长；大理院推事；司法部参事；法律馆副总裁；现任最高法院庭长、法官训练所教授	行政法
刘克僎		兼任教授		曾任武汉大学、中山大学教授；现任立法委员	
廖维勋		兼任教授	日本东京法政大学法律专门部毕业	曾任广东国立法政学堂、司法研究馆、司法行政部职务，研究职员；曾任司法部简任职，升用主任金事，现任司法行政部科长	中国法制史
叶在均		兼任教授			契约、法院组织法
苏克友		1934年秋新聘兼任教授			犯罪学

(续表)

姓名	部门	职别	学历	履历	课目
王亚新		1934年秋新聘兼任教授		前北京大学卫生教授；陆军炮兵学校军医处主任	法医学
谢义伟	法律系	专任助教	国立中央大学法学士	中央政治学校编译部专任编译3年	
李惟果	政治系	专任教授兼政治系主任	1927年清华学校毕业,赴美国加州		
张汇文	政治系	教授兼主任兼法科研究所政治经济组主任	清华大学毕业，美国斯坦福大学政治系毕业,得学士、硕士、博士学位，美国公务研究所研究员	除任国立中央大学教授外,曾任立法院简任编修，兼任中央政治学校教授，兼任陆军大学政治教官	
汤秸	政治系	专任教授			
钱端升	政治系	1934年秋新聘专任教授		清华大学教授	政治学研究,英国宪法史
王季高	政治系	1934年秋新聘专任教授	美国哥伦比亚大学政治学博士		现代政治学说,西洋政治思想史,政治制度研究
刘百闵	政治系	1934年秋新聘专任教授		地政学院教授	日本政治外交史
江康黎	政治系	兼任教授	美国西北大学、密西根大学政治学硕士	曾任中山大学、暨南大学教授	市政学
刘师舜	政治系	兼任教授	清华大学毕业，哈佛大学硕士，哥伦比亚大学哲学博士	清华大学教授；国立中央大学政治系主任；外交部参事顾问司长；内政部参事；立法院立法委员	
廖文奎	政治系	兼任教授			
吴瀚涛	政治系	兼任教授	东京帝国大学法学士,美国伊利诺伊大学政治学博士		国际公法成案研究
程憬	政治系	兼任教授	清华大学研究员毕业	厦门国际研究所研究员；国立暨南大学史学系教授,兼主任(3年)；国立中央大学史学系兼政治系教授(4年)；安徽大学教授兼文学院院长(4年)	

(续表)

姓名	部门	职别	学历	履历	课目
金祖懋	政治系	兼任教授			
陈耀东	政治系	兼任教授 兼任教授			
周 还	政治系	兼任教授			
王先强	政治系	兼任教授			
向理润	政治系	1934年秋新聘 兼任教授	美国维斯康星大学政治学博士		政治学（甲）
谭绍华	政治系	1934年秋新聘 兼任教授		中山大学教授，外交部简任秘书	国际法，成案研究
吴联辉	政治系	专职助教	国立中央大学法学士		
冯 震	政治系	1934年秋新聘 专任助教	国立中央大学法学士		

1937年春季学期，法律系专任教授为曹祖蕃、赵之远、吴祥骏3位，其余12位为兼任，专任占五分之一；政治系，连法学院院长马洗繁在内，专任教授4人，其余9位为兼任。专任、兼任比大于法律系。

虽然兼任教师占比较多，流动性也大，但教师队伍总数基本持平。如1934年7月后，秋季学期法律系与政治系离任8任，新聘9人（含1名助教），离、聘者人数大致相等。名单如下：

离任者：马洗繁、廖文奎、刘师舜、江康黎、王先强、曹祖蕃、林彬、夏勤。
新聘者：法律系，专任教授1位，何义均；兼任教授2位，苏克友、王亚新。
    政治系，专任教授3位，钱端升、王季高、刘百闵；兼任教授2位，向理润、谭绍华。
    专任助教1位：冯震。

1937年初，专任教授13人，兼任教授16人，专任讲师1人，助教3人。① 在兼任教师规模方面，法学院属于特例，兼任教师达16人，远多于同期的其他院系，主要因为法学院教授专业的实用性强，不少教师都在政府部门从事立法、司法、外交等工作，诸多法界名流也愿意到法学院兼职；部分是为国立中央大学良好声誉所吸引，部分出于罗家伦的个人魅力。在法学院兼任的人士，多在法界、政界、金融界及新闻界名声颇著，其中不少前期是专任，后改为兼任。1937年前，法学院的专任教师人数有所下降，兼任比例有所上升。

---

① 参见《国立中央大学概况》(1937年，纪念国立中央大学10周年，三江师范学堂35周年)，《南大百年实录》上，第324～325页，第336页。

三、法政教师名录

1928年至1949年，国立中央大学法学院先后由法律系、政治学系、经济学系、社会学系、法律系司法组、边疆政治系组成，其中在法律系、政治学系执教的共有225位。鉴于近代中国即有法、政兼行的传统，中央大学法学院不少教师或兼任法律系、政治系教职，或兼任法律系、司法组教授，或兼任政治系、司法组教职；担任课程也多兼涉法律、宪政、外交及国际政治；法学院院长既有政治学系、政治经济学出身的，也有法律学系出身的。1949年以后，仍在高校授课的不少教师也多在法学院（法律系）、政治系之间调剂，延续了法、政兼具传统。像戴修骏、马洗繁、何联奎、谢冠生、张庆桢、卢峻、吴传颐、刘克儁、徐道邻、黄正铭、吴昆吾、钱端升、何义均、刘师舜、龚祥瑞、王铁崖、赵理海、陶希圣、楼邦彦、费青、阮毅成、黄正铭、钱清廉、浦薛凤等教师，既可为法律学、政治学学人，也可为国际法、国际关系学人。故而以下所列名录涵盖中央大学法学院法律学系、政治学系及法律学系司法组教师。经济学系三位如陈棨等，在经济学系任职，而偏重经济法律的，一并列入；社会学、边政几个系的教师，基本未予列入。本编其他章节有主要名师的简介，故此处只录名单，简历略去。按拼音顺序排列：

白世昌	百洁琛	鲍扬廷	蔡哲琛（女）	曹凤萧	曹树勋	曹祖蕃
陈棨	陈琮	陈顾远	陈洪	陈朗秋	陈耀东	陈耀庭	陈应钿
陈育凤	程方	程经远	程憬	程恺	程绍德	崔崇埙	戴克光
戴声贤	戴修骏	戴修瓒	邓亚魂	狄侃	狄山	丁文渊	董同鉌
杜光埙	杜庆	端木恺	段茂光	樊德芬	樊弘	范馨香	范扬
方文政	费青	冯震	葛延林	龚祥瑞	顾宝衡	郭骥	郭心松
杭立武	何浩若	何联奎	何襄明	何义均	何宇铨	洪文澜	胡文炳
胡长清	黄观效	黄克荣	黄正化	黄正铭	霍清高	姬麟阁	江康黎
蒋默秋	金世鼎	金祖懋	孔庆宗	孔宪铿	雷沛鸿	雷啸岑	雷震
李福祥	李公天	李森	李惟果	李学禧	李祖荫	梁朝威	梁传愈
梁仁杰	廖维勋	廖文奎	林彬	林几	林纪东	林式增	林振纲
林振镛	凌纯声	刘百闵	刘达人	刘含章	刘家骥	刘家驹	刘静
刘静文	刘克儁	刘南溟	刘师舜	刘镇中	刘之谋	刘祖慰	龙德柏
楼邦彦	楼同苏	卢俊恺	卢峻	卢锡荣	罗鼎	罗泽民	骆泽民
吕复	吕炯	马达	马洗繁	马志振	冒莹	梅仲协	孟云桥
倪江表	欧阳鹫	潘抱存	潘承壎	潘廷干	彭师勤	彭耀昆	浦薛凤
钱端升	乔万选	任祖宏	阮毅成	芮光琇	芮逸夫	萨孟武	邵士玟
沈家彝	沈乃正	盛振为	施建生	时乐章	史国纲	史尚宽	苏克友
孙忱照	孙鸿霖	孙潞	孙煦存	谈运钊	谭绍华	汤秸	陶希圣
童冠贤	童正	汪继祖	王道渊	王凤仪	王惠中	王芃生	王铁崖

王祥麟	王亚新	王正平	王仲武	卫惠林	邬志陶	吴传颐	吴恩裕
吴瀚涛	吴纪元	吴建邦	吴昆吾	吴联辉	吴南如	吴其玉	吴颂皋
吴文辉	吴祥骏	吴祥麟	吴学义	夏勤	夏全印	向理润	谢冠生
谢义伟	徐道邻	徐辅德	徐诵明	徐义生	徐益棠	杨必立	杨公达
杨云竹	叶锦章	叶在均	于能模	于望德	俞履德	俞瑞瑜	曾劭薰
翟楚	张乘运	张国辉	张汇文	张杰	张金鉴	张企泰	张庆桢
张宿海	张于浔	张泽汶	章剑	章任堪	章世芘	章渊若	赵理海
赵兰坪	赵谦	赵之远	周还	周鲠生	周元梅（女）		朱继荣
朱显祯	祝修爵	庄心在					

四、教研平台的提升

抗战爆发后,迁渝大学的原有法学院规模多有萎缩,甚至停办,连西南联大法学院也未能幸免:三校中,北大就剩下燕树棠、蔡枢衡、费青(东吴法学学士、柏林大学法学硕士)等少数几位,坚持专心任教,清华与南开来的教师中,都没有人教授法学;为数不多的法律教授中,又多做兼职,以维持生计。① 相反,不少有清华、北大法学背景的教师,纷纷来到国立中央大学法学院任教:一来中央大学法学院具有完整的法学院系建制,能够发挥专长;二来国立中央大学地处战时首都重庆,便于政、学跨界兼职。因此,国立中央大学无论是大法学院,还是法律学系,教师队伍虽然比迁校前略有减缩,但基本规模保持稳定,师资阵容依然齐整。至1940年1月,整个国立中央大学计有教员386人,职员176人(内兼职9人),学生2513人。② 法学院教师队伍也相当完备。具体如下:

法学院院长马洗繁。

法学院专任教授14人,兼任10人;副教授专任1人;助教4人。

法律系主任赵之远,专任教授4人,兼任2人,助教1人。学生28人(一年级22人,二年级6人,其中女生5人)。

政治系主任张汇文,专任教授6人,兼任2人,专任讲师1人,专任助教1人。学生数共20人(一年级11人,二年级9人,其中女生2人)。

经济系主任吴幹,专任教授4人,兼任6人,助教2人。

国立中央大学法学院成为全国大学法学人才的荟萃之地。直到抗战结束后,不少法学教师才开始分流或迁任至清华、北大、交大、同济、浙大等院校。

法科研究所的设立

1939年以后,国立中央大学校级法科研究所的增设,既为学生提供了继续深造的机会,

---

① [美]易杜强:《战争与革命中的西南联大》,饶佳荣译,九州出版社2012年版,第155~157页。
② 《国立中央大学教职员学生概况简表》,《南大百年实录》上,第418~419页。

也充分发挥了教师在人才培养方面的潜力和能量,从以往单一的本科教学的职能,升格为研究生专业指导教师。

1939年度,法律研究所主任为卢峻(或何义均),政治研究所主任为黄正铭,经济研究所主任为程绍德。

法科研究所学生23人(一年级15人,二年级8人,其中女生1人)。这样,包括法律学系毕业的学士,毕业后可以直接进入研究所从事研究。

到1941年12月,增设文科研究所之法科研究所法律学部,下设政治经济部,所长马洗繁,主任张汇文。研究员4人,由法学部专任教授兼任。

研究生:共计6人(第一年3人,男生;第二年2人,男生;第三年1人,男生)。① 研究生人数较前年减少。

1943年度,法科研究所所长为何联奎,政治经济部主任为黄正铭。

在民族战争的炮火中,迁居重庆的国立中央大学法学院,克服重重困难,延揽优秀教员,尽心培育人才,包括法律学科在内的法学院的教学科研获得整体提升,在全国法学院、法律系中位列前茅。罗家伦掌校时所聘的马洗繁、何联奎、戴修瓒、黄正铭等专任教员,均为一时俊彦。1943年,全国评审出的第二批部聘教授15名中,国立中央大学占7名,其中就有法律系的戴修瓒先生。(1941年第一批30名,国立中央大学有5位,无法学院教师)②

迁渝以来,增设的隶属于法学院的新系科如社会学系、边疆政治系等,也都聘请了相关专业一流水准的教师。如社会学系专任教授有孙本文、王政、傅尚霖、张少征、朱约庵等。1939年法科研究所增设后,所属社会研究所主任为孙本文,心理研究所主任为萧孝嵘。民族学家凌纯声为边疆政治系首任系主任,专任教授有韩儒林、卫惠林、芮逸夫、董同和等。③ 这些系科尽管不属于法律系,但在大"法学院"之下,所聘教师无疑都是相关领域的学术翘楚,开设的课程也有法律专业学生的辅修科目,有助于丰富法律专业学生的综合知识结构。

五、外交政坛的贡献

1946年法学院随学校复员后,通过对伪国立中央大学法学院的接管,教师队伍重新整合,教学科研迅速步入常态,确立教师聘任、晋升的新规章。为了进一步规范教授的聘用,1947年4月2日国立中央大学根据大学教员聘任及待遇规程第四条,颁布了教员聘用资格办法。关于教授资格有三条规定:

第六条 具备下列资格之一者得聘为本大学教授:(一)任副教授五年以上,著有成绩并对所任学科有重要学术贡献,经专家审查合格者;(二)具有第五条所规定之副教授资格,继续从事研究五年以上,对于所任学科有重要学术贡献,经专家审查合格者;(三)具有第五条所规定之副教授资格,从事于与所任学科性质相

---

① 《第一学期国立中央大学研究所概况表》(1941年12月30日),第432页。
② 《南京大学史》,第117页。
③ 参见《南京大学史》,第171～172页。

同之专门职业七年以上,具有学术创作或发明,经专家审查合格者。

第十条　凡在学术上有特殊贡献而其资格不合于本办法第四五六各条规定者,得由聘任委员会指聘专家审查其专门著作或经验,然后根据专家审查意见拟定其等别,报请校长聘请为讲师副教授或教授。

第十一条　本办法经聘任委员会审查、送校长核定后公布施行。①

由上可见,国立中央大学对教授的资格认定标准十分严格,任资年限、成果及专家认定等是必具的条件,但第十条"凡在学术上有特殊贡献",又给聘请杰出人才提供了特殊通道,也为法学院(法律系)聘请兼职教授开了绿灯。

法学院经过战时的系科扩容,师资规模虽增大,但在全校诸院中尚处于中等偏下档次。如据1947年1月国立中央大学的统计,法学院教职员人数:

专任教授35人(同期学院中,文学院56人,理学院57人,师范学院32人);副教授2人;讲师3人;助教14人。

法学院兼任教授22人(同时期兼任:文学院6人,理学院6人,师范学院3人)。

副教授,无;讲师1人。

法学院职员合计3人;教授职员1人,助理1人,其他职员1人。

法学院各科与研究所主持人如下:

院长:何联奎。

法律学系:主任何义均。

司法组:主任刘克儁。

政治学系,政治经济学系研究所:主任黄正铭。

经济学系:主任程绍德。

社会学系:主任孙本文。

边疆政治系:主任韩儒林。

法学研究所(行政法):主任何义均。②

上述统计记录,学科分配只到院系主任一级,普通教师分配记录没有具体到各系,法律系及司法组专任、兼任教师具体数字也就无法确知。法学院6个方向,35个正教授,总数并不算多,仅比最少的师范学院多出3名。一个特有的现象是,法学院兼任教授人数22名,高出最低的师范学院19名,高出文、理学院16名。究其原因,法学院系科,尤其法律学系中一些知名教授,由于任教的专业应用性强,在抗战胜利后的政治、法律及外交舞台上,经常能看到他们的活动身影;国立中央大学聘用政策及独特的首都区位优势,使得他们可以通过兼任

---

① 《南大百年实录》上,第509～510页。
② 《南大百年实录》上,第489、490、494页。

法律课程，将法律实际经验带到课堂，实现理论与实务相结合。客观上开阔了学生的眼界，颇受学生欢迎。

历时 20 年的法学院，曾吸引了一批享誉海内外的法学名家来此任教，体现了师资队伍的整体实力。尽管时间长短不一，他们在这块讲坛上留下的印记却足够深厚，国立中央大学的声誉度也随着诸多名家活跃的社会活动得以提升。诸如：

1948 年，首届司法院大法官会议 17 名成员中，曾在国立中央大学法学院任教的有张于浔、沈家彝、叶在均、向哲浚、夏勤、黄正铭、刘克儁等 7 人，约占 42%。另获首届提名的史尚宽，也曾在此执教。

1948 年底，代理国民政府最高检署检察长的，为 1949 年后国立南京大学法学院兼任教授杨兆龙。

1946—1948 年，远东国际军事法庭中方主诉检察官向哲浚，4 名检察官顾问中的王铁崖（首席顾问）、吴学义二人，均为国立中央大学法学院专任或兼任教授。

法学院教师在其他立法、司法及外交界有所作为的也不在少数。他们给法学院学生传道授业的同时，也承担起法律人应有的担当。

尚需说明的是，由于政治立场的不同、品行操守的差异、个人利益的考量，在纷乱的时势大潮中，在国家民族危机及历史转折的关头，国立中央大学法学院的教师队伍也出现分野：挺身而出、勇为国族争利权者有之；失足下水、投靠日伪政权者有之；新旧政权更迭，选择去抑或留者有之；脱离政治旋涡、图求安身立命者有之……时代的印记，已深深烙在这代人的身上，成为后人不断言说的话题。

第四章　教研活动

一、招生标准

南京国民政府建立后,逐步统一高等学校的注册立案制度,尤其加强了私立学校特别是教会学校的注册管理。1927年、1928年,国民政府先后颁布《私立大学及专门学校立案条例》《私立学校条例》,通过两份《条例》,统一了高校注册立案权属问题。1928年至抗战胜利,各校组织招生、安排教学的自由度相对较大,主动性较强,比较能够体现学校特色。抗战胜利后,政府除了对高校科目作指导性要求外,也逐步统一招生门槛。私立学校的注册立案要求也同样适用于中学,报考学生的基本学历,都应在公立及私立注册学校取得毕业资格,此为基础线。基础线以上,可以酌情变通,便于招生标准的划定。中央大学法学院本科生的招生规则,基本参照全国招生标准制定。

例如,中央大学1948年6月颁布的招考新生简章第三条的规定:

>合于下列资格之一者得报考一年级新生:(1) 曾在公立或已立案之私立高级中学毕业,得有毕业证书者。(2) 曾在公立或已立案之私立师范学校或高中师范科毕业,得有毕业证书并于毕业后服务满三年者。(3) 曾系公立或已立案之私立高级职业学校毕业,得有毕业证书者。但限报考与原毕业学校相同之科系。(4) 未立案之高中毕业生曾受升学预试或甄审考试得有及格证明书者。(5) 具有高级中学毕业同等学历,因战事关系失学一年以上并于失学前修满高中二年级课程,缴验原肄业学校成绩单,经审查合格者。同等学历学生录取人数遵照规定不得超过录取新生5%,专修科不得超过10%。合于下列资格者得报考二年级转学生:(6) 曾在国立或已立案私立大学或独立学院肄业之正式生,修毕第一年全部课程(最少不得短于30学分),总平均成绩在乙等以上,学行优良者。报考转入本大学之系科,除艺术系绘画组外,以在原校肄业之同性质系科为限。

一年级新生考试课目:法学院各系、文学院各系及师范学院各系,考国文、英文、数学乙(高等代数、平面几何、三角)、理化、中外历史、中外地理。二年级转学生,先经一年级新生考试及格入学后,参加二年级转学考试。

法学院中,除政治学系、社会学系两个专业外,法律系、司法组、经济学系及边政系均不接受转系学生,其他方面均同于全校标准。这是学校招生简章中法学院部分系科区别于其他院系的唯一标志。根据规定,一般文科院系均接受转系学生,唯法学院有此特例。① 这部详细的招生简章,一年以后因政权更替而被废弃。

二、课程设置

1. 院系自主设计课程

法学院成立之初,自主制定全院选课总纲,各系根据总纲制定具体教学指导计划书,设置学程(课程),报学校备案,再由学校统一颁布,供学生参照。换言之,院系有设置本专业课程的绝对自主权。法律、政治、经济三学系的总体课程安排计划如下:

必修学程(课程):法律系27门,政治系15门,经济系15门。选修学程:法律系累计26门,政治系30门,经济系41门。全院合计:必修学程57门,选修学程97门,合计154门,按照学年分级选课。

(甲)本院(指法学院,编者注)选课规程总纲:
一、本学院本科各学系学生修业年限概为四年。
二、本学院本科各学系学生须习满128学分之学程。
三、本学院各学系之学程以每星期授课一小时为一学分计算,但各学系得依学程性质之轻重及需要自修时间之长短酌量增减(其他属于他学院之学程定入本学院各学系课程中者,其学分依原属学院之所定)。
四、本学院各学系不设辅系。
五、本学院各学系课程设必修及选修两种学程,必修学程为该学系一切学生必须选修之学程,选修学程得由各学生按照该学系课程规定选习。
六、本学院各学系学生选课无论系必修、选修学程,须按照该学系课程配定年级次序为之。
七、本学院各学系按照上列总纲,每学年自行制定该学系课程指导书公布之。
(乙)法律学系选课规程:
一、本规程说明
(一)本学系学生修业年限四年。
(二)本学系学生须习满128学分之学程。
(三)本学系学程分必修、选修两种:必修学程本系一切学生必须修习;选修学程,由各学生按照后列课程规定选习。
(四)本学系学生选课须按照后列课程配定之年级次序为之。

关于法律系课程,教学大纲也在规程表中一起明示,便于老师和学生授课、选课。通过

---

① 《南大百年实录》上,第513~515页。

法学院法律系本科学生的必修、选修课程,可以了解南京国民政府前期法律专业学生的基本专业素养。

法律系本科必修学程(27门)列举如下:

民法总则(1年,周学时上下各4、6学分):本学程分绪论、本论两部分。本论内容有:法例,第二章"人",第三章"物",第四章"法律事实与法律上之效力(权利之得、丧、变更)"。

民法债编(1年,周学时上下各4、5学分):本学程分通则、各论两部分。第一章"债之发生",第二章"债之标的",第三章"债之效力",第四章"多数债务人及债权人",第五章"债之转移",第六章"债之消灭"。各论详述各种之债:买卖,交互计算,赠与,租赁,借贷,雇佣,承揽,出版,委任,经理人及代办商,居间,行纪,寄托,仓库,运送营业,承揽运送,合伙,隐名合伙,指示证券,无记名证券,终身定期金,和解,保证。

民法物权(1年,周学时上下3、2、3.5学分):分通则,所有权,地上权,佃权,地役权,抵押权,质权,典权,占有,计9编。

民法亲属(半年,周学时2,1.5学分):分绪论、本论。本论:第一章"通则",第二章"婚姻",第三章"夫妻关系",第四章"父母与子女之关系",第五章"抚养",第六章"监护人",第七章"亲属会议"。

民法继承(半年,周学时2,1.5学分):分绪论、本论。本论,第一章"通则",第二章"继承人",第三章"继承之政策",第四章"继承人之应继份",第五章"遗产之分割",第六章"无人承认之继承",第七章"遗嘱",第八章"特留分"。

刑法总论(1年,上下周学时3,5学分):讲述中国历代刑法志沿革,各国刑法之大概,文例,时例,刑事责任及刑之减免,未遂罪,共犯,累犯,并合论罪,刑之斟酌,加减例,缓刑,假释,时效。

刑法各论(1年,上下周学时3,4学分):分三部分,第一部分讲授保护个人法益之刑罚规,第二部分讲授保护社会法益之刑罚规,第三部分讲授保护国家法益之刑罚规。大体以现行刑法为主,于讲授时,旁及立法得失及各国之立法例。

商法概论(商人通例)(半年,周学时3,2学分):详述商法之意义,沿革,各国及我国商法之大概情形,并研究商人,商业注册,商号,商业账簿,商业使用人,及代理商等各种规定。

公司法律(半年,周学时3,2学分):通则,无限公司,两合公司,股份有限公司,股份两合公司。

票据法(半年,周学时3,2学分):总则、本票、支票三部分。汇票一部分,又分发票,背书,承兑,参加承兑,保证,到期日,付款,参加付款,追索权,拒绝证书,复本及誊本等各项。

海商法(半年,周学时2,1.5学分):先研究关于海商共通之规定,次讨论船舶,海员,运送契约,船舶碰撞,救助及捞救,共同海损,海商保险等问题。

商行为(半年,周学时2,1.5学分):

民事诉讼(1年,周学时上下各4、6学分):本学程包含法院之管辖,法员、职员之回避,当事人,诉讼代理人,诉讼辅助人,诉讼费用,第一审诉讼程序,上诉审程序,抗告程序,再审程序,特别诉讼程序。

刑事诉讼(1年,周学时上下各3,4学分):依照国府之刑事诉讼法分编,讲授刑事诉讼之普通观念;然后就诉讼主体、诉讼行为、诉讼物体分别言之;再次则解释第一审之各种程序及上级审之各种程序;最后,讲授特别诉讼程序,暨附带民事诉讼。

破产法(半年,周学时2,1.5学分):分实体法、程序法两大类。实体法中,详述破产债权,破产财团,及破产效力等各项问题;程序法中研究破产之宣告,破产债权之呈报,及调查破产财团之管理,及变价破产之完结等各种问题。

强制执行律(半年,周学时2,1.5学分):本学程分绪论、本论两编。本论分七章:强制执行之要件,强制执行之开始,强制执行之异议,强制执行之机关,强制执行之当事人,强制执行之停止与撤销,强制执行之续行纪终法。

劳动法(半年,周学时3,2学分):本课程分上、下两编,上编为总论,下编为各论。总论分八章:劳动法之基本概念,劳动法研究之方法,劳动法治理想与沿革,劳动法与其他社会科学之关系,劳动法之立法主义,劳动法之法源,劳动法之效力,劳动法之对象及其系统。各论分七章:劳动契约,劳动协约,劳动团体法,劳动争议法,劳动救济,劳动保护,劳动保险。

土地法:分上下两编。上编总论,分五章:社会法治意义及其领域,土地法治意义、性质及其对象,世界各国土地制度之沿革,中国地权之研究,土地法之法源。下编为各论,分五章:土地法,土地登记法,土地使用法,土地征收法,土价税法。

罗马法(1年,周学时上下各2,3学分):分绪论、本论两部分。绪论讲述罗马历史大概及罗马法渊源、沿革;本论分述人法、物法及诉讼法,随时代与近代法加以比较。

法院编制法(半年,周学时2,1.5学分):分绪论、本论。绪论分司法权、司法行政权两章。本论分法院、司法官吏、审判、司法行政四章。

国际私法(1年,周学时上下各3,4学分):分四编——导言(国际私法的对象、性质及其渊源),国籍,外国人之地位,法律之冲突及尊重已得之权利。

法理学(1年,周学时上下各3,4学分):讲述法理学之意义,法理学的派别;法律之本质,法律之形式,法律之本位,法律之进化。

诉讼实习(半年,周学时2,1.5学分):本课程旨在训练实施诉讼程序之方法,使学生彻底了解诉讼法规,并备将来实施上引用。

宪法(1年,周学时上下各3,6学分):讲授宪法之概念,国家的概念,个人基本权利,人民基本义务,公民选举权,公民直接造法权,公民直接罢免权,议会,行政机关,法院,宪法之修改,中国制宪问题之经过。

行政法(1年,周学时上下各3,6学分):讲授立法与执行之分权,司法与行政之分权,政府机关及公益法团无形人格之研究,公务员之研究,中央行政与地方行政之区别,讨论机关与执行机关之区别,行政元首之研究,国务员之研究,中央行政参议机关之研究,行政之区分,上级地方自治行政,下级地方自治行政,行政诉讼之通则,行政法院之组织,行政法院之任务,行政诉讼之手续法。

国际公法(1年,周学时上下各4,6学分):讲授国际公法的起源、历史、根据、性质;国家在国际公法上之地位及其权利义务;平时国际法,包含国家之平等独立时问题、外交官制度、条约之议定解释、和平解决国际争议方法;战时国际法,战争时期之应守规则,中立国与交战国之权利义务等。

论文:四年级的论文题目的选定及指导细则,每学年度由各系决定公布。

选修学程,22门,部分法律系的选修课程,为政治系、经济系及社会的必修课程:

中国法制史(1年),法律哲学(半年),英美法(半年),法律思想史(半年),监狱学(半年),证据法(半年),契约法(半年),侵权行为(半年),刑事政策(半年),法医学(半年),政治学(政治系,1年),社会学(社会系,1年),社会心理学(社会系,1年),不平等条约(政治系,半年),政治思想史(政治系,1年),经济思想史(1年),现代社会问题及社会政策(社会系,1年),中国经济问题(经济系,1年),统计法(经济系,1年),财政学(经济系,1年),三民主义研究(政治系,半年),外国文(1年)。

学分2—6个不等。课程分一至四年级,进行调配。专业学系,多数选修课程以半年为主,也有一年的,如"中国法制史"等。也有本系选修课,而为相邻学系的必修课,时间也为1年。如相对于法律系学生而言,政治学、社会学、中国经济问题等,即为政治学、社会学及经济学系的必修课,课程时间多为1年。①

以上为初期课程设计方案。可以看出法律学系的专业特色非常明显,理论法学、部门法学、诉讼实习以及适应撤废不平等条约的国际法学等,都开设齐全,毕业论文也列为必选课程。从理论到实践,从国内到国际,从专业知识到综合素养,都有一整套周密培养方案,兼具理论性和实用性。

选课数量往后略有减少,至1937年,根据法学院课程编制要求,学生必须完成课程:法律学系20门,政治学系17门,经济学系20门。比初期有所减少。强制性课程减少,学生自主学习的空间有所增大。②

2. 参照部颁标准设置课程

西迁后,国民政府教育部加强对高校的管理,设立不少统一标准,要求各高校依照执行。1938年12月,教育部颁发了《大学共同必修科目表》,接着又颁布了《各院系共同必修科目表》,责成各大学从1941年起,按教育部统一科目开课,实行全国统考。中大严格执行教育部规定,在《国立中央大学学则》中明确:学生必须按开课程序修满136学分以上始得毕业(师范学院和医学院略高于此数),方授予学士学位。中大开设的校院共同必修课和各系开设的专业课和选修课情况如下:

部颁大学共同必修科目:国文、英文、三民主义、伦理学、体育、军事训练等为大学共同必修课。

部颁院同必修科目:

法学院:中国通史、西洋通史、伦理学、哲学概论或科学概论(任选一门)、自然科学(算学、物理、化学、生物、生理、地质任选一门)、社会科学(社会学、政治、经济、民法概要任选一门)。

专业课和选课:法学院共110门,其中法律系21门,司法组17门,政治系26门,经济系30门,社会系16门。③

这种分课方式优劣兼有:优点是有部颁统一标准,学生跨校求学,学分认定方便,用人单位便于掌握录用尺度;缺点是党义课程增多,希图以党义统一学生思想的政治倾向明显,部分内容空洞无用,授课机械呆板。

---

① 《国立中央大学一览》第四种《国立中央大学法学院概览》,1930年1月印行。
② 参见《纪念国立中央大学成立10周年时的概况总结》(1937年),《南大百年实录》上,第336~338页。
③ 参见《南京大学史》,第177~181页。

三、司法组的组成

抗战后期及胜利后，迫于司法人才的匮乏，1945年3月，国民政府教育部聘请法律专家组织法律教育委员会，负责法律教育的设计。10月6日，教育部公布了"法律学系科目表"，大学法律系分为4个组：司法组、行政法组、国际法组、理论法学组。由于高考及就业的关系，4个组中，以司法组人数最多。①

司法组毕业的学生，可以不经司法考试，直接由政府从大学司法组毕业生中铨定司法人员，作为缓解燃眉之举，只举行铨定资格考试。考试院于1946年2月12日公布了《教育部指定各大学及独立学院设置法律系司法组毕业生铨定资格考试规则》(1947年4月8日修正，第5、7、8条)。

各大学及独立学院应于每期司法组学生毕业两个月前，开列应届毕业学生名册，呈由教育部函送考选委员会，拟定考试日期及地点，并应于考试结束后1个月，将学生毕业成绩转送考选委员会。

铨定资格考试分为两部分，第一部分是毕业成绩审查，第二部分是笔试。笔试科目由考试院就司法组的主要科目选定，并应包括高等考试、司法官考试之专门科目(1947年的笔试科目有国文、民法、刑法、宪法、民诉、刑诉、商事法规、国际私法、国父遗教等9种)。毕业成绩审查与笔试合计为总成绩时各占50%；毕业成绩不及格者，不予合计；总成绩及格而笔试成绩不满50分的，仍认为是不及格。因此，参加考试的学生，除了毕业成绩必须及格外，笔试成绩须满50分。

图4-1 法律学系司法组学生毕业证书

铨定资格考试及格者，认为具有高等考试司法官初试及格资格；其不及格而成绩合于县司法审判官之标准者，可以铨定为具有县司法处审判官考试及格资格。考试及格或铨定为具有县司法处审判官考试及格资格后，考生训练学习及再试，应分别依照司法人员考试一般之规定办理。② 各学校学生经过考试，并审查总成绩，分为优等和中等，具体学生的名单及人数张榜公布。

---

① 参见徐道邻：《论现行的法律教育制度》，载《观察》第5卷第3期，1948年9月11日出版。
② 民标：《闲话司法组毕业铨定资格考试》，《震旦法律经济杂志》3卷8期，1947年8月号。

四、学生人数及去向

1. 学生人数

法学院历届学生数量,由于学校统计图表制定的标准前后不一,档案保存资料也不够系统,难以持续具体统计法律学系(包括后来的司法组)历年的学生数量,这里只能根据编者目前所能搜集到的资料选择性介绍。

法学院创立前几年,法学院全体在院学生总数大致如下:1927年下316人;1928年上399人,下421人;1929年上445人,下400人;1930年上394人,下355人;1931年上377人,下498人;1932年上295人,下261人;1933年上214人,下196人。(1927年无旁听生。1928、1930、1931、1932年度上学期人数包括了旁听生人数。1933年下学期无旁听生)①这里的数据,是指该年度全院学生数,1937年中央大学十周年校庆时统计,法学院119人(其中男生115人,女生4人)。平均到每个系,差不多40人。一般而言,法律学系最多,经济学系次之。②

中央大学迁渝后,1939年做过统计,法律系学生28人,一年级22人,二年级6人,其中女生5人;政治系学生数20人,一年级11人,二年级9人,其中女生2人。③ 总人数比迁渝前要少,法律学系略多于政治学系。社会学系、边政系人数更少。1928年后,全国法学院法律系学生规模总体呈递减趋势,中央大学法学院法律系也不例外。

汪伪时期南京中央大学1940年秋季复校后,法商学院计有一年级新生:法学院80人,商学院57人,共137人。二、三、四年级,法、商两部又细分系、组。1943—1944年度,四年级分设政治、经济、法律、商学四系,商学系又分设银行、会计两组。全法商学院四个年级共399人。毕业班计政治系10人,经济系20人,法律系26人,商学系27人,共计83人。④

研究生教育方面,1939年8月,教育部同意国立中央大学增设法科研究所政治经济学部。1939—1940年度,法科研究所学生23人(一年级15人,二年级8人,其中女生1人)。这样,包括法学系的学生,毕业后可以直接进入研究所从事研究工作。

至1941年12月,在院研究生数共6人(第一年3人,男生;第二年2人,男生;第三年1人,男生)⑤,第一学期研究生人数较前年减少。

1944年夏,全校研究院有20名学生通过教育部学术委员会审议,法科研究生撰写发表的《我国物价指数的研究》等文章,具有实际指导意义,受到社会重视。⑥

1946年复员后,教育部1944年即已批准的法科研究所法律学部研究生教育仍正常进

---

① 《国立中央大学历年学生人数统计表》(1934年4月),《南大百年实录》上,第314页。
② 《中央大学概况》(1937年,纪念中央大学10周年,三江师范学堂35周年),《南大百年实录》上,第336页。
③ 《教员与学生简表》(1939年),《南大百年实录》上,第425页。
④ 《国立中央大学复校第二届(医学院第一届)毕业纪念刊》,《南大百年实录》上,第591页。
⑤ 《国立中央大学研究所概况表》,第432页。
⑥ 《南京大学史》,第174页。

行。当时全国只有五所大学招收法科硕士研究生，即中央大学、北京大学、清华大学、武汉大学和浙江大学。① 招生人数仍与在渝期间持平，如1946学年第一学期研究生院学生统计：法律研究所6人，均为男生，第一年1人，第二年3人，第三年2人。政治研究所11人，男生10人，女生1人；第一年1人，男生；第二年男生7人，女生1人；第三年男生2人。②

当时研究生十分稀有，重庆时期，中央大学共毕业八届学生，约4 000人，其中硕士研究生仅有63人。③ 1947年，全校在读研究生68人，④法律专业的研究生人数更少。

2. 社会人才的输送

国立中央大学法学院以其雄厚的师资实力及政治影响力，吸引大批学子前来就读。法学院培育了一批在海内外享有盛誉的法政专业人才，日后充实到教研岗位及政府重要职能部门。

图4-2　法科研究生硕士学位证明书

本校毕业学生，除留学欧美外，多数服务于政府各类机构。1930年度毕业生：法律学系51人，政治学系45人，经济学系22人，合计118人。中央政府举行党员留学考试、外交官考试及各省的县长考试，对毕业学生有大致评价："本校应试的毕业同学，计考取党员留学的9人，外交官5人，县长31人（浙江11人，安徽3人，江苏16人，湖南1人）此外各项考试。本校成绩，都有可称……"⑤

1948年，国民政府举行的各国立、私立大学院独立学院法律系司法组毕业生铨定资格考试，参加单位有国立中央大学等31所院校。其中，国立中央大学法律系司法组优等8名，中等43名；私立朝阳学院法律系司法组优等4名，中等27名。

值得称道的是有中央大学背景的留洋法学博士。据研究者统计，1949年以前，在国外获得法学博士学位的有杨振先、陈世材、董霖（东南大学毕业）、黄正铭、朱奇武、吴骐、顾彦儒、陈耀东、徐汉豪、姚定尘、雷崧生、严可为、孙文明、赵俊欣、金世鼎、陈朝壁、陈育凤、桂宗尧，计18人。名列东吴大学、北京大学、震旦大学、复旦大学、清华大学、持志大学之后，为第七名。除去私立、教会大学之外，位列国立大学北大、清华之后，排名第三。⑥

---

① 参见《潘抱存自述集》。
② 《南大百年实录》上，第491页。
③ 《南京大学史》，第177～181页。
④ 《南大百年实录》上，第490～491页。
⑤ 《中央大学一年来工作报告》（1930年9月12日），《南大百年实录》上，第282～283页、第287页。
⑥ 参见王伟：《中国近代留洋法学博士考》，上海人民出版社2019年版，第370页。

五、创办学术刊物

民国时期,创办法学期刊是不少法政大学或法学院都比较重视的学术工作。法政院校所办刊物,以朝阳大学江庸主办的《法律评论》、东吴大学比较法学院的《法学杂志》《法学季刊》(中英文版)、震旦大学的《震旦法律经济杂志》等最为著名。中央大学法学院建立稍晚,但学术期刊的创办也独树一帜。

1. 创办国立中央大学《法学院季刊》

中央大学法学院成立后的第二年,利用雄厚的师资队伍,创办出版了《法学院季刊》和《法律系季刊》。① 其中前者创办伊始,作者队伍及稿件分量即跻身一流法政院校专业期刊行列。兹列《法学院季刊》数期目录如下:

1卷1期(1930年3月):

卢锡荣	《序》
马寅初	《新颁布之交易所法》
谢冠生	《银贱声中之币制改革问题》
戴修骏	《银贱声中之币制改革问题》
夏 勤	《无过失损害责任赔偿论》
雷啸岑	《多元的主权论之研究》
顾实衡	《论资本主义精神与我国节欲思想》
林襟宇	《论国家岁入岁出之分类标准》
林 几	《工厂法施行细则内应规定各项关于生产安全及工人健康保障条款之我见》
马质夫	《中欧土地制度之改革》
楼同孙	《外人土地权问题》
崔宗埙	《会议之观察》
雷宾南	《英宪精义导言》
叶元龙	《陈长蘅先生"人口政策与三民主义"序》
朱彬元	《金贵银贱之救济方法》

1卷2期(1930年9月):

胡善恒	《土地增益及英德两国施行之经验》
马寅初	《新颁布之商标法》
贾士毅	《中日关税协定之研究》

---

① 参见《中央大学一年来工作报》,1930年9月12日,《南大百年实录》上,第287页。

胡文炳　《各国抵押权制度之进化》
林　几　《血族检验——私生子鉴定》
张渊若　《近代私法学之改造》
雷宾南　《国家的起源之探讨》
端木铸秋《新市组织法述评》

1 卷 3 期（1931 年 4 月）：
陶希圣　《中国古代之氏族与家族》
阮毅成　《凯尔逊政法学说概要》
吴南如　《最惠国条款研究》
张渊若　《近代私法学之改造》
吴颂皋　《法兰西大革命时的政治现象》
马质夫　《中欧土地制度之改造》
林襟宇　《论特别会计》
夏　勤　《论新民法之法源》
刘紫苑　《个人保障方法与科学》
端木恺　《城市社会的问题》
胡文炳　《埃及之现状》
贾士毅　《财政部新拟所得税条例草案之要旨》
朱彬元　《实业计划实施步骤之商榷》
戴铭礼　《海关金单位之研究》

1 卷 4 期（1931 年 7 月）：
陶希圣　《法治与反法治斗争》
叶元龙　《凯塞尔的工资论》
杭立武　《考选行政略论》
阮毅成　《唯实主义民法论》
杨公达　《连带主义政治学》
马质夫　《劳动契约与报酬平衡》
戴铭礼　《改革盐法问题》
胡文炳　《支票之发行流通及付款》
马寅初　《银行法草案具体说明》
马质夫　《中欧土地制度之改革（续完）》
马质夫　《世界各国劳动立法备考》

　　1930 年第 1 卷的 1、2 期文章作者，基本都以法学院专任教师为主。如第一卷前四篇从序言开始，依次为卢锡荣、马寅初、谢冠生、戴修骏，分别是政治系主任、经济学系主任、法律学系主任及法学院院长。

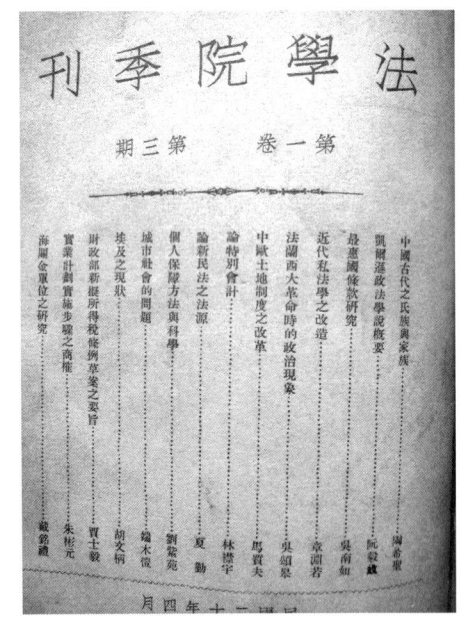

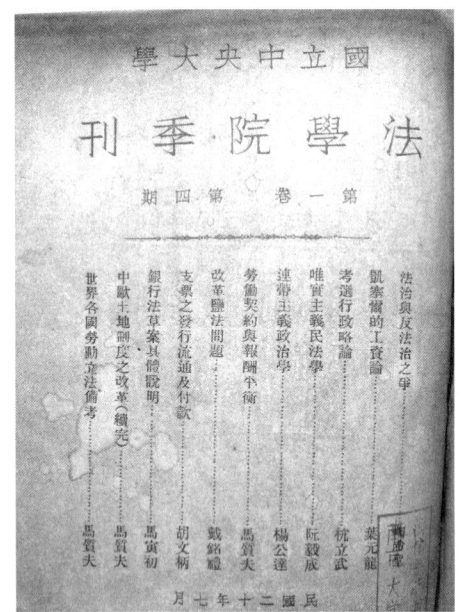

图 4-3　法学院自办刊物《法学院季刊》

　　1931年后,专任教师、兼任教师及校外学者发表的文章均有。如 2 卷 1 期(1932 年),主要文章有于能模《日军侵辽与国际联盟》、刘镇中《国际上之居间调停》、雷震《日本侵略东省之政策》、吴南如《泛论中国条约上之内国待遇》、范扬《法治主义与行政》、史尚宽《五十年来法国民法之变迁》、萨孟武《卢梭的政治思想与法国革命》等。另外还有《拉斯基氏略史》《经济学与时间问题》《评李权时先生的生产要素论》等文章。其中只有刘镇中为专任教授,于能模、雷震、史尚宽则成了兼任教授,其余多为外校专家的文章。

2. 创办《时代公论》

伴随在洛阳召开的国难会议,1932年4月1日,以国立中央大学法学院教授为主体的一批学人创办了《时代公论》杂志,杨公达任主编(杨公达,巴黎大学国际公法、国际关系专业毕业,中央大学图书馆馆长,1933年任立法委员)(后由阮毅成任主编),张其昀为总发行人。《时代公论》杂志社的核心成员有杭立武、梅思平、阮毅成、楼桐孙、胡长清等中央大学法学院专、兼任教师。《时代公论》为周刊,办刊的宗旨主要是讨论政治学理、呼吁拯救国难、争论国民政府政治制度的选择与改进、探索解决中国民族危机的出路,也较多关注教育、经济与社会发展等诸多方面内容,并用大量篇幅介绍欧美日等国家和地区的政治经济及外交关系。除政论文章外,还刊登"时事述评""读者论坛"及"通讯",也出版"法律专号"等专刊,如第65、66号为"宪法问题专号"。自1932年4月1日出版至1935年3月22日休刊,共出版了156期。据不完全统计,前后有206人在该刊上发表政论性文章842篇。撰稿人共发表文章395篇,占总篇数的46.9%。上述人员中大多有留学国外的经历,政论水准较高,具有现代政治知识背景与追随国际潮流的可能性。在撰稿人中,以杨公达所撰文章最多,计63篇,其次是阮毅成41篇,楼桐孙31篇,胡长清16篇。

撰稿人的构成中,中央大学法学院专任、兼任教师或有法律背景的专业人士,占撰稿者的绝大多数。除以上主要骨干人员外,尚有程绍德(经济系教授)、陶希圣(思想家)、陈茹玄(法律专家,参与起草五五宪法)、陈长蘅(人口学家、经济学家、立法委员)、卫挺生(财政专家,立法委员)、彭年鹤(司法专家)、梅汝璈(法官,后来参加了东京审判)、马寅初(人口学家、经济学家)等。再就是与政府部门联系紧密的政论家,如吴昆吾(司法院参事)、陶履谦(内政部官员)、吴颂皋(内政部官员)、雷震(著名政论家)、冼荣熙(黄埔军校政治教官,立法委员)、管欧(内政部科长)等。可以认为,以《时代公论》聚集的学人,是一个含有诸多中央大学法学院(含括东南大学背景)教授的范围较广的学术团体。其他撰稿人如崔宗埙(美国斯坦福大学政治学博士,安徽大学法学院院长、政治系主任)、田炯锦(美国伊利诺伊大学博士,国民政府监察委员)等,均有法政背景。另有中国政治学会的一些骨干成员如萨孟武(中央政治学校行政系教授)。①

3. 参与创办《半月刊》

中央大学西迁以来,校刊一度停办。1943年,根据师范学院孙本文院长提议恢复校刊,并拟暂定为半月刊,每月1日、16日出版,其详细办法拟请秘书室与出版组会商订一案。校长办公室经11月9日第二十三次会议决议,照案通过。

半月刊公布的编辑名单顺序如下:谢冠生、张其昀、谢寿康、卢晋侯、孙本文、雷海宗、潘水叔、叶元龙、汤用彤、胡小石、蔡作屏、艾伟、戴志骞、张士一、王善全、张乃燕。② 其时,谢冠生已不是法学院的专任教授,但校长办公室仍将其列为编辑名单之首,虽不排除因谢氏为现任司法行政部部长之故,但也从一个侧面反映法学学科在全校学术领域颇受重视。

---

① 参见刘大禹:《九一八后国民政府集权政治的舆论支持(1932—1935)》,https://chuansongme.com/n/2562323345032。
② 参见《南大百年实录》上,第437、444页。

4. 国立中央大学《社会科学丛刊》主要撰稿者

《社会科学丛刊》1934年5月创刊于江苏南京,为半年刊,综合性刊物,由国立中央大学社会科学丛刊编辑委员会编辑,国立中央大学出版组发行部发行,编辑部在中央大学内。1934年5月至1936年1月,共出版4期,具体停刊时间及原因不详。

该刊并没有设置固定栏目,刊载内容非常丰富,以研究法律、政治、经济、社会、历史等有关社会科学的学科为主,有文化学方法论的研究,法律观念的演讲及其诠释,也有中国经济结构历史的检讨和关于促进市政的几个根本原则等。法学院政治学系、法律学系及经济学系教师,是该刊的主要撰稿人。在已出版的4期中,政治学文章主要有国内外政治外交方面,如张汇文的《英国之外交行政》、王季高的《责任内阁制与英国宪法》、何义均的《晚近美国法律理论的发展》等,主要介绍欧美国家的政治制度。法律方面代表性的文章有何义均《晚近美国法律理论的发展》一文,从传统的法律思想、庞德的社会法理学、唯真派的法律理论、行为派的法律理论、结论等五个部分介绍美国的法律理论。经济学的文章主要有傅筑夫的《中国经济结构之历史的检讨》等文章,主要介绍西方的经济制度与我国的经济发展史等。历史学文章主要有何维凝的《太平天国时代中国盐政概况》、汤吉禾的《清代科道官之任用》、罗香林的《藩镇制度沿革》等,该方面的文章主要集中在古代政治方面的选官制度、监察制度等,学术价值较高。

系列高水平文章的刊发,不仅促进了学术交流,也有利于中央大学的学科发展,为20世纪30年代的政治经济社会状况以及学科发展史的研究提供了重要的参考资料,具有一定的史料研究价值。

纵观法学院的发展轨迹,不难发现其特色:第一,国立中央大学法科教育起步晚,但起点高;第二,国立中央大学师资队伍齐整,学术水平高,造就了公立法科教育的辉煌;第三,国立中央大学法、政科师生社会影响力大,在学界、法界、外交界等领域均有突出表现,为推进中国法治进程,争取国族利益,作出了应有贡献;第四,国立中央大学部分教师在动荡年代,曾效力于汪伪政府,成为学校及其个人的污点,烙下了深刻的时代印记。

第五章　名家身影

一、法学院院长

戴修骏

戴修骏(1894—?),字毅夫,湖南常德人。中央大学法学院创院院长。1911年京师译学馆毕业,继考取湖南省官费留学法国,在巴黎大学学习经济、政治、法律。在巴黎和会期间,参与阻止北洋政府签字的爱国活动。1922年(一说1925年),获巴黎大学政治与经济学专业方向法学博士学位,博士论文《从海牙会议到国际联盟过程中中国的和平主义》。回国后执教北京大学,曾任国立北京法政大学法文教员。1927年,任中央法制委员会委员。1928年,任中央大学法学院首任院长。同年,任国民政府第一届立法委员,后连任到1948年,可谓立法委中的常青树,是近代留洋法学博士担任立法委员届数最多的一人。1946年,任制宪国大代表。1948年,当选为行宪第一届立法委员。1949年后,任民革南昌市第一届委员会委员、江西省人民委员会参事。译著有《万国比较政府议院之权限》(吴昆吾、戴修骏译,1917年上海商务印书馆出版)、《国际文化合作报告》(上海世界文化合作中国协会筹备委员会出版)。①

郭心崧

郭心崧(1897—1979),字仲岳,浙江温州苍南县人,毕业于日本京都帝国大学经济学系。早年深感"清廷腐败非推翻不足以救中国",1917年省立第十中学毕业后东渡日本,入帝国大学经济学系,获学者河上肇赏识。归国后,加入上海孤军社,成为《孤军》杂志编辑及主要撰稿人,在该杂志及《学艺》《独立青年》等发表文章《中国经济状况与社会主义》《劳动雇佣契约之缺点——团体契约之必要》《关税会议前途之观察》《现代文明病》等,评介各家经济理论,撰述中国经济建设之道。加入"中国经济学社",成为该社骨干之一。20世纪30年代后,中央大学法学院的戴修骏、吴幹、朱偰等也都成为该社成员。1926年,南下广州,任中山大

---

① 参见《国立中央大学学院教职员表》,载《国立中央大学一览》第四种(法学院概况),1930年;徐友春主编:《民国人物大辞典》,河北人民出版社1991年版,第1602页;戴修骏:《我竞选立法委员的经过》(1965年记录整理),载《文史资料存稿选编》(政府、政党),中国文史出版社2002年版,第410页;王伟著,第478、第219页。复旦大学法学院王伟教授所著《中国近代留洋法学博士考》一书,是目前学界考论近代留洋博士最为详尽、最为精当的著作。本章介绍的具有国立中央大学(含东南大学)求学背景的留洋法学博士(含个别硕士)及其他部分在中央大学法学院任职的法学博士,对王伟著作多有参考,下引该书,简称"参见王伟著"。

学经济学教授、主任,兼广东国民政府财政部整理财政委员会委员。北伐后,转至南京,1928年,任国民政府考试院参事。1929年,任中央政治学校教授。1930年底,出任国立中央大学秘书长。1931年1月,被任命为第一届高等考试襄试委员、典试委员,代理中央大学法学院院长。1932年,任国民政府教育部高等教育司司长。1934年,调任交通部邮政总局局长。当时我国邮政、海关等主权均受制于英人,为了收回主权,建立中国邮政规章制度,郭心崧多次交涉筹谋,始取得成功。担任邮政局总局局长达八年半之久,成为民国政府邮政总局任职最长的一任局长。其任邮政总局局长期间,发展邮政及交通事业,为我国邮政运营最稳定、效益最高的时期。特别在全面抗战爆发后,为维持邮路畅通而竭尽心力,使得中华邮政在沦陷区与国统区尽力维持,坚持国内国际互邮,为抗日战争胜利作出了积极贡献。任期主持出台了第一部《中华民国邮政法》。成绩显著的中华邮政也获得了世界的认可。1943年底,辞去邮政总局局长职务。抗战期间,还于1939年参加倡议成立"中国经济建设协会",有远见地推出有关中国战后建设计划的第一个全面方案——《中国经济建设纲领》。1944年被任命为亚东研究会副主任。1946年以后,任国民政府驻日代表团文化参事,驻日代表团第四组组长。1950年,任教于日本东京大学。1979年病逝于东京。①

童冠贤

童冠贤(1894—1981),字启颜,河北省阳原县化稍营乡堵泉村人,清末迁居宣化城。早年毕业于宣化府中学(宣化一中),后考入南开大学,1915年从南开大学专科毕业,留学日本,入早稻田大学,获法学学士学位。后转赴美国哥伦比亚大学留学,获经济学硕士学位。继而赴德国留学,入柏林大学研究院为研究员。后赴英国留学,入伦敦经济学院为研究员。1925年回国,历任北京政治分会委员、国立北京大学教授、国立中山大学教授、省立安徽大学法学院院长、国立编译馆人文组主任等。20世纪30年代初,任国民政府监察院监察委员、监察院审计部常务次长、国立中央大学法学院院长。1935年后,任中央大学专任经济学系教授,兼教务长,讲授西洋经济史。1940年,任第二届国民参政会参政员。1943年,任监察院山西、陕西监察区监察使。1945年,任司法人员考试监试委员、行政院善后救济总署冀热平津分署署长。1946年,当选制宪国大代表。1948年,当选为立法委员,为中华民国第二届立法院院长。1949年10月,辞去"立法院院长"职务,从此淡出政坛。1950年迁居香港,在香港崇基学院任教。1965年退休,1981年8月7日在加拿大逝世。著作有《英国劳动运动史》(英文)等。②

刘光华

刘光华(1892—?),字味辛,湖南省株洲市攸县网岭镇人。清末于长沙经正中学毕业后,任县立第一、第二高等小学教员两年。1913年,考取官费留学日本。自东京第一高等学校毕业后,升入京都帝国大学经济学部,1925年,获经济学硕士学位。归国先后担任广东大

---

① 参见林坚强等:《郭心崧传》,中华书局2014年版,第43~44页,第77页,第170~172页。
② 二档馆档案:全宗号648,案卷号1278,《二十六年度下学期中央大学各学院院长系科主任教授讲师助教一览》;徐友春主编《民国人物大辞典》(增订版),河北人民出版社2007年第2版,2036页;https://baike.baidu.com/item/%E7%AB%A5%E5%86%A0%E8%B4%A4/659808? fr=aladdin。

学、湖南大学、厦门大学及中山大学法学院教授、经济系主任和法学院院长。1931年秋至1932年,任南京国立中央大学法学院院长,1932年5月4日至6月30日,代理校长(国民政府任命的校长任鸿隽到任前)。① 1934年起,任国民政府考试院参事兼考试院人事处长、改选委员会委员、高等考试典试委员。1947年,被派往台湾巡视教育。次年,当局委任其为台湾大学校长。刘光华致力研究经济学,早在留学日本期间,就将英国经济学家亚当·斯密的《原富》以语体文译出,用《国富论》书名出版。此外,著有《经济学常识》《殖民政策》《农业政策与交通政策》等书。

马洗繁

马洗繁(1894—1945),本名汝骏,曾用名马约,字洗繁,原写为锡凡、洗凡。出生于河北昌黎县城一个官宦家庭。1916年12月,南开中学毕业。1918年秋,考入东京早稻田大学。1919年4月,与童冠贤一起赴美留学,入哥伦比亚大学,接受了拉斯基的社会民主主义学说。学成回国后,先后在北京法政大学、朝阳大学、民国大学任教,主讲地方行政、地方自治等课程,关注社会问题,编辑《自由周刊》。1925年"五卅运动"后,参加北京50多名教授组织的"关税自主促成会",任执行委员兼经费股负责人。此间经李大钊介绍加入国民党。马洗繁等以新中学会为基础,在国民党内部成立左派组织——新中革命青年会。1928年7月,北伐成功,商震出任河北省政府主席,马洗繁受邀担任秘书长,创办河北省训政学院,自兼院长。1929年9月,因规避人事纠纷,与童冠贤同赴英国,入伦敦政经学院,师从拉斯基教授。1930年获得硕士学位,1932年3月回国,出任南京市教育局局长。

1932年9月,被中央大学校长罗家伦聘为中央大学法学院院长。马洗繁在法学院开设政治学导论、地方政府、地方自治、行政管理学等课程,把延聘精英师资放在首位。与周鲠生、高一涵、周炳琳、张奚若、萧公权、刘师舜等政治学者共同发起成立中国政治学会。1936年创设行政研究室,正式招收研究生,编出《民国政制史》一书。1938年12月,中央大学研究院在重庆成立,他兼任法科研究所所长,开设行政学研究、政治制度研究及中国政治制史料研究等必修课。后来,力主恢复一度停办的社会学系,隶属于法学院。在其担任法学院院长的12年间,法学院科系由原来的3个学系扩充为4个学系,另加一个司法组;专任教授由13人增至32人,学生由1934年的113人增至737人,为法政界培养了一大批人才。"七七事变"后,1937年10月,罗家伦委派马洗繁、吴幹先行赴重庆,全面负责建校迎迁任务。仅用了42天时间,就建成了重庆中央大学校园。11月初,6个学院40多个系科和宁迁渝的千余名学生,就开始在新校区松林坡上课。南京中央大学整建制地迁入,称为迁校史上一大奇迹,"筹划最周密,速度最快,保存最完整",确保了中央大学的教研的延续性,而11月20日国民政府才宣布迁都。1942年4月,马洗繁被任命为中央考试院法规委员会委员。7月,在抗日战争初期由各抗日民主党派代表和无党派人士组成的国家最高咨询机关——国民参政会第三次全体会议上,马洗繁当选为参政员。

抗战期间,罗家伦离开中央大学,国民党驱使政治系的一些学生贴出大字报,公开要求学校解聘法学院院长和政治系主任,矛头直指马洗繁和好友政治系主任张汇文。1943年春

---

① 参见《南大百年实录》上,第293页。

天,蒋介石宣布自任中央大学校长,马洗繁等教授抵制无果,决意离去。马辞掉法学院教授等一切职务。1945年4月25日,马洗繁被选为国民参政会第四届参政员之际,病故于重庆,享年51岁。鉴于马洗繁对法学院以及中央大学的卓著劳绩,国民政府1945年8月13日专门对他补发布褒扬令:

> 马洗繁志行端毅,学识渊通,历任国立中央大学院长教授,十有余年,启迪有方,士林宗仰,抗战军兴,对于该校迁川,擘划途置,具著辛劳,迩年参政中枢,尤多建白。兹闻溘逝,悼惜自深,应予明令褒扬,以彰硕德而资矜式。

社会各界表示悼念,国民参政会要求拨发抚恤金,蒋介石批准30万元,国民政府颁发褒扬状。众多艺术大师义卖字画,筹得400余万元法币,供其家属抚养6个子女。这既是对他个人的褒扬,也是对其倾注心血的法学院教研成果的高度认可。①

顾孟余

顾孟余(1888—1973),名兆熊,字梦渔,后改孟余,浙江上虞人,生于北京。1905年,入北京译学馆。1906年,赴德国入莱比锡大学习电机工程,旋入柏林大学攻政治经济学。1910年,加入中国同盟会。1911年,回国参加武昌起义。1916年,任国立北京大学文科教授,先后兼任文科德文系主任、法科经济系主任、教务长。此后,直至1949年,主要任职于历届政府,兼职大学、涉猎教育。1925年12月,任国立广东大学校长。1926年1月,当选为中国国民党第二届中央执行委员兼任黄埔军校政治讲师;10月,任国立中山大学委员会副主任。1927年3月,被选为中央政治委员会委员,武汉国民政府委员兼军事委员会委员,兼国民党中央宣传部部长,汉口《中央日报》社社长,武汉国民政府教育部长。南京国民政府时期,任中央政治委员会秘书长,第二次高等考试典试委员长,先后任铁道部部长、交通部部长,复任国民党中央宣传部部长等。1941年7月,接任中央大学校长,约1942年4月至1943年春,兼任法学院院长。1949年4月,迁居香港,创办《大道》杂志。后转赴美国加州定居,曾任美国设立的"中国研究中心"顾问。1969年去台湾,聘为"总统府"资政。1973年病逝,遗作收入《顾孟余先生文丛》。②

钱端升

钱端升(1900—1990),出生于江苏松江府(今上海市上海县钱家塘)。1919年毕业于清华大学后,赴美国北达科他州和哈佛大学研究院留学。1924年获美国哈佛大学哲学博士学

---

① 参见董宝瑞:《民国著名教授马洗繁传略》,《文史精华》2013年第9期,总第280期,第57~61页。《南大百年实录》上,第444页。
② 参见刘敬坤:《抗战中的中央大学》,江苏省政协文史资料委员会编《江苏文史资料集萃》,1995年印行,第18页。编者按:顾孟余以中央大学校长兼任法学院院长的记载,只见于中央大学毕业校友、历史学家刘敬坤此文,暂时未见到旁证。刘敬坤,1945年考入重庆中央大学理学院,1947年转入中央大学文学院历史系,1950年中央大学毕业,后长期从事近代史研究。1941年7月,顾接任校长时,马当仍为法学院院长;1943年春,蒋介石接任中央大学校长,马辞去中央大学法学院教职,而1942年4月,马已被任命为中央考试院法律法规委员会委员。顾如果兼法学院院长,时间应大致在1942年4月至1943年春。参见徐友春《民国人物大辞典》增订版,河北人民出版社2007年版,第2841~2842页。

位,同年秋任教于清华,并在此后的 28 年中主要以教书为业。1927 年春,兼任北京大学教授,讲授政治和法律两系的课程。1927 年秋,应南京中央大学之聘,为政治学系副教授。1929 年秋,辞职返北。1934 年 9 月至 1937 年夏,应罗家伦校长之邀,再度就聘于中央大学法学院。1936 年至 1937 年 6 月,偶尔代理法学院院长职务,倾全力于政治系附设的行政研究室工作,并组织该室同人,在一年内主编完成了上下两卷本《民国政制史》(商务印书馆 1945 年版上册)。全面抗战爆发后,受国民政府特派,与胡适、张忠绂等北大三教授赴美、法、英等国宣传抗日,争取各方面的援助。1938 年返国,在西南联大任教。抗战胜利后回到北平,仍在北大执教。1947 年 10 月底,应邀赴美,在哈佛大学任客座教授 1 年。为报效新中国,1948 年

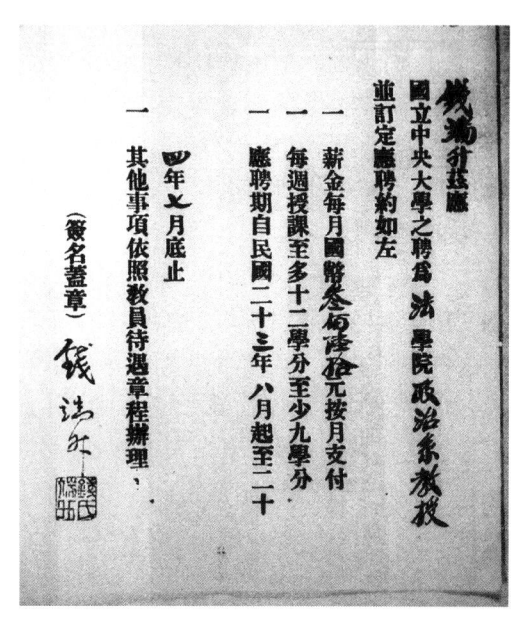

图 5-1 钱端升应聘书

11 月辗转回到北平,不久出席了中国人民政治协商会议。任北京大学校务委员会委员、法学院院长。1952 年,参与北京政法学院(今中国政法大学)筹建,担任首任院长。同时,兼任外交学会副会长、对外友协副会长、世界和平理事会理事、外交部顾问,致力于新中国法制建设。1954 年参与第一部《中华人民共和国宪法》的起草工作。此后,个人的命运与国家紧密相连。在 1957 年的反右运动和 1966 年开始的"文化大革命"中,和许多知识分子一样遭受了冲击和磨难。1978 年十一届三中全会以后,任第六届全国人民代表大会常务委员会委员、法律委员会副主任、外交部法律顾问、中国民主同盟中央参议委员会常委、欧美同学会名誉会长等职。

钱端升著述甚丰,尤以前期为多。撰有《法国的政治组织》(1930)、《德国的政府》(1934)、《法国的政府》(1934)、《比较宪法》(1938)、《民国政治史》(1939)、《战后世界之改造》(1943)、《中国政府与政治》(1950 年,美国哈佛大学出版,英文版)等学术专著,合著有《比较宪法》、《民国政制史》(主编)等等。后期文章主要收集于《钱端升先生纪念文集》中。①

卢 峻

卢峻(1909—2000),又名卢于肪,浙江宁波人。11 岁入崇信教会中学学习,16 岁考入沪江大学,后转入东吴大学法学院,同时在复旦攻读历史。1930 年,获复旦大学文学硕士学位,继而获东吴大学法学士学位。1931 年,经吴经熊推荐,以研究员资格赴美,入哈佛大学法学院,专攻国际法、国际私法和法理学。1932 年,获哈佛大学法学博士学位。同年回国,任东吴大学法学院国际私法、英美财产法教授,其后历任暨南大学、光华大学、大厦大学等校教授。抗战以后,1939 年去重庆,担任朝阳学院、复旦大学、西北法商学院等校教授。

---

① 参见《钱端升先生纪念文集·我的自述》,中国政法大学出版社 2000 年版,第 391~393 页。

1944—1946年,任国立中央大学法学院教授、院长,法律研究所所长。高校回迁后,相继在苏州、上海的高校、研究所任教。早期代表著作为1936出版的《国际私法之理论与实际》,海牙国际法庭法官郑天锡曾为之作序,称"于宏纲要义,大都阐发详明,固不失为善本"。1986年主编出版《国际私法公约集》,是国内第一部全面系统的国际私法公约汇编。晚年担任《英汉英美法词典》编辑顾问。①

何联奎

何联奎(1903—1977),字子星,浙江省丽水市松阳县人。1921年入北京大学。1923年加入中国国民党。1927年在国民革命军第二十六军政治部工作,后任国民党浙江省党部秘书。1928年留学法国巴黎大学,后赴英国伦敦从事民族学、社会学研究。1931年回北平大学任教,1933年任国立中央大学教授。1935年起主要在政界任职,任《扫荡报》总社社长。1946年任中央大学法学院院长。1949年去台湾,先后任"行政院副秘书长"、"国立故宫中央博物院"联合会管理处主任、"故宫博物院"副院长。代表著作有《中国礼俗研究》(台湾中华书局,1973年)、《民族文化研究》、《中国社会研究》、《台湾风土志》(台湾中华书局,1983年)、《台湾省志》(礼俗编)、《蔡元培民族学论著》、《松阳女诗人张玉娘》、《何联奎文集》等。②

二、法、政学系主任

谢冠生

谢冠生(1897—1971),别名谢寿昌。浙江绍兴嵊县(今嵊州)人。谢冠生小学毕业后考入省立一中,1912年转入上海徐汇中学。1922年毕业于上海震旦大学,获震旦大学资助,外加参与商务印书馆辞源、法华词典编撰的稿酬,兼做《东方杂志》特约通讯员的积攒,赴法国巴黎大学法学研究所。1924年,获巴黎大学法学博士学位。1925年回国,曾任教震旦大学、复旦大学、持志大学、中国公学、法政大学等。1926年冬,国民革命军抵武汉,出任武汉国民政府外交部秘书,旋即任职于南京政府外交部,此后,主要在政府任职,短期在大学工作。比较重要的任职有:1927年,任国民政府外交部条约委员会委员;1927—1929年,任外交部条约委员会简任秘书、国民党中央政治会议秘书;1928年,中央大学成立后,任法学院法律系首任系主任;1929年,国立中央大学《半月刊》创刊,为编委会委员;1930年,任司法院秘书长;1931年,被选为震旦大学董事会董事长;1937年任司法行政部部长,并三度主持司法官高等考试;1945年,任国民党六届中央监察委员;1948年,先任总统府行政院政务委员,后调任公务员惩戒委员会委员长兼司法院秘书长。1949年8月去台湾,1971年在台北病逝。③

---

① 参见曹建明:《卢峻先生与中国国际私法》,载卢峻:《国际私法之理论与实际》,中国政法大学出版社2004年版。
② https://baike.baidu.com/item/%E4%BD%95%E8%81%94%E5%A5%8E/10109684?fr=aladdin；http://ren.bytravel.cn/history/7/heliankui.html。
③ 参见谢冠生:《篑生堂文稿·追忆居觉生先生》,1951年11月,第125页。

赵之远

赵之远(1894—1964),又名赵任,浙江绍兴人。我国著名的教育学家、法学家,毕生从事法学的教学与研究工作,尤其对法理学、罗马法、劳工法、民法等有很深的造诣。1917年考入北京大学法律系,1921年获法学学士学位。1922年,以优异成绩通过浙江省欧美留学考试,次年赴美,先入哥伦比亚大学法学院,不久转入哈佛大学,继而又到芝加哥西北大学法学院深造;1929年,获西北大学法律博士学位。赵之远留美7年,除攻读学位并做研究工作外,还曾在华盛顿的美国国会图书馆从事专题研究。1929年,回母校北京大学担任法律系教授。1931年应国立中央大学之聘,出任法学院法律系主任兼教授。抗战爆发后,赵之远积极组织全系师生西迁。在漫长而艰苦的8年全面抗战中,他始终主持法律系,团结教师,坚守教职,培育法学人才。

抗战胜利后,中央大学复员南京,赵之远继续担任法律系主任,兼法科研究所法律学部主任,培养研究生。回浙江休假期间,应浙江大学校长竺可桢特邀,借调到浙大与李浩培等教授筹建法学院,并任法律系主任。1950年夏,重新回到已由国立中央大学改名的国立南京大学的法学院,复任教授。1952年全国高校院系调整,奉命调入华东政法学院,后临时改调至新成立的南京师范学院,出任首任图书馆馆长。1950—1951年,参加在北京举办的新法学研究班。1956年,参加九三学社。1964年逝世。

张汇文

张汇文(1905—1986),号叔海,临朐县人。出身于教师之家,17岁考入清华大学。1928年至1932年,在美国斯坦福大学留学,先后获公法政治系学士、硕士、博士学位。1931年,被选为美国斯坦福大学国家政治科学学会荣誉学会会员,并获得"金钥匙"奖;1933年,应聘担任英国剑桥大学教授;1934年,被选为英国科学法律协会名誉会员,其间曾代表中国出席在伦敦举行的联合国教科文组织关于社会科学的筹备会议。1937年2月回国,任立中央大学法学院政治学系教授、主任,《上海英文自由论坛报》主笔、总经理。

1949年后,先后在东吴大学法学院、复旦大学法学院、上海社会科学院法学研究所任教授,并以学者和民主党派身份积极参与社会活动。担任过的重要职务有:上海市人大常委会委员兼政法委员会副主任,上海市政协常委兼法制委员会副主任,中国国民党革命委员会中央委员和上海市委员会副主任委员,中国国际法学会副会长,上海国际问题研究所教授、顾问,等等。改革开放后,较早提出恢复国际法及知识产权法研究。

曾发表中英文论文《中国1911年以前的文官考试制度》《中国自1911年起的文官考试制度的发展》《美国外交部调查报告》《美国内政部调查报告》《英国财政部调查报告》《英国内务部调查报告》《英国外交部调查报告》《英国之外交行政》《英国财政部在行政上之地位》《从"西母拉会议"的非法性来说明"麦克马洪线"的非法性》《概述外交特权与豁免》《知识产权的法律意义与国际保护》等。出版专著《公法概念与行政管理效率》和《儒家的有效管理理论》。译有美国人摩尔士著的《中华帝国对外关系史》三卷本(与姚曾合译),担任《辞海》国际法学分科的主编。1986年6月病逝于上海。[1]

---

[1] 参见 https://baike.baidu.com/item/%E5%BC%A0%E6%B1%87%E6%96%87/3956011? fr=aladdin。

黄正铭

黄正铭(1903—1973),字君白,浙江台州(宁海)人。1921年,考入浙江省立第四中学,1924年至1928年,就读于国立东南大学政治学系(后改名国立中央大学法学院政治学系),获法学士学位。毕业之后参加浙江省选拔县长考试,位列榜首,任温岭县县长,后任杭州市民政科长。1933年,入英国伦敦大学政治经济学院学习,1936年初获政治、经济学博士学位,同年2月回国,任中央大学法学院政治学系教授,1943年兼政治学系主任,直至1948年4月。讲授国际法和西洋外交史。1947年,应国民政府之邀,出任外交部亚东司司长,仍兼中央大学政治系主任。1949年去台湾,任台湾大学法学院政治学系教授,兼任政治大学政治研究所教授。1952年,任"司法院大法官",历时22年。

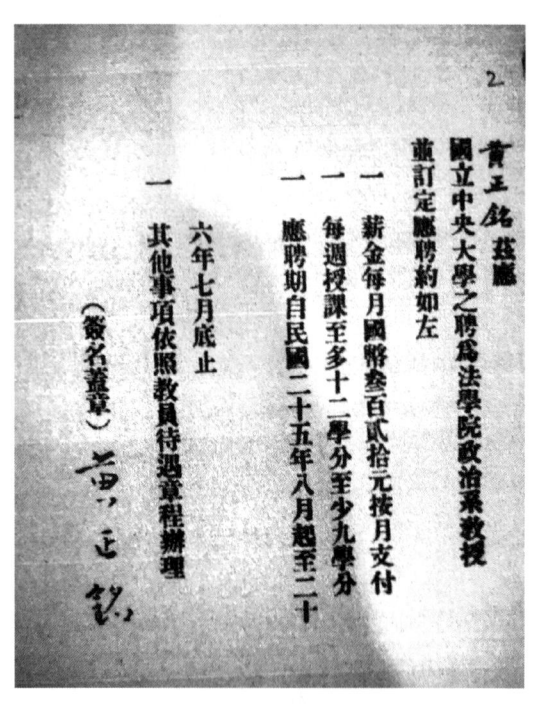

图5-2 黄正铭应聘书

著有《中国外交史》《中国外交史论》《战时国际公法》《中日战争与国际公法》《最近国际公法》;英文著作《华侨之法律地位》;论文多收入《黄正铭法政论文集》。1973年在台北逝世,藏书捐赠中国文化学院中正图书馆,设"君白文库"。①

戴修瓒

戴修瓒(1887—1957),字君亮,湖南常德人。1908年毕业于南京两江师范学堂,嗣后公费留学日本中央大学法科。1912年回国,曾就任北京法政大学法律系主任兼教务长,协助宋教仁创办民国大学。任法权讨论委员会秘书,考察各地司法状况,参与编纂《列国在华领事裁判权记要》;任北京法政大学法律系主任兼教务长、京师地方检察厅检察长、河南省司法厅厅长、国民政府大理院检察署检察长。1926年"三一八"惨案后,离开政界,立志著书立说。此后,历任上海法学院法律系主任、北平大学法商学院名誉教授、北京大学法律系教授兼系主任。"七七事变"后,北京大学、清华大学和南开大学南下,戴修瓒参加长沙临时大学的筹建工作,并被推选为法律系教授会主席,主讲法院组织法、民法债编各论、保险法、海商法四门课。后临时大学迁至云南,改名西南联合大学,戴修瓒被推选为法律系主任,因路途

---

① 《中大教职员名册1949年》第156页,中国第二历史档案馆馆藏中央大学法学院档案,全宗号648,案卷号1155。张其昀:《黄正铭先生行述》,载杜元载主编:《革命人物志》第12集,中国国民党中央委员会党史委员会编辑,1973年版,第364~367页;沈守愚、潘抱存:《志节高超学贯中西之黄正铭教授》,《南雍骊珠:中央大学名师传略续篇》,南京大学出版社2006年版,第171~175页;《历届政府外交部职官年表(1912—1949)》,载石源华主编:《中华民国外交史辞典》,上海古籍出版社1996年版,第770页;参见王伟著,第198、205页。https://baike.baidu.com/item/%E9%BB%84%E6%AD%A3%E9%93%AD/5644208?fr=aladdin。

原因未能准时就职,遂由先期到达的燕树棠担任此职,戴被中央大学法学院聘为教授。

1938 年,罗家伦在中央大学推行导师制、训导委员会制及训育委员会制,名教授分任各委员会委员。何联奎、戴修瓒等 26 位法学院名教授受聘为中大训育委员会委员。1943 年受聘为第二批教育部部聘教授。1949 年后,曾任中华人民共和国中央人民政府法制委员会委员、国务院参事、中国国际贸易促进委员会对外贸易仲裁委员会副主席、九三学社中央委员。1957 年 3 月在京病逝,享年 70 岁。

戴修瓒一生著述颇丰,专著有《视察上海公共会审公堂之报告》《民法债编总论》《民法债编各论》《票据法》《刑事诉讼法释义》等。另发表有《民法债编》(1931 年)、《商行为讲义》(民国六年版朝阳大学讲义)、《公司条例》(民国十一年版朝阳大学法律科讲义)、《商事法规指导大纲》、《票据法》、《保险法》、《商法总则》、《海商法讲义》、《民法债编总论》(上海法学编译社 1930 年 2 版)、《民法债编各论》(上海会文堂新记书局 1948 年 2 版)、《刑事诉讼法释义》(上海法学编译社民国十八年 10 月出版;民国二十一年 4 月 5 版)、《新刑事诉讼法释义》("法学丛书"之一,1926—1937 年先后再版 5 次)。

吴传颐

吴传颐(1910—1978),江苏苏州人。毕业于震旦大学,历任民国大学、大夏大学教授,云南大学、贵州大学法学教授。1943—1949 年,在国立中央大学法学院法律系任副教授、教授、系主任,讲授民法物权等课程。他积极进步,同情、支持学生爱国民主运动。1947 年"五二〇"血案发生后,吴传颐参与教授会发表宣言,抗议国民党政府的暴行。致函教育部,要求严惩肇事的军警。为营救被捕的中大学生,戴修瓒、吴传颐两位教授接受"营救委员会"的委托,担任辩护律师,要求国民党政府宣判学生无罪。1949 年,以中大学生为首的南京大专院校举行"争生存、争和平"的请愿大游行时,发生"四一惨案"。吴传颐与其他教授前往参加并制止暴力时,也遭殴辱。在新旧交替之际,吴传颐先后担任中大校务委员会委员兼法律系主任、南大校务委员会委员兼法学院院长,为南大的顺利交接作出很大贡献。

图 5-3 吴传颐应聘书

1949年，吴传颐被调往北京，被任命为中央人民政府政务院法制委员会委员、国务院参事兼国务院法制局财经贸易法规组副组长、法规编纂委员会委员。曾参与1950年颁布的《共同纲领》和1954年宪法的制定。1957年，因在法制局座谈会上对当时法制建设提出批评和建议，被错划为"右派"；"文化大革命"开始后，再遭迫害。1978年10月，在武汉含冤去世。代表著作有《比较破产法》《欧陆民法的演进》《中国法治之路》等。①

高一涵

高一涵（1885—1968），安徽六安县人，原名永浩，别名涵庐、梦弼。秀才出身，26岁毕业于安徽高等学堂毕业后自费赴日，入东京明治大学，攻政治经济科。31岁学成回国，应李大钊邀请，北上共办《晨钟报》；两年后经陈独秀推荐，任北京大学编译处编审员、政治学系教授，同时兼任中国大学、法政专门学校教授。1927年春夏后，历任上海法政大学、中国公学社会科学院院长兼教授。1931年初，接受国民政府监察院院长于右任邀请，赴南京出任监察院委员。此后，历仕监察院湖南湖北监察区监察使、甘肃宁夏青海监察区监察使。1949年，坚辞国民政府所拟考试院委员任命，与民主人士、共产党人秘密联系，加入中国民主同盟；8月，任南京大学教授，兼法学院政治系主任；1950年，南京大学新一届校务委员会成立，任校务委员；吴传颐调往北京后，继任法学院院长；发表《百年来美帝对华政策的透视》。土改运动开始后，致信家乡人民政府，将名下60亩土地呈交国家。1951年，任南京市人民政府人民监察委员会委员。1952年，全国院系调整，南京大学法学院撤销，对此提出不同意见，受到批评。1953年，被任命为江苏省政府参事。1954年12月，当选第二届全国政协委员。1955—1959年，任江苏省司法厅厅长。1957年5月，在民盟南京市委召开的十教授座谈会上，批评撤销南京大学法学院，要求国家重视和充分使用政治学、法学与社会学人才。"文化大革命"开始，遭到点名批判。1968年在南京病故。

著有《政治学纲要》《欧洲政治思想史》《欧洲政治思想小史》《中国御史制度的沿革》《中国内阁制度的沿革》和《金城集》（诗集）等。译有《经济思潮史》（小林丑三郎著）等书。其中以《欧洲政治思想史》一书最有影响，是中国现代政治科学体系的重要奠基之作，于19世纪20年代即被编列为"北京大学丛书"之八。②

康焕栋

康焕栋，生卒年、籍贯不详。汪伪时期任中央大学法商学院院长。曾任汪伪江苏上海地方法院检察处配置首席检察官（1939年1月至2月）、汪伪国民政府"中国国民党中央执行委员会特务委员会特工总部"（即76号）审讯室主任。著有《刑事诉讼法释义》（戴修瓒原著，康焕栋修编，该书为20世纪30年代上海法学编译出版社组织出版之"现行法律释义丛书"之一种）、《刑事诉讼法论》（上海法学编译社1931年版）、《民事诉讼法论》（陈允、康焕栋合著，上海法学编译社1932年版）、《刑事诉讼法论》（康焕栋、俞钟骆合著，会文堂新记书局1933年初版）、《监狱学要义》（商务印书馆1934年版）、《刑事诉讼法论》（上海会文堂新记书局

---

① 《南大百年实录》上，第532、543、547页。
② 参见《中国近代思想家文库·高一涵卷》，郭双林、高一波编，中国人民大学出版社2015年版。

1936 年版)、《强制执行法通义》(上海法学编译社 1937 年初版)、《中华民国六法理由判解汇编》(上海会文堂新记书局 1943 年版)。

狄 侃

狄侃(1983—1967),曾用名狄今生,江苏溧阳人。中学毕业后进入复旦大学文科,兼读东吴大学法科,两校同时毕业(东吴第四届),获法学学士学位。1919 年全国学生联合会在上海成立,被推为会长;同年担任孙中山先生秘书,加入中华革命党(不久改组为中国国民党)。1924 年,受孙中山指派,成为中国国民党一大代表;嗣后受孙中山委派,携带孙亲笔信随伍朝枢经日本往奉天,联络张作霖;又随廖仲恺往美国接洽党务工作。1925 年随孙中山北上,担任交通部参事,司法部秘书;孙中山病逝,他参加国民党右派召开的西山会议。1927 年,到武汉任国民政府秘书,转任安徽某法院院长,次年到南京任最高法院检察官。1931 年任中央公务员惩戒委员会委员,10 月间卸任,从事律师职业。抗战期间,出任伪宪政实施委员会设计委员,汪伪中央大学法律系主任。抗战胜利后,在南京主持中国公学、临时联合大学校务。不久,为逃避汉奸罪责,潜往外地,待新中国成立后,回溧阳居住,直到去世。著作有《法学概论》等。①

三、留洋法政博士、硕士校友

陈耀东

陈耀东(1904—?),江苏泰兴人。早年毕业于东南大学政治经济系,1928 年赴法留学。1931 年冬,以博士论文《东方诸国领事裁判权消灭之比较研究》,获得巴黎大学国家法学博士学位。伦敦大学政治经济学院研究员。1932 年底回国,任中央政治学校民法讲师,南京市政府法律顾问。1933 年加入上海律师公会,任中华民国律师协会秘书长。1946 年任南京市参议会副议长,南京市财政局局长。1949 年后,曾经在中国人民银行计划处研究室工作。②

顾彦儒

顾彦儒(1911—1955),字耆仲,江苏常熟人。国立中央大学毕业,1928 年自费赴法留学,1931 年获南锡大学法学博士学位,博士论文《中国现行分权与独立的行政体制:国民训政时期》。上海律师公会会员。1935 年任常熟县立初级中学校长。③

---

① 狄氏家谱网,http://www.jp5000.com/dia/famous/view/12079;胡玉鸿、庞凌主编:《东吴法学先贤文录·司法制度·法学教育卷》,中国政法大学出版社 2015 年版,第 513 页。
② 参见王伟著,第 228 页。陈耀东未在中央大学法学院求学,鉴于他有东南大学求学背景,又曾在中央大学法学院专任教授,故将其与中央大学求学背景的留学博士一并介绍。
③ 参见王伟著,第 228 页。顾彦儒虽毕业于中央大学,实际他应该没有在国立中央大学法学院就读,因法学院 1928 年秋才开始招生,顾应该在东南大学、第四中山大学及江苏大学就读结束,就出国留学了。

陈世材

陈世材(1910—1996)，江西万安县人。早年就读于江西省立第七师范学校(江西吉安)，1928年转入上海立达学园补习。1929年考入中山大学预科，1931年考入国立中央大学，1935年获得法学士学位，之后继续在校攻读公法课程。1936年赴美留学，1939年获哈佛大学政府学系文学硕士学位，曾撰写课程论文《国家的自决与主权：少数民族问题的核心》。1941年，又取得哈佛大学政府学系哲学博士学位，博士论文《国家平等的某些方面》。同年11月回国，出任中央政治学校专任教授。1946年任外交部专门委员兼美洲司帮办。1949年携全家移居美国。1950年在纽约创办中国美术品公司，任董事长。1965年，任美国康涅狄格州州立中央大学国际法教授，1980年获得该校杰出服务奖，退休后多次捐赠中国历代书画珍品给该校，1990年，该校将新建的艺术中心命名为陈世材博士艺术中心。1982年以后多次回国，曾在南京大学、外交学院讲学，并捐赠医疗器械给家乡万安县的医院。1996年在美国哈特福德市去世。①

桂宗尧

桂宗尧(1913—?)，江西贵溪人，生于日本东京。1927—1932年入中央大学法学院法律学系，毕业后赴欧，相继入德国柏林大学、丹麦哥本哈根大学、瑞士伯尔尼大学，1945年取得伯尔尼大学政治学博士学位，博士论文《国际法制度中的战争：以战争的概念为中心》。长期在政府部门任职，曾任台湾中国文化大学教授。②

徐汉豪

徐汉豪(1907—1984)，字迈群，江苏崇明(今上海崇明)人。崇明中学毕业后入江苏法政专科学校(该校后改名江苏法政大学，后并入中央大学法学院)，毕业后入复旦大学社会科学科，1928年毕业(与谢景山同届)。1928年赴法留学，1931年取得南锡大学法学博士学位(公法专业)，博士论文《中国省制论》。1932年回国，任四川大学教授；1933年任厦门大学法学院教授，讲授债法总则、债法各论、民法总则、物权法、中国外交史、法理学等课程。1935年任福建省政府参议。抗战时期任贵阳大夏大学法学院法律系主任、教授。1946年11月，当选为"制宪国民大会"青年党代表。1946年秋回上海，继续担任大夏大学法学院法律系主任、教授。行宪第一届立法委员(递补)。1949年去台湾。

陈育凤

陈育凤(1905—约20世纪80年代后期)，广东人。1924—1928年，在中央大学法学院政治学系学习，取得法学士学位，之后在中央大学法学院法律学系攻读两年。曾任中央大学政治学系助教。后留学法国、德国，于1944年取得柏林大学法学博士学位，博士论文《诬陷罪研究》。留居德国，在科隆大学东亚研究院任教。20世纪80年代后期去世。③

---

① 参见王伟著，第154~155页。
② 参见王伟著，第337页。
③ 参见王伟著，第320页。

金世鼎

金世鼎(1903—1994),字诺九,江苏淮安(楚州)人。早年江苏省立第九中学毕业,1927年入中央大学法学院法律学系,取得法学士学位。1933年,任上海地方法院检察官。后官费赴法留学,于1940年取得巴黎大学法学博士学位,博士论文《中国司法官之铨任》。1945年回国,任首都高等法院刑事第一庭庭长;1948年12月任最高法院推事兼书记官长,曾主审周佛海案。1949年去台湾。先后任教于朝阳大学、台湾大学、东吴大学、辅仁大学。①

赵俊欣

赵俊欣(1913—1986),江苏丹徒大港镇人。1928年,江阴南菁中学初中毕业;1931年,省立南京中学高中毕业;1935年,国立中央大学法学院政治学系毕业;同年由国民党中央资送留学法国。1937年,获巴黎大学法学博士学位,博士论文为《修改条约问题之法理分析》,呼吁修改中外间的不平等条约。随后赴德国柏林比较公法与国际法研究所继续从事研究。次年回到重庆,先后任监察院编纂、重庆大学商学院商法教授(任教两年间,在国民党中央组织部兼职)、外交部专员、秘书兼条约司研究室主任,参与中美、中英、中比新约签订的谈判工作。1944年夏,任中国驻法国民族解放委员会一等秘书。1948年初去希腊雅典,任中国驻联合国巴尔干委员会代表团副代表。1949年,任中国驻德国盟军管制委员会军事代表团代团长。1951年7月,举家从巴黎回国,任南京大学外国语言文学系教授。1956年,加入中国民主同盟。1980年,任第一届全国高等学校外语专业编审委员会副主任,兼法语组组长,主持审订法语专业教材近20种。他是最早为南大法律系硕士研究生开设专业课程的教师之一。晚年身患疾病,仍坚持执教,并赶写教材,准备为法律系研究生开设新课程,惜乎天不假年,赍志而没,1986年病逝于南京。著有《比利时史》《罗森堡大公国史》《法语文体论》等专著,发表过《法国启蒙运动》《狄德罗的唯物主义哲学》《卢梭的思想体系》等多篇论文。②

孙文明

孙文明(1907—?),字浚卿,山西宁武人。山西省立第五中学,1926年入金陵大学农业专修科,1927年入中央大学法学院政治学系,1932年毕业后赴法留学,于1936年获巴黎大学法学博士学位,博士论文为《中外政治条约之研究》。1937年2月回国,出任军事委员会政训处宣传委员会专任委员,军事委员会战时工作干部训练团上校政治教官,行政院谘议、编审;1941—1946年,任东北大学(四川三台)政治系教授、系主任;1946—1949年任南京国立编译馆编纂,兼湖南大学政治系、金陵大学政治系、河南大学政治系教授。1949—1953年,任湖南大学政治系教授。1953年任湖南师范学院历史系教授、湖南师范大学历史系教授。③

---

① 参见王伟著,第244～246页。
② 参见网页:https://baike.so.com/doc/10043533-10543205.html;赵俊欣:《家史简介》,《丹徒文史资料》第2辑,1985年印行;王伟书第2版,第240页、280页、403页。
③ 参见王伟著,第237～238页。

严可为

严可为(约 1907—?),江苏泰兴人。1930 年初,获中央大学法学院政治学系法学士学位。1931 年秋自费留学法国,1935 年取得南锡大学法学博士学位(公法学专业),博士论文《中国地方行政法》。1936 年回国,从事律师业务;曾任西北大学、中央政治学校教授。1966—1970 年任江苏省人民政府参事。①

雷崧生

雷崧生(1907—1986),原名熙,字白韦。获中央大学法学士学位。1929 年任驻法国南锡副领事,1932 年巴黎领事馆副领事。1934 年,获巴黎大学法学博士学位,博士论文《法国总统颁布命令权的扩张》。后留学英国伦敦大学。1937 年任驻南锡总领事,1938 年任驻巴黎总领事馆领事。1941 年任驻古巴哈瓦那总领事馆领事。1946 年回国,任外交部情报司司长,1947 年任外交部驻台湾公署外交特派员。1948 年辞职,任台湾大学教授,兼政治学系主任,代理法学院院长。1980 年后定居美国。②

陈朝璧

陈朝璧(1905—1982),号大白,江苏盐城人。1923 年入上海中法学堂,1928 年考入中央大学,攻读一年后,考取中比庚款官费留学生资格,于 1929 年 9 月留学比利时,入鲁汶大学法学院,1932 年取得鲁文大学法学博士学位,无博士论文。1933 年回国,在上海从事律师业务,在持志大学兼职任教,后任福建省政府参议,苏皖国立技专教授,厦门大学法学院教授,1945 年任厦门大学法律系主任,1947 年任厦门大学教务长。讲授罗马法、民法等。1953 年厦门大学法律系停办后,改任厦门大学中文系教授,讲授中国古典文学史,直至 1976 年离休。1979 年任厦门大学法律系复办筹备小组副组长,1980 年任法律系第一副系主任。③

朱奇武

朱奇武(1917—1995),安徽桐城人。1938 年考入燕京大学政治系,日本占领燕京大学后离校,1943 年奔赴成都复学,同年毕业,留校任教。1944 年,考入重庆中央大学法科研究所,于 1946 年获得中央大学法学硕士学位。1947 年获英国文化教育协会的奖学金,入牛津大学耶稣学院。博士论文《国际法与国内法的关系》于 1949 年 12 月通过答辩(20 世纪 80 年代后期获得牛津大学补发的哲学博士学位证书)。1950 年初回国,先到华北人民革命大学学习,年底担任北京大学讲师。1952 年院系调整后,任教北京政法学院。"文化大革命"期间下放干校劳动,1972 年调安徽农学院任副教授,讲授英语。1979 年返回北京政法学院,从事国际公法教学研究。1982 年担任北京政法学院副院长。④

---

① 参见王伟著,第 237 页。
② 参见王伟著,第 236 页。
③ 参见王伟著,第 294 页。
④ 参见王伟著,第 179、192、200、206 页。

韩德培

韩德培(1911—2009),江苏如皋人。1934年,取得中央大学法律系法学学士学位。1939年考取中英庚款第七届留英公费生,因第二次世界大战爆发,于1940年改赴加拿大,入多伦多大学法学院,1942年获得硕士学位。1946年,应武汉大学校长、国际法学家周鲠生邀请,担任武汉大学法律系教授。1947年,任武汉大学法律系主任,武汉大学教授会主席。新中国成立后,担任武汉大学校务委员会常任委员、副秘书长。1951年担任副教务长兼法律系主任。1957年,被错划为"右派",下放农场劳动。1978年,回到武汉大学;1979年,武汉大学恢复法律系,他先后担任武汉大学法律系主任、国际法研究所所长、环境法研究所所长、中国国际法学会副会长、中国国际私法学会首任会长、中国环境与资源法学研究会首任会长等职,并兼任国际自然和自然资源保护同盟理事、国际环境法研究中心理事、世界城市与区域规划学会理事等职。代表著作有《国际私法上的反致问题》(论文)、《社会科学季刊》、《国际私法总论》、《国际私法》、《环境保护法教程》、《现代国际法》、《美国国际私法(冲突法)导论》和《韩德培文选》等。①

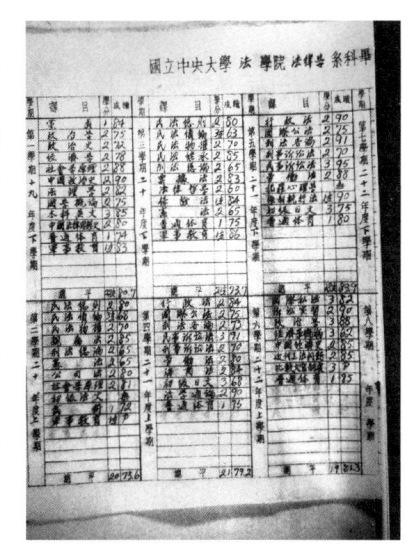

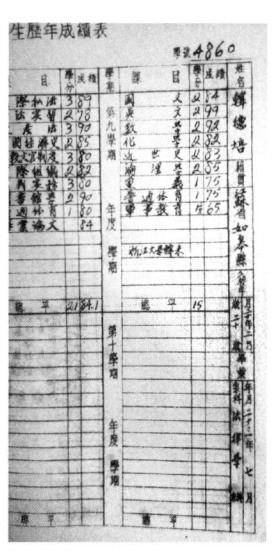

图 5-4 韩德培成绩册

王名扬

王名扬(1916—2008),湖南衡阳县人。1931年,考入湖南省立五中;1937年入国立武汉大学法律系,1941年毕业;同年考入了国立中央大学(重庆)研究生院攻读硕士学位,师从政治经济部主任、著名行政法专家张汇文教授。1943年获得硕士学位后,到武汉大学法律系任讲师。1948年,考取了国民政府最后一批公派留学生,赴巴黎大学法学院;1953年,获得巴黎大学行政法学博士学位。1953—1956年,又在法国东方语言学校学习俄语和日语。1956年,巴黎举办国际博览会,担任中国代表的法语翻译。1956—1958年,在法国担任《侨众》报的独任编辑,向法国华侨介绍新中国的建设成就。1958年回国,至1962年,在北京政法学院理论教研室工作。1962年转入北京外贸学院教授法语教员,自此离别法学教

---

① 参见第二历史档案馆档案,全宗号648,案卷号3924;参见王伟著,第200、203、394、490页;《韩德培文选》,武汉大学出版社1996年版,第6、7、486页;《韩德培自述》,高增德、丁东编:《世纪学人自述》第四卷,北京十月文艺出版社2000年版,第254页。《韩德培先生传略》,载《韩德培文集》(上),武汉大学出版2007年版,第4页;何勤华主编:《中国法学家访谈录》第一卷,北京大学出版社2010年版,第464页。

育领域长达 20 年。

"文化大革命"期间，王名扬受到了不公正对待。"文革"结束后，他重回北京外贸学院，从事法语教学。1983 年，调入中国政法大学，担任行政法专业硕士研究生导师、中国法学会行政法研究会顾问，培养出新中国第一届行政法学专业硕士生。代表著作有：《中国大百科全书法学卷》国际私法及行政法词条，《英国行政法》(中国政法大学出版社)、《法国行政法》(中国政法大学出版社)、《英、法、美、日行政法简明教程》(山西人民出版社)、《外国行政诉讼制度》(山西人民出版社)、《美国行政法》(上、下卷，中国法制出版社)、《比较行政法》(北京大学出版社)。①

四、司法院大法官及最高检察长

张于浔

张于浔(1887—1951)，字惠民，江西南昌人，中华民国法学家。毕业于江西陆军学校，后赴日本留学，入振武学校。再赴法国巴黎大学，法科肄业。回国后，曾任江西都督府副官长。历任湖北、安徽、江西各省军政府参谋，江西都督府副官长，两广都司令部参谋，众议院议员，护国第二军司令部参谋，广东大学军事教育部主任，1913 年，当选为中华民国第一届国会众议院候补议员。1917 年，任护法国会众议院议员。1925 年，出任交通部福州电报局局长。1928 年起，任法学院副教授，讲授形势政策及监狱学。1930 年 5 月，兼任最高法院推事。1935 年，任最高法院庭长。1948 年，任司法院大法官。1949 年，随国民政府迁往台湾。②

叶在均

叶在均(1885—1951)，字乃崇，福建闽侯人。早年毕业于京师法政学堂，曾任京师地方审判厅庭长，京师高等审判厅推事。1928 年，署南京国民政府最高法院推事。中央大学法学院副教授。1930 年，任最高法院庭长。1942 年，任高等考试司法官临时考试再试典试委员。1949 年 3 月，任首届司法院大法官会议法官。后赴台湾，继任"司法院大法官会议法官"。1951 年病逝。③

黄正铭

(参见第 60 页介绍)

---

① 参见网络资料等。
② 参见 1928—1929 年《国立中央大学法学院教职员表》，《国立中央大学一览》第四种《法学院概况》，1930 年 1 月印行。
③ 参见 http://www.139001.net/c/577910.html。

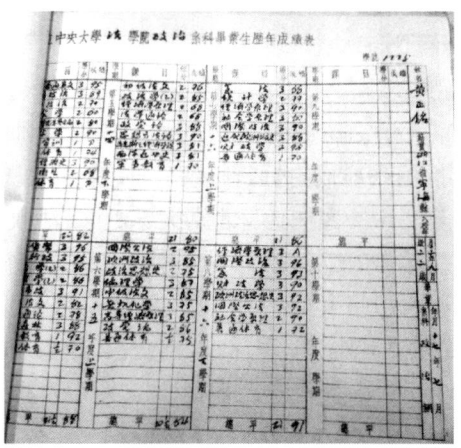

图 5-5 黄正铭成绩表①

沈家彝

沈家彝(1881—1955),字季让,江苏江宁人,祖籍浙江吴兴。清光绪癸卯科举人,曾入京师大学堂仕学馆,后受学部考验评定赴日本深造,毕业于日本东京帝国大学法学部。曾任北京政府蒙藏事务公处副科长、大理院推事、京师高等审判厅厅长、奉天及京师高等审判厅厅长、法权讨论委员会顾问等职。1929年,被国民政府任命为任北平特别市政府秘书长。1929年,任上海中国公学教授、中央大学法学院副教授。1931年,任国民政府司法行政部参事;1932年,任江苏高等法院第二分院院长;1936年,任河北省高等法院检事兼院长。

抗日战争时期失去公职,从事律师职业。民社党成员。1947年,当选北平市参议员;1948年,任首届司法院大法官;新中国成立后,任中央文史研究馆馆员。1955年病逝。

刘克儁

刘克儁(1893—1974),字卓吾,江西吉安人。1916年,入北京大学法预科(德文班)学习;1919年,入北京大学法科学习。1920年冬,随勤工俭学学生乘船到法国,后到德国,先后在柏林大学法学院、佛莱堡大学法学院、慕尼黑大学法学院学习,于1926年完成慕尼黑大学法学博士学业,博士论文《行为的同一在德国刑事诉讼法中的意义》,次年被授予法学博士学位,学成回国。1927年,任武昌中山大学法科刑法教授;1928年,担任国民政府法制局编审;1929—1947年,担任立法院立法委员,主持修改刑法、刑事诉讼法及监狱法规等。1930年,赴捷克参加国际刑法会议。1933—1937年、1946—1949年任中央大学法学院刑法教授、司法组主任。1947年,担任立法院法制委员会委员长;1948年9月,担任司法院大法官;1949年,任湖南长沙民国大学教授;1950年,任湖南大学法律系教授;1953年后,担任湖南师范学院图书馆副主任、主任。②

---

① 二档馆档案,全宗号648,案卷号3925,《前国立中央大学法学院政治学系毕业生历年成绩表(1928—1937.7)》。
② 参见王伟著,第311~312页。

夏 勤

夏勤(1893—1950),字敬民,江苏泰县人。早年在北京法政专门学校学习,毕业后留学日本东京大学,1915 年学成归国。曾任京师各级审判检察机关推事、检察宫、庭长等职。1927 年国民政府成立后,任最高法院庭长。从 1919 年至 1937 卢沟桥事变前,先后兼任北京朝阳大学教务长、副校长,北京大学、北京法政大学、南京中央大学、中央政治学校、陆军大学等校教授,高等文官考试、司法官考试、江苏省县长考试典试委员,江泰轮船公司创办人,最高院推事。1938 年,任司法行政部常务次长;1945 年,任最高法院院长。1949 年 3 月,与魏大同、翁敬棠、叶在均、苏希洵、向哲浚、梅汝璈、李浩培被任命为首届司法院大法官。后去香港,于 1950 年 1 月病逝。著有《刑法总论》《刑法各论》《刑事诉讼法》《法学通论》和《指纹法》等书。①

史尚宽

史尚宽(1898—1970),安徽桐城人,生于 1898 年农历元旦,字旦生。15 岁留学日本,先在京都第三高等学校学习,后进入帝国东京大学法律系,共 9 年,获法学学士学位。1922 年秋,赴德国柏林大学深造,研究法律;两年后转赴法国巴黎大学继续研究政治经济。1927 年归国,先后任中山大学、中央大学专任副教授、兼任教授,政治大学教授。1929 年 1 月,先后担任国民政府"立法委员""立法院法制委员会委员长""民法典起草人"等职,参与编纂《民国民法典》,独立编纂《民法全书》六册卷。后赴台,被选为"司法院大法官"。

研究范围主要有民法、刑法、宪法、行政法和劳动法等。著述有《劳动法原论》《民法总则释义》《民法原论总则》《法学概论》《法制》《立法程序及立法技术》《行政法要旨》《行政法论》《信托法论》《土地法原论》《债法总论》《物权法论》《债法各论》《亲属法论》《继承法论》《民法总论》等。民法著述尤丰,其中影响最大、最有学术价值的当为《民法全书》,先后完成《债法总论》《债法各论》《物权法论》《亲属法论》《继承法论》《民法总论》6 册巨著,计 400 余万字,合称《民法全书》,为民法学界的权威学术著作。1970 年病逝于台北。

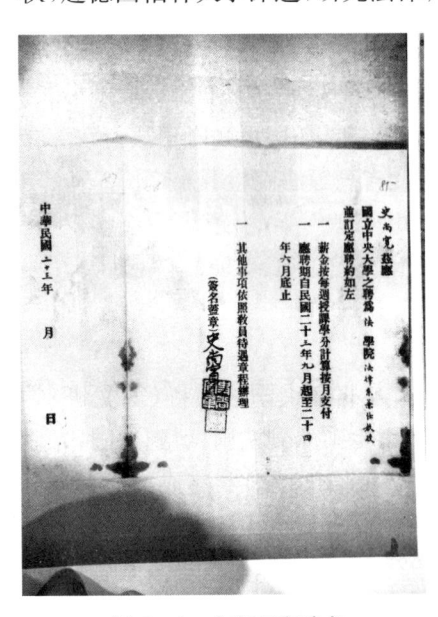

图 5-6 史尚宽应聘书

杨兆龙

杨兆龙(1904—1979),字一飞,江苏金坛人。曾在燕京大学学习两年,1924 年入东吴大学法科,1927 年取得东吴大学法学士学位。1928 年,任上海地方法院推事、上海公共租界临时法院书记官和推事;1930 年,主要在上海和镇江从事律师业务,兼任东吴法学院教授;

---

① 张宪文等主编:《中华民国史大辞典》,江苏古籍出版社 2002 版,第 1476 页。

1932年，任司法行政部秘书处科长，其间曾兼任立法院宪法起草委员会专员。1934年，自费赴美国哈佛法学院学习，第二年即获法学博士学位，博士论文《中国司法制度之现状与问题研究——参考外国主要国家之制度》。后赴德国柏林大学研究，于1936年夏回国，至1945年间，先后任资源委员会专门委员、西北联合大学法商学院院长、教育部参事，兼任朝阳学院等校教授等职。1945年，在吴经熊指导下，将《联合国宪章》翻译为中文。1945年，任司法行政部刑事司司长，其间到欧美考察司法。1949年1月，任最高法院检察署代理检察长。在此期间，争取了全国性的政治犯大释放，对在南京"五二〇"一案中的被捕者撤销公诉，释放了一百余人，全国共计释放一万余人。上海方面释放了360余人，已被判刑的中央大学3个学生也因此获得自由，返回学校。还建议撤销了司法行政部的特刑司和各地的特刑庭。

1949年，任职南京大学法学院教授。1950年，董必武亲自提议，由他出任东吴大学法学院院长，南京大学法学院学生联名上书校方，要求挽留。杨兆龙受命赴任东吴法学院院长，仍担任南京大学法学院专任名义、兼任待遇之教授。1952年全国院系调整，南京大学法学院与东吴法学院均被撤销后，调整至复旦大学，先在外文系教俄语，1956年转法律系，任刑法教研室教授，未实际开课。1957年春，参加九三学社，同年被划为"右派"。1958年，调至上海社会科学院。1963年，以"现行反革命罪"被捕入狱，关押8年后，以"历史反革命及叛国投敌罪"被判处无期徒刑。1975年特赦出狱，被安排于浙江文史馆任馆员。1979年4月1日，在浙江海宁去世。1980年，复旦大学改正其被错划的右派；上海高院撤销错误犯罪判决，宣告无罪，恢复名誉。①

范馨香

范馨香，女，1921年生，湖北应城县人。1938年在汉口参加全国第一届大学入学联考，为国立中央大学法学院法律学系录取。然后转辗跋涉来到重庆，于1939年注册进入中央大学学习。1943年获法学学士后，旋即通过司法官高等考试，先后担任过四川长寿、江苏镇江、桂林的地方法院及广西高等法院的法官。1949年去台湾后，曾担任台湾地区高等法院民事庭庭长，台湾地区最高法院庭长。1972年，出任台湾地区"司法院大法官"，并连任三届，从事统一解释法令等工作，成为台湾地区资深大法官。自1956年起，曾兼任台湾东吴大学教授，并一度兼任台湾政治大学教授，讲授商事法、民权、物权等课程。并曾多次赴日本、德国及非洲各国考察司法业务及参加国际妇女法学会议。1987年病逝于台北市。与夫婿王作荣同年考取国立中央大学法学院经济学系，同年毕业，二人自1944年结婚后，伉俪唱随，合撰有《鲽情深》一书。

史锡恩

史锡恩，1923年生，山东定陶县人。1944年，考取重庆国立中央大学法学院法律学系，1948年7月，在南京毕业，当年经司法官特考合格，被分发台北地方法院实习。1949年12月开始，先后充任屏东、台北等地方法院检察官；1954年，升任福建高等法院推事，并先后兼

---

① 参见陆锦璧：《献身民主与法治大业的先驱——纪念著名法学家杨兆龙教授百年诞辰》，《东吴法学》2005年春季卷，第272~274页；王伟著，第67~68页。

办台湾高等法院检察官或推事事务;1956年,调任台湾高等法院推事,办理民事案件。1958年调办刑事案件,嗣后升任台湾高等法院台南分院庭长。1966年调任台湾高等法院庭长。1968年10月,调任台湾彰化地方法院首席检察官。1970年调任高雄地方法院首席检察官,1973年调任桃园地方法院院长。彰化、桃园两地方法院均系史锡恩筹划成立。1967年及1972年,两度以特优人员蒙总统嘉勉。1976年升任"最高法院"推事兼书记官长。1985年9月,获提名特任"司法院"第五届大法官。1996年退休,现为执业律师。1965年起,利用公余之暇,先后在司法官训练所及公私立大学兼任教席,讲授宪法、民法、刑法、诉讼法等法律课程。主要著作有《中国宪法论》《刑法论》《刑事诉讼法论》等。①

五、远东国际军事法庭检察官

向哲浚

向哲浚(1892—1987),湖南宁乡人,别号明思,曾用名向哲文。1910年,考入清华学堂的前身游美肄业馆;1917年从清华学校毕业后,赴美国耶鲁大学攻读文学和法学,并获得文学和法学两个学士学位,随后入华盛顿大学学习国际法,获法学博士学位。1925年秋回国,担任过北京大学、北京交通大学、河北大学法律系以及北京法政大学教授。从1927年起,又先后出任司法部和外交部秘书、最高法院检察署首席检察官和最高法院湘粤分庭首席检察官、苏州地方法院院长、上海第一特区地方高等法院首席检察官。1928—1929年,为中央大学法学院专任副教授。

1946年1月28日,远东国际军事法庭成立,中国政府任命梅汝璈为中国法官,向哲浚为中国检察官。是年2月7日,向哲浚向国际检察局递交了中国认为的11名日本侵华战犯名单。然而,由于日本投降后有计划地销毁了大量侵略证据,向哲浚带去的除战犯名单外,没有更多的证据。为此,他带领工作人员前往中国过去的敌占区寻找人证和物证,前往被查封的日本陆军省档案库存,从字里行间发掘日本侵华罪行的证据,工作强度之大难以想象。1948年11月12日,板垣征四郎、土肥原贤二、松井石根等7名被告被判绞刑,另有16人被判处无期徒刑;1948年12月23日,绞刑执行,向哲浚和中国军事代表团团长商震应邀参加见证。中国检察组出色地完成了自己的历史使命。国民政府先后委任他为最高法院检察署检察长,当选为首届司法院大法官,但都被婉拒,未曾就任。

1949年2月,留在上海的向哲浚接受大夏大学和东吴大学的聘请,讲授"国际公法""国际私法""国际审判"等课程;院系调整后,先后任教复旦大学法律系、社会科学院、上海财经学院,直至1965年退休。20世纪80年代初,向哲浚在不同场合多次发表谈话,痛斥日本右翼复活军国主义的企图,配合南京大屠杀遇难同胞纪念馆的筹建工作。1987年,向哲浚在上海逝世,享年95岁。②

---

① 参见何勤华、黄源盛主编:《中华法学家访谈录》,元照出版公司2020年版,第91~92页。
② 参见倪徵𡕴:《淡泊从容莅海牙》(增订版),北京大学出版社2015年版;https://baike.baidu.com/item/%E5%90%91%E5%93%B2%E6%B5%9A/8672164?fr=aladdin。

吴学义

吴学义,1902年生,江西南城县人。少年天资聪颖好学,中学毕业后,东渡日本,就读于日本京都帝国大学(现日本京都大学)法学部,获法学硕士。毕业归国后,先后担任南京中央大学、武汉大学法学教授,成为民国时期著名的法学家,撰写发表了多部民法学著作及高校法学教材。他精通英美法律,与梅汝璈两人曾经担任行政院院长宋子文、外交部长王世杰的助手,参与签订过多部国际条约,参与过多次谈判,积累了丰富的国际外交经验。日本无条件投降后,远东国际军事法庭决定对发动侵略战争的日本军国主义分子进行审判,中国政府接到驻日盟军统帅总部的通知,便指示外交部和司法部遴选派往东京的外交、司法人员。东京审判是从1946年5月开始的,在第一阶段,都是涉及中国受侵略的问题。正当中国提出主要的控诉事实时,由于辩护涉及许多要利用英美法诉讼程序的问题,需要符合"证据法则"的确切证据,因此形势对中方不利。检察官向哲浚回国告急,请立即增派检察官顾问支援,经司法行政部核准,外交部同意后,指派南京中央大学精通日文的法学教授吴学义与上海律师鄂森、桂裕、王铁崖出征,王为首席顾问。中国检察组经过反复考虑后,决定通过进入已被封闭的日本前陆军省档案库,找寻罪证。历时两年零七个月的东京审判,宣判终结:28名甲级战犯得到了应有的惩罚,东条英机等7名主要甲级战犯被判死刑。1948年12月23日凌晨,盟军代表被邀到东京郊外巢鸭监狱刑场监视执行。吴学义还利用精通日语、英语的特点,与盟军总部和日本当局交涉,到日本宫内省追查文物,把许多被劫物陆续追回,挽回国家损失。吴学义完成使命从日本返回国后,在国立中央大学担任法学教授。南京解放前夕,放弃去台。新中国成立后,他在中国药科大学当过图书管理员,"文化大革命"期间受过冲击,1966年在南京去世。①

六、其他知名法政师生

吴昆吾

吴昆吾(1888—?),四川铜梁人(今属重庆)。1913年,以稽勋局第二期官费留学生赴法,毕业于巴黎大学,后转赴瑞士,1919年取得日内瓦大学法学博士学位,博士论文《从中国新民法典草案看中国的家庭、结婚、离婚制度:以相关习俗和现行法律作为参考》。任过法制局秘书、司法部佥事、驻瑞士使馆二等秘书、京师市政公所政务处处长、外交部条约委员会专任委员。任职北京法政大学、朝阳大学、北京师范讲习所教授,国立中央大学兼任副教授,讲授条约法。1929年任司法院参事,兼代司法院秘书长。1931年与徐谟一道代表外交部与法国签署《关于上海法租界内设立中国法院之协定》。1947年,任江西高等法院院长。吴昆吾是我国近代著名的国际法专家和外交活动家,几乎参与了辛亥革命之后所有的外交实践和

---

① 参见倪徵𣋉:《淡泊从容莅海牙》(增订版),北京大学出版社2015年版,第132~134页、第141页、第150~151页、第154页;https://www.sohu.com/a/143181067_234875。

对策研讨。著有《国际公法纲要》《政府议院之权限》(吴昆吾、戴修骏著,商务印书馆1917年)等著作,发表论文数颇丰。①

刘师舜

刘师舜(1900—1996),字琴五,江西宜丰人,出生于湖南湘乡。1920年清华学校毕业,同年赴美留学,1921年取得美国约翰斯·霍普金斯大学文学士;1922—1923年密歇根大学研究生,1923年取得哈佛大学文学硕士学位,无硕士论文。1925年取得哥伦比亚大学国际法专业哲学博士学位,博士论文《治外法权的兴衰》。1925年回国,任国民会议筹备处秘书厅帮办,清华教授。1927年任外交部条约委员会委员,1930年任外交部参事,1932—1941年任外交部欧美司司长,1942年任驻加拿大公使,1944年任驻加拿大大使,1947年4月至1949年任外交部政务次长,驻联合国大使。在外交部工作期间,兼任中央大学国际公法教授(1929年起)。1949年1月任联合国托管理事会代表,后定居美国,1996年病逝。②

周 纬

周纬(1884—1949),字传经、仰庚,号星槎,贵州镇远人,生于安徽。早年被保送京师译学馆,1905年以学部官费留学生的身份留学法国,后留学瑞士,1917年取得瑞士佛莱堡大学法学博士学位,博士论文《国际社会中的司法机构》。1918年,任北洋政府外交部秘书处办事。曾任国联中国代表办事处一等秘书兼秘书长、欧美国际法学院会员、北京大学国际公法教授、外交部条约委员会专任委员、国民政府立法院立法委员,1928年中央大学法学院国际公法兼职副教授。汪伪政府立法院立法委员,汪伪政府立法院军事委员会委员长。喜好收藏研究古代兵器。

中文著述有:《新国际公法》(上海商务印书馆1930年版)、《工厂管理法》(1929年商务印书馆)、《民族联合会(国际联盟)》(1920年外交部版)、《国际联盟之组织经过即吾国六年参与会务情形述要》(1926年外交部版)、《航空学(附图五十页)》(1910年参谋处版)、《交通经济学(附图十页)》(讲义)、《世界民主国宪法详考》(讲义)、《二十世纪财政学》(讲义)、《行政法》(1927年俄文法政专校讲义)、《亚洲兵器与文化艺术之关系》。以《新国际公法》最为著名,1928年在中央大学任教期间出版,王宠惠为之作序,"取材新颖,理论高超,洵足为研究现世国际公法者之指南,而有裨益于国民外交,实非浅显"。外文著述有《国际社会之法律组织(国际三权组织法)》(法文,1917年在巴黎及日内瓦出版)、《外交法上之治外法权》(法文,1916年在瑞士佛里布城出版)、《国际运货公司法律上之责任》(法文,1916年在瑞士佛里布城出版)、《中国赞助国际联盟之运动》(法文,1920年北京法文政闻报出版)、《东方古剑器考》(英文,1926年美国纽约安迪生美术院代印出版)。③

---

① 参见王伟著,第335页。
② 参见王伟著,第146~147页。
③ 参见王伟著,第335页。

杨公达

杨公达(1907—1972),四川长寿人。早年毕业于北平高等师范学校,旋赴法国留学,入法国政治学院、巴黎大学,学习国际公法与国际关系,毕业返国。1930年冬,国立中央大学授予他名誉法学博士学位。1931年,被国立中央大学校长朱家骅聘为中央大学图书馆主任、教授,以及继任法学院院长。创办《时代公论》,任社长。旋任上海暨南大学教授、教务长。1933年,任立法院立法委员,立法院宪法起草委员会委员。1937年抗日战争全面爆发后,任中国国民党中央党部秘书,国际联盟中国同志会理事、总干事,并主编《国际政治》,旋任中国国民党中央组织部秘书,国民政府重庆特别市党部主任委员。1945年,任贵州省政府委员兼财政厅厅长,1946年4月去职,6月继任国立英士大学校长,又发生学生"驱杨迁校运动",要求迁校温州、重派新校长;11月任制宪国民大会代表。1947年聘为宪政实施促进委员会常务委员;辞英大校长,选任行宪立法院立法委员。1949年赴台湾后,续任"立法委员",并任中兴大学教授、"中华民国联合国同志会"常务理事。1972年逝世。著有《最新国际公法》《西洋外交史》《政治科学概论》《政党概论》《国际形势》等。

阮毅成

阮毅成(1905—1988),字静生,号思宁,学名冠华,浙江余姚人,出生于江苏兴化,法学家。其父阮性存(荀伯),早年留日,就读于日本法政大学清国留学生法政速成科,与胡汉民、汪精卫、陈叔通同学,参加同盟会,为浙江辛亥革命元老,创办浙江法政学堂。1918年,入读浙江省立第一中学(今杭州高级中学)。1927年,于中国公学大学部政治与经济系毕业后,得陈叔通资助,赴法国留学。1931年,法国巴黎大学毕业,获国家法学硕士学位。同年回国,任教国立中央大学法学院,讲授陪审制度、法学通论、现代政治学说、行政法、国际私法、国际政治、英国法例研究、市政概论,兼任中央大学图书馆馆长。1935年暑假,彻底辞去中央大学教职。任教中央大学期间于1932年2月,即任中央政治学校专任教授,不久兼法律系主任,《时代公论》主编(1932年4月1日,以国立中央大学法学院教授为主体的一批学人创办了《时代公论》杂志,杨公达任主编,后由阮毅成任主编)。1937年后,担任浙江省第四行政督察专员、浙江省政府委员兼民政厅厅长、英士大学教授、英士大学行政专修科主任等职。抗战胜利后,参与筹建浙江大学法学院,并担任国立浙江大学法学院首任院长。1946年,任南京国民政府国民制宪大会代表。1949年赴台湾。先后担任台湾"《中央日报》社"社长、《东方杂志》主编、中山学术文化基金会董事会董事兼总干事、台湾政治大学教授兼法律系主任、世界新闻专科学校教授等职。著有《政言》《政法论丛》《国际私法》《比较宪法》《中国亲属法概论》《制宪日记》《法语》《三句话不离本杭》等著作。①

胡长清

胡长清(1900—1988),字次威,四川万县人。1919年,考入北京朝阳大学法律系(时任校长为江庸先生),1923年本科毕业,在学校资助下留学日本明治大学,专攻科修刑法,1926

---

① 参见阮毅成:《八十述忆》,自印,第325~329页。

年取得法学士学位,后归国到母校朝阳大学任教,讲授刑法。因发文得罪军阀当局,出走南京。1928—1932年间,任《法律评论》主编。调任国民政府法制局任二科科长,续任社会科学研究所研究员、民法起草委员会编纂,参与《工厂法》《工会法》《陪审法》等法律的起草工作,兼任中央大学法学院刑法学教授。为国立中央大学《时代公论》杂志的主要撰稿人,在中央政治大学教民法并任法律系主任。1933年,胡长清任浙江省兰溪实验县县长,自此步入仕途。先后任浙江第四区行政督察专员,湖南、四川省政府委员兼民政厅厅长,国民政府考试院辅导委员会委员,国民党第六届候补中央执委,国民政府内政部次长等职务,在燕京大学、四川大学、华西协和大学等校教授刑法、民法。1949年后,入华东司法部干训班学习,后转华东革命大学学习,1956年加入中国国民党革命委员会。1957年当选为上海市民革委员会常委及对台工作委员会副主任委员。自1960年1月至1988年7月病故时止,任上海市人民政府参事室参事。

胡长清一生兼具"教授""学者""译者""评论家""主编"和"地方行政官员"等多重身份,坚持笔耕不辍,著作丰富,著有《中国民法总论》(1933年)、《中国民法债篇总论》(1934年)、《中国民法亲属论》(1936年)、《中国民法继承论》(1936年)及《中国刑法总论》(1948年)等,兼及地方行政与地方自治的著作40余种,另有《宪法草案与土地问题》《工厂法私案》《英法上民事不法行为述要》等多篇法学理论和实践的文章,还汉译了日文著作《日本现在之人口》《婚姻法之近代化》等。①

梅仲协

梅仲协(1900—1971),字祖芳,浙江永嘉人。法国巴黎大学法学硕士,1933年后,在国立中央大学、中央政治学校担任民法教师,曾任中央政治学校法律学系主任,其间兼任重庆东吴大学教授。后到台湾,历任台湾大学法学院民法教授(并主持该校法律研究所)、"司法行政部"司法官训练所民法讲师、台湾省立中兴大学法商学院商事法教授,政工干部学校、中央警官学校、军法学校和私立东吴大学法学院等院校兼任民法教授,"教育部"学术审议委员会委员。

代表著作有《民法要义》《公司法概论》《国际私法新论》《中国票据法释义》《法学绪论》,《六法解释判例汇编》六卷(与罗渊祥共同编辑),《法律词典》(与林纪东、萨孟武、刘庆瑞编辑),《宪法精义》(狄骥著,梅仲协译)。②

图5-7 梅仲协应聘书

---

① 参见敖从庆:《胡长清生平与著述综览——兼述其地方自治思想》,《朝阳法律评论》,2015年2月,第11辑(总1363期),第21页;胡长清:《中国民法总论·编校说明》,中国政法大学出版社1997年版。
② 参见梅仲协:《民法要义》初版序;郑玉波:《民法债编论文选辑·编辑说明》,台湾五南图书出版公司印行;http://blog.sina.com.cn/s/blog_4fa9ca5e01007y6q.html。

浦薛凤

浦薛凤(1900—1997)，字逖生，常熟人。14岁考入北京清华学校。1921年秋，官费赴美留学，获哈佛大学硕士、翰墨林大学法学博士。回国后，任职于东陆大学、浙江大学，任清华大学政治系教授兼系主任，《清华学报》编辑，北京大学教授。1933年夏，赴德国柏林大学进修。1938年，任国立西南联合大学教授。其后应国立中央大学法学院政治系主任黄正铭邀请，兼任该系教授多年，讲授"西洋近代政治思潮"，自撰教材《西洋近代政治思潮》。1939年起，任国防部最高委员会参事7年，同时曾兼任短期或长期各项职务：兼任党政工作委员会专员(负责联系国防最高委员会)、中央设计局设计委员、重庆《中央日报》总主笔、中央宣传部党报社论委员会委员、中央训练部指导员、高级训练班(政治学)教官、高等文官考试典试委员、国际问题讨论会委员、行政院战罪委员之一、缩小省区设计委员会委员、联合国战罪调查委员会远东分会秘书、调整机构临时委员会委员，又在重庆全期参加中央法制专门委员会(约每周或每两周开会一次)、橡树园会议(国际安全机构预备会议)中国代表团专门委员，太平洋学会会议(旧金山)中国代表团代表，金山会议中国代表团专门委员。曾任行政院善后救济总署副署长，出席战时全国内政会议等。

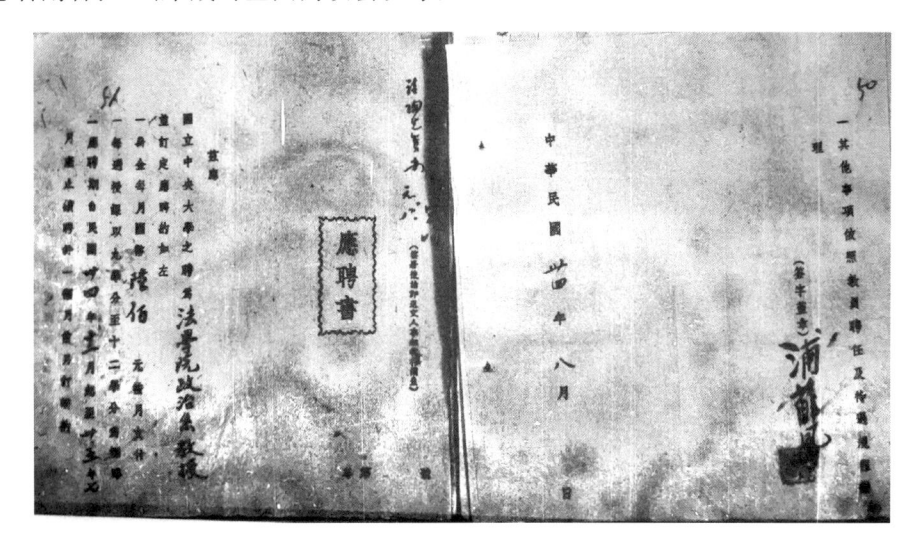

图 5-8 浦薛凤应聘书

1948年，应台湾省政府主席魏道明之邀，赴台担任省政府秘书。1954年，任台湾政治大学教授，兼教务长、政治研究所主任，台湾教育主管部门常务"次长"，台湾商务印书馆总编辑，"行政院"副秘书长。1960年回政治大学任教。1962年移居美国，任桥港大学教授，纽约圣若望大学教务长。

曾讲授西洋政治思想史、政治学概论、西洋近代政治思潮、政党政治、中国政治思想史、比较政府等课程。著有《西洋近代政治思潮》《西洋现代政治思潮》《浦薛凤回忆录》等教科书和著作，辑有《政治论丛》《政治文集》《战时评论集》等。[①]

---

① 参见浦薛凤：《浦薛凤回忆录(中)》，黄山书社2009年版，第12～13页、第242～243页、第237页；浦薛凤：《音容宛在》，商务印书馆2015年版；浦薛凤：《西洋政治思潮》，北京大学2007年版。

芮 沐

芮沐(1908—2011),原名敬先,字吉士,浙江吴兴(今湖州)人,生于上海。1927年上海圣芳济中学毕业。1930年以第一名的成绩从震旦大学文学院毕业,取得文学士学位,同年自费赴法留学。1933年从巴黎大学毕业,获得法学士学位(一译法学硕士学位)。1933年赴德国法兰克福大学继续求学,1935年获法兰克福大学法学博士学位,有博士论文《实在法与自然法的关系》。1935年回国,任立法院专员。1938—1939年,任中央政治学校法律系教授,1939—1941年,任中央大学法律系教授。1941—1945年任西南联大法律系教授。1945年再次出国,到美国佛罗里达州立大学和纽约哥伦比亚大学法学院做访问学者。1947年回国,任北京大学法律系教授。

1949年后,历任北京政法学院、北京大学教授,北京大学法律系副主任,北京大学经济法与国际经济法研究所所长,中国社会科学院法学研究所副所长、中国社会科学院研究生院法学系主任。芮沐是全国法学界最早的一批博士生导师之一,为我国培养了众多杰出的法律人才。改革开放以来,芮沐教授率先在我国设立了经济法和国际经济法两个专业,是这两个专业的奠基人。芮沐还曾兼任政务院法制委员会专门委员、全国人大常委会法制委员会委员、香港特别行政区基本法起草委员会委员、国务院经济法规研究中心常务干事等职务,为国家立法和法制工作作出了重要的历史性贡献。著有《民事法律行为理论之全部》,主编了"国际经济法系列丛书"、《国际经济法条约集成》及续编、《芮沐文集》等。①

王铁崖

王铁崖(1913—2003),原名庆纯,号石蒂,福州市人。1929年考入复旦大学西语系,后改入政治系学习。1931年转入清华大学政治系,1933年入清华大学研究院,于1936年获得国际法学硕士学位,并通过中英庚款留学考试。1937年赴英国伦敦政治经济学院留学,学习国际法。1939年回国,受聘于乐山武汉大学。1942年6月,转往国立中央大学法学院政治学系任教。1946年秋,回北京大学政治系任教,讲授国际法。1947年,继钱端升之后,任政治系主任。1952年院系调整,任教于北京政法学院。后应翦伯赞邀请,受聘于北大历史系,讲授国际关系史,同时担任国际关系史教研室主任。1956年转至法律系,任国际法学教研室主任。1957年被错划为"右派",中断教研活动。1964年恢复教学研究工作,旋因"文化大革命"爆发,再次中断教研。1977年后重返讲台,1978年在北大招收国际法硕士生。1979年,在北大自创全国国际法本科专业。1983年在北大创立了全国第一个国际法研究所,同年开始招收国际法博士生。1980年,协助创立中国国际法学会,始任副会长,1991年任会长。1981年当选为国际法研究院副院士,1987年当选为正式院士;1993年当选常设国际仲裁法院仲裁员。1997年5月当选为前南斯拉夫国际刑事法庭法官,同年底赴荷兰海牙上任。2003年在北京辞世,享年90岁。

---

① 参见《芮沐文集》,北京大学出版社2020年版。

图 5-9　王铁崖应聘书

王铁崖有多篇专著、论文和译著。主编教科书《国际法》；撰有《新约研究》、《战争与条约》、《中国与国际法——历史与当代》（英文）、《国际法引论》等专题论著；编纂《中外旧约章汇编》（3 卷）、《海洋法资料汇编》等资料十几种；主要译著有《国际法原理》（凯尔森著）、《奥本海国际法》等。①

龚祥瑞

龚祥瑞（1911—1996），出生于浙江省宁波郊区一个基督徒家庭。1929 年被保送进入上海沪江大学生物学系学习，获沪江大学荣誉毕业优等学位。1931 年，转入清华大学法学院政治系，师从钱端升、张奚若、萧公权等政治学大家。1935 年，考取庚子赔款留学英法，于次年赴英，师从享有盛名的英国政治学家拉斯基和宪法学大师詹宁斯。1938 年，获英国伦敦政经学院政治学硕士学位；1939 年，获法国巴黎大学法学院比较法研究所法学博士学位（因二战爆发，未发证书）。回国后在西南联合大学、重庆中央青年干部学校任教。1944 年，转到国立中央大学政治系任教授。兼任国民政府考试院铨叙部专员，研究中国官制，为国民政府研究完善文官制度。1948 年，至北京大学政治学系任教。新中国成立初，任中央政法委参事。1954 年以后，长期担任北京大学法律系教授，直至逝世。

代表作有《欧美员吏制度》（1934 年，与楼邦彦合著）、《西方国家的司法制度》（1980 年，与罗豪才、吴撷英合著）、《文官制度》（1985 年）、《比较宪法与行政法》（1985、2003 年）、《法与宪法近论》（1992 年）、《法治的理想与现实》、《宪政的理想与现实——宪法与宪政研究文集》（1995 年）、《英国行政机构和文官制度》。译著有《法与宪法》（1997 年，詹宁斯原著，龚祥瑞、侯健译，贺卫方校）、《法律的训诫》（合译，法学丛书之一，英国丹宁勋爵著）、《法律的界碑》（合译，法学丛书之一，英国丹宁勋爵著）、《法律的正当程序》（合译，法学丛书之一，英国丹宁

---

① 参见沈守思：《怀念恩师王铁崖教授》，中央大学南京校友会、中央大学校友文选编纂委员会编：《南雍骊珠：中央大学名师传略》，南京大学出版社 2004 年版，第 158～163 页。

勋爵著)、《法律的未来》(合译,法学丛书之一,英国丹宁勋爵著)。自传《盲人奥里翁:龚祥瑞自传》(北京大学出版社 2011 年版)。①

图 5-10 龚祥瑞应聘书

赵理海

赵理海(1916—2000),山西闻喜县人。早年考入北京汇文中学,1935 年进入燕京大学政治学系学习,1939 年取得文学士学位。1940 年,就读于美国芝加哥大学,1942 年获得文学硕士学位,硕士论文《中美商约研究》。后入哈佛大学政府学系,1944 年获得哲学博士学位,博士论文《适用于中美条约中的国际法》。之后进入哈佛法学院学习,1945 年底回国,受聘于武汉大学。1945—1947 年任武汉大学法学院教授,1947—1949 年任中央大学法学院政治学系教授,1949—1957 年任南京大学教授。1952 年南京大学法学院停办后,入南京大学历史系,讲授"世界中世纪史"等。1957 年调任北京大学法律学系教授,主讲国际法。"文化大革命"期间下放到江西"五七干校"。1983 年任美国纽约大学法学院客座教授。1996 年当选为国际海洋法法庭法官。

1947 年,在国内出版的第一部专著《国际公法》,是当时国内大学法律系的通用教材;其他著作有《海洋法问题研究》《当代国际法问题》《国际法基本理论》等。②

---

① 参见龚祥瑞《盲人奥里翁:龚祥瑞自传》,北京大学出版社 2011 年版。
② 参见王伟著,第 156、174 页;赵理海:《从北大教授到国际法庭法官》,http://www.Gotopku.Cn/ddetail.Php?Id=1678;潘抱存、沈守愚:《国际海洋法法官赵理海先生》,载《南雍骊珠:中央大学名师传略续篇》,南京大学出版社 2006 年版,第 176~178 页;《燕京大学人物志》第二辑,北京大学出版社 2002 年第 1 版,第 67 页;赵理湖:《忆与理海弟相处的岁月》,《沧桑》2001 年第 2 期,第 45~46 页;赵理湖:《怀念胞弟赵理海教授》,《沧桑》2003 年第 5 期。

| 中 编 |

时代足音:南京大学法学院

编前导言

南京大学法学院,正式得名于 1950 年 10 月 10 日。1952 年全国院系调整,法学院的发展被迫中断。1981 年,恢复建系。此后,经历了由系到院的发展,至 2021 年,恰好 40 周年。40 年中,法学院经过初创时法律人筚路蓝缕的开拓,后继者的努力续跑,现任者的接力争先,各项成就蔚为大观,在全国法科教育界独树一帜。《时代足音》,正是为了记录法学院 40 年的发展历程,留下法律人的奋斗足迹。

本编梳理了 1950 年以来的法学院发展历程,中间经历了正名与合并、恢复建系、法政学院时期、法学院的成立、学科归并等阶段。立足本科教学,介绍了法学专业课程及任课教师、大类招生一年级课程、法科学生的公共课程、本科课程特色、国际化办学、本科教学成就等。围绕法学硕士点和学科方向,介绍了学科发展状况。在法律硕士培养方面,对招生概况、培养方案及培养成效等,进行回顾。学术平台,是学术研究交流的媒介,法学院目前有 15 个平台和 1 个学术论坛:中国法律案例研究中心、住宅政策与不动产法研究中心、犯罪预防与控制研究所、经济刑法研究所、商法研究中心、私法研究所、经济法研究所、保险法研究所、法典评注研究中心、紫金知识产权研究中心、司法文化研究中心、证据法研究中心、司法制度研究中心、网络与信息法学研究中心、财税法学研究中心暨资产管理产品法律研究基地及费彝民法学论坛。中德法学研究所是南京大学中外合作办学最早、最成功的范例之一,对其发展过程、经验等均有详细记述。法学院一向重视学术刊物创办,《南京大学法律评论》《南大法学》《中德经济法学研究所年刊》《中德法学论坛》等,都曾是公开发行刊物;内刊《判例评论》,也曾经在法律实务界产生一定影响。实践教学在法学教育中尤其重要,重视实践教学,也是法学院教学的一贯传统,通过介绍实践教学概况、法律援助中心、劳动法律援助中心及学生的各种竞赛参与等,充分展示了法学院实践教学成果及大学生从课堂走向工作之间桥梁的成功搭建。图书资料,积淀着法学院的学术底蕴,在协助师生学术研究中功不可没,通过对图书馆的发展、院图校图联动、馆藏资源建设、专业学科服务以及对外合作交流等的介绍,凸显了图书馆的功能及价值。

第六章　法学院的发展历程

一、正名与撤销

南京大学法学院的正名，始于1950年10月10日，一个值得纪念的日子——武昌首义日。1950年10月10日，国立南京大学接华东军政委员会通知，校名去掉"国立"二字，改称"南京大学"。法学院的全称随之变为"南京大学法学院"，高一涵任法学院院长，杨兆龙等任教授。

1951年10月《南京大学暂行组织规程》第一条确定："本大学定名为南京大学。"第七条规定：本大学现设六院计三十七系，又四专修科。其中法学院由三系组成：政治学系、经济学系、法律学系。各系的规模有所减少，法律系至1952年12月9日前，在编教员6人、助教1人、学生47人。①

1952年全国高校院系调整，先是南京大学重组。1952年7月26日，南京大学、金陵大学合并调整方案出台。② 南京大学于9月中旬完成院系调整，10月1日开学。以国立中央大学和创建于1888年的教会大学——金陵大学文、理学院为主体，奠定了今日南京大学的基础。南京大学校址也由原国立中央大学迁至相邻的原金陵大学校址。

再就是南京大学法学院的撤销。伴随着院系调整，南京大学法学院与全国其他独立法政大学(学院)及综合性大学法学院(系)一样，面临被撤销、合并及重组的命运。同样在1952年，原南京大学法学院、复旦大学法学院、东吴大学法学院、震旦大学法学院、安徽大学法学院、厦门大学法学院、上海大学法学院、同济大学法学院、圣约翰大学法政专业、沪江大学法律系，计10所华东片区大学的法律系或政治学系，合并组成华东政法学院。

1945年后，国立中央大学法学院法律系、政治系的教师经过几次分流。第一次，抗战胜利"复员"：原清华、北大等北平学校的一批，回到北平原校；一批转到上海复旦大学等院校；其余留在南京中央大学。第二次，1949年中华人民共和国成立前夕，国立中央大学法政教师，一批随国民政府迁至台湾，其余留在南京的国立中央大学(不久改为"国立南京大学""南京大学")。第三次，就是1952年院系调整，南京大学法政教师整体被要求并入华东政法学院。

然而，计划赶不上变化。在华政档案馆所保存的一份文件中，当时华东政法学院筹备处曾提出了一份"原华东9个大学政法系教授分布、分配情况"，里面提到：原9个大学政法系

---

① 《南大百年实录》下，第26页。
② 《南大百年实录》下，第39页。

图 6-1 撤销前的法学院院长 高一涵

教授(教师)共有 126 人,其中教授 69 名,副教授 8 名,讲师 8 名,助教 28 名,行政人员 13 名。分布情况为:复旦大学 35 名,南京大学 16 名,安徽大学 8 名,圣约翰大学 7 名,震旦大学 2 名,沪江大学 5 名,上海学院 9 名,东吴大学法学院 26 名,厦门大学 18 名。南京大学法学院被政府宣布整体撤销后,与其他学校老师一样,所有 16 位教师也得到通知:将被分配到上海华东政法学院当教师。这 16 人是:高一涵、吴学义、赵理海、祝修爵、孙熙存、赵之远、江康黎、孙本文、史国纲、陈毅夫、朱约庵、林我朋、夏纪松、罗华俊、邵士玫及王志平。

但等了数月,一直没有得到通知。直到 1952 年 11 月,才从报纸上得知,华东政法学院已经建立,他们因各种"政治资格"审查没过关,未能如愿进入华政当教师,而是被要求自找门路。这些教师中,如高一涵、赵之远、史国纲、赵理海等,多为国立中央大学法学院时期的法政名师,孙本文则是中央大学法学院社会学系的著名教授。最后南京大学只有毕业生不久的王志平转入了华政,其他老师均未能进入华政。所有 9 校 126 人大名单上的老师,最终正式进入华政任教的寥寥无几。华政当时教员的主体是南下干部和被华政合并的各所大学刚刚毕业的学生。①

1958 年 8 月 9 日,根据中央决定,复旦法律系、华东政法学院、上海财经学院、中国科学院上海经济研究所及历史研究所,合并为上海社科院,以华政原址为院址。1963 年华东政法学院复校,1972 年 5 月华东政法学院撤销,188 名教职员工整体转入复旦(1966 年开始,华政不再招生,至 1972 年时,华政已没有常规的大学本科生)。国立中央大学法学院与新中国成立初的南京大学法学院,为华东法律教育输送了大量杰出人才。据 1952 年统计,在组织华东政法学院的高校中,来自复旦大学法学院的老师最多,而复旦法学院的许多老师,又跟国立中央大学法学院或南京大学法学院有着很深的渊源。1954 年,根据中央规定,复旦大学恢复法律系时,名家云集,其中卢峻、向哲浚、张汇文、张企泰、陈文彬、范扬、杨兆龙等,均曾经为国立中央大学(或南京大学)法、政系专任或兼任的大牌教师。这些人才的后续境遇及作用,则取决于日后社会环境的变化,此略不述。

二、恢复法律系

1952 年至 1981 年,法律院(系)中断了 30 年。1980 年 9 月,南京大学校方委派哲学系副主任林仁栋担任恢复建系筹备组副组长,负责筹划法律系恢复重建工作。1981 年,法律系正式恢复建立,当年招收了第一届法学本科学生。9 月 2 日,中共南京大学委员会发布了《关于成立法律系的通知》,将法律系成立的消息通知到全校各党政机关:

---

① 参见何勤华《华政的故事》三,《最早的师资从哪里来?》(上、下),《法制日报·法学院》2019 年 6 月 12 日;南京大学法学院 16 位老师的全部名单由华东政法大学何勤华教授代为从华政档案馆查阅抄录。

各总支、各系、各部处：

经上级批准，我校正式成立法律系。

特此通知

中共南京大学委员会
1981年9月2日①

林仁栋也担任了恢复建系后第一任系主任；吴厚德、邢才为副主任；栾景芳担任第一任系党总支书记。党政班子领导组织了师资的延揽和培养、教学计划的制订、教学设备的添置、图书资料的建设以及学生的教育培养等工作。

在组建法律系师资队伍过程中，筹备组成员费心费力，尤为辛劳。他们四处出访，主动上门，延请贤士加盟南大法律系。如从吉林大学法学院引进了周元伯老师后，又在周元伯的推荐下，栾景芳、宫模义等亲赴长春，说服尚在吉林省检察院工作的叶松春，调来法律系任教；曾经是周元伯在吉大的学生、后留在吉大任教的张惠兰老师，也通过"曲线救国"，被引进到法律系。南大、吉大两校在人员流动上颇有渊源，与早期两校法律系老师互动频繁有一定关系。加上匡亚明先生曾分别担任过两校校长，两校天然具有颇高的亲和度。南大法学院（系）与吉大法学院（系）至今还一直保持着人员往来的通畅渠道，如法学院的田军、王钧、张淼、邹立君、单勇等老师，均有吉大法学院的求学经历。

陈处昌、王光仪（二人系夫妇）、曲可伸、钱大群等老师，则是从西北诸院校引进的。钱大群老师被引进前，仍在西北师范大学讲授历史文选及汉语言等非法律课程。王毓骅老师则是从南京一所中学的英语老师岗位上被调入法律系的。

为了筹建申报法学硕士点，起初在法律系正高职称教师阙如的条件下，特地聘请南大外国语言文学系的赵俊欣教授领衔申报。赵俊欣虽系国立中央大学法学院本科毕业、法国巴黎大学法学博士，但此时他的编制属于外语系。经法律系盛邀，赵教授慨然应允，协助法律系申报硕士点，并亲自为法律系硕士生开设课程，编写讲义，豪侠感人。

经过四面八方罗致人才，法律系一经恢复，就初步具备相对完整的、专业水平很高的教研队伍，奠定了40年来作为国内高层次综合性大学——南京大学法学院（系）相当扎实的教研底盘。

图6-2 恢复建系后首任系主任 林仁栋

法律系恢复成立的前5年中，参与专业教学的第一批老师有：林仁栋（法学基础理论）、张步云（法学基础理论）、曾昭华（法学基础理论）、陈处昌（法学基础理论）、曲可伸（外国法制史、罗马法）、田军（宪法学）、梁世伟（刑法学）、钱大群（中国法制史）、丁邦开（刑法学）、周元伯（民法学、民事诉讼法学、司法文书）、张惠兰（民法学）、邢才（民法学）、宫模义（刑事诉讼法学）、王光仪（婚姻法、劳

---

① 参见《南大百年实录》下，第434页。

动法)、韩成栋(国际公法)、王毓骅(国际公法、专业外语)、李乾亨(经济法学)、王超(中国法律思想史)、谷春德(外国法律思想史,根据当年课表安排,该课为1984—1985学年第一学期选修课,授课时间1个月)、崔可经(环保法)、唐培根(司法精神病学)、张洁(刑事诉讼法学)、许江、高贤芳(刑事侦查学)、陈长鹏(国际私法)、张肇群(外国经济法)及王卫平(政治学)等,另有外籍教师讲授外国法学、外国刑法和外国经济法。

从恢复建系时的课程及师资队伍看,当下所谓的法学"核心"课程,那时已基本开设齐全。教师多为名校出身,如王毓骅具有东吴大学法学本科、美国印第安纳大学法学博士的求学背景;宫模义为留苏法律副博士;外聘中国人民大学谷春德先生短期集中授课;另外还有外籍教师的全外文教学。其时教师人数不多,教研单位界限不很清晰,如宪法、行政法、法律史等学科,都在法理教研室,不到10位教师,有的老师要担任几门课的教学,经常要采用集体备课的方式。即使条件艰苦,老师们对教学也毫不懈怠:除了自我强化之外,还分赴其他高校进修学习,汲取优秀教学经验;经常组织社会调查,积极参与司法实践,编写教材,出版专著,发表论文,确保优质教学。

第二任系主任李乾亨,副主任张步云、陈长鹏;第二任系党总支书记梁传海,副书记罗一民。

1985届学生是法律系首届毕业生,共有43人(女16人),钱进、陈伟、胡荣、洪庚明先后担任班长。李一宁、范建分别担任第一任、第二任学生辅导员。李一宁、王光仪、周元伯先后担任班主任。

1983年,法律系成立了第一个校级研究所:马克思主义法学理论研究室。

1984年,开始招收"干部班"。

1987年,分设法律专业和经济法专业两个方向。另设专修科和夜大班、自考班等。

1981—1985届,是恢复建系后的第一届学生,属于南大法学院的"黄埔一期",在此特列出法学首届法律系全体学生名单及合影,以资纪念(1981级学生名单同见"附录一:校友名录")。

1985年法律系首届毕业学生名单

王松	王世樑	王国荣	王建润	叶晓辉	朱凤	朱增进	刘沤阳
刘劲波	汪萍	冯建妹	李之广	林红	林楠	金俭	陈忠毅
陈伟	吴姜宏	赵阳	陆幼雅	洪庚明	法任飞	胡荣	胡道才
周晖国	秦为民	徐文超	杨月霞	张春莉	袁诚	袁岳	侯雅梅
郭伟林	黄倩	黄红宇	唐涛	夏明丰	钱进	章恒筑	蒋荣春
曹静陶	高怡南	韩世满					

图 6-3　1981—1985 法律系首届毕业学生合影

1985年7月,法律系恢复后培养的首届学生顺利毕业,其中金俭、刘劲波、郭伟林、法任飞、汪萍等留校。法律系的首届学生中,日后不少成为法律界的活跃人士。

三、法政学院法律系

1988年11月29日,南京大学发布《关于成立南京大学法政学院的通知》〔南字发(88)173号〕:"为适应学科建设、人才培养和管理体制改革的需要,经研究决定,成立南京大学法政学院。法政学院下设法律学系、政治学系、社会学系。"[①]

法政学院院长张永桃。法律学系主任丁邦开,副主任许江、陈立虎;党总支书记汤腊生,副书记王惠民。一院三系的建制,颇似于国立中央大学法学院的组建模式。

这期间,法律学系与德国哥廷根大学、日本名古屋大学、美国杜克大学等建有国际学术交流关系,并成功地举办了2次国际学术会议,在国内外产生了较大影响。其中1992年10月,以丁邦开为主席主持召开的"东亚经济与法律国际学术讨论会"(International Symposium on Economics and Law of Eastern Asia),出席人数78人,外宾人数22人,参与国家德、韩、美、日、中、西班牙6个,为当时规模较大、影响较大的国际性法学会议。

法律学系拥有硕士学位授予权,专业与研究方向有:法学理论——马克思主义法学理论、宪法与行政法理论、法律文化、刑法理论;法制史——中国法律史与唐律研究、台湾法律制度研究、比较法;经济法学——中国经济法、中德经济法、科学技术法、比较经济法、公司法与证券

[①] 《南大百年实录》下,第478页。

法、合同法、商法理论；国际经济法——国际贸易法，国际投资法。（截至 1994 年 10 月）①

改革开放后，百废待兴，国家急需法律专业人才。法律学系按照国家教委的要求，面向社会开设成人教育。专科专业，业余学习年限文科为 3 年，脱产学习年限 2 年或 2 年半；本科专业，业余学习年限文科为 5 年，专科起点本科业余学习年限为 3 年；第二学历专业学习年限为 3 年。专科起点本科专业为经济法专业，该专业旨在培养德、智、体全面发展的具有本科水平的从事经济法工作的专门人才。主要课程有英语、中国革命史、劳动法学、合同法学、财政税收法学、金融法学、企业法学、工业产权法学、环境保护法学、自然资源法学、保险法学、公司法学、海商法学、国际贸易法学、国际投资法学、国际金融法学、国际税法学、毕业论文等。本科专业则为法律学。

中德经济法研究所是南京大学法律学系与德国哥廷根大学法律系于 1988 年 5 月 5 日签订《南京大学和哥廷根大学关于设立中德经济法研究所的合同》、1989 年 9 月共同设立的教学科研机构，并有德国专家和中国学者分别作长期和中短期的合作研究。其研究范围涉及中国和德国民法、商法、公司法和经济法、欧洲共同体法和国际经济法等领域。（详见第六章《中德法学研究所》）

20 世纪 80 年代早期成立的中山律师事务所，拥有一批精明强干、功底扎实的律师，承办了大量的大案要案，在江苏省范围内颇具影响。

四、成立法学院

1. 一院三系

1994 年 5 月 20 日，适逢南京大学校庆纪念日，南京大学发布《关于建立法学院的通知》〔南字发（94）132 号〕："根据我校学科建设与发展的需要，经研究决定，成立南京大学法学院，撤销原南京大学法政学院。"为当时全国综合性高校中最早成立的法学院。同年 9 月 20 日，发布《关于在法学院设立法律学系等三个系的通知》〔南字发（94）223 号〕，决定在法学院设立法律学系、经济法学系、国际经济法学系等三个系。②

领导班子成员有：范健（主持工作副院长、院长）；院党委书记汤腊生、吴瑞林；副院长孙南申，后增孙国祥、邵建东为副院长。

法律学系主任：邢鸿飞、许江；经济法学系主任：张淳；国际经济法学系主任：孙南申（兼）。

建院初期，法学院拥有一支基础知识扎实、教学经验丰富、具有开拓精神、司法实践能力强的教师队伍：教职工 60 余人，其中教授 8 名，副教授 12 名；持照执业律师 23 名。在国内法学界颇有声望的林仁栋、李乾亨、周元伯、王毓骅、曲可伸、宫模义、钱大群、王超等教师均在法学院执教，另有一批引进的教师加盟，整体实力大大提升。

1994 年，南大将法学确定为重点建设和发展学科，体系由四部分组成：(1) 法律学、经济

---

① 黄细良主编：《走向辉煌——今日南京大学》，南京大学出版社 1995 年版，第 231～232 页。
② 《南大百年实录》下，第 502 页。

法学、国际经济法学三个本科专业系科；(2) 国际经济法、经济法双学位专业；(3) 律师实务副修专业；(4) 法学理论、经济法学、国际经济法学、法律制度史 4 个硕士点。兹仅将三个系的具体情况介绍如下：

(1) 法律学系

该专业的学位课程有宪法学、行政法学、刑法学、民法婚姻法学、行政诉讼法学、刑事诉讼法学、民事诉讼法学、经济法概论、合同法学、国际公法、国际私法、国际经济法、中国法制史、外国法制史、司法文书、律师与公证实务、逻辑学、伦理学以及学校规定的公共基础课等。开设的选修课程有专业英语、海商法、劳动法、企业法、金融法、财政税收法、反不正当竞争法、公司法、保险法、房地产法、物证技术学、法律口才学、外国民商法、中国法律思想史、环境保护法、法医学、犯罪心理学、中国经济刑法学等。学生修满160个学分方可毕业。该专业毕业生对口的岗位是在律师事务所、法院、检察院、公安部门从事专业工作，也可在政府、金融、税务、工商行政管理、科研、教育等部门任职。

(2) 经济法学系

经济法是以经济法律现象为主要研究对象的法律科学。除研究经济法的基本理论外，着重研究财税法、金融法、价格法、竞争法、公司法、经济合同法等。在我国，经济法学是在中国共产党十一届三中全会以后，随着经济体制的改革和市场经济的发展而出现的。

该专业旨在培养全面掌握经济学、经济法知识的专业人才。通过本专业的学习，学生应全面了解经济法律法规，掌握经济学方面的基础知识，初步具有解决经济纠纷、办理经济法律事务、处理经济案件的能力。

该专业的学位课程有宪法学、行政法学、刑法学、民法学、婚姻法学、行政诉讼法学、刑事诉讼法学、民事诉讼法学、国际公法、国际私法、逻辑学、伦理学、合同法学、企业法学、财政税收法学、金融法学、国际经济法学、公司法、证券法、司法文书、律师与公证实务以及学校规定的公共基础课等。开设的选修课程有专业英语、海商法、环保法、海关法、工业产权法、保险法、自然资源法、票据法、反不正当竞争法、消费者利益保护法、房地产法、香港法概论、台湾法概论、中国法制史、外国法制史、中国经济立法史、会计学、社会学、企业管理学、世界经济概论、当代外国经济法律制度、涉外公证等。学生修满160个学分方可毕业。

(3) 国际经济法学系

国际经济法是一门研究受国际经济法规所约束的国际经济关系或对外经济关系的法律学科。它研究调整国际经济关系的国际条约、国际惯例、国际判例、国际经济组织的章程和决议，以及调整涉外经济关系的立法。国际经济法主要有国际贸易法、国际投资法、国际金融法、国际税务、国际技术转让法、国际经济组织法、国际经济诉讼法。该专业是为适应我国对外开放的需要而建立起来的。

该专业旨在培养熟悉国际经济法律、惯例，具有扎实的国际经济交往理论和实践知识的专门人才。通过对本专业的学习，学生必须全面掌握常见国际经济法律、惯例，熟练地掌握一到两门外语，能够独立处理对外贸易事项，解决国际经济争议，并具备一定的科研能力。

该专业学位课程有民法学、刑法学、宪法学、行政法学、刑事诉讼法学、民事诉讼法学、行政诉讼法学、婚姻法学、国际公法、国际私法、国际经济法基本理论、国际贸易法、国际投资法、国际金融法、国际税法、海商法、司法文书、律师与公证实务、逻辑学、伦理学、会计学以及学校规定的公共基础课等。开设的选修课程有工业产权法、国际经济组织法、国际技术转让法、关贸总协定法律制度、国际商务代理、涉外经济合同法、海关法、司法、证券法、国际产品责任法、中国对外贸易法、国际贸易仲裁、世界经济概论等。学生修满160个学分方可毕业。毕业生适合到跨国公司、国内进出口公司、涉外律师事务所及有关处理对外经济法律事务的机关等部门工作。①

2. 学术拓展

法学院建立后,按三个系科方向严密规划、组织教学。院领导班子重视学术研究,在当时科研经费奇缺的条件下,毅然采取一系列措施,推动学术研究和交流,旨在以教学促进研究,以研究提升教学,其中尤以如下三项举措为著:

其一,与南大出版社合作,策划并资助出版"南京大学法学文库",整体奠定了法学院学术研究基础。根据出版书目信息记载,第一批文库书目有:《信托法原论》(张淳)、《法律与经济——传统中国经济的法律分析》(张中秋)、《国际反倾销法研究》(范健)、《经济刑法原理与适用》(孙国祥)、《现代医学与法律研究》(冯建妹)、《秩序·权力与法律控制》(杨解君)、《唐律与唐代吏治》(钱大群、郭成伟)。第二批文库书目有:《反倾销法研究》(范健)、《国际区域经济法研究》(孙南申)、《国际环保法研究》(张梓太)、《中国经济法》(张淳等)、《公司法论》(范健、蒋大兴)、《房地产法的理论与实务》(金俭)、《经济刑法原理与适用》(孙国祥)、《法理学》(范健等)、《唐律与唐代法律体系研究》(钱大群)、《中国法律的现代化》(张中秋)、《行政救济法》(杨解君等)、《职务犯罪研究》(钱大群等)。法学文库的设立,为不少教师科研成果的顺利问世创造了机会,也激发了教师进行学术研究的热情。资助教师学术成果的出版,也是法学院后来一直保持的良好传统。

其二,开拓中外合作培养人才的新路。20世纪80年代初,教育界思想开放有限,中外合作办学尚属于新生事物,少有先例,经验缺乏,法律学系率先尝试,摸索前行。从1983年开始,系主任林仁栋主持筹划,选择历史悠久的德国名校——哥廷根大学为对象,进行合作洽谈,达成协议,1984年开始,将协议付诸实践,计划先行主要由德方资助,派遣法律学系老师赴哥廷根大学留学。1984—1989年,先后派遣5批5人次的青年教师赴德留学或访学,他们是戴奎生、张颖、邵建东、曹丽君、范健,学成归来后,大多成为法律系中德经济法学方向的教研骨干。基于先期合作积累的经验,1988年,中德双方正式签订创建中德经济法研究所的正式合同,时任系主任李乾亨先生代表南大法律学系在合同上签字,中德合作培养人才步上了快车道。(详见第十一章)

其三,创办《南京大学法律评论》,提升法学院学术声誉。该刊的创办发行,开了全国高校法学院系创办专业刊物的先河,不少名家名稿经常在该刊上发表。该刊也成为法学院对外学术交流的重要窗口之一。重视法学刊物创办发行,扩大学术影响,是法学院的又一学术传统,至今不变。

---

① 参见黄细良主编:《走向辉煌——今日南京大学》,南京大学出版社1995年版,第139~142页。

五、学科归并

根据教育部学科调整的要求,从1999年起,取消法学本科专业的划分,统一设立法学专业。法学院下设法理学、宪法与行政法学、法律史学、刑法学、民商法学、经济法学、国际法学、诉讼法学、环境与资源保护法学等9个教研室。后依托教研室布局,又分别设立"教学管理研究中心"。教研室(中心)主任多由副教授职称的青年骨干担任,资深教授担任学科带头人。

这期间的院领导班子经历过如下几届:

邵建东:院长,2001—2005年
汪萍:党委书记
李友根:副院长
陶广峰:副院长

李友根:院长,2005—2009年(2005—2007年,副院长,主持工作)
周义安:党委书记
杨春福:副院长
蒋大兴:副院长

李友根:院长,2009—2015年
周义安:党委书记
杨春福:副院长
吴英姿:副院长

叶金强:院长,2015—2019年
王丽娟:党委书记
宋晓:副院长
王太高:副院长
曾洋:副院长

叶金强:院长,2020年至今
王丽娟:党委书记
彭岳:副院长
刘勇:副院长

法学院现设有一个法学本科专业,9个硕士专业——法学理论、法律史、宪法学与行政法学、刑法学、民商法学、诉讼法学、经济法学、环境与资源保护法学、国际法学,方向与教研室类别基本一致。拥有一级学科硕士授予权;具有法律硕士培养资格和法律硕士专业学位授予权;拥有博士学位授权一级学科点;法学学科为江苏省一级学科重点学科,国家双一流建设学科;设有法学博士后流动站。

现有"马工程"首席专家1人,全国十大杰出青年法学家1人,入选教育部新世纪优秀人才支持计划教师4人,享受国务院特殊津贴的教师1人,国家一级学会执行会长1人,中国法学会所属研究会副会长2人,省级法学研究会会长4人。

至2021年上半学年,法学院有在编教职工68人,专任教师57人,其中教授29人(博导23人),副教授28人;专职科研人员11人。全体教职工中,68人具有博士学位,其中取得国外学术机构博士学位的8人。目前法学院在全国综合大学法学院中师资比偏小,但教学质量、科研成果等,在有全国几大政法院校参加的综合排名中,一直居于前列。在2017年教育部第四轮学科评估中,法学院法学专业获得A-佳绩,"投入、产出比"之高,在全国综合性大学法学院中名列前茅。

第七章　本科教学

一、法学专业课程及任课教师

自1981年恢复建系40年来,法学院承继南大法科教学历史传统,依据教育部法学课程开设的总体要求,结合任课师资队伍特点,合理设置专业课程,尽可能地为学生提供更多的选择课目。

法学教育兼具通识教育与职业教育两个方面的特征,以通识教育为主,兼顾职业教育。依托教育部关于法学学科发展规划,按照二级学科方向,参考教育部法学专业指导委员会核定的专业主干课程目录确定核心课程。核心课程紧扣法学教育的特点设置教学计划。控制课程数量和学时数,保留学生自主学习空间,适时对相关主干课程,如法理学、法史学、诉讼法学、民法学、国际经济法系列课程等,分别进行整合、拆分、删减及调整上课时间,增设一些社会发展和法制建设急需的选修课。鼓励教师开设专业选修课,给学生提供更多的选择机会,增加学生的个性发展空间,推动教学活动的丰富多元化。

为了全面介绍法学院本科教学的专业内容,整体展示40年法学院师资阵容、特质,本部分拟对照1981年恢复招生以来40年的课表,将所有专业课程名称及任课教师名单一一列出。为便于读者查阅,排列未按核心(主干)、选修课程,而是按照课程名称首字的拼音顺序;课程名称后所列任课教师顺序,按课表上出现的时间排列,从中可一窥新老教师"接力"授课的轨迹。从课程名称的变化上,在一定程度上可看出40年来国家政治、经济、社会及法律发展的轨迹,时代印记显明。如从"香港法概论"的开设,到"自然资源法",再到"环境法""环境法与资源保护法""劳动法""劳动法与社会保障法"等相继开课,记录时代变化,折射了中国法学教育及法律制度不断完善的历史进程。

以下为40年法学院(系)课程名称及任课教师名单,其中外籍、兼任教师各10人左右,其余均为专职教师。"形势与政策"课程,由法学院教师授课的,记入其中;由马列主义学院开设的,另列入公共课目录。2017年大类制招生后的法学专业课程及任课教师也包括在内。

　　保险法学:沈秋明　吴英姿　李华　岳卫　张力毅
　　比较行政法:田芳　肖泽晟　胡敏洁
　　比较宪法(英语):田芳
　　比较宪法:姜浩　赵娟　田芳　Markus Ogorek Ogorele　裴黎萍

部门行政法概论:王太高　胡敏洁　赵娟
财政税收法:李天　黄秀梅
当代保险法理论与司法实践研究:岳卫
当代西方法哲学:杨春福
当代西方经济法律制度:孟长康
德国公司法与欧洲法:布劳洛克(德)
法律方法:蔡琳　熊静波
法律检索与写作:周安平　曹明　宋晓
法律口才学:张晓陵
法律逻辑学:陈坤
法律社会学:卜安淳　熊静波　蔡琳　艾佳慧　周安平
法律实务与辩论技巧:怀特(Weston White)
法律文本经典导读(英语):大外部
法律文章的阅读与写作:钱大群
法律职业伦理:熊静波
法律专业英语:王毓骅　孙南申　孙企祥　孙雯　孔立明　史敏　汪卫峰
　　　　　　于文捷　焦燕　孙雯　比恩克曼(Bjorkman)
法学理论:张步云　曾昭华　林仁栋　陈处昌　王卫平　范健　杨春福
　　　　成凡　单锋　郭俊义　邹立君　蔡琳　熊静波　周安平　邹立君
　　　　艾佳慧　陈坤
法学英语口笔译:大外部
法医学:杨增言　易龙
反不正当竞争法:邵建东　张梓太
犯罪心理学:高汉生　朱超　杨辉忠
犯罪学:狄小华
犯罪侦查学:高贤芳　许江虹
房地产法:金俭　周长征　单锋　刘勇
工业产权(法):洪庚明　李友根　徐棣枫
公司法学:戴奎生　张萱　蒋大兴　吴建斌　姜浩　周梅　宋亚辉
管理学:周三多　陈传明
国际产品责任法:许利民　潘晓峰
国际法学:王毓骅　于宁　李斌　何鹰
国际公法:王毓骅　韩成栋　穆子励　孙南申　李斌　宋晓　彭岳　张华　何鹰
国际公法学(英语):张华
国际货币金融法:彭岳
国际技术转让法:沈秋明　何鹰
国际金融法:邵建东　李斌　姜冲　彭岳
国际经济法(英语):彭岳

国际经济法导论:彭岳
国际经济法基础理论:张肇群　方小敏
国际经济法学:康乃尔(Conner)　张肇群　肖冰　孙企祥　张革
国际经济法总论:姜冲　肖冰
国际买卖学:外籍教师
国际贸易法:陈立虎　范健　孙雯　张革　彭岳　胡晓红
国际商法学:王可　彭岳　孙雯　胡晓红　何鹰
国际商事交易及管制法:孙雯　彭岳
国际税法:李天　张肇群　何鹰　姜冲
国际私法学:陈长鹏　陈立虎　许利民　肖冰　宋晓　焦燕　章晶
国际私法学(英语):焦燕
国际投资法:尹晓兵　肖冰　黎晖　宋晓　许利民　杨阳
国际组织:陈世才
海关法学:肖冰
海商法:陈长鹏　沈秋明　曾洋　彭岳
行政法(英语):胡敏洁
行政法分论:王太高　胡敏洁　肖泽晟　陈伟
行政法学:叶松春　邢鸿飞　金俭　张梓太　肖泽晟　胡敏洁
行政法与行政诉讼法:肖泽晟　胡敏洁
行政诉讼法学:邢鸿飞　张泽想　吴卫星　肖泽晟　王太高
合同法前沿:叶金强
合同法学:孙鸿怡　张梓太　张淳　方小敏　杨威夷　叶金强　邱鹭风　刘勇　税兵　张燕玲　刘青文　尚连杰　岳卫
环境保护法:崔可经　陈立虎　黄秀梅　张梓太　吴卫星　陈伟
会计学:张幼翔　胡冬梅
婚姻法学:王光仪　曹静陶　汪萍　冯建妹　杨春福　方文晖
家庭法与继承法:张燕玲
金融法学:李天　张理　曾洋
经济法(英语):李华
经济法案例研究:李友根
经济法概论:洪庚明　张理
经济法基础理论:吴建斌　张理　肖冰　李友根
经济法学:李乾亨　吴建斌　孙鸿怡　李友根　李华　陶广峰　方小敏　宋亚辉
经济犯罪与经济刑法:孙国祥
经济刑法学:孙国祥　杨辉忠　黄旭巍　徐凌波
竞争法学:邵建东　方小敏　杨阳
劳动法:王光仪　黄秀梅　吴英姿　周长征

劳动改造学:田军
立法学:田芳　赵娟
联邦德国竞争法:戴奎生
联邦德国刑法:德国教授
罗马法:曲可伸
律师实务:张晓陵　杨春福　徐棣枫
律师与公证实务:杨春福　张晓陵
美国法导论:荣恩·比恩克曼(BjorkMan)
美国法学院 J. D. 课程导学:怀特(Weston White)
美国行政法:拉娜·帕克
美国合同法:Swift
美国侵权法:怀特(Weston White)
美国商法:怀特(Weston White)
美国宪法:荣恩·比恩克曼(Bjorkman)
美国宪法和经济修正案:查德·佛兰德斯
美国政治规则:拉娜·帕克
民法概论:冯建妹　张淳
民法学:周元伯　张惠兰　邢才　曾昭华　张淳　冯建妹　陈健　解亘
　　　刘青文　张燕玲　邱鹭风
民法总论:刘勇　解亘　叶金强
民法总则:刘青文　张淳　刘勇　朱庆育
民事诉讼法学:周元伯　郭伟林　吴英姿　翁晓斌　孙静　张婉苏　严仁群
　　　艾佳慧
票据法学:郭伟林　杨阳　张理　周梅
票据与证券法学:曾洋
破产法:刘劲波　张力毅
企业法学:丁邦开　刘虞军　李友根　蒋大兴
企业管理:商院老师
侵权法:怀特(Weston White)
亲属法学:汪萍　方文晖　刘青文　张燕玲
亲属法与继承法:张燕玲　刘青文　邱鹭风
人权法:杨春福　李斌　何鹰　田芳　熊静波
商法学:范健
商法总论:李友根　范健　蒋大兴　岳卫
涉外法律律师事务:汪洋
书法与速记:张晓陵
税法学:黄秀梅　张婉苏
司法精神病学:唐培根(精神病院主任医师)

司法摄影：许江　印寿荣　何汉玲　何亚玲
司法文书：周元伯　朱武　张晓陵　叶松春　金俭　姜柏生　许利民　顾长洲
死刑：查德·佛兰德斯
外国法律思想史：张步云　成凡
外国法学（英美法概论）：康乃尔（Conner）
外国法学：美国教师
外国法学：德国教师
外国法制史：曲可伸　孟长康　金俭　单锋　邹立君
外国公司法：戴奎生
外国经济法：康乃尔（Conner）　张肇群
外国民商法学：戴奎生
外国商法：刘劲波
外国宪法：邢鸿飞　田军
物权法：邱鹭风　税兵　张淳　刘勇　尚连杰　齐晓琨
物证技术学：许江　蒋敬
西方法律思想史：谷春德　郭俊义　邹立君　熊静波
宪法学：田军　邢鸿飞　张仁善　赵娟　张慰　田芳
香港法概论（另有学期称"香港法"）：张肇群　李斌　王可
消费者保护法（消费者利益）：戴奎生
刑法概论：张晓陵　许江
刑法学（分论）（英语）：张淼
刑法学（分论）：张淼　单勇　徐凌波　黄旭巍
刑法学（总论）：张淼　黄旭巍　徐凌波
刑法学：丁邦开　梁世伟　孙国祥　朱超　许江　张晓陵　王钧　张淼
　　　　黄旭巍
刑事诉讼法学：宫模义　张洁　张晓陵　许江　张复友　狄小华　秦宗文
刑事侦查实验：许江　印寿荣
刑事侦查学：高贤芳　许江
形势与政策：钱祥升　宫玲琳　骆威　朱颂　林仕尧
医学法学：冯建妹
债法：叶金强　解亘　张淳　刘勇　冯洁语
侦查学和物证技术学：许江　石红梅
诊所法律教育：许利民　张复友　黄秀梅　张晓陵　郭伟林　杨蓓伦
　　　　　　　徐棣枫　李华
证据法：秦宗文　吴英姿　彭心韵
证券法学：孟长康　曾洋
知识产权法（英语）：吕炳斌
知识产权法学：李友根　解亘　徐棣枫　吕炳斌

中国法律思想史：王超　成凡　张仁善　张春海
中国法制史：钱大群　张中秋　张仁善　张春海
中国古今刑法比较：钱大群
中国经济立法史：张中秋
中国经济刑法学：孙国祥
中西法律文化比较：张中秋
专业英语：施图肯（德）　孙雯
自然资源法：刘虞军
历任教务人员：杨云霞　沈祚芬　贾美荣　张菊影　赵风　孙景梅　吴训　郁霞　刘亚芳　张莉等
历任学工办人员：罗一民　李一宁　汪萍　王丽娟　李斌　林仕尧　宫玲琳　朱颂　骆威　王建富　钱祥生　唐赟等
历任行政办公室主任：刘忠秀　虞传政　石乾刚　高荣光　王松庆　石红梅　杨阳等
相关行政人员：夏燕星　陈晓宁　杨威　许利民　江天际　陈程　吴思樾　卢云　周燕　吴镭等
历任图书馆（资料室）工作人员：张惠兰　王凤瑛　蔡瑞娣　张菊影　胡琦　曹明　汤腊生　于海燕　江天际　顾瑾　何志园　郁霞　袁福英　孙景梅　周燕　郭俊义　陈诺妍　咸鸿昌等
相关工友：唐桂英　邱慧萍　张娟等

二、大类招生一年级课程

2017年开始，南京大学改革招生制度，实行大类招生：社科类本科生入学第一学年不分专业，由学校统一按社科大类管理；第二学年，学生按选择的专业方向进院系，接受专业教育。学校提出特色培养模式"三三制"，即把大学的四年分成了大类培养、专业培养和专业分流三个阶段，以及专业学术类、交叉复合类和就业创业类三个发展路径。"三三制"最人的灵魂就是突出选择性，入学的学生可以根据自己的学业规划，选择课程专业和发展路径，个性定制自己的课表。改革的宗旨，是注重不同学科知识的交叉以及融会贯通的通识教育理念，学生有更宽的学科基础，有更广泛的根据自己的兴趣选择的平台。院系课程改革也随之同步进行。

第一学年的课程分通修课、共通课和平台课三大类，通修课、共通课为全校统一设置，所有大一学生必须选修。

通修课 8 门

大学英语(通修):大外

形势与政策(通修):马克思主义学院

马克思主义基本原理概论(通修):马克思主义学院

思想道德修养与法律基础(通修):马克思主义学院

简明微积分(通修):数学系

军事理论与军事高科技(通修):人武部

军训(通修):人武部

体育(通修):体育部

共通课 2 门 共通课为社会科学专业共同的基础课,主要是社科方法论基础学科。

社会科学导论(共通):孔繁斌等

社会科学研究方法导论(共通):吴愈晓等

平台课 14 门 由社会学院、法学院、政府学院、信息管理学院各开设 3～4 门,供学生选修,学生选满规定的课程,计入学分。次年按学生选科志愿及学分排名,确定科目方向。根据要求,如果学生第二学年决定选择具体专业院系,必须至少选择一门该院系的课程,再根据申请及排名,最终确定分配具体院系的名额。4 个院系列出的课程及任课教师名单如下:

社会学院

心理学概论:陈昌凯

社会工作概论:沈晖

社会学概论:陆远

人类学概论:范可

法学院

法理学:周安平;蔡琳

民法(总则):解亘

刑法(总论):杨辉忠

政府学院

社会保障概论:周沛

国际政治学:石斌;毛维准

管理学原理:李永刚

政治学原理:张凤阳

信管院

信息分析:朱庆华

信息组织:颜嘉麒

信息检索:邓三鸿

除了平台课外,各院系还可提供一两门选修课,其中法学院提供 2 门法学选修课:

法学选修

家庭法与继承法:张燕玲

美国法导论:外教

大类制上课的模式,在扩大学生的知识面、增加学生专业的选择空间的同时,也带来学生专业院系的归属感不强,注重社科"通才"教育、削弱法律"专才"教育的弊端。法学专业的诸多方向课程,必须在二、三年级及四年级上半年的两年半时间内完成,难免有挤压。

三、法科学生的公共课程

公共课基本面向全校所设,授课对象分文理两大类,再细分,大致有理、工与人文、社会科学四大类。法学院一般归类为社会科学大类,学生选择课程基本按社会科学划定。

公共课的设置偏重于基础知识、基本素养、身心健康等。近代法科引进以来,均有所谓公共课的设置。不同时代,法科都有基础课程,反映了各时代对法科学生综合素质及专业素质的不同要求。早在1895年,中国第一所法学本科院系——北洋大学法科创办时,即有所谓公共课。兹以1900年获得钦字第一号本科文凭的王宠惠先生毕业证书上所列1895—1900年北洋大学堂法科第一届课程表为例,4年本科课程有英文、几何学、八线学、化学、格致学、身理学、天文学、富国策、通商约章、律法总论、罗马律例、英国合同律、英国罪犯律、万国公法、商务律例、民间词讼律、英国宪章、田产易主律例、船政律例、听讼法则,合计20门。从第1门"英文"到第8门"富国策",可以看成今天的"通修课"兼"专业基础课";从第9门"通商约章",到最后一门"听讼法则",为法学专业课。从"通修课"看,举凡数理化、经济等科目均列其中,清末似乎没有所谓文理分科迹象。

南京国民政府时期,政府对法学专业通修课曾作过专门规定。1930年,教育部发布训令,修订颁布司法院监督国立法学法律科规程,应以下列课程为必修课:三民主义、宪法、民法及商事法、刑法、民事诉讼法、刑事诉讼法、法院组织法、行政法、国际公法、国际私法、政治学、经济学、社会学、劳工法。上述课程须占法科总课时的三分之二以上。① 三民主义应为"通修课",政治学、经济学、社会学为"专业基础课"。"三民主义"作为必修课程,反映法科教育中政治色彩开始加重。而后,公共课有进一步增加的趋势。

1938年12月,部颁《大学共同必修科目表》及《各院系共同必修科目表》,责成各大学从1941年起按教育部统一科目开课,实行全国统考。部颁大

图7-1 近代中国第一张法学本科文凭获得者王宠惠的证书

---

① 二档馆档案,教育部奉行政院令发司法院监督国立大学法科规程,全总号648,案卷号4052。

学共同必修科有国文、英文、三民主义、伦理学、体育、军事训练等。部颁院同(法学院各系)必修科(亦可称"专业基础课")有中国通史、西洋通史、伦理学、哲学概论或科学概论(任选一门)、自然科学(算学、物理、化学、生物、生理、地质任选一门)、社会科学(社会学、政治、经济、民法概要任选一门)。① 公共课涉及政治、伦理、国文、外文、体育及社会科学基础等科目。

1981 年以来,面向法学院(系)学生的公共课程(专业基础课)设置,名称不断变化,内容不断丰富,体系逐渐完整。出现在法学院(系)课表上的公共课达 46 门之多。除了部分选修课(以体育兴趣班为主)之外,大多为公共课、必修课。内容大致分语言(大学语文、英语)、政治理论、思想道德修养、近现代(中国革命史、中共党史)、基础数学、计算机应用、体育、军事理论、军训等。

公共课程名称与授课教师:

大学计算机应用:黄达明　张洁　陶烨
大学计算机信息技术:潘亦　张洁　金莹　黄达明　张萍
大学语文:曹虹　吴永坤　张远　王国英　李昌舒
大学数学:程健
马克思主义经典著作选读:吕玉屏　倪君岾　张树栋
马克思主义哲学:李君实　陆江滨　沈晓珊
马克思主义基本原理概论:周春梅　王锁明　温权
日语:阮艳　野代真　彭曦　王香梅　司梦洁　刘雅君　胡海燕　徐子惠
中共党史:王德宝
中国近现代史纲要:张生　杨骏　孙扬　杨丹伟　刘握宇　吴盛杰
中国社会主义建设:吴善麟
中国革命史:汤宝一　陶敖　陈毓琴　毛德馨　孔繁斌　唐宝富　奚金芳　孙淑
毛泽东思想、邓小平中国特色社会主义理论、"三个代表"重要思想:姚润高
毛泽东思想和中国特色社会主义理论体系概论:陈建华　周芳玉　张杰华
毛泽东思想概论:孙淑　王云骏　杨丹伟　周芳玉
世界经济与国际政治:沈学善　王志松
古代汉语:万业馨　柳士镇　冯雪珍　杨建国
汉语与写作:王兆衡
共产国际与中国革命:奚金芳
当代世界政治与经济:李滨　王志松
当代资本主义经济:吴善麟
伦理学:王育殊　袁明华　郭广银　赵华　杨明
军训:人武部
军事理论与军事高科技:人武部

---

① 《南京大学史》,第 177~181 页。

形式逻辑:李廉
体育:丁宏余　体育部
体育社会学:李波
体育社会实践:邵力平
体育概论:吴明等
体育舞蹈:臧育扬
体验英语:大学外语部
社会学:宋林飞
社会学概论:朱力
大学英语:董跃元　王海啸　王寅　程芳　崔卫东(英语口语)　陈幼敏
　　　　祁拯平　何正启　尹晓兵
政治学:王卫平　严强
政治经济学:吴善麟　于冰辛　孙亚忠　金定鎏　刘械林　周芳玉　易兵
　　　　洪银兴　李洪波　杨德才　范从来　沈伯平
思想品德修养:张锡生　周安华　王大川　戴雪红　施锐琴　焦文铭
　　　　郭云峰　张伟
思想道德修养与方法概论:郭云峰
思想道德修养与法律基础:李喜英
哲学:包玉娥　施锐琴　陈时民　姚润皋
哲学概论:林德宏
逻辑学:李志才　郁慕庸　周明秀　王义　张建军
奥林匹克欣赏:王成
简明微积分:王国英　黄卫华
德语:张莉芬　李双　李彬　常暄　李双志　周梅　刘青文　徐凌飞　钱丽丽
　　王健　江帆　张涛　周锐　王博　腾越　巫中一　陈晨　李蕾　袁燕

　　本部分之所以列出法学院(系)40年课表上的学生所修的公共课,意在对法学本科生在校接受的基础知识及思想道德教育状况进行扫描,考察随着40年政治、社会、经济的发展,法科教育也在与时俱进,不断调整,以适应新时代、新要求。此节只评估公共课在本科阶段所有课程中的比重,不讨论所开课程对法学教育实际质量的影响。任课老师以课表上出现的名字为准。以单位或部门名称出现的如"大学外语部""体育部""人武部"等,适当保留。
　　这些课程的介绍,立足于法学院,但又超出法学院,乃至超出南京大学,窥见中国40年来大学社会科学专业教学的整体导向,也保存了一份公共课的教育史资料。

四、本科课程特色

　　教学计划改革的目标推动法学教育发生以下四个方面的转变:一是教学内容从偏重知

识传授向能力培养转变;二是教学手段从单一的课堂教学向多元化的教学方式转变;三是教与学的关系从以"教"为中心向以"学"为中心转变;四是考核方式从书面考试向多层次、多指标的综合能力评价转变。法学院经过40年的打磨,形成法学专业特色:其一,注重法学基础知识教育、专业课程的深化及专业课程内容的拓展。依托扎实的法学理论研究,开展法律实践教学,培养具有坚实理论功底与较强实践能力的法科专业人才。其二,提供广泛的对外交流机会,拓宽学生视野,增长学生见识,培养学生独立思考和对外交流的兴趣和能力,成为国际型人才。其三,重视人才培养的国际化,努力建成优秀本科生进入国外一流法学院的绿色通道,使更多的本科毕业生进入国外继续深造,打造南大法学本科生的品牌效应。其四,设置学习效果综合评价体系,收集学生对教学效果的反馈,从知识掌握、综合能力水平等方面科学评价学生的学习效果,推动考核方式从书面考试向多层次、多指标的综合能力评价转变、教学评估指标从校园管理指向到社会效益指向转变。具体表现在如下方面:

1. 主干课程齐整,选修课程丰富

南京大学法学院(法律系)自1981年恢复建系,到2021年40年间,开设的所有法律专业必选、选修课程合计196门,课表所列任课教师名单有339人次(课表中只列任课单位名称的未计算在内)。① 其中必修课程基本按照教育部法律专业核心课程设置开设,核心(主干)课程前后不断变化,有14门、16门及10门不等。无论如何变化,法学院(系)一直都保证足够的专业师资,开齐所有"核心"(主干)课程,如法理学、宪法、中国法制史、刑法、民法、商法、知识产权法、经济法、刑事诉讼法、民事诉讼法、行政法与行政诉讼法、国际法、国际私法、国际经济法、环境法与资源保护法、劳动法与社会保障法等。

从恢复建系开始,法学院(系)教师就积极探索法学领域的新课题,除"主干课程"外,还大量开设新课程,供学生自由选择。所设课程有中西法律文化比较、中国古今刑法比较、工业产权法、企业法学、书法与速记、犯罪心理学、犯罪侦查、外国经济、国际投资法、外国商法、司法文书、司法摄影、刑事侦查学、刑事侦查实验、死刑、当代西方经济法律制度、劳动改造学、医学法学、证券法学、涉外法律律师事务、海关法学、香港法概论(香港法)、律师实务、诊所法律教育、法律职业伦理、法律检索与写作等。这些课程有趣实用,实践性强,使学生尽早积累司法实务理论和经验。

2. 注重本科生研究能力的培养

以从本科教育到研究生教育过渡为目标,增设研究型前沿课程,使其融入高年级研讨课元素,打通本硕培养通道。开设针对高年级本科生的高级研修课,提升学生分析解决问题的能力。所开课程如人权法、经济法律案例研究、合同法前沿、房地产法、当代保险法理论与司法实践研究等。

3. 开设跨学科课程

根据多元培养阶段三类人才分流培养的要求,进行"跨专业跨学科培养"和"就业创业能

---

① 根据1981—2021年法律系(院)40年课表统计,校档案馆所藏教学档案等。

力培养"两方面的培养方案设计。针对法学专业人才必须具备人文素养的要求,也是针对原有教学计划中跨专业学习指导性计划缺失的问题,充分利用学校综合性大学的教学资源,在培养方案中将社会学、政治学、宏观经济学、逻辑学等其他专业的基础课作为公共选修课纳入教学计划,要求学生选择修习其中至少3门课程,或者修习2~3门人文社会科学院系开设的大平台课程。同时利用院内师资,开设法律社会学、犯罪学、法律方法等跨学科类课程,满足复合型人才培养需要。

法学院根据专业需要,选择性聘请相邻或有关单位的专家学者前来开设课程,如经济法专业,涉及经济管理、商业运营等领域,则邀请商学院教师前来开设企业管理、管理学、会计学等课程。涉及外文法律文献,则开设法律文本经典导读等课程。

强化实验与实践教学课程,创设就业创业类课程,充实课外活动和社会实践环节,满足就业创业型人才培养的需要。在保留已有的律师实务、法律文书、诊所法律教育等课程外,通过与校内、外兄弟院系合作,恢复了"刑事侦查与物证技术"课程及相应的实验室建设;开通实验教学网络平台。以合作共建为突破口,降低成本,利用校内、校外资源共建共享法学实验教学平台。为解决实验设备昂贵、资金缺口较大的矛盾,南京大学法学实验教学在自主建设物证教学实验室的同时,与兄弟院系如新闻传播学院、社会学院等进行实验资源共享,分别利用其摄影、心理学实验室进行法学实验教学;另外还与南京森林警察学院侦查技术系、江苏警官学院、南京师范大学司法鉴定中心达成合作协议,利用对方侦查技术实验室良好的实验条件展开物证技术实验教学。还邀请司法实务一线的司法专家开设固定课程。涉及刑事侦查科目,则邀请校外单位的专家,开设法医学、物证技术学、司法精神病学、司法摄影等课程。

改毕业实习为专业实习,纳入暑期学校,解决毕业实习与司法考试、公务员考试冲突而空心化问题;设置"法律实务与创业"系列讲座,满足就业创业类人才培养需要。

4. 学生满意度高

法律系(院)的课程设置,除了执行国家部、委规定的统一课程设置要求外,鼓励教师各尽所长,开设选修课程。教师开设选修课程的积极性高,内容丰富多彩,学生选课的余地大、兴味浓,形成南大法学院本科教学特色。为了评估这些课程的设计及效果,法学院定期不定期地开展课后、学期后及毕业后的跟踪调查,及时获得反馈信息,促进教学改革。兹举一例,以资佐证。

法学院曾于2006年就法学本科教学课程设置的合理性问题,在学生中展开一次问卷调查。该调查包括本科课程设置、教学方式、教学效果等几个方面。调查对象包括在校本科生、往届毕业生和本院教师。采取各种措施,尽可能多地回收问卷,精心设计结构性访谈方案,保证调查结果的代表性和普遍性。

2006年6月发放问卷400份,8月回收问卷216份,2007年5月,召开06、05、04级本科学生参加的座谈会,每个年级抽取10名左右学生参加,就本科教学问题对三类对象进行了访谈。2007年5月,问卷调查的统计与数据分析工作完成。本次调查重点就各个课程设置的必要性、合理性等征求了被调查者的意见。调查表明,调查对象对目前所设通修课程是否为法学本科生所必须修习的课程的回答,绝大多数人的选择是"必要的",其中,认为大学英语、逻辑学是必须修习的课程者高居 90% 以上；认为计算机基础、体育、社会学必修的分别为 88%、87.9%、84.7%；认为哲学和政治学为必要的分别占 75% 和 72.4%。但是认为军事理论与军事高科技课程的设置"不一定"和"不必要"的将近 80%，对毛泽东思想概论课认为"不一定"和"不必要"的超过一半。往届生与在校生对于形势与政策课的选择差异较大。在往届生中，59.6% 的人认为形势与政策课程是必要的，而在校生仅有 37.9% 认为是必要的。

关于还应当增加哪些通修课的问题，有 48 人提出了"文学"，25 人左右提出"心理学""经济学"，近 20 人提出"历史学""艺术"等课程。关于法学专业核心课程的学分（课时）在数量上是否合适的问题，从调查结果看，大多数被调查者选择了"合适"。被调查者反映课时不足的主要集中在法理学、民法学和合同法学上，特别是合同法学，有 58.2% 的调查对象认为课时太少。有超过 28% 的人认为中国法制史、国际法的课时太多（分别占 29.7%、28.7%）。

关于专业选修课程是否有设置的必要问题的调查统计：大多数选修课的设置被认为是必要的，少数课程支持率偏低一些，包括比较行政法、部门行政法、香港法概论，认为必要的不足 40%（分别是 39.2%、36%、30.1%）。侦查与物证技术、国际技术转让等课程，认为必要的不足 50%，认为不一定需要的分别占 41.3% 和 41.7%。根据学生的反映，就通修课而言，基础理论、基本方法及身体素质类，如哲学、英语、计算机、体育等，比较受欢迎，纯粹的政治理论课支持率较低。核心课程设置，大致基于教育部的统一要求，但法理、合同法，学生要求增加课时量的呼声更高，说明学生对民法类课程学习需求度更高。针对这些情况，法学院在后续的教改中，增加法理、合同法及案例教学等科目的高级研修班，很大程度上弥补了这些缺陷。

法学院此类大规模的调查时断时续，本节所选的 2007 年这次，仅可作为南大法学院本科教育反馈的一则抽样案例。但无论如何，这次调查汇总结果表明，90% 的已毕业学生认为在南大法学院所受到的本科教育对就业作用很大或有一定作用，足资说明，法学院的专业合成设置合理，教学效果优秀。

五、国际化办学

作为国内一流的综合性大学，南京大学具有优势学科众多的特点。法学院充分发挥这一优势，与学校其他学院合作，借助其他学科优势培养涉外型法律人才。同时，利用学校和院系两级国际化教学平台，与国外高水平大学建立长期稳定的国际交流和国际合作关系，培养高水平涉外法律人才，国际化教学成果斐然。

1. 聘请外籍专家母语讲授外国法律

法学院是国内较早开展本科国际化教学的法律院系。曾经聘请美国、德国等外籍教授，讲授有关外国法律，如侵权法（怀特 Weston White）、联邦德国刑法（德国教授）、德国公司法与欧洲法（布劳·洛克）、英美法概论（康乃尔 Conner）、外国法学（西德；美国）、美国行政法(拉娜·帕克)、美国合同法(Swift)、美国法导论(荣恩·比恩克曼 BjorkMan)、美国法学院 J. D. 课程导学(怀特)、美国政治规则(拉娜·帕克)、美国宪法和经济修正案(查德·佛兰德斯)等。使学生获得外语母语授课,提升了国际化程度。

2. 创造双语法律学习环境

为了打牢中外法律人才培养基础,法学院十分注重利用法学院及南京大学外语学院的资源,着力强化学生的外语能力,提前介绍外国法律文化背景。早在2005年,就开始面向本院本科生开办德语特别班,吸引学生参加德语学习,为中德所提供充足的优质生源。按照学校本科教学改革两类人才分流培养、招生与就业联动改革的思路,法学院在学校的支持下利用中德所这一人才培养与科研平台,试点"本科—研究生联通培养模式"。长期以来,中德所的生源一直面临德语水平与法律专业知识水平不能两全的困境,成为制约中德所教学、科研与人才培养的瓶颈。法学院希望通过这一改革为中德所提供优质的生源,更重要的是成为法学院本科人才培养向多元化、国际化发展的有益尝试。中德所"本科—研究生联通"培养方案是:从2006年开始,在新招收的法学本科学生中筛选20名左右学生,开设德语强化班,通修课程和法学专业课程的学习与本专业其他学生相同。德语修满规定学分、通过学位德语水平测试、法学专业学分绩达到规定标准者,三年级结束时可以参加中德所统一考试,合格者具有保送中德所研究生资格。成绩没有达到保送研究生标准者,还可以参加全国研究生入学考试,增加了学生选择的机会。

在德语班的成功经验基础上,法学院于2007年起又开办日语特别班,与日本京都大学、名古屋大学、立命馆大学建立起交换学生计划,为学生留学日本打开通道,为培养精通日语、熟知日本法的高级涉外法律人才奠定基础。

南京大学匡亚明学院的应用文科(英语)强化班,在较长时间内,每年向法学院输送5~8名英语水平达到专业八级的本科学生直读硕士学位。事实证明,这些学生不仅英语水平高,而且专业学习能力强。硕士毕业后大多去国外继续深造,或者在《中国日报》、大型涉外律所、外资企业等从事涉外法律实务。

2011年,法学院成为教育部首批"涉外型卓越法律人才培养基地"。这为法学院进一步推进高水平涉外法律人才培养提供了更高平台和更加丰富的资源。依据南京大学本科人才培养方案改革精神,按照"三三制"模式提供的培养路径,紧扣教育部卓越法律人才实施计划要求,法学院在卓越法律人才分类培养方式设计、培养机制创新、强化实践教学、加强师资队伍建设方面,进行精心论证。为落实"卓越法律人才计划",完成教育部"涉外型卓越法律人才培养基地"建设任务,培养符合法治发展和社会需要的涉外型法律人才,并为高层次国际化法律人才培养提供优质生源,法学院得到大学外语部的鼎力支持,在法学院本科学生中开设"卓越法律人才国际班"。法学院和大学外语部共同负责国际班的招生工作,在每年新入学的法学院本科学生中招收20~25名学生组成国际班。国际班学生的课程包括法学专业学习和强化英语学习。国际班英语课程包括综合英语、专业双语课程和全英语专业课程,法律专业课程都由本院老师进行英语教学。所设课程如英语阅读英文写作、英语视听说、英文学术写作、翻译、美国法导论、法律英语、国际公法学、比较宪法、行政法、刑法学、法理学、经济法、国际经济法导论、知识产权法学、国际私法学、劳动与社会保障法、英美判例研读等等。依托学校985二期"双语教学"项目,建设系列双语教学课程,包括国际经济法总论、国际商法、国际私法、劳动法、比较宪法、欧盟法、比较民事诉讼法。这些课程根据学生专业外语水平、教师外语能力、教学内容特点和教材条件等不同情况,分别采取"中文教材＋外语教辅资料""原版外语教材"和"原版外语教材＋外语讲授"等模式。与美国惠蒂尔大学法学院、美国马克姆文化和经济合作中心(MCEP)、美国圣约翰大学法学院、香港法律基金会等合作,利用外教资源,资助优秀学生暑期学校期间到境外实习、交流。对达到毕业条件的学生,法学院颁发"南京大学法学院卓越法律人才国际班课程结业证书"。

3. 中外联合办学

(1) 中德联合办学成果显著。经过20年的建设,从中德经济法研究所,到中德法学研究所,人才培养机制愈加成熟,迄今共培养了逾百名同时获得中德两国法学硕士学位的毕业生,他们活跃在我国的公检法系统、律师实务界、经济界、政府机构和科研院所,成为所在行业的中坚力量。他们中间尚有不少人通过继续深造,获得了德国、瑞士等欧洲著名大学的法学博士学位,有毕业生获得德国总理奖学金。中德所不仅是我国高校中最早的对外办学机构之一,而且是入选中德两国"法治国家对话项目"框架的少数科研机构之一,每年向社会输送一批精通中德两国语言和法律的高层次人才。中德法学研究所自1989成立以来培养了数以百计的南京大学、德国哥廷根大学双硕士学位的中外学生,其中外籍学生数十人;设立"中国法与比较法"LL. M项目、博士联合培养项目,为中德制度对话和经贸合作提供了重要的法律人才支持。其成功运作模式先后吸引了德国前总统约翰内斯·劳先生和德国前总理默克尔女士及国会议长先后亲自造访研究所,并对其办学模式给予高度评价,充分肯定了该所在人才培养和学术研究方面的贡献。(详见第六章)

(2) 中外学生互访互派。法学院与境外其他大学的合作陆续走上正轨,每年稳定地派遣交换学生,保持相对固定的合作关系:与英国布里斯托大学法学院签订联合开展交换生项目,面向在读本科生和研究生,每年互相派出两名交换生,在对方学校学习一年,学生在交换学习期间需要按照对方大学法学院全日制学生的要求修读课程,法学院承认交换学生在英期间修读课程学分,比照法学院课程学时量折算相应学分数;与威斯康辛大学法学院达成合作协议,启动双硕士项目,根据协议,威斯康辛大学法学院每年从南京大学法学院的全日制研究生中选拔若干名学生赴该校攻读硕士学位,并按南京大学的管理规定在完成南京大学的学业后获得南京大学的硕士学位,还在威斯康辛大学法学院设立知识产权法律硕士奖学金、自筹项目;与美国惠特尔大学达成合作协议,每年暑期在法学院联合开展暑期学校,来自美国的大学生与法学院学生一起开展为期两周的暑期学校活动,由来自美国的教授开设若干国际化课程,三位中方教授提供专题报告,中美学生共同学习、交流;与美国霍普金斯大学—南京大学"中美文化研究中心"联合设立奖学金、自筹硕士项目;与澳大利亚邦德大学法学院联合设立LL. M及J. D项目;与台湾大学、台湾政治大学、台湾中正大学、台湾铭传大学等大学的法学院有常年的学生互换,并互认相关法学类课程的学分;与香港城市大学法律学院联合设立学生互换项目;法学院设立并实施"宏志全球法律英才计划",资助学生赴国际顶尖法学院深造,为法治实践培育高端国际化人才。法学院学生学成回国,就业和工作都相对比较理想。学院鼓励并指导学生参加以英语为工作语言的专业比赛活动,特别是"贸仲杯"模拟仲裁庭国际比赛、"吉赛普"国际法庭比赛,支持学生赴境外进行专业实习,开展交换学生项目学习。

六、本科教学成就

1. 教师追求研究型教学风格

在法学院质量工程建设的带动下,教师普遍形成了以学术的态度对待教学的意识,采取研究型教学方式,注意课堂教学的四大要素——问题意识、理论框架、逻辑结构和方法论,自觉以科研项目为依托,将学术成果转换为教学内容,在培养学生研究能力方面取得明显成效。法学院师生将研究型教学的效果总结为以下几个方面:① 教学理念上,变"教、研分离"为"寓研于教、寓教于研";② 学习方式上,变"被动接受"为"主动探知";③ 讲授模式上,变"单打独斗"为"团队作战";④ 实施结果上,变"曲终人散"为"成果物化、教学相长"。率先进行的"法理学""国际投资法学""民事诉讼法学""知识产权法学""经济法学"等课程已经形成研究型教学风格,并对其他课程产生示范效应。

部分教研室进行研究型教学方式改革探索,如宪法与行政法教研室指导学生举办读书会活动、民法学教研室的案例演练课程、国际法教研室的教学模式优化与模拟法庭比赛训练等,初步取得成效。每年暑期开设暑期学校(小学期),采取法学名家学术讲座、专题社会调查、法律档案调查、法律援助、社会实践等多种形式,为学生提供社会调查、社会实践、前沿讲座等课外活动机会。在一次关于本科教学调查中,有63.3%的被调查者认为开设暑期学校是有必要的。实践证明,暑期学校在开阔学生视野、锻炼学生综合能力等方面具有课堂教学所不可能有的作用。

法学院一向重视加强本科教材建设。在采用教育部统编教材的同时,教师积极进行教材的创新,撰写出版了一系列具有自身特色的教材,改变了现有法学教材过于单一的状况,融理论、制度、案例、问题于一体。与国家一级出版社——科学出版社等诸多出版社长期保持合作,不断推出具有法学院特色的系列教材数十部,涵盖绝大多数法学专业领域。核心课程基本上开展了远程教学建设工作,陆续出版了多媒体教材,网络课件不断更新完善。使用原版教材、实行双语教学和多媒体授课率达到教育部的要求。自教育部要求各学科使用"马工程教材"以来,法学院教主干课程教材的使用按相关要求执行。

教师教学认真投入,教学成果丰硕。1981年至1994年改系为院之前,即有多项成果获国家和省级奖励。恢复高考至1994年,我国共颁发过2次"国家级优秀教学成果奖",第一次在1989年,第二次在1993年,李乾亨"联系改革开放实际,改革政治理论教学"即获第一次优秀成果奖。同期,"国家级优秀教材奖"以及与之同步的教委"优秀教材",只颁发过2次,分别是1987年、1992年。(截至1994年10月,"国家级优秀教材奖"以及与之同步的各部委"优秀教材奖"只颁发过2次,分别在1987年、1992年)田军《宪法学教程》、钱大群主编

《中国法制史教程》同获 1992 年国家教委优秀教材二等奖。① 许江 1993 年获江苏省高等学校优秀教学成果二等奖。

由系升院之后，尤其 21 世纪以来，法学院不断有教学成果获省部级以上奖励，诸如：李友根、吴英姿、杨春福、税兵获教育部新世纪人才支持计划人选；2004 年李斌等主持的"法学本科实践型教学模式的探索与研究"项目获江苏省高等教育省级教学成果二等奖，"法学实践教学中心建设"项目获江苏省高校教学成果二等奖；2004 年，"法学院本科实践型教学模式的探索与研究"先后荣获学校和省高等教育成果奖。法学本科专业于 2005 年被遴选为江苏省品牌专业建设点，2006 年中期检查合格；实施南京大学"985 二期"南京大学法学实践教学示范中心建设项目，探索法学实验教学改革，推进本科实验教学和创新人才培养。实验中心主任吴英姿主持的"法学实践教学示范中心建设"项目获 2007 年江苏省教育教学成果二等奖。2009 年获得江苏省实验教学示范中心建设项目立项，2011 年验收结果为优秀。基于校外基地建设的显著成就，2012 年获教育部"法学教育实践基地"立项。2012 年获教育部首批卓越法律人才计划"复合型"和"涉外型"两个项目的立项。这为南京大学法学人才培养提供了良好的契机和平台。

肖冰等的"国际经济法"获 2008 年度国家级精品课程；孙国祥"刑法学"，李友根、徐棣枫、解亘"知识产权法学"获江苏省教育精品课程；吴英姿获中国法学教育研究成果二等奖（2019 年）；李友根被评为南京大学赵世良讲座教授（2017 年）；肖泽晟"中国行政法原理及应用"被评为"国家精品在线开放课程"；单锋主讲课程被评为江苏省优秀研究生课程，所讲课程曾获江苏省微课比赛一等奖、全国二等奖。还有其他很多教学获奖荣誉，兹不赘述。

2. 学生德育工作生动实在

法学院坚持育人为本，德育为先，展开学生思想工作讨论，构建了适应时代要求、符合学生心理特点的思想工作体系，努力把大学生德育工作做成科学的事业和艺术的事业，把学生培养成为具有高度的社会责任感、公平正义的理念、深厚的人文情怀、求真务实的作风、强烈的创新意识和宽阔的国际视野等综合素质的杰出人才。学生思想道德修养与文化心理素质全面提高，成效明显。

德育工作主要从以下几方面开展：一是加强大学生思想政治教育工作的制度化、规范化建设。二是建立健全工作体制和机制，成立了由党委书记任组长的学生思想政治教育工作领导小组，落实了每一个岗位和每一个人的德育责任。三是开展丰富多样的德育活动，用生动活泼的形式增强教育效果。四是整合院内外德育资源，将党建、团建与思想政治工作紧密地结合在一起，通过德育项目建设，落实大学生思想道德建设的各项任务，把道德建设与增强社会服务意识结合起来。

法学院团委及学生组织德育的活动，多次获得省级以上荣誉称号，诸如：2003—2004 年度法学院 2002 级被评为江苏省先进班集体；2003 年法学院团委荣获"五四红旗团委"称号；2004 年法学院长风社团荣获"江苏省优秀社团"；2004 年暑期，法学院团委和公共管理学院团委组成的"南京大学未成年人思想道德建设实践服务团"荣获江苏省"三下乡"暑期活动优

---

① 黄细良主编：《走向辉煌——今日南京大学》，南京大学出版社 1995 年版，第 121、127 页。

秀实践团;2004年法学院法律援助中心获"江苏省法律援助先进单位";2005年法学院团委荣获"五四红旗团委"称号;刘敏同学当选为2018年全国高校百名研究生党员标兵;2018年由教育部、共青团中央等单位举办的"中国大学生年度人物"活动,共遴选年度人物10名,刘敏再次当选;2019年由中央宣传部、教育部联合组织评选10名全国"最美大学生"活动中,刘敏为唯一入选的法科学生。

3. 学生综合能力得到提高

为贯彻学院教学理念,根据培养高素质人才的目标定位,学院通过改进培养方案、优化课程结构,把通识课程之陶冶、专业课程之修习、实习实训之历练科学地结合起来,全面提高学生的基础理论和基本技能。学院按"课堂教学与社会实践相融合、通识教学与职业教学相融合、理论教学与实践教学相融合"的框架,构建创新精神与实践能力培育机制,激发学生的创新精神,培养实践能力。通过系统的训练,学生基本理论扎实,专业技能过硬,创新精神强,实践能力突出,整体教学效果好。严格的考试管理和科学的评价机制保证了通过考试考查评价学生基本理论和基本技能掌握程度的准确性,学生各门课程的考试成绩合格率在99%以上,直接体现了学生的基本理论与基本技能水平。学生整体的英语和计算机水平较高,历年大学英语四、六级考试和计算机等级考试一次通过率高。学生参加司法考试(法律职业资格考试)的热情高,参考者合格率总体较高。

法学院积极建设健康向上、丰富多彩的校园文化,促进学生文化素质提高。学生自治组织和各类学生社团大力开展校园文化活动,经过长期积淀和充分发展,许多活动已成为深受同学喜爱的校园文化品牌,覆盖面大,参与面广,影响程度深。如"模拟法庭比赛"、"律政之星风采大赛"、"法律人在行动"的系列活动"和谐校园文明行"、担任法制辅导员、师生篮球赛、足球赛等等,这些文化素质类活动极大地丰富了第二课堂,开发了学生潜能,提高了学生的科学文化素质。法学院"长风"社团坚持学术性、思想性、公益性的活动宗旨,崇尚"关注社会人文,体味大学精神"的理念,经过学院十多代长风人的不断努力,长风社已颇具规模,每年出版融学术研究与社会实践于一体的《长风》杂志,在学生中产生深远影响。

40年来,法学院学生思想道德素养和文化素质水平不断提高,具有扎实的基础理论、较强的基本技能和实践创新能力。学生创新精神和实践能力普遍较强;毕业论文紧密结合实际,具备一定的学术水准和实际价值;学生积极参加学术研究活动,一些成果公开发表。学院注重培养学生的自我发展能力,创造各种鼓励与支持学生开展各种课外活动,注重学生综合能力的培养,促进德、智、体、美全面发展,为学生适应社会各类需要打下了坚实的基础。学生也充分利用各种机遇,展示实力,放飞自我。这从学生参加诸多国际国内竞赛、屡获佳绩中,即可窥见一斑。(详见第八章)

4. 用人单位反馈良好

法学院毕业学生,以厚实的法学功底、优秀的综合能力深受广大用人单位的欢迎,一次就业率较高,应届生中考研录取率较高。在近年全国毕业生就业形势日趋严峻,特别是法科毕业生就业人数大幅增加的背景下,法学院毕业生全员就业率保持良好水平,曾获南京大学"就业工作先进集体"称号。

对毕业生的调查和对用人单位的调查显示,学生对专业基础知识、专业理论知识和政治理论知识等均有较好掌握,具备较强的继续学习的能力、解决实际问题的能力、环境适应能力、团队合作能力和语言文字表达能力。用人单位普遍反映法学院毕业生基础理论扎实,能力全面,综合素质高,适应工作快,能很快成为所在单位的骨干力量。

法学院在40余年的办学历程中,累计为国家培养了数以千计的高级本科专门人才。广大毕业生投身国家的政法事业,为法治建设、社会发展作出了贡献。在法学院毕业生中,涌现出一批优秀的领导干部、法官、检察官、知名律师、法学家、教育家、企业家等杰出人才。

第八章　法学硕士博士生方向

　　法学院法学硕士点现为一级学科学位授予点,二级学科主要以法学硕士招生专业科目及研究方向为依托,进行布局及配置。本章拟以学校最近一个培养周期(2018—2021年)法学硕士招生目录为依据,采取倒叙式的手法,记述各学科发展概况及特色,兼及法学博士方向。

一、硕士点的设置

　　自恢复建系后的第一届本科生毕业后的1985年起,法律系即开始招收法学硕士研究生;法学院时期,招收法律硕士研究生,继而招收法学博士研究生,其规模及质量,与改革开放以来我国不断重视高级法律人才培养的步调相一致。法学硕士点的设置,循着如下节点,分两个大阶段,展开的:

(一) 法律系阶段

1985年,招收法学理论专业硕士研究生。
1990年,招收经济法学专业硕士研究生。
1993年,招收法律史学专业硕士研究生。
1993年,招收国际法学专业硕士研究生。

(二) 法学院阶段

1994年,组建法学院,下设法律系、经济法系、国际经济法系。
1996年,招收宪法行政法学专业硕士研究生。
1998年,获得法律硕士专业学位授权。
2001年,获得经济法学专业博士学位授权。
2001年,招收刑法学专业硕士生。
2001年,招收民商法学专业硕士生。
2003年,招收诉讼法学专业硕士生。
2006年,经济法学被江苏省人民政府确定为重点学科。
2007年,招收环境法学专业硕士生。
2007年,获得硕士学位一级学科授权。
2007年,经济法学被教育部确定为国家重点培育学科。
2008年,被江苏省人民政府批准为法学一级学科重点学科。

2017年,被列为教育部"双一流"建设学科。

36年来,法学院在法学硕士培养方面积累了一系列成功经验:

第一,深入推进法学硕士课程改革。法学院积极创新教学理念,力求将专业课程与基础课程融合,实践课程与方法课程融合,交叉课程与前沿课程融合,推动研究生的高质量培养。课程分类为A类(公共课)、B类(专业基础课)、C类(专业课)及D类(专业支撑课)。其中硕士生课程100多门;开设法学方法论、案例研讨、创新创业课程10多门。录制省级、校级优质课程近30门,全程在线,提供全时段学习机会。目前,按照8个教学管理研究中心(教研室),整合学科资源,以全面提升学生培养质量为核心,以职业发展和创新创业为导向,以学术能力和实践能力为重点,深化"课程体系、实践基地、评价标准"三位一体教学管理机制改革,打造个性化、特色型、全贯通的研究生培养体系。加大培训投入,鼓励和支持教师出国访学、国内进修、举办会议、参加研讨,提升研究能力和教学水平。发挥学术带头人、骨干教师带头作用,举办"学术午餐会""教学经验观摩会""教学技能分享会",加强学术队伍的传、帮、带。

第二,积极探索中外联合培养研究生的新路。法学院注重为研究生搭建国际交流桥梁,拓展研究思路。如1984年至今,先后由中德经济法研究所/中德法学研究所与德国哥廷根大学、意大利罗马第三大学开展研究生联合培养项目,与美国惠蒂尔(Whittier)法学院举办中美联合暑期学校,与美国威斯康辛大学法学院开展中美双硕士项目,与英国布里斯托大学法学院进行互派学生交流访学项目,与德国马克斯·普朗克研究所欧洲法律史研究中心开展博士生交流访学项目,等等。

第三,注重中外法学比较研究,开展国际合作。法学院中外比较法的研究具有较大的学科影响与较高的国际声誉。早在1988年,即与哥廷根大学共同设立中德经济法研究所,从事中德法学的比较研究与人才培养。20多年来,培养了近百位精通中德两国经济法的高层次人才,推出了一批中德法律比较研究的学术成果,创办了《中德法学论坛》(原《中德经济法研究所年刊》),成为中德、中欧法律比较研究的重要基地。近年来,以中德、中欧、中美等法律比较研究为主要方向的中外比较法研究,向各部门法延伸,成为本一级学科的重要研究方向。

经过36年的发展,法学院拥有法学硕士、法律硕士、法学博士、法学博士后流动站等人才培养高地,不断为社会培养复合型的高水平法律人才。经统计,1985—2018年(2021年届毕业)共招收及培养毕业的法学硕士达1 907人,无论是国家公务员的考试,还是司法资格考试(法律职业资格考试),通过率均在江苏省高等法学院系中处于领先地位,使得南京大学法学院的培养模式在全省具有一定的示范性;还有一大批硕士继续申请攻读博士学位。分布在法学教育、法律实务、党政部门以及其他行业的硕士毕业生,大多成为各部门的领军人才或业务骨干。

二、硕士专业方向

法学硕士培养周期各大学可以自主设计,有3年周期,有2年周期,还有两年半周期。南大法学院也曾经有两年或两年半的周期设置,但实践证明,3年的培养周期更适合法学硕士的培养目标及人才培养规律,所以大部分时间内都实行3年制的培养计划。考试科目除思想政治理论和外语外,专业基础及专业科目主要由各学校依据院系提供的方案,自行安排。各学科招生考试科目实际由教育部、学校及院系三部分组成拟就颁行,比较全面地体现了各二级学科的整体专业构成及研究导向。兹将2018—2021年南京大学公布招生目录中的法学硕士专业名称及研究方向详列如下,以资说明。①

表8-1 2018—2021年法学硕士专业名称及研究方向

专业名称及研究方向	考试科目	备注
1 法学理论		
01 法理学 02 法律文化 03 法社会学 04 西方法哲学 05 法律的经济分析 06 权利和人权理论 07 司法制度	① 101 思想政治理论　② 201 英语一或 203 日语　③ 612 法理学　④ 923 法理专业综合(西方法哲学、民法学、刑法学) 复试科目:法理学、西方法哲学	
2 法律史		
01 外国法律史 02 中国法律史 03 比较法 04 中国法律社会史 05 古代东亚法律关系史 06 民族(族群)法制史	③ 612 法理学　④ 924 法律史综合(中国法制史、中国法律思想史、外国法制史) 复试科目:中国法制史、中国法律思想史、外国法制史	
3 宪法学与行政法学		
01 宪法、行政法 02 部门行政法 03 环境行政法	③ 612 法理学　④ 925 宪法学与行政法学专业综合(宪法学、行政法学、行政诉讼法学) 复试科目:宪法学、行政法学、行政诉讼法学	
4 刑法学		
01 中国刑法理论 02 经济刑法理论 03 犯罪学	③ 612 法理学　④ 926 刑法专业综合(刑法学、刑事诉讼法学、民法学) 复试科目:刑法学、刑事诉讼法学	
5 民商法学		
01 中国民法 02 债法 03 物权法 04 亲属与继承法 05 婚姻法 06 商法学	③ 612 法理学　④ 927 民商法专业综合(民法学、商法学、民事诉讼法学) 复试科目:民法学、商法学	

---

① 资料来源:《南京大学2018年硕士研究生招生专业目录》。

(续表)

专业名称及研究方向	考试科目	备注
6 诉讼法学		
01 刑事诉讼法学 02 民事诉讼法学 03 司法制度 04 比较程序法学 05 证据法学	③ 612 法理学　④ 955 诉讼法学专业综合(刑事诉讼法学、民事诉讼法学、行政诉讼法学) 复试科目:刑事诉讼法学、民事诉讼法学、证据法	
7 经济法学		
01 经济法理论 02 比较与涉外经济法 03 公司法 04 竞争法(含反垄断法、反不正当竞争法与消费者权益保护法) 05 金融法(含银行法、证券法与保险法) 06 知识产权法 07 劳动和社会保障法 08 财税法	③ 612 法理学　④ 928 经济法专业综合一(经济法学、民法学、商法学) 复试科目:经济法学、商法学	本专业为国家重点(培育)学科和江苏省重点学科。
09 中德经济法学		
	264 二外德语　③ 612 法理学　④ 929 经济法专业综合二(经济法学、民法学、德国概况) 复试科目:经济法学、民法学、德国概况	09 中德经济法学方向单独排名,德国概况用德文答题。
8 环境与资源保护法学		
01 环境行政法 02 国际环境法 03 环境侵权法	③ 612 法理学　④ 976 环境与资源保护法学专业综合(环境与资源保护法学、行政法与行政诉讼法学) 复试科目:环境与资源保护法学、行政法与行政诉讼法学	
9 国际法学		
01 国际经济法 02 国际私法 03 国际公法	③ 612 法理学　④ 930 国际法专业综合(国际经济法学、国际私法学、国际公法学) 复试科目:国际经济法学、国际私法学、国际公法学	

二级学科的专业名称及研究方向计有9个,涵盖了除军事法学以外的所有二级学科,反映了法学院法学学科的齐整。

招生来源分推免和考试两类。推免生主要来自较高层次如"211院校"以上的法学院系的优秀本科生,经过研究生院规定的考核程序,择优提前录取。考试生源,则为参加全国硕士研究生统一考试后,达到专业方向复试线后,进入复试。复试分笔试和口试。初试、复试成绩相加,重新排名,从高到低,确定录取名单。近年来,推免生人数在不断增加,通过全国统考录取的名额有所减少,成为重点院校招生中比较普遍的现象。

从表8-1中可以看出,各学科方向在招生方面具有较高的自主性,除思想政治理论、外语外,法理学为法学院考生的专业基础课,专业科目则直接或间接体现专业方向的特征,充分尊重各专业方向导师的研究领域,凸显了选拔法学各科专业人才的意向,也便于真正有专业兴趣的学生选择到心仪的专业乃至未来的指导老师。

从2021年开始,南大法学院法学硕士招生笔试科目,按法学一级学科统一出题,不再分二级学科分别出题,科目为:① 思想政治理论;② 英语一或日语;③ 法理学、民法总论;④ 宪法学、刑法总论。①合计4张笔试卷面,除两门全国公共考试科目外(经济法下的"中德经济法学"二外为德语),法学科目统一到法理学、民法总论、宪法学及刑法总论4门上,并无进一步具体的专业区分。只在复试阶段才按二级学科,分专业出题。这种考试模式,在其他一些院校早已实施,看上去在法学各专业之间标准更加客观公平,操作相对简单。但据一些师生反馈信息来看,就专业性而言,并不利于选拔真正有志于专业研究的优秀法学硕士人才,有可能把硕士生的专业教育变成本科生式的"通才"教育。还有,法理学、民法总论、宪法学及刑法总论4个专业考生,有可能存在笔试与复试内容的重合,复习准备可能比其他专业考生相对便利些,导致另一种不公平。当然,其中利弊,还需通过实践进一步检验。

三、硕士专业方向特色

硕士专业方向的形成发展,时间上先后不一,师资也在不断动态整合之中。兹仍以最近一个3年培养周期的招生目录序列为依据,对各专业方向特色进行回溯描述。

(一) 法理学

法学理论专业硕士点,是南大法学院及江苏省最早的法学硕士点,也是华东地区最早具有硕士学位授权点的学科之一。法学院后继的硕士点多直接或间接从该点发展而来,堪称法学院法学硕士点的"母体"。

1985年该硕士点设立之初,专业方向有马克思主义法学理论、宪法与行政法理论、法律文化及刑法理论。马克思主义法学理论方面,着重研究马克思主义法学的一般理论、市场经济下的法哲学问题;宪法与行政法理论研究相关的基本原理及其实践方案;法律文化方面,主要研究中国传统法律文化和中西法律文化的比较;刑法理论方面,主要研究刑事法学的基础理论和司法实践,加强刑事问题的法理学分析。

21世纪以来,法理学研究方向主要有法理学、法律文化、法社会学、西方法哲学、法律的经济分析、权利和人权理论、司法制度等。

该方向研究团队重点关注的领域有:

法学基础理论方面,传统法学理论的基本范畴、司法理念、法律推理、法律论证等研究;西方法哲学、法律方法论、法律与人工智能研究;人权法研究。

---

① 参见《南京大学2021年硕士研究生招生目录》。

法社会学方面，宏观的法社会学理论；社会热点问题和司法问题；法律与民意的理论问题。

法律的经济分析方面，博弈论与法律经济学、法律社会学、司法制度研究；从经济学的视野运用交叉学科方法分析法律问题。

司法制度方面，通过富勒等的法学理论的研究，探讨司法运作的程序和基本理论，为司法的法社会学研究提供了理论视野。

法学院现为江苏省法学会宪法法理学研究会会长单位；一人为研究会副会长；二人曾任或现任江苏省法学会宪法法理学研究会秘书长。

（二）宪法学与行政法学

宪法学与行政法学专业自1996年起，正式开始招收硕士生。包含3个研究方向：宪法及行政法、部门行政法、环境行政法。环境与资源保护法学由宪法、行政法专业发展而来，2007年招收环境法学专业硕士生，招生方向包括国际环境法、环境侵权法。环境法学方向的老师日常教研活动单位同属于宪法、行政法教研室，故此处合并介绍。

该方向研究团队重点关注的领域有：

宪法、行政法方面，注重跨学科研究，即把公民宪法权利、行政法与行政复议、行政诉讼原理、行政诉讼程序等相结合，进行分析研究；福利权的研究；立法理论、地方自治法律问题；中国宪法的实施研究；言论自由尤其是商业言论自由的研究；域外宪法、行政法问题，比较宪法行政法研究，西方宪政体系（美国、欧洲）、法国与德国宪政、中德宪法比较研究；司法过程的宪法实施问题，中国宪法司法适用的宪法原理；在行政法研究上，跨越宪法和行政法，结合实务，对公物法理论、殡葬法理论、公有制与基本权利的关系进行性研究；行政公益诉讼、行政补偿、行政许可等领域的基础性研究；在行政法总则法典化、行政行为理论、公法与私法交叉关系等领域的研究。

部门行政法方面，注意行政补偿、公益诉讼研究；行政执法的理论研究，包括行政许可、行政征收等；系统研究公物法；行政法、食品安全规制及中外法律比较等研究；公法学基础理论的本土化、行政处罚的制度建构以及智慧警务模式的法治化问题研究。

环境与资源保护法方向与行政法方向有颇多重合之处，尤其是"环境行政法"方面。该方向重视公法私法的交叉融合研究；重视历史上的环境资源法、环境权、环境侵权、低碳化发展的法律保护、中外环境法比较、海洋环境开发保护等问题的研究。

该方向一人曾获教育部优秀教学成果二等奖和中国法学会宪法学研究会常务理事会评选的"中国宪法学发展特殊贡献奖"；二人为江苏省法学会行政法学研究会副会长；一人为江苏省法学会农业法学研究会副会长及江苏省法学会金融与财税研究会副会长。

（三）法律史学

法律史学方向，初创与建设阶段，与法学理论方向合并招生，法理、法史老师曾属于同一个教研室。1993年招收法律史专业硕士生。研究方向有：中国法律史与唐律研究、台湾地区相关制度研究、比较法。21世纪以来，随着新生力量的加入，法律史学科发展迎来了新的契机，研究方向有所增加。目前研究方向有：外国法律史、中国法律史、比较法、中国法律社会史、古代东亚法律关系史、民族(族群)法制史。

该方向研究团队重点关注的领域有:唐律研究、中国政治制度史、外国法制史及罗马法、比较法律文化、中国经济法律史;中外不动产法比较研究;法律社会史、司法传统与司法近代化;中国传统法律与朝鲜半岛的法律制度和法律传统关系、中国古代立法模式;英国法律制度与法律传统;司法制度比较研究;民国女权主义研究。

二人曾任或现任中国法律史学会执行会长;一人为江苏省法学会法律史学研究会会长;一人任江苏省法学会法律史学研究会秘书长;一人为江苏省法学会法律史学研究会终生名誉会长;一人任江苏省法学会房地产法学研究会会长;一人任江苏省法学会房地产法研究会秘书长。

(四) 刑法学

刑法学方向的导师最早与法学理论方向合并招生,2001年开始招收刑事法学专业硕士生。研究方向有:中国刑法理论、经济刑法理论、犯罪学。

该方向研究团队重点关注的领域有:中国刑法学、刑法分论、经济刑法、外国刑法学及比较刑法学、刑罪关系导论、经济犯罪研究、贪污贿赂罪、刑事政策学、身份犯、贪污贿赂犯罪及渎职犯罪、刑事司法、诈骗罪研究、醉驾肇事、污染环境罪、编造故意传播虚假恐怖信息罪、反腐败国家立法、刑法解释学、侵犯知识产权罪、网络贷款行为的刑法规制等。

该方向一人为中国法学会刑法学研究会学术委员会委员、江苏省法学会刑法学研究会会长;二人曾任或现任江苏省法学会刑法学研究会秘书长;一人任世界大学联盟(WUN)国际刑法与比较刑法(CIICJ)研究中心理事;一人任中国社会学学会犯罪社会学专业委员会副秘书长。

(五) 民商法学

民商法学专业硕士生的招收始于2001年,此前相关专业老师的招生大多在经济法学等方向。独立招生后,所设方向:中国民法、债法、物权法、亲属与继承法、婚姻法、商法学。

该方向研究团队重点关注的领域:民法总则、债法、合同法、婚姻家庭与继承法、外国民商法、侵权行为法、信托法、不动产法;比较民法、民法解释论、法律实证研究、医学法、隐私法、合同拘束力理论、合同解释理论、侵权构成一般理论、民法总论和债法基础理论、中德私法比较、民法典评注、知识产权法、网络与信息法学、商事法、保险法研究、合同法研究、缔约信息提供义务、财产法、破产法、消费者合同行使权、德国合同法典型案例评析等;方法论上有私法基础理论、信托法哲学、法经济分析等。

该方向一人任全国法律硕士教育指导委员会委员、江苏省法学会副会长;二人任江苏省法学会民法学研究会副会长;一人任中国法学会民法学研究会常务理事;一人为江苏省法学会民法学研究会名誉会长;一人任中国国际贸易仲裁委员会仲裁员。

(六) 诉讼法学

诉讼法学方向包括刑事诉讼法学和民事诉讼法学,行政诉讼法学目前划归宪法、行政法方向。2003年开始招收诉讼法学专业硕士生,此前相关导师招生合并于法学理论或刑法学。所设研究方向有：刑事诉讼法学、民事诉讼法学、司法制度、比较程序法学、证据法学。

该方向研究团队重点关注的领域有：

刑事诉讼方面，主要有刑事诉讼法学理论、侦查学、刑事辩护理论与实务、反腐倡廉理论与实践、刑事司法、犯罪防控、罪犯心理矫治、恢复性司法、证据法、司法制度、诉讼实务、法律方法及法律实践教学等。

民事诉讼法方面，主要有民事诉讼法学理论、法律社会学、法官角色与司法行为、诉权的人权属性、强制执行法、民事证据法、民事执行权等。

该方向二人曾任或现任江苏省法学会刑事诉讼法学研究会副会长；一人任中国法学会民事诉讼法学研究会常务理事；一人任中国法学会刑事诉讼法学研究会理事，二人任江苏省刑事诉讼法学研究会副会长；一人任中国心理学会法律心理学专业委员会副主任；一人任江苏省检察官学会副会长；一人任南京市犯罪预防与控制研究指导中心副主任。

（七）经济法学

经济法学一直是法学院重点发展的优势学科之一。1990年开始招收经济法学专业硕士生，是继法学理论之后的第二个硕士生招生方向，也是华东地区最早的经济法学硕士点。1994年改系为院之初，三个硕士点之中包括"经济法学""国际经济法学"两个点。经济法学方向有中国经济法、中德经济法、科学技术法、比较经济法、公司法与证券法、合同法、商法理论；国际经济法方向有国际贸易法、国际投资法。两个点其实都具有经法学属性。另招收中德经济法研究所与德国联合培养硕士研究生，硕士研究生在学期间赴德国学习一年，[①]也属于经济法学方向。2006年成为江苏省重点学科，2008年成为国家重点学科培育点。

经济法学方向涉及领域广，包容性强，与民商法以及独立的商法学方向之间有较多的渊源和联系。商法本属于民商法范畴，而实际上，法学院商法教学与教研组织单位大多属于经济法教研室，商法教研活动也多由经济法老师担纲，硕士招生归口经济法学点。最新招生目中，经济法专业的研究方向分别是经济法理论、比较与涉外经济法、公司法、竞争法（含反垄断法、反不正当竞争法与消费者权益保护法）、金融法（含银行法、证券法与保险法）、知识产权法、劳动和社会保障法、财税法，另加中德经济法学方向，计有9个，在各专业中为数最多。

该方向研究团队重点关注的领域有：经济法学理论、中国经济法、商法理论、竞争法学、反倾销法学、信托法学、知识产权法学、比较与涉外经济法、公司法、金融法、劳动和社会保障法、财税法、涉外经济法、WTO等国际经济法、票据法学、消费者权益保护法、劳动法、社会保障法、中美证券法比较、商事部门法（公司法、证券法、票据法、保险法、破产法）基础理论、新型商事问题（商标、商号、商誉、电子商务、特许经营、技术许可、知识产权证券化）、知识产权（专利权、企业知识产权战略）、公司法理论与公司法律实践、日本公司法、上市公司法律问题、内幕交易侵权责任、证券内幕交易、营商环境、资本市场法律制度、保险资金运用、保险消费者权益保护和保险的风险控制、国际商法基本理论、具体国际商事关系、跨国公司、国际商事仲裁等。

中德经济法学属于经济法学方向，在硕士培养方面富有诸多特色，如：在招考中，有二外

[①] 参见黄细良主编：《走向辉煌——今日南京大学》，南京大学出版社1995年版，第231页。

德语的考试要求,考试科目在经济法类要求科目之外,另有"德国概况"科目。中德经济法学在培养精通中德两国语言、法律的高层次人才方面走在全国前列,成为硕士培养的一大亮点。研究团队重点关注的领域有:德国经济法、德国商法、德国反不正当竞争法、中德经济法比较、欧共体法、经济合同法、欧共体反倾销法、欧洲法律统一、中德民法名誉权保护、德国新旧债法比较等。

该方向一人为首届中国十大杰出青年法学家,江苏省法学会商法学研究会会长,中国法学会商法学研究会副会长,教育部马克思主义理论研究和建设工程首席专家(《商法》);二人曾任江苏省法学会副会长;一人曾任或现任江苏省人民检察院副检察长、江苏省政协委员会副秘书长;二人曾任或现任中国法学会经济法学研究会副会长;一人任江苏省法学会社会法学研究会会长;一人为江苏省法学会互联网与信息法学研究会会长。

(八) 国际法学

国际法学专业硕士点设立于1993年,原名"国际经济法"硕士点,根据国务院学位委员会关于学位授权点调整的统一要求,自1999年起,该硕士点招生时正式更名为国际法专业硕士点,现包含国际经济法、国际私法、国际公法3个研究方向。

该方向研究团队重点关注的领域:国际经济法方面,有国际投资法、国际贸易法、国际金融法、涉外经济法、服务贸易法、比较法、对外服务贸易法、程序法视野中冲突规则、国家主权财富基金、反倾销法、网络侵权与国际私法、国际商法、国际财税金融法、贸易补贴、跨境证券融资、对外贸易中的技术性贸易措施、外国人在华投资税收、文化财产法及文化产品贸易、反倾销司法审查制度、全球动物法、世贸组织法、外国长臂管辖等;国际私法方面,有国际私法与民法典的关系、国际民事诉讼法、国际民事诉讼管辖权、婚姻冲突法等;国际公法方面,有国际公法理论、欧洲联盟对外关系法、国际海洋法、国际海洋权益争端、国际刑法与国际人道法、普遍管辖权、国家官员刑事管辖豁免等等。

该方向一人为中国国际私法学会常务理事;一人为江苏省法学会国际法研究会副会长;一人曾参与外交部条法司所组织的专家论证工作;一人担任国际刑事法律协会(AIDP)青年分会成员、亚洲国际法协会(ASIL)成员。

四、博士专业方向

博士学位授予点的设立始于21世纪:2001年,获经济法学专业博士学位授权;2002年,招收经济法方向博士研究生;2007年,国家人事部批准为法学博士后科研流动站;2010年,获教育部法学博士一级学科学位授权。

最初获得的博士生招生学科点为经济法,法学院凡具备博士生导师资格的老师多围绕经济法科目设计研究方向。获教育部法学博士一级学科学位授权后,博士生导师可以根据个人研究的专业领域确定研究方向。师生双向选择余地的增大,使得报考学生可充分结合自己的兴趣,选择对应的导师及方向;也方便了导师尽情发挥专业特长,专注于法学研究型人才的培养,实现因材施教。

目前法学博士生招生方向涵盖理论法学、民商法学、经济法学、国际法学等领域,具体专业方向基本因人而异,兹列如下:

法理学、法社会学(周安平);
法律史与法文化、司法传统与司法近代化(张仁善);
行政法基本理论、公法理论(王太高);
宪法学、部门行政法(肖泽晟);
经济刑法、中国刑法理论(孙国祥);
刑事诉讼与司法制度、犯罪学(狄小华);
民法、中德比较法(叶金强);
物权法与房地产法、土地法(金俭);
民法总论、民法分论(解亘);
民法、中德比较法(苏永钦,兼职导师);
民法、中德比较法(朱庆育);
民事诉讼与司法制度、证据法(吴英姿);
民事诉讼与司法制度、证据法(严仁群);
刑事诉讼与司法制度、证据法(秦宗文);
经济法学、商标法学(李友根);
国际私法学、国际商事仲裁法(宋晓);
国际经济法、涉外经济法(彭岳);
经济法学、公司法(宋亚辉);
商法、中德比较法(范健);
国际商法、国际环境法(胡晓红);
民商法理论、金融证券法(曾洋);
知识产权法、知识产权部门法(徐棣枫);
知识产权法、数据法学(吕炳斌)。[①]

诸多方向的设置,整体反映了法学院博士生导师的研究领域及风格,也体现了博士培养的原则性和灵活性,符合人才培养规律。

除各方向导师开设的专业课程外,全体博导还共同开设了一门"法学前沿"公共课,为每届所有博士生专门介绍各专业方向的学术前沿动态及法学研究方法,内容涉及古今中外,打破了研究方向界限,拓宽了学生的研究视野,提升了学生的法学理论素养,增强了学生的学术敏锐力。通过课堂交流,突破了"师徒传授"的指导模式局限,增进了各专业博士生之间的学术交流和情感沟通,颇受学生欢迎,形成了南大法学院博士生培养的独特模式。

[①] 参见《南京大学2021年博士研究生招生简章》。

第九章　法律硕士培养

法律硕士专业学位,主要为立法、司法、行政执法、法律服务与监督以及经济管理、社会管理等实际部门,培养复合型法律专门人才和实务型管理人才。法律硕士专业学位教育制度的创设,是20世纪90年代中国法律教育改革中的一件大事,成为中国专业学位教育的重要组成部分。

法律硕士全国招生学校最初有8所试点院校,至今已有50余所。南京大学法学院自1998年招收法律硕士生,为全国最早招收法律硕士院校之一,迄今已有23年。20余年来,法律硕士教育以培养高层次法律人才为目标,充分利用南京大学学科门类齐全、学术资源丰富的优势,注重综合能力型高级法律人才的培养,逐步形成了南京大学法律硕士培养的特色。法律硕士学位点作为教育部首批"专业学位综合改革试点"单位,于2013年顺利通过教育部评审,获得一致好评。

法律硕士学位点配置法律硕士办公室(教育中心),设主任一人,研究生秘书、研究生教务员数人,为法律硕士研究生培养提供全面的教学、科研服务与支持。

法律硕士办公室历任主任:石红梅、刘勇、咸鸿昌、郭俊义。

研究生秘书、教务员:孙景梅、刘亚芳、吴训、王玲。

一、招生概况

南京大学法学院于1998年首次招收在职攻读法律硕士专业学位,俗称"在职法硕"。2000年起开始招收全日制非法学本科专业的法律硕士,俗称"非法本法硕"。

南大苏州研究生院,是全国少数几个获得教育部批准的直属高校异地办学的教育机构,于2005年6月正式挂牌。自2006年,招收首批在职法律硕士专业学位研究生,既为地方培养高层次法律人才,促进当地经济的发展,又为法律硕士专业学位的发展提供了广阔的空间。

在职法律硕士的招生规模,前两级50人左右,从第三级开始,大幅度上升,达到百人以上,最多为2004级,超过300人,以后有所回落,大致保持在100—200名。全日制法律硕士人数基本稳定,大致在40—80人。兹将1998—2005年招生人数列表如下:

表 9-1　1998—2005 年招生情况　　　　　　　　　　　　　　　　单位：人

入学时间	在职攻读法律硕士	入学年份	全日制法律硕士研究生
1998 年 9 月	52		
1999 年 9 月	62	2000 年	40
2001 年 3 月	112	2001 年	51
2002 年 3 月	116	2002 年	83
2003 年 3 月	196	2003 年	81
2004 年 3 月	315	2004 年	80
2005 年 3 月	225	2005 年	80
合　计	1 078		415
总　计	1 493		

1998—2005 年，共招收 1 078 名在职法硕生，2000—2005 年，共招收 415 名全日制法律硕士生。

2009 年起，开始招收法学本科背景的法律硕士。2017 级始，招收非全日制法律硕士，"在职法律硕士"的称谓到此结束。改非全日制以后，招生规模相对缩小。

在职或非全日制法律硕士生，来自司法实务一线、有一定工作时限的优秀人员。全日制法律硕士生，来自应届的非法本及法本的学生。为扩大生源，保证入学质量，法律硕士学位点以各种方式开展广泛的招生宣传，包括通过校友、合作企业等宣传招生项目，同时严格遴选硕士保送生，原则上仅限 211 高校本科生源，优先双一流、985 高校生源，改善法律硕士研究生生源结构。法律硕士学位点在全国统一法律硕士研究生招生考试的基础上，采取"笔试＋面试"的复试方式。相关要求与录取程序第一时间在官网公布，保证录取的公平、公开、公正。法学院以其良好的人才培养声誉，吸收了许多优秀生源。如通过对 2013—2017 年的统计，招录的全日制法律硕士专业学位研究生有 21% 的学生来自 985 高校，45.3% 的学生来自 211 高校。推免生占录取总人数的 25.2%，其中本校与外校推免比例大致为 4∶5。另外，还录取了少数来自国外高校的法律硕士研究生。

从 1998 年开始，历经 23 年的法律硕士教育，至 2021 年最新一期法本法硕毕业，法学院合计招收的四类法律硕士人数分别是：在职法硕 3 030 人，非全日制法硕 160 人，非法本全日制法硕 1 345 人，法本法硕 453 人。合计招生人数 4 988 人。

二、培养方案

法律硕士学位点法律硕士（非法学）研究生学制 3 年，在职法硕（非全法硕）研究生学制 3 年，法本法律硕士研究生学制 2 年，采用学分制。在修读时间内，修满培养计划所定学分，可申请进行论文答辩。课程考试合格且论文答辩通过者，可向校学位委员会申请法律硕士专业学位。结合《中华人民共和国学位条例暂行实施办法》、南京大学有关硕士学位要求及法学院的人才培养特点,法学院学位委员会根据教学对象及社会实际需要,及时制定、完善培养方案,确保人才培养制度的系统性、培养程序的规范性,形成具有南大法学院特色的法律硕士培养体系。兹对相关方案中的课程设置及教学环节介绍如下:

(一) 在职法律硕士(非全日制法律硕士)

南大法学院为全国第一批招收在职法律硕士单位,自1998年开始,经过20多年的人才培养,积累了丰富的经验。2009年,法学院又基于前10年的培养经历,结合国务院学位委员会2009年3月12日下发的《在职法律硕士专业学位研究生指导性培养方案》和《教育部办公厅关于统筹全日制和非全日制研究生管理工作的通知》的精神和要求,提出了《南京大学在职攻读法律硕士专业学位研究生培养方案》(南京大学法学院学位委员会2009年6月25日通过),又结合南京大学的具体情况,特制定《南京大学非全日制法律硕士专业学位研究生培养实施方案》(南京大学法学院学位委员会2017年7月通过)。在职法硕和非全日制法硕的学生,均来自法律实务部门,除了招生考试模式有所区别外,在培养目标及程序上基本相似。经过20余年的探索,逐步形成了南京大学法学院在职法律硕士(非全日制法律硕士)的独特培养模式。

1. 培养目标

在职攻读法律硕士专业学位与非全日制法律硕士专业学位研究生教育,均属于法律硕士专业学位的培养途径,主要面向法律职业部门在职人员,培养具有社会主义法治理念、德才兼备、适应我国社会主义市场经济和法治国家建设需要的实践型、复合型、高层次的法务人才。

2. 培养原则

在职攻读法律硕士专业学位的培养工作,贯彻专门性培养、专题性教学、自主性选课、互动性研讨、职业性素质教育的原则:

(1) 专门性培养。在法学一级学科的平台上,根据具体实际司法法务、政务法务、商务法务三个方向,并按相关法务类型来分组设置课程。

(2) 专题性教学。强调教师根据课程体系选择相关专题进行深化主题的教学,而不仅仅按课程体系或者教材体系授课。

(3) 自主性选课。在职攻读的研究生有一定的自主选修课程的机会,适当增加选修课的比例。为了保证这个原则,法学院自主设置并提供一定数量的选修课程。

(4) 互动性研讨。在教学方式上,师生须共同参与研讨。课程中应当有一定的比例是研讨式的。教师须在备课阶段设计出教学大纲,确定课堂研讨的内容和形式。

(5) 职业性素质教育。采用多种途径和方式加强在职攻读研究生的法律职业伦理和职业技能的培养,应当将职业伦理与技能融入各门课程之中,可通过课程教学、实践、专题讲座与研究等环节予以体现。

非全日制法硕培养还增设导师组,采取集体培养与个人负责相结合的指导方式。每位学生至少都有一位学习导师。导师组应由具有指导硕士研究生资格的正、副教授构成。还特别注重加强与法律实际部门的联系和交流。

3. 课程设置(在职法硕)

每一组的课程结构分为公共必修课、方向必修课和选修课(推荐选修课或自选课)。课程设置与课程内容均有别于法学硕士,也有别于全日制法律硕士研究生的课程。课程安排侧重于专题性的深化,体现高层次、实践性的特点,符合培养目标的要求。

必修课的考核分为考试和考查两种形式,其中考试科目不得低于总科目的80%。考核办法可以灵活多样,重在考查研究生运用所学专业理论和知识,发现、分析、判断和解决实际问题的专业能力和方法,减少对机械性记忆的考核。根据法学院的实际情况,设置司法法务、政务法务和商务法务三个方向,由学员根据工作性质及专业兴趣自行选择其中一个法务方向。

(1) 公共必修课。各法务方向统一适用的公共必修课程共24学分,分别为:法律外语(2学分);中国特色社会主义理论(2学分);法理学专题(3学分);中国法制史专题(2学分);宪法学专题(2学分);行政法专题(2学分);民法学专题(4学分);刑法学专题(4学分);国际法专题(3学分)。

(2) 方向必修课和选修课。三个法务方向分别开设的课程包括:

司法法务方向 必修课为9学分:民事诉讼法专题(3学分);刑事诉讼法专题(3学分);司法原理专题(含职业伦理与法律方法)(3学分)。选修课程不少于18学分,其中推荐选修课不少于10学分:行政诉讼法专题(2学分);经济法专题(2学分);合同法专题(2学分);商法学专题(2学分);公司法专题(2学分);人权法专题(2学分);房地产法专题(2学分);婚姻家庭法专题(2学分)。

政务法务方向 必修课为9学分:行政诉讼法专题(3学分);经济法专题(3学分);立法学专题(3学分)。选修课程不少于18学分,其中推荐选修课不少于10学分:行政程序法专题(2学分);行政处罚法专题(2学分);国家赔偿法专题(2学分);财税法专题(2学分);环境与资源法专题(2学分);竞争法专题(2学分);劳动法与社会保障法专题(2学分);合同法专题(2学分);房地产法专题(2学分)。

商事法务方向 必修课为9学分:商法学专题(3学分);经济法专题(3学分);国际商法专题(3分)。选修课不少于18学分,其中推荐选修课不少于10学分:民事诉讼法专题(3学分);合同法专题(2学分);公司法专题(2学分);证券法专题(2学分);银行法专题(2学分);房地产法专题(2学分);国际商法专题(2学分);国际经济法专题(2学分);知识产权法专题(2学分);票据法专题(2学分);保险法专题(2学分);竞争法专题(2学分)。

以上三个方向的自主选修课为除本方向之外的其他两个方向的推荐选修课。

4. 课程设置(非全日制法律硕士)

非全日制法律硕士入学考试程序及集中授课时段有别于在职法硕,课程安排在在职法硕课程基础上有所调整,缩减专业基础课,增加实践教学及专业选修课,侧重于专题性的深化,体现高层次、实践性的特点,强化理论联系实际,符合培养目标的要求。

公共基础课(4学分):法律外语(2学分);中国特色社会主义理论(2学分)。

专业基础课(21学分)：法理学(3学分)；宪法学(2学分)；民法学(4学分)；刑法学(4学分)；中国法制史专题(2学分)；行政法与行政诉讼法(3学分)；国际法(3学分)。

实践教学(13学分)：民事诉讼法理论与案例研究(2学分)；刑事诉讼法理论与案例研究(2学分)；经济法理论与案例研究(3学分)；法律职业伦理与法律方法(3学分)；实务实习(3学分)。

专业选修课(24学分)：合同法理论与案例研究(2学分)；公司法理论与案例研究(2学分)；商法学理论与案例研究(2学分)；房地产法理论与案例研究(2学分)；环境与资源法理论与案例研究(2学分)；竞争法理论与案例研究(2学分)；劳动与社会保障法理论与案例研究(2学分)；证券法理论与案例研究(2学分)；国际商法理论与案例研究(2学分)；知识产权法理论与案例研究(2学分)；保险法理论与案例研究(2学分)；国际经济法理论与案例研究(2学分)。

5. 学位论文与学位授予

学位论文选题应贯彻理论联系实际的原则，论文内容应着眼实际问题、面向法律实务，重在反映培养对象运用所学理论与知识综合解决法律实务中的理论和实践问题的能力。导师组应根据各培养对象的选题方向，确定具体的导师负责其论文的指导工作。

学位论文应以法律实务研究为主要内容，其论文形式不限于学术论文，还可采用案例分析(须针对同一主题的三个以上相关案件进行研究分析)、研究报告、专项调查报告等。

论文写作应当规范，论文评阅标准应当统一。学位论文必须由两名本专业具有高级职称的专家评阅，其中一位必须是校外专家或学者。评阅合格，学员方可提请论文答辩委员会组织论文答辩。论文答辩委员会由五名具有硕士研究生导师资格的成员组成，其中应有一至两名实际部门或校外具有高级专业技术职务的专家。课程考试合格且论文答辩通过者，授予法律硕士专业学位。

(二) 非法本法硕

通过全国攻读硕士学位研究生统一考试并经培养单位复试选拔录取、具有国民教育序列大学本科学历的非法学专业的毕业生，俗称"非法本法硕"。法学院学位委员会曾于1999年、2006年和2016年，根据国务院学位办《法律硕士专业学位研究生指导性培养方案》，制定并修订了《南京大学法律硕士专业学位研究生培养实施方案》，具有鲜明的"南大风格"。

1. 培养目标

为法律职业部门培养具有社会主义法治理念、德才兼备、高层次的复合型、实务型法律人才。

2. 培养要求

第一，掌握马克思主义的基本原理，自觉遵守宪法和法律，具有良好的政治素质和公民素质，深刻把握社会主义法治理念和法律职业伦理原则，恪守法律职业道德规范；第二，掌握法学基本原理，具备从事法律职业所要求的法律知识、法律术语、思维习惯、法律方法和职业技术;第三,能综合运用法律和其他专业知识,具有独立从事法律职业实务工作的能力,达到有关部门相应的任职要求;第四,较熟练地掌握一门外语,能阅读专业外语资料。

3. 培养方式

课程设置按法学一级学科安排;教学方式以课堂教学为主,注重案例教学方式的运用,加强实践性;实行学分制,课程体系分为4类,即必修课、推荐选修课、自定选修课、专业实习与社会实践,总学分为75学分;成立导师组,发挥集体培养的优越性。导师组以具有硕士生导师资格的正、副教授和具有博士学位的讲师为主,并聘请法律实务部门具有高级专业技术职称的校外导师参加。

4. 课程设置

必修课(33学分):中国特色社会主义理论与实践研究(2学分);外语(4学分);马克思主义与社会科学方法论、自然辩证法、马克思主义原著选读三选一门(1学分);法理学(3学分);中国法制史(2学分);宪法(2学分);民法学(4学分);刑法学(4学分);刑事诉讼法(2学分);民事诉讼法(2学分);行政法与行政诉讼法(2学分);经济法(3学分);国际法(2学分)。

推荐选修课(从中选满9学分):外国法律史(2学分);商法(3学分);国际经济法(2学分);国际私法(2学分);知识产权法(2学分);环境资源法(2学分);法律方法(2学分)。

自选课(从中选满5学分):竞争法(2学分);公司法(2学分);侵权法(2学分);案例刑法(2学分);金融法(2学分);西方法哲学(2学分);合同法(2学分);房地产法案例(2学分);劳动与社会保障法(2学分);刑事执行实务(2学分)。

实践必修环节(15学分):法律职业伦理(3学分);法律案例研读(3学分);法律文书课(含起草合同、公司章程、起诉书、答辩书、仲裁申请书、公诉书、判决书、裁定书等的训练,由律师、检察官和法官讲授)(3学分);诊所法律教育(6学分)。

模拟法庭训练(9学分):刑事、民事、行政三种任选,法官、检察官、律师三类型任选,由教师组织,法官、检察官、律师辅助指导(4学分);法律谈判课(2学分);法律实务实习(在法院或检察院或律师事务所实习两至三周)(3学分)。

5. 职业伦理与职业能力

采用多种途径和方式加强学生法律职业伦理和职业能力的培养。职业伦理包括法律职业道德与执业规则;职业能力包括法律职业思维、职业语言、法律知识、法律方法、职业技术五个方面。职业能力的培养内容主要表现为:第一,面对社会现象(包括各种事案),能够运用职业思维和法律原理来观察、分析、判断和解决;第二,较熟练地运用法律术语;第三,较全面地掌握基本的法律知识与法学知识;第四,较熟练地掌握和运用基本的法律解释方法,能够在个案中进行法律推理;第五,较熟练地把握各类诉讼程序,能够主持诉讼程序,进行调查与取证;第六,熟练地从事代理与辩护业务,从事非诉讼法律事务(如法律咨询、谈判、起草合同)以及法律事务的组织与管理;第七,有起草规范性法律文件的一般经验。以上内容融入各门课程之中,通过课程教学、实践、专题讲座与研究等形式来培养,并注重这些技能的综合应用。

6. 学制与中期考核

采用全日制学习方式，学制三年。中期考核在法律硕士研究生入学后第三学期结束前进行。成立由各位导师组成的中期考核小组，分别对法律硕士研究生的思想、日常行为表现和专业学习情况进行考查，了解其对专业理论知识的掌握情况以及发现、分析和解决法律问题的能力。在此基础上，考核小组着重考核研究生的科研能力，以确定是否有资格进入下一阶段——学位论文的准备和撰写——的培养。

7. 学位论文的答辩与学位授予

学位论文（10学分）选题贯彻理论联系实际的原则，论文内容应着眼实际问题、面向法律事务、深入法学理论，重在反映学生运用所学理论与知识综合解决法律实务中的理论和实践问题的能力。导师组应根据学生的选题方向，确定具体的导师负责其论文的指导工作；法律硕士学位论文应以法律实务研究为主要内容，但不限于学术论文的成果形式，还可采用案例分析（针对同一主题的三个以上相关案件进行研究分析）、研究报告、专项调查等形式。任何形式的学位论文的写作均应当规范，达到具体要求；法律硕士学位论文须送两名校外专家匿名评审，评审过程中隐去研究生、指导教师以及评审人姓名等个人基本信息，评审结果合格者方可参加毕业论文答辩。

研究生独立完成学位论文并通过校外专家匿名评审后，按学校和法学院要求参加毕业论文答辩，答辩合格者方有资格申请法律硕士专业学位。学位论文答辩委员会由三名具有硕士研究生导师资格的成员组成，其中应有一至两名实际部门或校外具有高级专业技术职务的专家。导师回避。法律硕士专业学位研究生课程考试合格，论文答辩通过，且无按照国家教育主管部门和南京大学的规定不予授予学位的情形者，可授予法律硕士专业学位。

（三）法本法硕

培养对象是通过全国硕士学位研究生考试并经培养单位复试选拔录取的具有国民教育序列大学本科学历的法学专业的毕业生，俗称"法本法硕"。因为是法学本科起点，所以学制为两年，法本法硕的培养模式与其他法律硕士有所不同，课堂授课时间浓缩，实践教学时间占比加重。

1. 培养方式

课程设置按法学一级学科安排；教学内容强调理论性与应用性课程的有机结合，突出案例分析和实践研究教学方式，以课堂教学和法务实践为主；注重案例教学方式的运用，加强实践性；成立导师组，发挥集体培养的优越性，导师组以具有硕士生导师资格的正、副教授和具有博士学位的讲师为主，并聘请法律实务部门具有高级专业技术职称的校外导师参加。

2. 课程设置

实行学分制，课程体系分为四类，即必修课、选修课、专业实习和学位论文。总学分不少于 57 学分。

必修课(28 学分)：中国特色社会主义理论与实践研究(2 学分)；马克思主义与社会科学方法论、自然辩证法概论、马克思主义原著选读三门课中选一门(1 学分)；外语(3 学分)；法理学专题(2 学分)；中国法制史专题(2 学分)；宪法学专题(2 学分)；民法学专题(3 学分)；刑法学专题(3 学分)；刑事诉讼法学专题(2 学分)；民事诉讼法学专题(2 学分)；行政法专题(2 学分)；经济法专题(2 学分)；国际法专题(含国际公法、国际私法基本理论、国际经济法总论,2 学分)。

选修课(22 学分,从中选修不少于 6 学分)：合同法专题(2 学分)；物权法专题(2 学分)；商法专题(含总论、保险法、证券法)(2 学分)；公司法专题(2 学分)；行政救济法(2 学分)；新类型犯罪研究专题(2 学分)；市场监管与宏观调控法(2 学分)；劳动法与社会保障法专题(2 学分)；知识产权法专题(2 学分)；国际私法专题(2 学分)；国际经济法专题(2 学分)。

实践必修环节(18 学分,实践教学时间不少于 1 年)：法律职业规范与伦理(3 学分)；法律文书(含起草合同、公司章程、起诉书、答辩书、仲裁申请书、公诉书、判决书、裁定书等的训练,由律师、检察官、法官讲授、讲座)(2 学分)；模拟法庭训练(分刑事、民事、行政三种任选,法官、检察官、律师三类型任选,由教师组织,法官、检察官、律师辅助指导)(2 学分)；法律谈判(2 学分)；法律案例研读(3 学分)。

实务实习(6 学分)：在法院、检察院、律师事务所、法律援助机构、公证处等司法实践单位或政府法制部门、企事业单位法律工作部门实习不少于 6 个月。

3. 学制与中期考核

采用全日制学习方式,学制两年。中期考核在法律硕士研究生入学后第三学期前三周进行。成立由各位导师组成的中期考核小组,分别对法律硕士研究生的思想、日常行为表现和专业学习情况进行考查,了解其对专业理论知识的掌握情况以及发现、分析和解决法律问题的能力。在此基础上,考核小组着重考核研究生的科研能力,以确定是否有资格进入下一阶段——学位论文的准备和撰写——的培养。

4. 学位论文(5 学分)的答辩与学位授予

程序及要求与全日制法律硕士基本相同。

三、培养特色

法律硕士研究生的核心竞争力在于高层次、复合型和实践型,这也是法律硕士的培养目标。法律硕士专业学位是为实际部门培养高层次的应用型、复合型法律专门人才和管理人才,学习方式、课程设置、教学方法以及法律硕士的教育改革等都围绕着上述目标进行。

(一) 完善教学队伍

专业学位的培养不同于研究型学位研究生的教学,而要具体落实"差异化"的培养目标,首先要建立和完善不同于研究型学位教学的师资队伍。在现有校内外导师的基础上,将专业学位教师分为专任和兼任两类。

法学院教学委员会选聘教学、科研能力突出,又具有相当实务经验的本校教师承担基础课程的讲授;同时,还实行校内外导师联合培养制,为法硕安排双导师,从各级政府、司法部门聘请了一批从事法律实务工作的领导和专家,担任学员的校外导师,担任兼职教师,教授有关实务课程,参与法律硕士培养和学位论文评阅、答辩,打破了传统法学人才训练的封闭状态,强化与实务部门的联系,为法硕学员的校内学习和后续发展奠定了良好基础。专、兼任教师每年须将自己的业务成果公示,并提出自我评价报告,在方便学生选择导师的同时,便于学院考评以决定续聘事务。

学习导师与论文指导老师、校内导师与校外导师结合的"双导师"制,具有很高的创新性。自2006级法律硕士研究生开始,法学院对新生实行法律硕士学习导师制度,为每一位法律硕士研究生安排学习导师,使他们入学伊始就能够得到很好的指导。在职法律硕士培养环节中有条件地使用双导师制;非法本法律硕士培养环节中大规模使用双导师制;在法本法律硕士培养方案中引入专业实践课导师与法律职业培训导师,与论文导师相结合的多层次、全方位的双导师制。在此基础上,法学院加强对导师的考核,尤其是通过对学生的调查考核导师的教学和培养工作。校内导师的课程安排、薪酬待遇等与专业学位教学评估、指导学生情况等方面直接挂钩,并将有关评价结果告知每一位导师,促使教师改进教学,倾力指导学生。及时更新校外导师名单,排除因工作升迁等原因不再适合担任校外导师的人员,并对校外导师在安排学生实习、评阅论文及参与答辩的方面进行考核,建立"能上能下"的淘汰机制。在此基础上,法学院以年度为单位,评选优秀校内、校外导师,以促进教学相长,共同进步。

建立导师组,发挥集体指导的优势。导师个人负责制存在自身的不足,研究生的培养质量主要取决于导师个人的科研能力和师德水平,培养中的问题往往很难及时发现,而建立导师组,一方面研究生可以博采众长,得到更好的指导,另一方面可以加强导师之间的交流、监督和促进,院里也能够及时发现存在的问题。

(二) 改进教学方法

本着"培养具有必要理论学识与实践能力的未来法律职业人士"的宗旨,法学院通过以下措施进一步完善专业学位课程设置和教学方法改革。

第一,推进专业学位与执业资格考试多种形式衔接。

专业学位教育与执(职)业资格考试的紧密衔接,是专业学位教育的突出特色,也是专业学位教育重要发展方向。法律硕士以实务能力培养为重要的教育目标之一,而法律实务活动的开展是以通过司法考试(法律职业资格考试)并获得法律从业资格为前提的。因此,未来的法律硕士专业学位教学推动专业学位类别与执业资格考试的多种形式的衔接,努力做到在学生毕业时,既可拿到学位证、毕业证,同时也获得相应的执业资格证。拟采取的衔接方式有：在课程设置方面，所学课程和培养要求符合司法考试（法律职业资格考试）的考核内容，做到课程对接，内容对接；依托南京大学法学院的教学资源，专门开设有关司法考试（法律职业资格考试）应试技巧及复习重点的课程，确保学生在毕业时既获得学位证书，也获得执业资格证书。

第二，设置专业方面，实现分类培养。

借鉴目前在职法律硕士区分不同专业方向进行培养的做法，法学院在非法学法律硕士、法本法硕的培养方面也设置具有不同重心的专业方向，有利于法律硕士培养机制面向市场，响应职业需求，也为学生的就业创造更好的条件。

第三，建构分级课程体系。将课程区分为法律基本课程、法律实务基本课程、深化选修课程以及邻接课程，从低年级到高年级依次配备。其中，法律基本课程主要通过课堂面授的方式讲授法学理论（法学起点的法律硕士可以申请免修法律基本课程）；实务基本课程则通过面授及对谈的方式讲授法律实务的基本过程和要点；深化选修课程则通过小班教学、模拟演练等方式，提供面向各专业的、各层次的丰富的实践指向型课程，同时也利于培养学生不同的专业兴趣；而邻接课程则以培养学生的"自由意识与创造能力"为宗旨，通过社会学、经济学内容的传授完善学生的综合素质和实践能力。

（三）强化实践教学

针对在职学员和法律硕士研究生不同的背景，在具体的课程要求上有所不同，对在职学员，除了基础理论的更新外，更注重解决实际问题能力的培养；而对于非法本的研究生来说，则更强调基础理论的学习，要求他们打好基础，能够做到口径宽、基础厚，培养法律专业所要求的知识结构、思维能力、应用能力，充分利用他们本科所学专业的优势，为法律这门学科注入新鲜血液。此外，加重实习课程的分量，特别是对于非法学法律硕士，更加强调实习的重要意义，在培养方案方面做出适当调整，加大实习的比重。要求学生在第三学年至少有两个月的时间进行实习，并撰写实习报告，从而提高学生的实战能力，将理论与实践有机地结合起来。

截至 2017 年 12 月 31 日，该学位授权点已经建立了 29 个教学示范中心以及教学实践基地、研究生实习基地等；其中，包括江苏省省级实验教学示范中心（2011 年）以及江苏省省级虚拟仿真教学实验中心（2016 年）各一个。

实践教学基地分布：行政机关、人民法院、人民检察院、律师事务所、仲裁机构等等。

教学示范中心以及教学实践基地主要有：江苏省教育厅虚拟仿真教学实验中心；法学实践教学基地——南京市妇联；法学实践教学基地——江苏圣典律师事务；法学实践教学基地——南京市白下区司法局；法学实践教学基地——南京市法律援助中心；法学实践教学基地——南京市公安局强制戒毒所；法学实践教学基地——南京市鼓楼区人民法院；法学实践教学基地——南京市人民检察院；法学实践教学基地——镇江经济开发区人民检察院；法学实践教学基地——大丰市人民检察院；法学实践教学基地——江苏省法律援助中心；法学实践教学基地——江苏省妇联；法学实践教学基地——江苏省高级人民法院；法学实践教学基地——盐城市亭湖区人民；法学实践教学基地——常州人民检察院；法学实践教学基地——江苏省人民检察院；法学实践教学基地——连云港市中级人民法院；法学实践教学基地——

南京市中级人民法院;法学实践教学基地——镇江经济开发区人民法院;法学实践教学基地——东海县人民法院;法学实践教学基地——柳州市柳北区人民法院;法学实践教学基地——南京市建邺区人民检察院;法学实践教学基地——南京市秦淮区人民检察院;法学实践教学基地——南京市仲裁委;法学实践教学基地——盱眙县人民检察院;法学实践教学基地——江苏高的律师事务所;等等。

建立、完善校外合作单位研究生工作站制度。如南京市中级人民法院"研究生工作站"、南京市玄武区人民法院"研究生工作站"等,通过修订研究生工作站合作协议,明确工作站合作双方在培养学生实践能力方面的职责,实现法学院与实践基地协同把关。建立进站研究生的考核淘汰机制,在鼓励学生积极参与司法实践活动的同时,对于不积极参与司法实践活动、实践能力不足的法律硕士研究生,可以延长司法实习时间,延期毕业答辩。

针对法律硕士(法学)研究生的实习要求,法学院为学生安排了连续不少于4个月的实习期。法学院为法律硕士研究生设计的是"研究型"实习,要求学生在实习期间全程参与至少一个法律案件,并对有关材料进行备案,突出实习与案例研究在教学体系中的地位。同时,强调实习中的案例研究与毕业论文以及其他研究成果之间的良性互动关系,使得学生重视通过实习研究案例、寻找问题。为保证实习的实效,法学院实行"实习日志"制度,要求实习学生详细记录每天实习情况和工作感受,并归档留存。实习日志已经成为实习学生发现法律问题、总结实务经验的重要载体,也为法学院考查实习效果提供了依据。

建立了实习期间定期巡视回访制度。定期派遣法学院教师到实习基地巡视、回访,及时调整有关实习政策,保证实习质量。

法学院的实习基地为法律硕士研究生实习提供了良好的物质、人力方面的保障,法学院也强调学生在实习过程中要注重对实习单位的回馈,鼓励研究生与实习单位导师共同撰写调研报告等。学生在实习期间与实习指导教师共同完成了实习单位的多项研究课题,实现了法学院和实习单位"双赢"的目标。

为及时总结实习成果,法学院每年还为法律硕士研究生举行"实习成果报告会",邀请实习单位共同参与,推广优秀实习成果,分享实习经验。通过已实习研究生的主题报告和讨论,提升未实习研究生的认识水平和重视程度,调动其实习积极性和创造性。

组织就业知识的宣传教育活动。邀请校外各部门工作多年的法律毕业生以亲身经历介绍各种职业的机遇与挑战;邀请就业指导中心的老师讲解求职过程中的注意事项;邀请上一届毕业生讲述求职的经验和教训。

国际化教学思路的落实。南京大学有着丰富的国际教学资源和交流途径,法学院也有中德法学院研究所等高端国际教学科研机构,并与德国、美国、日本、韩国、英国、中国香港地区、中国台湾地区等地学术机构保持着良好的联系。海外学术交流活跃,中德法学研究所是国内最早的中德法合作研究基地,经常聘请德国专家讲授法学及司法实务前沿。鼓励和推荐成绩优异的学生进入境外知名高校学习,尤其是推荐学生进入日本著名高校的法科大学院深入学习实践业务知识。

四、培养成效

1. 保证教学质量

法律硕士学位点制定了全面、完备的培养方案,围绕突出创新能力的总目标,注重拓宽研究生的知识面,及时更新教学内容,加深专业知识,强调融合、交叉,及时有效地导向学术前沿。同时,基于不同课程的特点,将课程分为讲座式、集中式和普通式三种不同类型,灵活安排教学。基础课程占比约为30%,专业提升课程目前已经接近全部课程的50%。各种不同类型的课程可以在课时、讲授形式以及时段安排上体现各自的特点,也可以针对教师和学生的反馈而进行积极的调整。同时,利用南京大学及南京大学法学院的优秀教师资源,包括校内外专职及兼职教授,开设讲座课程,内容针对法律实务的前沿问题和理论动向;定期、不定期地邀请国内外著名法律专家前来讲学,拓宽学生的法学视野,培养学生的学习兴趣。学生在讲座课程方面的参与程度将被纳入综合考评体系,对于表现突出的学生给予学分方面的奖励。

建立中期考核制度。在第四学期的期末,进行法律硕士中期考核,由导师组进行,分别对法律硕士的专业学习情况进行考查,同时进行论文开题。

学位论文的规范化管理。法学院根据学校的原则性要求,印制了《南京大学法律硕士专业学位论文的书写格式及要求》发放给学生;统一时间、地点集中发放学位申请材料,要求学生按照要求的时间提交论文以及申请材料,统一安排答辩;同时在第二学年结束和第三学年的中期两次给导师发出通知,通报学位论文答辩工作的安排,从而保证了论文的按时完成,保证了论文的格式规范化,保证了学位论文的质量。

优秀学位论文的评选制度。由各答辩组选出本组的优秀论文,然后再由院里统一评定,下文表彰,制作奖状,毕业典礼上颁发,旨在表扬前届,激励后届。

2. 激发学生自主性

法学院一向注意激发学生自主性,加强自治能力的培养,指导法律硕士协会开展工作,充分发挥学生社团的作用。南京大学法律硕士协会于2002年10月成立,是一个学生社团组织。这是提高法律硕士培养质量的一个行之有效的方法:调动了学生的积极性,增强了大家的集体荣誉感;增强了学术氛围,提高了学生的科研能力;定期、不定期地举办了"法律硕士论坛"若干期,邀请校外知名学者与专家来法学院开设讲座,让同学们了解学术前沿、司法热点难点等;同学们自拉赞助、自己组织编辑了《法律硕士评论》,给广大法律硕士创造了一个发表科研成果的机会,极大地促进了同学的科研兴趣和热情;积极开展一系列实践活动,加强实践能力的培养;走出校园,开展法律服务活动,一方面为民服务,另一方面加深了对理论知识的理解、巩固以及实际运用能力的锻炼;加强了各年级之间的交流,在职学员和研究生的交流,教师和学生之间的交流;每年元旦,法律硕士协会都要给已经毕业的或当时不在校的法律硕士发出新年祝贺,同时随寄《法律硕士评论》,向他们报告工作情况,无形中增强了法律硕士的凝聚力;加强与省内其他法律硕士院校的联系,扩大了影响,增进了法律硕士之间的交流。

3. 培养效果反馈

学生培养质量优劣,最可靠的依据来自被培养对象的反馈。法学院定期对已毕业学生进行回访,收集学生的意见,以促进培养工作的改进。以 2013—2017 年 5 年间毕业的全日制研究生调查为例,通过无记名网络问卷的方式进行了法律硕士学习、管理方面的调查。根据调查结果,绝大多数法律硕士学生对学校的研究生教育状况表示满意,其中,对课程体系合理性、前沿性以及教师的教学方法和水平的满意度在 94% 以上,对图书馆和电子学术资源的满意程度达到 93%。同时,对于导师在研究兴趣、专业知识、研究能力、治学态度和道德修养方面的积极影响,90% 以上的法律硕士学生表示满意。

就业方面,在职法硕毕业生目前大多活跃于江苏及其他地区法律实务部门及其他机构,其中许多业已成为司法部门的中坚骨干、领军人物。

全日制法硕毕业生也深受社会优质部门的欢迎和好评。同样根据 2013—2017 年的抽样统计,此阶段全日制法律硕士毕业生的就业率达 95% 以上。就业地域最集中的十大城市依次为南京、上海、北京、深圳、苏州、杭州、合肥、无锡、淮安、宁波,这些地区大多为省会城市或者东部沿海发达的城市。这里固然与生源地有一定关联,但在很大程度上也反映了法学院毕业生在就业方面的竞争力;从就业单位性质分布来看,法律硕士毕业生就业前三类单位分别为民营企业(主要为股份制银行及其他上市公司)、事业单位、国企。全日制法律硕士毕业生直接就职于《财富》世界 500 强上榜企业的,占比达 13.37%;在行业领军、重点单位入职的占法律硕士毕业生总人数的 54.06%。关于满意度,法律硕士毕业生对自己工作的满意度如下:"非常满意"占比 11.54%,"满意"占比 69.23%,"一般"占比 19.23%,不存在"不太满意"和"很不满意"。可见法律硕士毕业生对自己的就业总体上满意度较高。

其他毕业生也多在各自的岗位上发挥积极作用。法学院拟进一步跟踪调查,搜集相关信息,为今后法律硕士的培养提供借鉴。

第十章 学术平台

　　法学院现有 15 个研究平台、1 个学术论坛。研究平台主要依托法学院的学术资源，致力于搭建法学理论与实务研究沟通的桥梁，推动法学理论的发展，运用法学理论指导实践问题。各平台重视与国内外研究机构、高校及行业协会的交流与合作，通过举办学术会议和读书沙龙等方式来推动理论研究的深入，通过开设名家讲座或与相关行业及政府机构协作共建的方式来服务社会，通过承担各类高级别项目、协助政府部门起草法律来促进科研成果转化。学术论坛由费彝民先生捐资设立，是法律理论界与实务界对话交流的空间与合作的载体。本章目录或标题中的学术平台名称，一律省免"南京大学"或"南京大学法学院"前缀。

一、中国法律案例研究中心

　　南京大学中国法律案例研究中心，是由南京大学法学院于 2005 年成立的研究机构。其宗旨在于收集、整理中国的法律案例，鼓励、引导广大教师开展对法律案例的研究，以推动案例研究方法在法学教学、研究中的运用，并通过与法院、检察院、律师事务所及国内外理论界的合作，促进案例研究的深化。2005—2010 年，李友根担任研究中心主任，邱鹭风为执行主任，张仁善担任内部出版物《判例评论》（月刊，后改为双月刊）主编。2010 年至今，李友根担任研究中心主任，解亘为执行主任，宋晓、张淼为副主任。

　　研究中心以举办学术会议、案例研究沙龙、组织申报课题、组织出版专题丛书等为抓手，吸引、组织、倡导广大教师开展案例研究、深化案例指导制度的研究，并通过开设案例研究课程推动案例教学。

　　随着最高人民法院"裁判文书网"的建立和案例指导制度的推行，南京大学中国法律案例研究中心的工作重点也从早期的案例收集与整理转变为案例研究的深化和判例制度的研究；随着法学理论界对案例研究的逐渐重视与普遍开展，研究中心从仅关注本国当下案例的研究转变为关注历史上案例的研究和外国案例的研究；随着法学教育改革的深化，研究中心的工作重点从仅关注案例研究转变为同时注重案例教学，将案例研究方法引入课程体系。

二、住宅政策与不动产法研究中心

　　南京大学住宅政策与不动产法研究中心于 2004 年 1 月由南京大学批准成立，金俭教授任主任。中心是一个跨法学、土地管理、城乡规划等交叉学科的研究机构，整合了南京大学在房地产法律、土地管理、国土空间规划、房地产经济与物业管理等方面的知名教授、专家学者等学术资源,研究并推进中国房地产法律、土地法律与政策的完善,并对中国房地产立法和实务产生积极影响。中心自成立以来,着眼于房地产法理论与实践热点与难点问题,每年举办全国或省内的房地产法律论坛、研讨会,举办全国性房地产法学学科建设与人才培养研讨会。关注国家房地产调控政策与法律的关系,积极为政府相关部门献计献策,为企事业单位、社会各界提供咨询服务,充分发挥研究中心的智库功能与作用。中心积极开展对外学术与实务交流,与我国港澳台地区高校以及学术研究机构建立了长期稳定的合作关系,加强房地产法律比较研究。中心积极参与地方立法,以促进理论研究成果的转化应用。

研究中心团队:主任金俭从事房地产法研究与教学数十年,副主任朱喜钢为南大建筑与城市规划学院教授、全国知名规划专家。中心成员单锋、汪萍、刘勇、张婉苏、周长征、姜冲、朱天可等在民商、经济法、劳动法、住房规划等领域各有专长。中心还汇聚了全国其他高校、科研单位、法院、检察院等司法部门以及房地产、土地管理实务部门、律师事务所等单位中专长于房地产、土地法领域的专家、学者、律师,还聘请了一批学有专长、学术素养精深的教授、专家担任顾问与特邀研究员。

中心团队成员主持承担与待结项的各类项目十余项,其中国家社科基金项目有"中国住宅法研究""不动产财产权行使自由与限制研究""不动产财产准征收理论与实证研究"等。中心团队的科研成果丰硕,出版专著《中国住宅法研究》《不动产财产权自由与限制研究》《房地产法研究》等十多部,发表论文数十篇。在建设中的网站(www.housinglaw.com.cn)收集与汇集国内外相关房地产、住宅、土地的法律、法规,拟做成为全国最大、最齐全的住房与不动产法律资料与资源库。

2016年经江苏省法学会批准,以南京大学住宅政策与不动产法研究中心为依托,成立江苏省法学会房地产法学研究会,金俭当选为会长。

三、犯罪预防与控制研究所

南京大学犯罪预防与控制研究所成立于2001年,狄小华任所长,是国内高校最早成立的有关专门研究犯罪的学术机构。现有专、兼职研究人员20多名。兼职研究人员包括国内国际多位研究犯罪学、刑事司法学及司法实务的专家,如:亚洲犯罪学会会长、澳门大学刘建宏教授,香港城市大学黄成荣教授,台湾中正大学杨士隆教授,美国著名恢复性司法学者、国际监狱团契司法与和解中心主任丹尼尔·凡·奈思(Daniel W. Ness)教授,英国赫尔大学法学院格里·约翰斯通(Gerry Johnstone)教授,恢复性司法国际网络主席、比利时鲁汶大学洛德·沃尔格雷夫(Lode Walgrave)教授等。

研究所一方面适应当前预防与控制犯罪需要,通过纵向联合、横向合作,从相关学科特聘各路专家学者,共同研究和探索犯罪预防与控制理论、模式和技术;另一方面,将理论成果运用于犯罪预防与控制实践,以推动社会治安综合治理。20年来,研究所与法院、检察院、监狱、社区矫正、戒毒所等实务机构合作开展课题研究30多项,形成了少年刑事检察制度反思与建构、恢复性少年审判、恢复性刑事和解、青少年暴力性罪错及其防治、职务犯罪心理及其防治、重大工程领域职务犯罪及其治理、医疗系统职务犯罪及其治理、监狱看守所刑罚执行体制研究、社区矫正评估体系研究、劳教戒毒模式研究等研究报告20多份，建立了少年司法保护、恢复性司法、心理矫治、犯罪预防等研究基地8个，出版了"刑事一体化"丛书，发表了一系列论文，通过成果转化，推动了全国罪犯心理矫治理论与实务、恢复性司法理论研究、刑事和解实务与立法、社区矫正理论与实务、职务犯罪预防、未成年人司法保护、监狱管理体制改革等。为适应犯罪防控需要，研究所于2019年成立了刑事辩护研究中心、少年司法研究中心、循证改造研究中心、技术治理研究中心、腐败治理研究中心和大学生法治教育研究中心。

研究所作为国际交流与合作平台，大力促进犯罪防控的国际交流与合作。10多年来，围绕恢复性司法、少年司法、刑事司法心理、罪犯矫正等，办了7次国际性研讨会，先后接待过多批到访的国际或境外专家学者，与亚太恢复性司法论坛、国际刑罚改革协会、亚洲犯罪学学会、亚洲矫正论坛等区域性国际研究组织建立了联系，先后派员考察英国刑事司法、欧洲和加拿大恢复性司法，派员参加在英国、比利时、加拿大、日本、韩国等国，及我国台港澳地区召开各种涉及犯罪及其防治的学术会议。

四、经济刑法研究所

南京大学经济刑法研究所是由法学院孙国祥于2005年申请设立的专门从事经济刑法、经济犯罪研究的专业性学术研究机构。研究所的研究人员由法学院从事经济刑法研究和教学的教师组成，并聘请具有丰富经济犯罪办案经验的司法实务部门的工作人员为兼职研究人员。研究所坚持教学与科研并重，以科研为龙头的基本原则，依托南京大学雄厚的人文社会科学基础和南京大学法学院坚实的法学学科特别是经济法学的重点学科实力，并与美国、德国、日本以及中国台湾等国家和地区的著名大学建立稳定的学术交流关系，与国内公安、检察、法院等司法机关有良好的合作关系。研究所长期致力于经济刑法基础理论、公司企业犯罪、金融犯罪、税收犯罪等类罪以及新类型经济犯罪的刑法规制等方面的研究，并介绍国外经济刑法研究的最新成果。

研究所定期邀请国内外著名的刑法学者、民商经济法学者访问讲学，进行学术交流。同时，定期组织大型学术研讨会、小型学术沙龙，并与司法实务部门定期举行疑难案例研讨会，研究经济刑法基础理论、经济刑法新问题、热点问题。多年来，研究所的研究人员已经出版《中国经济刑法学》《经济刑法原理与适用》《经济刑法研究》《刑法基本问题》《经济刑法：原理与实训》等著作，其中《经济刑法研究》成为教育部遴选的研究生教材，发表相关专业论文百余篇，承担多项国家级、省部级研究课题。研究所强调理论联系实际，注重刑法基础理论与其他部门法紧密结合的一体化研究模式，积极探索中国经济刑法的基础理论，已经形成了鲜明的研究特色与研究方法。

研究所同时协助法学院经济刑法研究方向的硕士和博士研究生的培养，已经毕业了一批既具有扎实的民商经济法理论功底，又精通刑法理论的经济刑法理论研究人员和司法工作人员，已经成为我国经济刑法研究和人才培养的重要基地之一。

五、商法研究中心

南京大学商法研究中心是南京大学法学院于 2016 年底成立的学术研究机构。中心立足于商法学理论与实务前沿,开展学术研究。中心主任为范健教授,现有专职和兼职教授、研究员 10 名。

理论和制度方面,重点研究《民法典》编纂背景下中国商法体系完善的路径,中国《商法通则》的制定和商事法律汇编与法典编纂;对公司法、证券法、信托法、保险法、金融货币法、电子商务法、破产法等商事部门法的理论与实务问题开展研究;同时研究欧盟统一私法、亚洲商事法律趋同化、非洲统一商法等,探索"一带一路"背景下中国商法的国际化问题;此外,对商事法院和商事仲裁制度展开专门研究。自成立以来,一直坚持不定期举办"商法名家讲堂""应用商法论坛""商法读书沙龙"等活动,致力于为商法学理论与实务研究搭建良好的沟通平台。

中心研究团队曾分别主持起草了教育部大学本科和成人教育《商法学教学大纲》,受教育部高教司委托分别主编了"全国高等学校法学专业 14 门核心课程教材"《商法》、"全国成人高等教育规划教材"《商法》,受教育部学位管理与研究生教育司委托撰写了"研究生教学用书"《商法基础理论专题研究》。现主持教育部重大社科规划项目马克思主义理论工程《商法学》教材编写工作。中心团队还出版了《商法总论》《商法学》《商法论》《公司法论》《公司法》《证券法》《保险法》《破产法》《德国商法》《反倾销法研究》《德国商法:传统框架与新规则》《商法的价值、源流及本体》《商法案例分析》《中国信托法论坛》等系列专著和教材超过 40 部。2019 年中心创办了《南大商法评论》学术年刊。该期刊出版后受到了商法学界的广泛关注,被多个微信公众号推荐阅读。

中心研究团队先后主持和承担了联合国计划发展署越南国家改革方案评估项目、中宣部、教育部马工程项目、国家社科基金重大招标项目、国家社科基金项目、教育部协同创新中心法律平台项目、国家发改委保密课题专项委托项目、中国法学会重点委托课题、司法部课题、海南省三沙市保密课题委托项目、江苏省政府专项委托项目、南京市科委专项委托项目等。团队成员已在《中国法学》《中外法学》《法学家》等学术刊物上发表学术论文多篇。中心研究团队尤其重视国际交流。中心主任范健教授作为中国商法专家的代表,多次前往国际组织及其他国家地区访问交流。中心还注重为学生提供国内、国际学习交流的机会。

六、私法研究所

私法研究所成立于 2012 年,致力于私法基础理论、合同法、侵权法研究,研究所核心成员以民商法教研室老师为主,包括叶金强、解亘、刘勇副、尚连杰、冯洁语。

私法研究所以民法基础理论和法学方法论为研究重心,民法基础理论方面侧重于具体权利研究,权利论本身及权利的侵权法保护,对各项财产权、人身权等的具体内涵、覆盖的法益、功能等作展开研究,并结合侵权法讨论权利的边界问题;法学方法论方面,研究法律基本技术、概念、体系的建构,法律构成的框架等,同时对法解释学作深入的探讨,尝试回答法律解释是如何展开的等。诸如此类的基本问题。对具体解释方法逐一进行研习,厘清各方法之间的关系,并选择若干重要法条,做具体的解释论工作。

研究所成员近年来承担国家课题多项,包括2015年度国家社科项目"民法典债编之基本框架的重构"、2016年度国家社科青年项目"消费者保护视角下的瑕疵信息责任"、2018年度国家社科项目"侵权法所保护利益范围的确定模式研究"等。研究所成员已有多篇高水平论文发表。

七、经济法研究所

南京大学经济法研究所由南京大学法学院经济法学科的教师组成,吸收本校毕业的经济法学博士为兼职研究人员。现由宋亚辉任所长。

研究所旨在汇聚法学院经济法学科师生之力,推进经济法学的教学与研究工作。除日常教学、科研活动外,研究所还通过编辑出版"市场规制法治文丛"、举办经济法学术研讨会、组织经济法学读书会、创办并营运"南大经济法"微信公众号等活动,加强学术交流。

"市场规制法治文丛"系与法律出版社长期合作的专题丛书,自2017年推出以来,已出版《社会性规制的路径选择》《格式条款规制研究》。

迄今为止,研究所已承办的经济法学术研讨会包括2016年的"中国经济法治论坛"(与中国人民大学经济法研究中心合办)、2017年的"皖闽苏三省经济法论坛"(由安徽省、福建省、江苏省法学会经济法学研究会联合主办)、2019年的"经济法通则立法研讨会"(由中国法学会经济法学研究会主办)。

"南大经济法"微信公众号创办于2020年1月1日,设有新作速推、旧文新推、读书笔记、信息传真、判例研读等栏目,致力于及时推送研究所师生及校友的最新学术作品并精选研究所师生旧作以扩大学术影响,刊载有关研究所学术活动、师生读书会成果等信息,作为研究所教学科研活动的展示平台。

八、保险法研究所

保险法研究所成立于2011年,自筹备至今,努力构建产、学、研共同参与、多方互动的交流平台,协调整合学术界、司法界和保险行业的科研力量,共同推进江苏地区保险法研究,提高各方的理论水平并为保险行业提供科学决策咨询。至2021年,共筹划举办了七届大型学术研讨会——江苏保险法论坛:第一届于2009年5月与江苏省高级人民法院共同举办,围绕"当代保险法的理论与司法实践"这一主题,就司法实践中的重要问题展开了热烈的讨论;第二届于2012年11月与原中国保监会江苏监管局、南京市中级人民法院共同举办,江苏省保险行业协会协办,会议通过比较法的研讨,回顾并总结了中国保险法的发展历程,为保险法的修订及司法解释的出台献计献策;第三届于2015年11月与中国人民财产保险股份有限公司江苏分公司共同举办,会议就"免责条款的认定""保险标的物损失的认定""保险代位求偿权相关问题""寿险保单的保全与执行"等省内保险司法实践中的重要问题进行了讨论;第四届于2017年2月由中国平安财产保险股份有限公司协办举行,围绕"财产保险的中国法实践与域外法借鉴",结合最高人民法院关于财产保险的司法解释三的出台,与会境内外嘉宾就国内外财产保险的相关问题展开了深入的交流;第五届于2018年5月与南京市玄武区人民法院共同举办,就全国以及江苏地区保险案件审理中存在的问题做了介绍,并共同研讨解决对策;第六届于2019年10月与江苏省高级人民法院共同举办,南京市秦淮区人民法院协办,以"金融风险防范背景下的保险创新与消费者权益保护"为主题展开讨论;第七届于2021年5月与常州市中级人民法院共同举办,主题为"民法典实施背景下保险创新与法律应对"。江苏保险法论坛的持续举办,推动了江苏省内乃至全国范围内保险法研究的深入与发展,既为审判实践提供了理论支持,也为保险业界不断完善发展提供了良好的学术支撑。除江苏保险法论坛外,针对保险业界存在的各种疑难及前言问题,保险研究所一方面定期在江苏省内各地与司法、实务界共同召开疑难案件研讨会,另一方面也及时召开各种专项研讨会,例如"自动驾驶机动车的公私法挑战与保险制度的应对"等,力争为中国法问题的解决贡献自己的力量。

保险法研究所长期以来与江苏省保险学会、江苏省保险行业协会以及包括以人保财险江苏省分公司、中国人寿江苏省分公司、中国平安保险股份有限公司为代表的各大保险公司法律合规部门保持着良好的学术合作关系。在原中国保监会江苏监管局以及各相关部门的支持下,保险法研究所还编撰出版了《保险法评论》1—7卷,《保险法判例百选》等保险法研究刊物。保险法研究所还与日本、德国、美国等国及中国台湾地区的保险法研究机构及学者保持着长期科研合作交流关系,力争通过比较法的研究为中国法下的问题解决提供可操作的参考路径。

南京大学保险法研究所现有李华、岳卫、张力毅等成员。

九、法典评注研究中心

法典评注集法律教义学之大成,系国家法律体系、法律学术与法律实务俱臻成熟的标志。南京大学法典评注研究中心成立于2019年4月,系国内首家法律评注研究机构。该中心系由2000年成立的南京大学亚太法研究所、2011年改易的南京大学人权法研究中心两个平台更名而来。中心依托南大法学院,联同全国各大法律院校与实务部门,共同打造高质量的法典评注。

中心计划每年出版至少一部民法评注著作,争取在15年内完成一套体系性的民法典评注,为提升中国法律理论与实务水准、构建法律知识与思维共同体贡献学术智慧。条件成熟时,适时将评注范围扩及至经济法、刑法等其他法律领域。

第一届中心主任由朱庆育担任,杨阳为副主任。

截至2020年底,中心所开展的活动主要有:2019年6月17日,北京市天同律师事务所捐资设立南京大学法典评注研究基金;2019年7月至2019年11月举办三期"天同法典评注工作坊",每期讨论两篇评注作品;2019年9月至2019年11月举办三期"天同法典评注讲座",主讲人分别是台湾大学教授吴从周、台湾政治大学兼任讲座教授苏永钦与德国弗莱堡大学教授卜元石;2019年11月召开首届"天同法典评注研讨会";2019年12月由北京大学出版社出版《合同法评注选》;2019年起,中心主任朱庆育为《法学家》"评注"专栏组稿。

十、紫金知识产权研究中心

南京大学紫金知识产权研究中心是2017年在南京大学紫金知识产权发展基金和江苏省知识产权局、南京市知识产权局的大力支持下,经南京大学学术委员会批准设立的研究机构。徐棣枫为研究中心负责人。核心成员包括吕炳斌、解亘,以及其他学科中开展与知识产权相关研究的学者:彭岳、胡晓红、方小敏、孙雯、何鹰、李华、张婉苏、张淼等。

研究中心在南京大学法学院的基础上整合了南京大学的学术资源和研究力量,与立法、司法和行政部门及产业界密切配合,以知识产权的创造、运用、管理和保护为对象,从中国实际出发,结合国际先进经验,探索激发创新创业的制度、理论和现实问题的解决方案,为推动创新型国家建设,实施国家知识产权战略,为江苏省实施知识产权强省建设和实现"两聚一高"作出学术贡献。

研究中心与海内外知名高校和知识产权研究机构、知识产权政府部门、执法机关、跨国公司等建立广泛联系,承担了多项国家社科基金课题、立法研究和各类知识产权研究项目,主办了"第一届南京大学中美知识产权论坛:专利诉讼与专利运营""体育与知识产权论坛""紫金知识产权沙龙:标准必要专利司法前沿""紫金知识产权菁英荟",还与美国威斯康星大学合作,分别于中国南京和美国威斯康星州-麦迪逊举办了"中美高校知识产权工作坊"等学术交流活动,参与江苏省知识产权局、南京市政府主办的多届"紫金知识产权国际峰会",参与承办中国专利检索技能大赛。美国联邦巡回上诉法院前首席大法官伦德尔·瑞德(Randall R. Rader),美国国际贸易委员会前主席迪安娜·奥昆(Deanna Tanner Okun),威斯康星大学校长、美国高通公司法务总监Robert Giles,华为技术有限公司、中兴通迅股份有限公司以及国内外法官和知识产权行政官员、律师、知识产权学者等参加了研究中心的相关活动。

研究中心还承担了南京市知识产权局南京知识产权人才培训基地的具体工作,积极开展知识产权人才各类应用型人才培养工作。

十一、司法文化研究中心

南京大学法学院司法文化研究中心2019年12月成立,张仁善任主任,单锋任执行主任。

中华法律文化曾经以自身的系统性、连续性及包容性,屹立于世界法律文化之林。司法文化属于中国法律文化的重要组成部分,挖掘中华司法文化的精华,总结司法历史的经验教训,加强与国际司法文化研究界的交流,为当下司法改革提供必要的文化支撑,是法律史研究者义不容辞的责任。研究司法文化,也能为提高文化自信增加必要的素材,服务于国家文化发展战略。南京大学法学院法律史学科教学与研究历史悠久,积淀深厚。为打造司法文化研究平台,促进国内外法律文化交流合作,提升法学院国内、国际影响力,成立"南京大学法学院司法文化研究中心"。

中心主要成员:张仁善、金俭、张春海、单锋、邹立君等。

十二、证据法研究中心

南京大学法学院证据法研究中心成立于2019年,有5位专职教师,包括秦宗文教授,张淼、黄旭巍、徐凌波副教授和彭心韵助理研究员,秦宗文任研究中心主任。目前形成了一支年龄结构合理、科研能力突出、具有鲜明学术研究特色的科研团队。学术研究方面,致力于证据法学学科体系的科学发展,在证据法基础理论、司法实践证据问题等方面进行研究。团队成员先后在《法学研究》《法学家》《中外法学》《法制与社会发展》等权威法学期刊发表了系列研究成果,多篇文章被《中国社会科学文摘》《人大复印资料》转载。团队成员主持国家社科基金重点课题、国家社科基金一般课题及省部级课题多项,取得了较丰富的研究成果。学术交流方面,曾与江苏玄览律师事务所合作举办"玄鉴·证据与刑事司法论坛"系列讲座和年度论坛,为国内外著名学者、资深实务人员讲学交流搭建平台,相关活动对开阔学生视野,促进理论与实务交流发挥了积极作用。人才培养方面,以法学院硕士、博士点为依托,着力培养证据法特别是刑事证据法方向的人才。

十三、司法制度研究中心

南京大学法学院司法制度研究中心成立于2021年2月9日。中心建设目标是,以中心为平台组建研究团队,整合院内外学术资源,对司法制度开展跨学科、多维度、多元化研究,增强与实务部门联系,拓宽学术交流范围,在学术研究、人才培养、对外交流、社会服务等方面取长补短、相互协力,为法学院学术成果增量、声誉提高贡献力量。目前中心主任为吴英姿,成员有艾佳慧、蔡琳、邹立君、陈伟、陈洪杰。

2021年2月,中心骨干成员在南京市万景园举办了一场"禁令制度专题研讨"小型学术研讨会。会议采用线上线下同步方式进行。来自南京大学、东南大学、甘肃政法大学、南通大学、南京工业大学等高校的近20名法学专家学者和研究生参会。研讨会得到"枫帆司法论坛"资助。

2021年5月,经法学院批准,中心决定建设一个专属青年学者的学术交流平台"司法制度青年论坛"。该论坛旨在为司法制度研究领域志同道合的青年学人搭建一个以文会友、思想交流的公共领域,分享研究成果推动司法制度理论研究。论坛以学术自由为原则,鼓励学术批评,期待学术创新,特别欢迎实证研究、跨学科研究成果,拟每年举办一届。

十四、网络与信息法学研究中心

南京大学法学院网络与信息法学研究中心于 2021 年 4 月 23 日成立。吕炳斌为中心主任。组成人员为吕炳斌、冯洁语、田芳、张慰、黄旭巍、徐凌波。

十五、财税法学研究中心暨资产管理产品法律研究基地

南京大学法学院财税法学研究中心暨资产管理产品法律研究基地于 2021 年 4 月 23 日成立。彭岳为中心主任,张婉苏为中心执行主任,组成人员为彭岳、张婉苏、黄秀梅、何鹰、张力毅。

十六、费彝民法学论坛

费彝民法学论坛,是由费彝民先生捐资于南京大学法学院设立的法律学术论坛,创始于 1995 年,至今已经持续赞助举办了 21 届学术论坛。该论坛是国内历史最悠久的法学交流平台之一,是理论界与实务界构建对话交流的创新空间与战略合作的重要载体。多年来,该论坛聚焦法律前沿与热点,邀请老、中、青及海内外知名学者前来开展研讨,已成为南京大学高端法律学术交流平台,具有很好的学术研究风气。

费彝民(1908 年 12 月 22 日—1988 年 5 月 18 日),笔名执中、夷明等,江苏吴县人,中国著名新闻工作者。1925 年夏,从北京高等法文学堂毕业后,进入北京陇海铁路总会所工作。1930 年调职沈阳工作,由张季鸾聘为天津《大公报》社驻沈阳兼职通讯员,开始为天津《大公报》撰写新闻和通讯稿件。1931 年 5 月 22 日天津《大公报》发行"一万号"纪念日,为此准备编辑出版"特刊"以示庆贺。受张季鸾之邀,为"特刊"撰写了《谈大公报的使命》一文,对办好《大公报》提出了三条建议,发表在《大公报》纪念"特刊"上的显著位置。此文见报后,在报社内部引起了很大反响,受到吴鼎昌(社长)、胡政之(总经理)和张季鸾的赞许,报社曾专门议论其建议。1931 年 7 月,从沈阳到天津,向张季鸾汇报东北的形势,特别讲述了张学良的东北军的近况,从此正式加入《大公报》社的报人行列。历任《大公报》社编辑部记者、经济课主任、总稽核、上海分馆社评委员等职。1945 年任上海《大公报》社副经理兼社评委员。抗战胜利后,应邀赴台北参加日本受降仪式,并发表长篇报告。1948 年赴香港参加香港《大公报》复刊工作,任经理、社长。

费彝民 1950 年任中南军政委员会文教委员会委员、全国新闻工作者协会第三届副主席。1952—1988 年,任香港《大公报》社长,曾发表许多报章社评。在此期间还担任第二、三、四、五届全国政协常务委员,第五、六届全国人民代表大会常务委员,第七届全国人民代表大会法律委员会副主任委员,中华全国新闻工作者协会副主席,香港特别行政区基本法起

草委员会副主任委员。由于长期在英国治下的香港工作,且是无党无派的特殊身份,在处理香港事务、增进国际友谊、联络和团结海外同胞方面做了许多工作,受到中央政府的重视,其行踪也一直受到各界的瞩目。

费彝民从事新闻工作近60年,主持香港《大公报》社工作近40年,对香港新闻事业的发展作出了贡献。1988年5月18日因病在香港养和医院逝世,享年80岁。①

费彝民先生热心社会公益事业,除了赞助法学院法学学术论坛外,还捐巨资赞助南京大学中美文化中心学生活动中心、南京大学新闻传播学院办公大楼等的建设。

表10-1 费彝民法学论坛历届举办时间及主题

届别	年份	主题
第一届	1995年	市场经济与立法
第二届	不详	不详
第三届	1998年	中德比较商法
第四届	1999年	中德法律继受与法典编纂
第五届	2003年	中国经验:法与社会
第六届	2004年	刑事一体化暨恢复性司法
第七届	2005年	不动产财产权自由与限制学术研讨会
第八届	2006年	公法与私法的对话
第九届	2007年	全球化背景下的法治与人权
第十届	2008年	技术创新及技术转移的实现和法律保护
第十一届	不详	不详
第十二届	2011年	能动司法的理论探索
第十三届	2011年	法律硕士专业学位培养与管理创新
第十四届	不详	不详
第十五届	2014年	企业并购的法律问题
第十六届	2014年	两岸民事诉讼法学研讨
第十七届	2015年	江浙沪劳动法论坛
第十八届	2016年	民法解释学
第十九届	2017年	法解释学:法理与民法的对话
第二十届	2018年	法解释学:经济刑法的教义学解释
第二十一届	2019年	法典评注:比较观察与本土经验

---

① 参见徐友春主编:《民国人物大辞典》(增订版),河北人民出版社2007版,第2099页。

第十一章　中德法学研究所

一、研究所的创设

中德法学研究所原名"中德经济法研究所"(简称"中德所"),是南京大学与德国盖奥尔格·奥古斯特哥廷根大学于1989年共同建立的教学科研机构。1988年5月5日,南京大学副校长、教授余绍裔,南京大学法律系主任、教授李乾亨,哥廷根大学校长KaV,哥廷根大学法律系主任Corllde,于尔根·科斯推德博士、教授,分别作为各方代表,在哥廷根大学签署《南京大学和哥延根大学关于设立中德经济法研究所的合同》,创办中德经济法研究所。

中德所肩负教学和科研双重任务:一是培养中国研究德国和欧洲共同体经济法的研究生,同时也招收进修中国法律的德国留学生;二是从事中国、德国和欧洲共同体经济法方面的研究工作。1989年招收首届硕士研究生。2001年改为现名,并将科学研究与人才培养的范围拓展至法学全科。

中德所至今在人才培养、出版学术论著、举办国际学术会议诸方面,均已取得许多成果。我国政府有关部门常以该所的有关研究成果作为决策的依据之一。研究所2001年被正式纳入中德两国政府"法治国家对话"项目,为增进中德两国间的相互理解及在政治、经济、文化方面的交流作出了重要贡献。

近期,南京大学已启动成立"中德法研究院"计划。这种创办实体合作的模式,使南大与国外高校的交流活动,由一般的学术交流发展到长期、稳定的合作和联合办学,国际交流从内涵到范围、形式,都达到了一个新的高度。

附历任所长

中方所长：　　　　　　　　德方所长：
丁邦开(1989—1995)　　　Prof. Dr. Uwe Blaurock(1989—1995)
范健(1995—2001)　　　　Prof. Dr. Wolfgang Sellert(1995—2000)
邵建东(2002—2012)　　　Univ. Prof. Dr. Christiane Wendehorst(2000—2008)
方小敏(2012—2019)　　　Prof. Dr. Peter-Tobias Stoll(2008—2021)
宋晓(2019年至今,代)　　 Prof. Dr. Rüdiger Krause(2009年至今)
　　　　　　　　　　　　　Prof. Dr. José Martinez(2021年至今)

二、人才培养

经过32年的发展，中德法学研究所先后打造了面向中国学生的"中德法律比较研究"双硕士项目，面向德国学生和其他国际学生的"中国法和比较法"双硕士项目，以及面向全球的"中德法律比较研究"博士生项目，成绩突出。

（一）"中德法律比较研究"双硕士项目

成立伊始，研究所便依托两所大学法学院的雄厚师资，倾力培养具有中德两国法学硕士学位的双语人才。该项目2014年成为国家留学基金委第一批资助的全国26个创新型人才国际合作培养项目之一，也是南京大学第一个获批的CSC创新型人才国际合作培养项目。

研究所自成立以来，共培养了200多名同时获得中德两国法学硕士学位的研究生，是我国最重要的比较法人才培养基地之一。其中有近40名毕业生，经过继续深造，获得了中国、德国、瑞士、美国和澳大利亚等著名高校的法学博士学位，7名毕业生获得了德国联邦总理奖学金。他们活跃在著名高校、跨国公司、国际组织、国际律师事务所、法院、检察院和政府机关，是中国法治建设的中坚力量，也是中德两国法律文化交流的使者。

（二）"中国法和比较法"双硕士项目

2013年，中德法学研究所正式启动了面向德国学生和其他国际学生的"中国法和比较法"双硕士项目，并于同年秋季招收了第一届学生。该项目与国际法学教育办学思路接轨，首开我国法学国际硕士生学位教育的先河，也是南京大学第一个面向发达国家成建制合作培养学位生项目。

项目学制两年：一年在哥廷根大学，学习中国法基础知识和法学汉语；另一年在南京大学，学习以中国法律文化和法律制度为内容的专业学位内容。研究所面向国际学生开设的9门全外文学位课程全部入围南京大学国际化课程，其中"中国物权法学""中国经济法学""中国公司法学"获评江苏省精品国际化课程。成绩合格且论文答辩通过者，同时获得由南京大学和哥廷根大学授予的法学硕士学位。

为密切中德两国法学研究生之间的学术交流，开阔比较法视野，研究所还面向"中德法律比较研究"双硕士项目的中国学生和"中国法和比较法"双硕士项目的国际学生，开设了"中德比较法研讨课"。两国学生互相学习，彼此切磋，形成了良好的交流和学习氛围。

中德法学研究所也是德国乃至欧洲学者了解和研习中国法的学术重要阵地，是德国各联邦州司法部官方认可的德国法律文官培训基地。研究所迄今已经培养了近20名获得中德两国法学双硕士学位的国际毕业生，近百名德国法律文官以及难以计数的博士生、实习生和交换生都曾经在这里学习。

（三）"中德法律比较研究"博士生项目

2019年启动的"中德法律比较研究"博士生项目面向全球招生，由享誉世界的华人法学家苏永钦教授,首届"中国十大杰出青年法学家"荣誉获得者范健教授,著名民法学者叶金强教授、朱庆育教授等组成博士生导师团队。培养对象为在研究所获得中德双方授予硕士学位后,继续留在研究所从事教学与研究工作的青年教师。他们在研究所中德双方教授指导下完成博士论文的前期工作,然后赴哥廷根大学学习两年,完成博士论文,由哥廷根大学授予博士学位。

至今,研究所已培养了一名法学博士,正在培养两位博士生。今后,博士生项目将继续秉承两校合作的优良传统,培养兼具本土意识和国际视野的高端法学学术人才。

三、学术研究

中德法学研究所是中德两国学者从事德国法、欧盟法、中德法律比较和中欧法律比较学术研究活动的重要机构,为中国的法治建设和中德两国的法律文化交流作出了重要学术贡献。

32年来,研究所承担并完成了中国国家社科基金、中国司法部、中国教育部、中国国家海洋局、德国科学教育部、德国阿登纳基金会、德国艾伯特基金会等支持的科研项目30多项;在国内外出版专著40多部,发表论文和译文300多篇;定期出版《中德法学论坛》中文半年刊和《中国法杂志》德文季刊,在中德两国法学界享有很高知名度;举办了一系列在海内外具有重大影响的国际学术会议;为我国民商法、反垄断法、国际私法、能源法等多项立法工作提供比较法研究方面的学术支持,成为中德、中欧法律研究和学术交流的重要基地。

(一)《中德法学论坛》

《中德法学论坛》创刊于1990年,原名《中德经济法研究所年刊》,2002年改为现名,是我国第一本专门介绍德国法、欧洲法以及中德法律比较、中欧法律比较研究成果的法学学术刊物。

2017年入选中国学术评价中心法学核心集刊,并改为半年刊。已出版的《中德法学论坛》的目录可在下列网址搜寻到:http://law.nju.u.cn/deutsch/index.asp? sid=31。

(二)《中国法杂志》

德文季刊《中国法杂志》(Zeitschrift für Chinesisches Recht)创刊于1994年,原名《中国法通讯》,2004年改为现名。由中德法学研究所与德中法学家联合会、马克斯·普朗克外国法与国际私法研究所合作编辑出版,面向德语区读者介绍中国法以及中德、中欧法律比较研究成果,包括德语、英语学术论文、重要法律文件的德文译本、法学书评以及学术会议报道。所有已出版的期刊的内容都可在下列网址搜寻到:www.zchinr.de。

(三)注重学术研究

研究所充实学术研究,在创办的最初几年内,即在德国专家的帮助下出版了《中德经济法研究所法学丛书》,在国内学术界产生了相当大的影响。该所还先后主办了4次国际学术讨论会,其中 1992 年召开的"东亚法律,经济,文化国际学术讨论会",在国内外都产生了较大的反响。

自 1993 年起,由该所聘请的长期专家施坦曼博士负责编辑、出版《中德经济法研究所专辑》(Newsletter),用德文向德国法学界和企业界介绍中国法律的最新发展情况,报道中国在建立社会主义市场经济体制过程中法制建设重大成果,受到了德国法学界、企业界专业人士的一致欢迎。长期专家 Stucken 博士曾获 1992 年度中国政府颁发给外国专家的最高奖——"友谊奖",受到中国政府领导人接见。

由研究所邵建东教授、方小敏教授主编的"德国联邦最高法院典型判例研究丛书",首开我国学者系统研究外国法判例的先河。先后出版了民法总则、合同法、公司法、劳动法、基本权利、专利法、民事诉讼法、国际私法、破产法、家庭法、行政法等诸多部门法的典型判例研究专著,在学界产生广泛的学术影响。该所的研究成果《竞争法研究》获 1994 年江苏省哲学社会科学优秀成果三等奖。

(四)图书馆

中德法学研究所拥有亚洲地区最大的德语类法学图书馆,藏有大量最新的德国法学专著,涉及法制史、法理学、法社会学、宪法、行政法、民法、经济法、刑法、劳动法、诉讼法、欧洲法和国际法等领域;收藏了门类齐全的德国法典和法典评注,如慕尼黑民法典评注、施陶丁格法典评注、帕兰特法典评注,德国联邦最高法院、德国宪法法院、德国行政法院和欧洲法院全套裁判集;还有数目可观的德国法学杂志,如《新法学周刊》《法学教育》《法学》《欧洲法律事务》《民事法律实务档案》《欧洲经济法》《工业产权和著作权保护》《经济和竞争》等。同时,图书馆还藏有中国法研究的德语文献。

四、社会活动及影响

中德法学研究所作为全国首家由中德两国高校和法学界共同合作的教学科研机构,30 多年的发展业已奠定其行业翘楚的地位。德国政界、商界以及律师实务界的许多知名人士均慕名来所参访或进行学术交流,包括时任联邦议院副议长福尔默女士(Dr. Antje Vollmer)、联邦司法部部长多伊布勒-格美琳教授(Prof. Dr. Däubler-Gmelin)、北威州司法部长库查缇(Thomas Kutschaty)、巴符州高等法院院长史泰勒博士(Dr. Franz Steinle)、北威州高等法院院长鲍尔森女士(Anne-Jose Paulsen)在内的多位德国政要和司法官员,都曾到访研究所,开展专题法律问题研讨。

多角度、高水平的学术文化交流活动,使研究所始终处在中德法学发展和学术交流的最前沿,也为提升南京大学的国际知名度作出了巨大贡献。

2003 年 9 月,到访的联邦德国总统约翰内斯·劳在他于南京大学所作的《法治国家原则——现代社会的前提》演讲中,对中德法学研究所的成绩给予了高度评价。

2007 年 8 月,德国总理默克尔访问中德法学研究所,盛赞研究所是"中德法律文化交流的桥梁"。

2016年6月12日，默克尔总理在接受南京大学名誉博士学位的演讲中，再次表达了对中德法学研究所发展和贡献的敬意和褒奖，高度评价研究所在促进中德法律文化交流和培养中德法律人才中发挥的突出作用，以及在中德两国"法治国家对话"项目中作出的重要贡献。她还亲笔题词，"祝愿南京大学和中德法学研究所未来在科学研究、人才培养和文化交流方面取得更大发展"。

在大众汽车基金会于1989年至1999年间提供第一笔启动基金之后，30年来，中德法学研究所除受到南京大学和哥廷根大学鼎力支持外，还得到了中国国家留学基金委、德国学术交流中心、德国下萨克森州政府、德中法律家联合会、德国学术研究会、德国康纳德-阿登纳基金会、德国弗里德里希-艾伯特基金会、上海陆德劭和律师事务所等公共机构和私立机构的大力支持和赞助。

经过几代法律学人的共同努力，中德法学研究所在中德两国法律界及中欧高等教育界赢得了崇高的声誉，是南京大学法学学科的最大亮点和重要特色，南京大学也因此成为中德法律交流的重镇。在南京大学国际化办学的道路上，中德法学研究所作为一张耀眼的名片，为南京大学赢得了卓著的国际声誉和专业同行的尊敬，为南大国际化人才培养、法学学科建设、国际影响力提升等作出了重要贡献。

2019年11月，南京大学和哥廷根大学隆重集会，庆祝两校合作35周年暨中德法学研究所成立30周年。基于两校合作的成功实践，南京大学提出了合作共建中德法学院的构想，得到哥廷根大学的积极回应。2020年12月，南京大学正式启动中德法学院的筹建工作。

编者按：中德所的创办，开启了法学院中外合作办学的先河，也是南京大学继成立中美文化研究中心之后，又一个国际合作办学的成功范例。为保留当初合作办学模式，了解创始阶段的建设意向，特从校史资料中辑出南京大学与哥廷根大学签署的原始合同——《南京大学和哥廷根大学关于设立中德经济法研究所的合同》，以志其举。①

第一条 研究所的设立、研究所的目的

（一）南京大学（南京大学法律系）和哥廷根大学（盖奥尔格·奥古斯特大学法律系）设立"南京大学和哥廷根大学中德经济法研究所"。

（二）研究所的目的是从事中国、德国、欧洲和国际经济法领域的教学和研究，研究所以硕士教程培养中国学生。南京大学和哥廷根大学对完成教程学习的中国学生各自授予硕士学位。

（三）研究所是南京大学独立的组成部分。它将独立自主地安排其教学、科研和行政活动，包括财务管理。研究所必须遵守中国现行法律和法规。

第二条 研究所的成员

（一）研究所的成员有：

两名享有同等权利的主任（南京和哥廷根各一名）；

---

① 《南大百年实录》下，第682~685页。

数名中国教师,最好具备哥廷根大学的法学学位;

数名长期在该所任教的德国教师(第四条第二款);

一名中国图书管理员,必须具备德语语言知识;

一名中国秘书,必须具备德语语言知识;

一名事务员兼司机。

(二)成员由派出系在告知他方后任命。

(三)研究所的成员还包括根据入学条件录取的德国和中国学生。

第三条　研究所的安置

(一)为了研究所的安置,南京大学根据已递交的建筑平面图,在新建的文科大楼中提供约三百平方米、在新建的教学馆中提供约二百平方米空间,用作教室、图书馆、主任、教授和教师工作室、秘书室,并提供一间房间用作语言实验室。

(二)哥廷根大学为研究所的最初装备提供技术器具(一套语言实验室,六台打字机,一台复印机,一台带打印机的计算机,一辆公车)。此外,哥廷根大学设法通过给各间房间安装空调机的途径实现研究所房间空调化。

第四条　研究所的师资

(一)哥廷根大学在五年期间内每年派遣四至六名德国大学法律教授去研究所作有关德国、欧洲和国际经济法的短期讲学(六至八周)。授课时间每周8至10小时。

(二)在同样期间内,哥廷根大学每年派遣二至三名教师去南京讲课一年。一年的讲课可以由两个半年的代替。在南京大学上课期间,教师的授课时间为每周六至十小时。

(三)南京大学以研究所的中国成员以及法律系的教授保障德国研究生第一年在南京的法律学习,南京大学还保证用优秀的师资对他们进行汉语语言培训。此外,德国学生可以选修法律系为中国学生开设的所有课程。

(四)一学年中选派五名中国三年级学生到哥廷根大学法律系学习。

第五条　研究所的图书馆

研究所设一图书馆。由哥廷根大学已经交付给南京大学法律系的书籍并入该馆。德国方面顾及最新的经济法杂志,扩充该馆。研究所的全体成员以及南京大学法律系的全体教师和研究生有权使用该馆。

第六条　研究所的学生

研究所每年招收20名中国学生以及20名以下德国学生。

第七条　德国教师和学生的住宿

(一)南京大学设法为德国教授和教师安排适当的住宿。

(二)德国学生住在南京大学留学生宿舍的双人房间里。

第八条　资金的提供

(一)南京大学承担下列费用:

——研究所的基建费用和家具费用;

——研究所配备的中文法律书籍费用;

——中国教授和教师以及第二条第一款所称的中方人员的费用;

——德国教授和教师在南京的住宿费用；

——德国学生在南京的逗留和住宿费用；具体按第五款办理；

——第四条第四款所称中国学生赴哥廷根的往返旅费；

——德国长期讲学教师和五名德国学生的医疗费用以及德国短期讲学教授的门诊医疗费用。

（二）哥廷根大学承担下列费用：

——第三条第二款所称的技术器具费用；

——为研究所配备德国及国际书籍的费用，每年不超过 2 万马克；

——德国教授和教师赴南京的往返旅费；

——第四条第四款所称中国学生在哥廷根的逗留费用。

（三）研究所活动的日常开支（包括教学材料和消耗材料、电、供暖和维修），哥廷根大学每年承担 1.5 万马克。超过此数以上的费用由南京大学负担。研究所的两名主任每年对日常开支进行一次结算。

（四）为德国教授和教师住宿所需的费用，哥廷根大学每年承担 1 万马克。

（五）五名德国学生每人每年向南京大学支付 1 000 马克安置费（第七条第二款）；南京大学承担其全部食宿费用和医疗费用，免收学费。

第九条　合同的其他组成部分

（一）本合同的组成部分是对第七条第一款的补充协议。

（二）本合同由一项研究所条例补充。

（三）参与的两系共同为研究所颁布学习及考试条例。

第十条　生效、研究所活动的开始；合作期限

（一）本合同以及第九条第一款、第二款所称的组成部分必须经各大学的主管委员会以及中国和德国的行政机关批准。双方相互通知合同已经批准、费用已经落实的时候，整个合同（包括第九条第一款、第二款所称的组成部分）开始生效。缔约双方努力尽快促使费用的落实；德国方面只能提供下萨克森州直接预算之外的费用。合同的批准以及费用的落实应即时告知对方。

（二）研究所应于 1989 年秋季开始工作。合作与合同期限暂定五年。缔约双方认为，合作应该超越这个期限继续下去。五年之后合同继续执行所需经费问题，双方将重新商定。

第十一条　修正条款

合作项目开始以后经过三年，双方大学（系）将重新谈判，审核本合同。

1988 年 5 月 5 日于哥廷根

余绍裔	KaV
南京大学副校长、教授	哥廷根盖奥尔格·奥古斯特大学校长
李乾亨	Corllde
南京大学法律系主任、教授	哥廷根盖奥尔格·奥古斯特大学法律系主任
	于尔根·科斯推德博士、教授

对南京大学和哥廷根大学关于设立中德经济法研究所的合同之第七条第一款的补充协议

（一）南京大学尽量在中美文化研究中心为德国教授和教师安排适当住宿。

（二）如在个别情况下无法安排在上述中心，南京大学将在新建的专家和留学生楼为德国教授和教师安排适当住宿。

（三）在专家楼未建成之前，双方对住宿问题将再进行讨论。

（四）第八条第四款所称1万马克，用于支付租住中美文化研究中心的房租补贴；如果无法安排在该中心住宿，此钱用于补贴和改善德国教授和教师的住宿条件（例如：购置空调机）。

1988年5月5日于哥廷根

余绍裔	KaV
南京大学副校长、教授	盖奥尔格·奥古斯特哥廷根大学校长
李乾亨	Corllde
南京大学法律系主任、教授	盖奥尔格·奥古斯特哥廷根大学法律系主任 于尔根·科斯推德博士教授

第十二章　学术刊物

南京大学法学院素有重视创办学术期刊的传统，1928年中央大学法学院成立伊始时期，即创办了《中央大学法学院季刊》。1994年升系为院后，即在全国综合院系法学院系率先创办专业法学院期刊《南京大学法律评论》，该刊经历了"南京大学学报特刊""CSSCI来源集刊"，升格到独立期刊的CSSCI来源期刊《南大法学》，记录了南京大学法学院学人立足南大、沟通世界的学术情怀及开阔胸襟。张中秋、张千帆、范健、张仁善、解亘等教授先后担任过主编。

南京大学法学院系国内院校中最早创办中外合作办学模式的院系，中德经济法研究所（现为中德法学研究所）堪称成功的标杆，享誉中外，《中德经济法研究所年刊》则为中德经济研究交流的重要平台。该刊发表了大量中、德法律学人高质量的学术论文。邵建东、方小敏等教授先后担任主编。

南京大学法学院有诸多专业研究平台，同样重视利用学术刊物，展示学术成果，加强学术交流。《判例评论》即为南京大学中国法律案例研究中心的刊物，2006年创刊，前后存续5年左右，在法学学术界与司法实务界搭建了互通的桥梁。张仁善为该刊的创始主编。

本章拟着重介绍上述4种刊物的创办过程，列出各刊主编主持下的首期刊物封面及刊发的论文目录，作为法学院学术期刊创办历程之志要。

一、《南京大学法律评论》

（一）《南京大学法律评论》（《南京大学学报》特刊，1994—2007年）

《南京大学法律评论》1994年创刊，至2007年秋季号（总28期），该刊由南京大学法学院和南京大学学报编辑部编辑出版，作为《南京大学学报》特刊发行。《南京大学法律评论》分春秋两卷出版，是同时期唯一由独立法学院系创办出版的法学专业刊物。

从1994年创刊号（总第1期），到1998年春季号（总第11期），张中秋担任主持人。

1994年创刊号（总第1期）文章目录：

《论新时期正确认识与处理社会矛盾》（郭道晖）、《市场经济法制与法律观的变革》（林仁栋）、《试论市场经济的法治化》（张廉）、《论人权的法律保护》（杨春福）、《论廉政建设与从严执法》（田军）、《行政诉讼第三人的资格及其认定》（邢鸿飞）、《中国古代职务犯罪研究》（钱大群）、《汉代土地法律制度研究》（张中秋）、《论广告商行为中的不正当竞争》（范健、刘爱珍）、

《建立与完善我国社会主义市场经济体制下的保险法律制度》(沈秋明)、《试论对私营企业的法律保护》(翁晓斌)、《论职务犯罪从严惩处的原则》(孙国祥)、《退回补充侦查制度刍议》(许江、王强)、《犯罪学之行为学习理论的研究现状与动态》(詹姆斯·芬克诺、朱超)、《表演者权初探》(许晓光、张淳)、《医疗保健法律制度研究》(冯建妹)、《论民事诉讼程序的公正性》(郭伟林)、《关贸总协定中的国民待遇及其适用规则》(孙南申)、《香港的法律制度与法学方法》(张肇群)、《美国经济法制评析》(金俭)、《德国合同法中的合同自由原则与社会约束原则》(邵建东)。

1999年秋季号(总第12期)始,至2003年春季号(总第18期)止,《南京大学法律评论》由张千帆任主编,张仁善、蒋大兴任副主编。

《南京大学法律评论》1999年秋季号(总第12期)目录:

《作为民法方法论的分析法学导论》(王涌)、《法律文明演进与经济法的现代化》(单飞跃、王秀卫)、《台湾集中交易市场之证券流通体制及其规范》(范建得、李雅彬、林瑞珠)、《我国保险服务业的市场开放与法律调整》(孙南申)、《论信用证欺诈及其处理》(郭瑜)、《无权处分与合同效力——合同法第51条的理解与适用》(丁文联)、《略论隐私权及其权利冲突》(单锋、金俭)、《判决的对外效力》(吴英姿)、《中德划分罪与非罪方法的比较研究》(王世洲)、《中国与世界主要发达国家计算机犯罪的比较研究》(蒋平)、《关于犯罪学研究的几点新思考》(张小虎)、《论人大对司法的个案监督及其法律规制》(刘旺洪、季金华)、《论政府采购的性质》(肖泽晟)、《论司马迁的法律思想》(徐晓光)、《现代法治国的基本特征和要素》(顾肃)、《社会运动与法律的发展》(郑少华)、《论商法的理论基础》(徐学鹿)、《法院改革要旨略论》(姜洪鲁)、《试析涉外经济专业法律教学中存在的问题》(邱鹭风)、《大陆法系国家环境刑法探究》(赵秉志、王秀梅)、《以中央制约地方:论美国联邦宪法中"州际贸易条款"的"潜伏效应"》(张敏、张千帆)、《中德法律继受与法典编纂——第四届费彝民法学论坛综述》(李燕萍)。

2003年秋季卷(总第20期)始,至2007年秋季卷(总第28期)止,《南京大学法律评论》由范健、张千帆任主编,张仁善、蒋大兴任副主编(胡晓红、叶金强后增补为副主编)。

《南京大学法律评论》2003年秋季卷(总第20期)目录:

《创精品期刊促法制进步——〈南京大学法学评论〉创刊十周年纪念》(范健)、《走入21世纪的美国行政法》(理查德·斯图尔特著,田雷译)、《人权的终结》(科斯塔斯·杜兹纳、季乐宇)、《论作为人权与公民权的表达自由》(郭道晖)、《民法讲义Ⅰ·总则》、《法律语言的浅析:从语意学和语用学的角度出发》(谢宏滨)、《认真对待不动产登记程序——对不动产物权变动规则的实用主义认识》(常鹏翱)、《论民法上第三人的保护》(于飞)、《企业组织再造活动之自由与管制(上)》(王志诚)、《合并对价直接给付于被吸收公司股东问题研究》(奚庆)、《商法》(第二版)、《论公司资本制度与政府监管》(徐晓松)、《论非典型挪用公款罪》(孙国祥)、

![图12-1 《南京大学法律评论》创刊号]

图12-1 《南京大学法律评论》创刊号

《复和正义和监狱行刑》(狄小华)、《论犯罪嫌疑人的人身权利保障》(李建明)、《社会保障法》、《冒认专利效力考(上)——发明人主义的再诠释》(解亘)、《商法习题集》(范健)、《非典型性肺炎事件的法学与社会学思考》(单飞跃、李莉)、《程序效力论——以诉讼程序为核心的论述》(吴英姿)、《德国商法：传统框架与新规则》(范健)、《试论行政契约的分类及形式》(邢鸿飞)、《人力资本出资问题研究》(法律科学文库)、《我国质量认证法律制度若干问题评析》(何鹰)、《罪犯心理矫治导论》、《缺陷产品召回制度比较研究》(孙雯)、《全球化与中国劳动法制问题研究》(周长征)、《非政府国际组织基本理论问题初探》(李斌)、《谁来保卫宪法？——评图示耐特的"大众宪法"观》(强世功)、《股票的除权判决》(田边光政、黄增华)。

(二)《南京大学法律评论》(CSSCI 来源集刊)

2008 年春季卷开始，《南京大学法律评论》由《南京大学学报》特刊改为集刊，单独出版，并被列为中国社会科学引文索引(CSSCI)来源集刊。

2008 年春季号(总第 29 期)，至 2017 年秋季号(总第 48 期)，由张仁善担任主编，法律出版社出版。

《南京大学法律评论》2008 年春季号(总第 49 期)目录：

《地方论》(西塞罗、徐国栋、阿·贝特鲁奇、纪慰民)、《中国内地与澳门行政诉讼若干制度之比较》(胡建淼、陈骏业)、《论给付行政中行政私法行为的法律约束》(王太高、邹焕聪)、《试论实现给付行政任务的公私协力行为》(黄学贤、陈峰)、《也论人身危险性在我国刑法中的功能定位——兼与游伟研究员和陆建红审判员商榷》(叶良芳、卢建平)、《论民法上土地与建筑物的关系——以一元推定主义为中心的理论探索》(曾大鹏)、《论信息权的法律保护》(李载谦)、《促进企业 R&D 投入的税收法律制度研究》(林秀芹)、《"拜一杜规则"与中国〈科技进步法〉和〈专利法〉的修订》(徐棣枫)、《论银行业监管的基本理念》(韩龙)、

图 12-2 《南京大学法律评论》(集刊) 2008 年春秋号合刊

《法律选择之抉择：国家利益与个人利益》(李先波)、《发展中国家技术性贸易壁垒的发展走向及我国的对策》(朱京安、郭鹏)、《一个证据学上的矛盾——基于逻辑相关性之非品格理论为依据的品格证据禁止与概率原理》(Edward J.Imwinkelried、王剑虹)、《通过正当的法律程序控制死刑——从公正审判权的国际标准谈我国死刑司法程序的完善》(孙长永)、《在场权的功能预测与制约因素》(朱桐辉)、《不同寻常的英国司法》(程汉大)、《历史变迁中美国宪法平等原则的经济观察——从〈独立宣言〉到〈美国宪法〉》(曾尔恕)、《哈富论战、拉德布鲁赫公式及纳粹法制迷案——从历史视角透析理论问题》(林海)、《自然法理念对古代中西方法律成长的影响》(吕安青、李游)、《英美法对我国 30 年来法制改革的影响》(张卓明)、《唐律所体现的古代立法经验》(马小红)、《法律视野下的唐代假宁制度研究》(郑显文)、《"中国传统司法与司法传统"国际学术研讨会暨中国法律史学会 2008 年学术年会综述》(郭亮、刘振宇)。

2018年春季号—2019年秋季号,由解亘担任主编。

《南京大学法律评论》2018年春季号(总第49期)目录：

总编寄语(解亘),《背光下的大教堂:找寻失落的交易规则》(简资修),《权威问题:重访服务性权威观》(约瑟夫·拉兹、叶会成),《苏格拉底之审及柏拉图之反思》(郭俊义),《错误与行为基础理论——对〈澳门民法典〉第245条的解释所引发的思考》(唐晓晴、马哲),《物、所有权与对人物权:〈奥地利普通民法典〉中被忽视的教义学宝藏?——对未来法典编纂所提的值得深思的建议》(赫尔穆特·考茨欧、冯洁语),《隐名出资型善意取得之规范诠释与理论回应》(王湘淳),《有限责任公司股权善意取得之否定》(李辉),《暴恐犯罪防控中的大数据适用问题研究》(舒洪水),《论我国刑法中涉罪财物之没收》(姚杏),《论清代逃兵律例的发展变化》(郭瑞鹏),《论古希腊罗马没有"宪政"》(杨莹),《美国规章制定的规范体系》(阳李),《政府规制的基本原理研究:基于法治的视角》(丁芝华),《韩国〈垄断规制法〉对滥用市场支配地位经营者的规制》(李奉仪、陈兵),《论互联网电子证据的保管》(冯姣),《论领土争端解决中主权行为与条约的关系》(宋岩),《美国单边主义税收措施域外管辖的运行机理及其启示——以FATCA法案为》(葛辉),《论联合国军事维和人员犯罪的刑事管辖与豁免》(蒲芳)。

二、《南大法学》

《南大法学》经国家新闻出版署批准,于2020年正式创刊(国内统一连续出版物号CN32—1889/D,一年6期,双月出版)。《南大法学》承继自1994年创办的《南京大学法律评论》,现由解亘担任主编。现为中国社会科学引文索引(CSSCI)来源期刊。

《南大法学》2020年第1期(创刊号,总第1期)目录：

《数据、隐私以及人工智能时代的宪法创新》(季卫东),《美国宪法吸收原理的新展开——以Timbs案为中心》(赵娟),《论制定法体系中判例的展开》(章剑生),《法教义学的显性化与作为方法的法教义学》(卜元石),《农村耕地的产权结构——成员权、三权分置的反思》(张永健),《以物抵债裁判规则的发展趋势与建构方向——2011—2019年最高人民法院审判经验的考察与分析》(肖俊),《经济刑法适用中的超规范出罪事由研究》(孙国祥),《后民法典时代我国家事程序的构造》(郝振江),《反垄断违法还是管制逃避?——基于79号指导性案例的研究》(李剑)。

图 12-3 《南大法学》2020年第1期

三、《中德经济法学研究所年刊》

(一)《中德经济法研究所年刊》

创刊于 1990 年的《中德经济法学研究所年刊》(德文刊名:Jahrbuch des Deutsch-Chinesischen Instituts für Wirtschaftsrecht der Universitäten Göttingen und Nanjing)为该所所刊,由南京大学中德经济法研究所编辑、德国大众汽车基金会提供资助出版。主要刊载中德经济法研究所中德双方教授和研究生在法学研究领域的最新学术成果。《年刊》的主要栏目有:中国民法、商法、经济法和国际私法研究,德国民法、商法、经济法和国际私法研究,中德民商法比较研究,国际及欧洲经济研究,德国最新法律译文和重要判例译文。办刊数年来,《年刊》每期都以约三分之一的篇幅刊载德国学者的论文译文。《年刊》刊登的文章和资料,在不同程度上受到了我国有关机构和学术界的重视。在德国以及欧洲其他国的学术界和律师界,《年刊》也备受关注,成为中德两国法学交流的重要阵地。

《中德经济法研究所年刊》(第 1 辑)目录:

《中国的涉外合同法与德国合同法的比较》(谢怀栻)、《中国经济法的回顾与展望》(李乾亨、丁邦开)、《经济交往中的责任及其限制——以有限责任公司为例》(乌·布劳洛克)、《评中国〈中外合资经营企业法〉的最新修改》(丁邦开)、《德国合作社制度的基本特征》(贝·格罗斯费尔德、马·阿尔德约翰)、《中国厦门经济特区立法研究》(潘抱存)、《德国劳动法的原则、基础以及劳动关系的权利和义务》(彼·汉瑙)、《德国调整劳动条件的法律渊源——劳动合同、劳资协定和企业协议》(沃·赫鲁玛特卡)、《德国民法合伙的构成和内外关系》(戴奎生)、《论〈德国民法典〉中的不要因原则》(邵建东)、《国际仲裁》(贝-乌·施图肯)、《中国涉外经济律师的工作实务》(汪洋)、《德国反不正当竞争法》、《中德经济法研究所简介(中文)》、《中德经济法研究所简介(德文)》、《编者的话》。

图 12-4 《中德经济法研究所年刊》第 1 辑

(二)《中德法学论坛》(集刊)

2001 年开始,随着中德经济法研究所更名为中德法学研究所,为了适应中德法学研究所的全法学学科定位,突显本刊作为德国法研究、中德/中欧比较法研究专业刊物的特色,2002 年所刊也随之更名为《中德法学论坛》,《中德法学论坛》(德文刊名继续延用年刊称谓,即 Jahrbuch des Deutsch-Chinesischen Instituts für Rechtswissenschaft der Universitäten Göttingen und Nanjing)。更名以来,《中德法学论坛》面向德国法/欧盟法和中德/中欧法律比较研究工作者和热爱者,设立非固定学术专栏,发表论文呈现出各学科齐头并进又兼顾主题的格局,中外作者数量结构基本平衡,知名学者和中青年学者同台切磋,形成一个思维活跃、形式活泼的学术交流平台。

《中德法学论坛》第1—7辑,由中德法学研究所主编,南京大学出版社出版。

图12-5 《中德法学论坛》第1辑

《中德法学论坛》(第1辑)目录:

《德国债法改革对"一揽子解决"方案的选择——论债法现代化草案》(赫尔塔·多伊布勒-格梅林),《德国损害赔偿法的改革》(沃尔夫冈·多伊布勒),《经济中的环境保护——法律框架和经济意义》(乌韦·布劳洛克),《江苏地方环境法规效益评估与体系优化对策研究》(张梓太、周杰),《德国法学教育的优势和不足》(沃尔夫冈·塞勒特),《欧洲法的历史基础》(汉斯-彼得·本纽尔),《德国人格权法律保护问题及其最新发展》(福尔克尔·博伊廷),《国际刑事法院之路:〈罗马规约〉的产生和基本内容》(阿尔宾·埃泽尔),《权力、规则和原则——谁主导 WTO/GATT 法?》(迈因哈德·希尔夫),《中德反不正当竞争法律责任体系比较研究》(邵建东),《德国股份公司股东知情权研究》(余永利),《德国比较广告研究》(李大雪),《电子邮件广告及其法律评价》(杨阳),《中德法学研究所更名纪实》(方小敏),《中德法学研究所的入学考试和学习生活》(唐莹)。

《中德法学论坛》第8—10辑由邵建东、方小敏担任主编。

图12-6 《中德法学论坛》纪念中德所成立20周年特刊

《中德法学论坛》(第8辑)目录:

《南京大学—哥廷根大学中德法学研究所成立20周年庆典致辞》,《南京大学陈骏校长致辞》,《哥廷根大学库尔特·冯·费古拉校长致辞》,《德意志联邦司法部副部长马克斯·施塔德勒的致辞》,《南京大学党委副书记张异宾教授致辞》,《德中法学家协会会长乌韦·布劳洛克教授致辞》,《中德法学研究所中方所长邵建东教授致辞》,《中德法学研究所德方所长吕迪格·克劳泽教授致辞》,《德国基本法60年——变迁中的法治国家和民主》(维尔纳·霍伊恩著,汪磊译),《德国基本法对台湾公法学的影响》(陈新民),《论法律文化交往的形态》(米健),《从比较法的角度看中国近现代对西方民法学的继受》(孙宪忠),《侵权过失判断之中的理性人标准的建构》(叶金强),《月饼过度包装中的意思自治与政府干预》(李友根),《〈消费者合同法〉立法建议》(刘青文),《全球化背景下的劳动法》(吕迪格·克劳泽著,祝汉楚、潘星译),《中国劳动者职业安全保护制度》(林嘉),《解雇预防与企业的合理容纳》(奥拉夫·戴纳特著,郭荣涛译),《台湾地区劳动法中雇主预告终止时之劳工保护》(黄程贯),《中国〈劳动合同法〉对雇员在正常解雇中的保护》(周长征),《千年发展目标的法律转化:从国际法角度看性别平等及母婴权利保护目标的实现》(陈戈),《排污权的公平分配初探——由我国各地排污权交易试点引发的思考》(张梓太、沈灏),《论德国土壤污染立法中的"状态责任"及其对我国相关立法的借鉴意义》(秦天宝、赵小波),《论环境基本国策》(吴卫星),《法律的可持续性发展——国际环境公法对中国法的影响》(伯阳著,陈放译),《知识产权的善意取得》(卜元石),《中国法院对知识产权法的实施——兼论对损害赔偿和费用承担的主张》(弗兰克·A.哈梅尔著,徐楷行译),《中国知识产权保护和世界贸易组织》(彼得-托比亚斯·施托尔著,邹青松译),《著作权法的新发展——兼论中德法律合作的可能性》(安德烈亚斯·维贝著,姚慧译)。

《中德法学论坛》自 2014 年第 11 辑起,由法律出版社出版;2017 年第 14 辑起,被收入 CSSCI 来源集刊目录,变更为半年刊,方小敏担任主编。

《中德法学论坛》第 14 辑(上卷)目录:

《政府与市场关系重塑中的我国垄断行业改革问题研究》(孟雁北),《论公用企业的行政接管》(骆梅英),《中国高铁产业分析与反垄断法适用性》(于立、徐志伟、徐洪海),《欧洲与德国的能源法和铁路法改革》(弗朗茨·于尔根·沙克著,王卓然译),《〈德国能源经济法〉修正草案对特许经营权规定的修改——改革抑或改良?》(克努特·魏纳·朗格、克莉丝汀娜·莫里茨著,肖玲译),《竞争倡导与竞争文化》(鲁兹-克里斯汀·邬枫著,徐颖蕾译),《互联网经济领域的竞争:德国垄断委员会 2015 年 6 月的调研报告》(丹尼尔·齐默尔著,刘旭译),《互联网经济中的垄断与双边市场界定》(乌尔里希·施瓦尔贝著,刘旭译),《良好专业实践经验原则:平衡生态利益与经济利益的手段》(安提亚·路易莎·穆勒著,卢雅昆译),《企业经营自由与国家食品安全领域的激烈冲突》(提洛·奥其斯著,周沛远译),《农业食品领域新的质量要求和社会责任:气候变化时代下从优质产品到消费者责任》(莱蒂西亚·布尔热著,汪赛译),《农业领域的品种保护与专利保护》(何塞·马丁内茨著,金健译),《农业继受经营的民法保障》(克里斯蒂安·巴巴拉·格拉斯著,吴小凤译),《关于农产品生产者组织的建立和推动——以乳品行业为例》(克里斯蒂安·布斯著,张玉华译),《农民与农地在法律上的关系——以农地用益租赁合同的塑造可能性和计划风险为例》(乌尔里希·特维斯著,覃亦佳译),《农业企业作为能源生产者的法律框架条件》(哈拉尔德·韦德迈耶著,沈逸、张丘铃译),《德国反限制竞争法》(2013 年第 8 次修订)(南京大学—哥廷根大学中德法学研究所译)。

四、《判例评论》

《判例评论》系南京大学中国法律案例研究中心的刊物,经江苏省新闻出版局批准出刊(JS—S306),2006 年创刊,双月刊,第 1—30 期由张仁善担任主编。总第 31 期后,改由案例研究中心集体主编,约在总 42 期后停刊。

南京大学中国法律案例研究中心由南京大学法学院创办,其宗旨是以案例收集为基础,联合各级法院、检察院及其他实务部门,进行系统的案例汇编和相关的理论研究工作,为实务部门和理论研究机构提供丰富的案例资源及法律实务与理论研究的互动平台,最终将该中心建设成在案例汇编及案例研究方面都具有相当影响力的全国性的案例资料库和案例研究中心。研究中心由南京大学法学院副院长李友根教授担任主任。研究中心主要从案例收集与汇编、典型案例评析及学术交流等方面开展工作。研究中心的基础工作是将收集到的数量巨大的案例进行分类与整理,为案例研究工作提供必要的条件。在此基础上,组织专家学者对有代表性的案例进行系统研究,总结司法实践的观点与发展走向。

图 12-7 《判例评论》第 1—12 期合刊

《判例评论》作为案例研究领域学术成果发布的主要阵地,及时、全面地反映法律案例的最新研究成果及前沿动向,开设了"案例评析""热点评说""民国案例""古案新探"等专栏,发起举办"高淳流浪者车祸案""宜兴法院典型案例研讨"等专题研讨会。

《判例评论》2006 年第 1 期(创刊号)目录:

《行政处罚实施中的几个问题——以一起违法建设案为例》(王太高),《关于直索责任效力范围的扩展——以一起货物买卖合同的欠款纠纷案为例》(吴建斌),《医院违反医疗服务合同与精神损害赔偿——一起以由患者以医院违约为由请求后者向其赔偿精神抚慰金为内容的案例》(张淳),《劳动合同的可担保性——和平支行诉高延民担保合同纠纷案评析》(叶金强),《论我国公司司法解散制度的完善——以一则公司解散案为例》(梁海峰),《王昌和变造金融票证案——如何正确理解及适用牵连犯的处罚原则》(杨辉忠),《论期待可能性在我国刑法中的实现——以弱妻杀夫案为视角》(孙争鸣),《湖南"黄静案"评析》(张浩),《不堪同居虐待为离婚理由之分析》(黄立杯)。

多年来,南京大学法学院通过创办法学学术刊物,刊登高质量的文章,在学术界及司法实务界都产生了较大影响,获得了广泛的社会好评,提高了国内、国际学术声誉。

第十三章 实践教学

一、实践教学概况

实践教学在法学教学中占据重要地位,法学院一直重视实践教学活动。恢复建系40年来,法学院积累了丰富的实践教学理论与经验。就理论而言,诸多实践性选修课程的开设即已得到反映;实践教学基地建设是实践教学的必备条件,是培养学生学习能力、实践能力与创新能力的有效途径,是培养高素质人才的重要保障。法学院长期与江苏省各级人民法院、检察院、律师事务所等司法实务部门建立起稳定的合作关系,为学生提供了宽广的专业技能学习与实践的空间。

进入21世纪以来,在南京大学建设一流大学、培养一流人才的目标指导下,按照"两类人才培养模式",实行应用型人才培养"拓宽基础,加强应用,分流培养"的原则,贯彻统筹通识教育与个性教育、统筹理论教学与实践教学、统筹课程教学与社会实践的精神,法学院把实践教学环节的建设确定为教育改革的重点,每年投入大量教学经费用于实践教学基地建设,取得明显成效。

1. 建立实践教学指导中心

为配合学校"985工程"及卓越法律人才培养等的需要,法学院不断强化法律实践教学,先后承担了南京大学"985工程"一期的案例库建设和模拟法庭建设、二期工程"法学实践教学示范中心建设"。为更好地实施项目建设计划,2007年成立实验与实践教学机构"法学实践与创新中心",专注于实验教学的研究与建设。任命吴英姿为主任,李斌、张复友、许利民为副主任。中心依托综合性大学的学科优势,充分利用相关学科实验教学资源和国际化教学平台,紧扣法学人才培养要求和法学专业特色,建设了一个开放式、研究型、层次分明的现代法学实验教学体系。该体系采取"实验、实训、实践"三种方式,通过"观摩—体验—操作"三个环节,划分"社会实验、情境实验和技术实验"三个模块,形成"体验型、操作型和激发型"三个逐渐提升层次的实验教学结构,在组织管理、人员配备、资金投入等方面向实践教学倾斜。通过几年的探索与努力,法学实践教学中心建设已经取得显著成果。

以"法学实践(实验)教学示范中心"建设成果为平台,围绕职业解纷人和外向型法律人两类复合型、应用型人才培养计划,打破学科界限,打通本科与法律硕士教学,打造就业创业课程体系。该课程体系包括四个环节:一是贯穿本科教育全程的理念教育,培养学生"做人—职业能力—创业精神"理念。开设课程有专业学习与法律人格养成、民事法律专业实习、民事诉讼实案训练、刑事法律专业实习、律政之星风采大赛、法律诊所课程、法律职业调查和杰出校友访谈、专业比赛训练、创业精神与创业之路系列讲座等。二是法律职业调查，通过实地调查和统计分析，让学生了解当前社会对法律人才需求的状况，尽早进行职业规划。三是跨学科课程设计，融法学、哲学、社会学、政治学为一体，培养职业解纷人与外向型法律人应当具备的国际国内法律、当代中国社会与社会政策、中国人哲学思维、社会冲突与纠纷解决、沟通心理学、国际关系等方面的知识。四是实践教学手段，以诊所教学模式为核心，将实践教学元素渗透各个课程和教学环节，通过实际操作与实案训练培养学生谈判、沟通、斡旋、调解等方面的技能。

指导科研团体、社会调查小组等学生组织，利用学生科研基金，为有研究兴趣的学生提供指导教师和经费支持，鼓励本科学生与研究生合作研究。

2. 设立模拟法庭实验

模拟法庭是法学教育中常用的实验教学手段。法学院投入巨额经费，建设模拟法庭，配备了多媒体设施。实践教学指导中心统筹安排、精心策划，结合主干课程开展模拟法庭实验，每年指导学生会组织模拟法庭比赛活动，学生通过法官、律师、当事人等角色扮演，把课堂所学知识运用于具体问题的解决，使自己的逻辑思维能力、法律论证能力和语言表达能力等得到演练。

3. 开设"法律诊所课程"

2005年9月，开始设立"法律诊所课程"。该课程的目标是培养法律专业学生的法律执业技能、职业意识和职业道德。诊所式的教学模式提倡互动式教学方法；强调学生的主动学习能力，教师通过组织讨论引导学生找出解决问题的方法。教师只是引导者和协作者，非权威的标准答案认定者。在教学方式上采取课程学习、小组讨论、实案代理等多种手段。学生在老师的指导下接待当事人、受理当事人委托、调查证据和案件事实、分析案情和诉讼标的、检索法律、准备代理词、出庭参加诉讼等等。该课程将进一步扩展授课对象，丰富和完善教学内容，依托南京大学法律援助中心，拓展学生实践机会，不断提高教学质量，并逐步将诊所教学的思路与手段影响其他课程，带动法学本科教学方式的整体改革。

法学院逐步建立和完善诊所法律课程的基本建设，具体包括：组建一支高水平的稳定的诊所教师队伍（包括校内、校外指导老师）；编撰一套专用教材，完善教学大纲，撰写一系列教学研究论文；与法院、律师协会、公证处、消费者权益保护协会、妇联、工会、共青团、报社、电视台等机关和社会团体开展合作，建立校外实践教学基地；完成诊所教学必需的场所和硬件建设。

推广案例教学。运用案例教学法，从具体案例出发引导学生发现问题并解决问题，训练并提高学生的问题意识和解决问题的能力。教学方式以学生进行研究性学习为主，广泛采用合作式、讨论式教学方法，学生课后撰写案例分析报告、专题研究报告，训练学生进行科学研究的能力和法律思维方式。

鼓励和指导学生参加法律援助活动。成立于1998年的南京大学法学院法律援助中心，是目前最为重要的实践教学基地。经过多年投入与建设，已经初具规模，建立起比较完善的管理制度,包括档案制度、值班制度等,基本实现了学生的自我管理,并探索出一套比较成熟的运作机制。近年来逐步走向专项法律服务。2007年3月,法援中心与香港乐施会合作,设立了"南京大学劳动法律援助项目"。该项目重点面向劳动者提供法律咨询、代理诉讼等服务。法律援助中心建设与法律诊所课程紧密联系起来,充分发挥诊所教师的作用,从接待咨询、民事纠纷调解、代理非讼活动、代理诉讼案件,到档案管理、心理调适等,各方面指导学生从事法律实务,使中心成为法学本科实践教学以及学生从事实践活动、服务社会的窗口。中心还将向全校开放,成为全校学生获取法律服务、参与法律实践的中心。

4. 建成多层次、多元化校外实践教学基地

2007年,与省内各级人民法院、检察院、司法行政部门、妇联、仲裁委员会以及部分著名律师事务所等单位签订校外实践教学基地共建协议,标志着实践教学基地规模化发展。2008年,先后与安徽省郎溪县人民检察院、镇江市开发区人民检察院签订了共建实践教学与法学研究基地协议。目前,校外实验教学基地建设已经形成示范效应,一些实务部门主动联系,要求与中心建立共建关系。至此,法学院校外实践基地涵盖了公、检、法、司等部门,地域范围覆盖了江苏省绝大部分地区,向安徽等地扩展,初步形成了多元化、多层次法学校外基地格局。还有数十位校友担任了校外指导老师。

2009年"学生科技创新知识产权保护法律援助项目"作为江苏省实验教学示范中心设立。该项目在法学院法律援助中心设置学生知识产权实践岗位,接待从事各类创新活动和参加各类创新创业比赛活动的学生,收集整理现实问题,通过组织学生分析研究,指导学生寻找解决问题的法律方案,培养学生解决实际问题的能力、创新性思维,以及为创新活动提供法律保护的能力。现已为"挑战杯创业计划大赛"、南大学生创新训练计划项目(SRTP)等提供知识产权方面的咨询多件,并参与 SRTP 设立的"小熊论道"沙龙活动,学生直接接触创新活动,既与不同学科特别是理工科同学进行了学科交流,也为理工科同学的创新活动提供知识产权咨询和服务。参加每年4月26日世界知识产权日的主题活动,为本科生提供知识产权咨询,组织开展知识产权知识有奖问答和知识竞赛。

二、法律援助中心

1. 中心概况

南京大学法律援助中心(以下简称"法援中心")成立于1998年12月3日,是国内高校第一家常设性的法律援助社会公益机构。师生本着"以我所学,奉献社会"的精神,依托优秀的师资队伍和人才力量,获得了江苏省法律援助基金会的大力支持;在校团委和法学院的鼓励与帮助下,致力于为社会公众提供无偿法律援助,弘扬公平正义,保障合法权益。

法援中心原址位于南京大学鼓楼校区广州路校门旁,后搬迁至鼓楼校区法学院院楼103室,并设有档案室。20余年来,法援中心共接待来访人员15 000余次,解答社会来信1 400

余封,受理各类案件近百起(截至2018年10月)。法援中心的援助范围以江苏省为主,并覆盖安徽、浙江、上海、山东、河南、黑龙江、广东、云南等十余个省市,接待来自全国各地的法律咨询。法援中心始终走在高校法律援助的前列,在全国范围具有一定的影响。

法援中心提供的服务内容:免费法律咨询(包括上门咨询、电话咨询、信件咨询),免费代写各种法律文书,免费案件代理,民事诉讼代理,非诉讼法律事务代理,定期的法律义务宣传、普法宣传活动,回复社会来信及其他形式的法律服务。旨在让经济困难群众和社会弱势群体也能获得法律的救济。对于疑难案件,法援中心成立专门案件小组,通过集体协商寻求解决方案,并形成研讨报告。

法律援助的对象:有理由证明为保障自己合法权益需要获得法律帮助,但因经济困难无能力或无完全能力支付法律服务项目的公民;公共福利组织和政府公益项目需要法律帮助的人群。

法律援助的范围:一般民事案件、行政案件;请求给付赡养费、抚育费、抚养费的法律事项;除责任事故外,因公受伤害请求赔偿的法律事项;请求国家赔偿的诉讼案件;请求发给抚恤金、救济金的法律事项;盲、聋、哑和其他残疾人、未成年人、老年人追索侵权赔偿的法律事项;其他确需法律援助的法律事项。

2. 历任负责人

1998年,奚庆;1999年,虞渊;2000年,王春兰;2001年,黄伟峰;2002年,耿建;2003年,骆威;2004年,杨禅;2005年,张国庆;2006年,林茹;2008年,孙远辉;2009年,王步峰;2010年,吴海涵;2011年,钱澄;2012年,李峰;2013年,曹福坤;2014年,田晓媛;2015年,赵倩影;2016年,王平心;2017年,林业;2018年,王心宁;2019年,高文涛;2020年至今,谢陶然。

3. 项目合作

法援中心志愿服务始终坚持创新驱动,走在国内高校前列。师生协作、共同参与,志愿者将理论与实践相结合,用所学法律知识无偿服务群众,探索了一条走向社会、走向民间的"走出去"道路。

加强与其他公益组织的合作,落实无偿法援服务。法援中心与乙肝公益组织"甘之露"进行合作,开展普法宣传等活动,并共同参加了南京市公益论坛;与南京市消费者协会订立战略合作协议,由法援中心委派志愿者到消协驻班,协助处理消费投诉,开展普法讲座,提出立法建议并支持诉讼。

积极开展外宣活动,深入基层普法教育。法援中心每学期开展不少于两次的外宣活动,通过现场咨询、发放宣传册的方式,向社区居民普法。2012年暑假,法援中心的志愿者以"法律援助参与社区管理工作的有效性分析及前景展望"为课题,走访了南京市近20个社区,了解不同社区的法律援助状况,为法援中心与更多社区展开更深入的合作铺垫基石。近年来,法援中心不断深入与社区的合作,与拉萨路小学、南秀村社区、景明佳园社区、仙林和园社区建立了良好的合作关系,开展了社区结对、聘任社区调解员及法律讲堂活动等形式多样、内容丰富的普法宣传活动。

积极与司法部门、各级团委合作,扩大法援中心的服务范围。2012年,法援中心参与了白下区团委组织的"学雷锋"活动、南京市司法局等主办的"法援零距离"活动及南京市中级人民法院的志愿者活动。2013年,法援中心参与了南京市司法局青少年预防犯罪法制宣传活动。2018年,法援中心与江苏省司法厅专家团队合作,共同提供中国法律服务网线上即时法律咨询服务。

定期开展志愿者培训,提高志愿者综合素质。法援中心的发展离不开优秀的志愿者团队,为了提升志愿者的业务水准,更好地服务当事人,法援中心每学期均会组织两次以上的志愿者培训会,邀请资深法官、律师、教师以及优秀志愿者,开展讲座、交流会、专题学习等方面的活动。

持续加强与其他高校法援的合作,促进高校法援之间共同进步。2012年5月6日,以南京大学法律援助中心为首,成功组织了含有东南大学、河海大学等八校法律援助机构的南京高校法律援助论坛,促进了各法律援助机构之间的合作,也使得法律援助有望以一个高校共同体的形式展开。2013年,法援中心更是坚持高校合作的理念,再一次成功组织了南京高校与苏州大学的交流,并应邀赴中国人民大学参与全国高校法律援助发展研讨会,并做主题报告《高校法律援助共同体研究——以南京地区为例》。

2017年6月,法援中心举办由江苏省仲裁学会、南京仲裁委员会、江苏省及南京市法律援助中心、江苏高校法律援助联盟主办,南京大学法学院承办的第二届南仲紫金杯模拟仲裁大赛。此次比赛迎来了东南大学、河海大学、同济大学、南京财经大学、南京大学、南京工业大学、南京航空航天大学等19所高校的57个代表队、近200名学生的参与。

2017年暑假期间,江苏高校法援联盟组织了各高校法援志愿者暑期夏令营,南大劳动法律援助项目接待了暑期夏令营A组的观摩活动,参观了南大劳动法律援助中心的办公场所,介绍了南大劳援具有特色的工作模式。8月,法援中心协助法援联盟组织,组织营员进入最高人民法院第三巡回法庭参观其办公场所及审判法庭。

2018年,法援中心举办第六届全国高校法律援助发展研讨会,进一步加强全国高校法律援助机构之间的交流合作。

紧跟信息时代发展,扩大线上法援宣传。法援中心建设有自己的微信公众号"NJULAA",并与南京大学研究生会合作开展"我要法援"公众号线上咨询,在校师生可以通过研究生会公众号留言得到即时的法律意见回复。法援中心每周根据社会热点事件或自身代理案件撰写案例分析,不定期发布专题式法律问答、法律法规解读。此外,法援中心每个月推出一期电子杂志,内容包含当月的工作简报、志愿者工作感悟、新法及相关判例的介绍。

4. 社会反响

法援中心一直是南京大学法学院实践教学的重要基地,为广大学子提供了参与社会实践的重要途径,锻炼了志愿者的法律实践能力和学术水平,有助于学生志愿者了解社情民意、关心社会民生、理解公平正义、增长知识才干、提高实践能力,夯实和坚定自己的人生理想。

法援中心不断扩大对外交流,积极参与全国高校法律援助发展研讨会、江苏省高校法律援助论坛等,并结合切身经历撰写了《论新时代下高校法律援助的机遇与挑战》《高校法律援助的困境与出路》等多篇论文。此外,法援中心在长期实践的基础上出版《中国高校法律援助制度研究》一书,社会效果良好,获得再版发行。

法援中心多次引起媒体关注,先后被中央电视台、《光明日报》等四十多家全国和省内媒体采访报道。其中,中央电视台(《十二演播室·法制栏目》)分别为法援中心制作了长达一小时的专题节目,江苏卫视、江苏教育台、江苏有线台、南京电视台、南京有线台、十八频道等各级电视台都曾多次报道。新华网、新华日报、中国青年报、扬子晚报、服务导报、江苏商报、江苏法制报、江苏教育报、经济早报、南京日报、金陵晚报等各家媒体均曾对法援中心的运行情况采访报道。在社会媒体的宣传和监督下,法援中心一直保持着良好的社会口碑,并不断扩大法律援助的社会影响力。

法援中心多次获得"南京大学十佳志愿服务项目""江苏省青年志愿者服务基地"等荣誉,并在江苏省首届志愿者服务展示交流会上荣获江苏省金奖,在第三届全国志愿者服务展示交流会上荣获国家银奖。2016年荣获全国志愿服务展示交流会二等奖。

法援中心仍将秉承初心,紧跟时代步伐,坚持"无偿服务,奉献社会"的宗旨,继续为社会公众,尤其是弱势群体提供无偿法律援助,将公平正义的理念传播给整个社会。

三、劳动法律援助中心

南京大学劳动法律援助项目(简称"劳援项目"),是在南京大学法学院大力支持下,依托南京大学法律援助中心,由法学院周长征、黄秀梅两位老师在2007年1月发起成立,主要服务于农民工群体、解决劳动争议的特殊法律援助项目。2017年以后,该中心停止运行。

1. 项目内容

以南京为基地,面向长三角地区,向广大劳动者(特别是农民工、女工、残疾人)提供无偿的法律援助服务,如法律咨询、代写法律文书、代理出庭答辩、代理申请先予执行与强制执行、协助向劳动监察部门投诉等。

设立专门的劳动法咨询热线,编写并免费发放劳动法普法宣传资料,并在每年五一劳动节以及春节前夕农民工集中的场所,举行大规模的劳动法咨询与宣传活动。

组织编写《劳动法律援助通讯》(内部发行),全面报道劳动法律援助活动,邀请专家撰写对疑难案例和劳动问题的分析,及时向社会宣传国内外劳动法律动态。

组织学生参加劳动法律援助与宣传活动,提供适当的实习机会,并且以案例分析的形式对学生进行劳动法培训,增强学生的劳动法律操作能力和社会责任意识。

本项目在服务场所、活动内容以及财务方面实行独立管理,成立专门的项目管理小组,成员包括周长征副教授、黄秀梅副教授等三人,每个月底召开一次例会。具体的法律援助工作在两位老师的指导下由法学院的本科生和研究生完成。香港乐施会是香港最大的慈善机构,也关注劳动者等社会弱势群体的福利改善。该会与法学院有着良好的合作关系。2003年、2006年,先后召开"全国劳动法与社会保障法年会暨劳动法改革研讨会""劳动派遣的发展与法律规制国际研讨会",扩大了南京大学法学院的影响。

2. 项目成绩

劳援项目在运行的 10 多年获得了良好口碑。10 年来,劳动法援积极开展各类劳动法律援助实践、理论研究、法学教学活动,逐渐成为长三角地区乃至全国范围内知名的集高校劳动法律援助、劳动法普及与农民工普法教育、立法与研究、法律实践教学于一体的大型综合性高校公益机构。

劳援项目专注于法律援助服务,据成立 10 周年统计,共计解答各类劳动争议咨询案件 54 000 余件,援助各类案件 920 件,涉案金额达 37 088 241.741 元。

劳援项目还积极开展农工普法教育,自 2010 年 10 月起,定期举办新市民法律学堂,现已举办了 35 期,累计参加学习人员 6 500 余人次。新市民法律学堂向广大劳动者传播劳动与社会保障法、消费者权益保护法、婚姻家事法等基本法律知识,及城市道路交通规则、社交礼仪等新市民应知应会常识,增强新市民法律意识,并尽快融入城市生活。

此外,项目还于每年国际三八妇女节、五一国际劳动节、"一二·四"宪法日开展普法宣传活动,10 多年来共计开展大型普法宣传活动 60 余次。每周定期前往社区、工业园区、建筑工地等新市民集中区域开展日常普法外宣活动,10 年来累计开展了 3 300 余次,发放各类宣传材料 10 万余份。不仅如此,项目还充分利用新媒体工具,陆续开通了"中国劳动法律援助网""劳动法律援助"QQ 群、"南京大学劳动法律援助项目"新浪官方微博、"南大劳援"微信公众账号等,扩展了为受援人开展服务的渠道,基本实现了与受援人的实时互动,便利了受援人接受援助。

劳援项目依托南京大学的学术资源优势,多次召开劳动立法、实施及法律实践等大型高水平研讨会。在日常工作中,项目也积极引导并鼓励工作人员、实习生,结合承办的案例撰写劳动法领域焦点、难点问题研究报告。项目发行的《南京大学劳动法律援助通讯》(内部刊物),定期邮寄给全国人大法工委、国务院法制办、江苏省人大、各级劳动行政部门、全国高校劳动法学者,目前累计发行 22 期。项目还结合南京大学学生暑期实践活动,每年暑假开展劳动领域热点、难点问题的"暑期调研",已经完成对长三角地区大型调研活动有"养老、医疗、生育、工伤、失业"等社会保险政策的实施现状调研,《社会保险法》实施情况综合调研,实习生用工情况,以及"农民工职业安全与健康"等。

3. 社会效果

2011 年 12 月,劳援项目顺利通过省法律援助基金会各项验收,成为江苏省法律援助基金会资助项目单位。2012 年、2014 年项目被江苏省法律援助基金会、江苏省法律援助中心等评选为优秀法律援助单位。2016 年,荣获"南京大学 2015—2016 年度十佳志愿者服务项目"称号;同年年底,又被江苏省司法厅评选为"先进法律援助集体"。短短 10 年内,南大劳援为提高地区法律援助质量作出了卓越的贡献。

该项目本着维护劳动者合法权益、扶助弱势群体的宗旨,重点针对劳动争议问题,为当事人提供法律咨询、代理当事人诉讼等等。教师利用各个方面资源,开辟多种渠道,为学生创造广泛参与法律咨询、调解民事纠纷、社区矫治、诉讼、仲裁等活动的机会,特别在劳动者权益保护、妇女权益保护、未成年人权益保护、社会公益等方面发挥作用,产生了良好的社会效果。

四、竞赛参与

法学院学生积极参与各种专业竞赛,取得优异成绩。学生综合应用能力显著提高,很大程度上验证了法学院实践教学水平。兹列举法学院学生代表队及个人参加省级以上主要法律赛事,所获荣誉数为不完全统计,以最近几年的赛事记录为主。

1. 三大赛事

法学院曾承接过法律专业三大赛事——"理律杯""贸仲杯"以及"Jessup 国际法模拟法庭"的面试选拔、培训等组织工作,并鼓励学生积极参与其中。学生不负所托,认真备赛,屡创佳绩。

理律杯 "理律杯"是由清华大学法学院主办、我国台湾地区理律法律事务所和台湾理律文教基金会协办的全国高校模拟法庭竞赛。法学院代表队在"理律杯"全国高校模拟法庭竞赛中,曾获团体冠军 2 次、亚军 1 次、季军 3 次。戚舒婷等 3 名同学曾获"最佳辩手奖";李新放等 15 名同学获"优秀辩手奖"。

贸仲杯 "贸仲杯"国际商事模拟仲裁辩论赛,由中国国际经济贸易仲裁委员会主办,书面材料和辩论全部使用英文,旨在提高国内高校学生参加国际商事仲裁活动的理论、实践及语言能力。法学院代表队获得以下荣誉:2002 年第三届一等奖;2016 年第十四届一等奖;2017 年第十五届三等奖;2018 年第十六届二等奖;2019 年第十七届二等奖;2020 年第十八届一等奖。李美仪同学获 2017 年第十五届"最佳辩手";毛丽悦同学获 2018 年第十六届"最佳辩手";惠煜文、赵若彤获 2019 年第十七届"最佳辩手";梅淑欣、刘奕获 2020 年第十八届"最佳辩手"。

Jessup 国际法模拟法庭竞赛 该竞赛由国际法学生协会和美国国际法学会联合举办,旨在全球范围内推动国际法学生对于国际公法的学习与研究,是世界上规模最大、历史最悠久的模拟法庭竞赛。法学院代表队曾获 2006 年"Jessup 国际法模拟法庭中国第四届全国选拔赛"一等奖。

2. 其他国际性赛事

红十字"国际人道法"模拟法庭竞赛,斩获 1 次冠军、2 次亚军、1 次季军及 1 次一等奖。

2005 年,模拟联合国大赛中获"优秀代表队"。

2016 年,参加第六届亚太地区企业并购模拟竞赛获得"最佳书状奖"。

2019 年,在国际刑事法院中文模拟法庭比赛(ICC 中文赛)中获得二等奖。

2016 年,在第六届亚太地区企业并购模拟竞赛中李培根同学获最佳表现奖、最佳队员奖;2017 年 3 月第七届亚太地区企业并购模拟比赛中,俞雯同学获最佳财务顾问奖,许嘉琛同学获最佳表现奖、最佳队员奖。

3. 全国性赛事

获华东五校（复旦、上交、华政、上财、南大）德恒杯法律辩论赛亚军。

第九届厦门大学"联合信实杯"模拟法庭辩论赛冠军、最佳书状奖，及该项赛事第八届、第十届、第十一届的季军。

2018年，在第二届"龙图杯"全国高校模拟法庭竞赛中法获团体三等奖。

第六届"天伦杯"全国政法院校辩论赛团体季军。

陈依琳同学在第九届厦门大学"联合信实杯"获"最佳公诉人"称号；江怡雯等3名同学在厦门大学"联合信实杯"获"优秀辩手"称号；何桂馨同学获第二届"龙图杯"全国高校模拟法庭竞赛"最佳辩手"称号；秦嘉伟同学获2016年度"中华大学生十大金牌调解员技能大赛"冠军；韩竹滨同学获2016年第七届"华政杯"全国法律翻译大赛特等奖；金曲苑同学在第三届"学宪法讲宪法"全国学生演讲比赛中获省级二等奖；辛钰同学在2019年华东地区十五高校第十三届"金法槌杯"模拟法庭大赛中获本科生组最佳法官组奖、最佳判决书奖；张辰婧同学获21世纪英语演讲比赛全国一等奖。

4. 省内赛事

法学院代表队在江苏省内的竞赛中同样表现突出：

在第一届和第二届"南京四校法学院研究生辩论赛"分别获得冠军和亚军。

2016年在第七届江苏省"仙林成才杯"模拟法庭大赛中获得"最佳团体奖"。

2017年在第二届"南仲紫金杯"模拟仲裁庭大赛中获三等奖。

2018年在"南仲紫金杯"第三届模拟仲裁庭大赛中获得冠军，并获最佳组织奖和优秀仲裁法律文书奖。

在第二届江苏省大学生知识产权知识竞赛中获团体三等奖及"最佳组织奖"。

2018年在第八届"仙林成才杯"模拟法庭大赛中获团体三等奖。

2019年获得第三届江苏省大学生知识产权知识竞赛团体二等奖及"优秀组织奖"。

2019年在首届"金陵杯"南京高校模拟法庭辩论赛中获团体优胜奖。

蒋慧等17名同学在第二届江苏省大学生知识产权知识竞赛中获优秀个人奖；王珺洁同学在第十届"律苑星辉"高校法律人风采大赛获冠军；俞成远同学在第十二届"律苑星辉"高校法律人风采大赛中获优胜奖；李珂同学在第十二届"律苑星辉"高校法律人风采大赛中获第九名；郑文涛等八名同学在江苏省第四届文科大学生自然科学知识竞赛中获个人三等奖；汪西兴同学在第二届"南仲紫金杯"模拟仲裁庭大赛中获最佳文书奖。

第十四章 图书资料

一、图书馆的发展

南京大学法学院图书馆前身是南京大学法律系资料室,恢复、筹建于1980年,行政上隶属于法学院领导,业务上根据法学院教学与科研的需要自主发展,并接受校图书馆的业务指导。筹建初期,资料室面积仅有30平方米左右,藏书全部由校图书馆调拨。

1994年南京大学法学院成立,同年法学院搬迁至"文科楼",系资料室更名为法学院资料室,面积扩增至约150平方米,划分出书库、期刊库、阅览室等功能区域,藏书数量达2.5万册左右,阅览座位数24个。

2000年,法学院资料室随南京大学法学院由文科楼搬迁至逸夫管理科学楼,面积扩增至600平方米左右,实行藏、阅一体。功能区域划分为书库、阅览区域、计算机检索区域、多功能视听区域、借阅区域、复印/打印区域等,并增设了"港台法学资料专库"。阅览座位数90个。

2009年9月1日"法学院资料室"正式更名为"法学院图书馆"。

纵观法学院图书馆40年来的建设与发展,在历任院(系)领导和广大师生的关心、帮助、支持下,经过几代法学图书资料工作者的努力,法学院图书不断发展壮大,尤其是2000年,硬件建设方面上了一个新台阶,空间有了基本的保证,进入了一个较快发展时期,为法学院法学学科建设、法学教育与法学研究发挥着法学文献的支撑和保障功用。

1980年以来,先后供职于法学院图书馆的工作人员有张惠兰、王凤瑛、蔡瑞娣、张菊影、胡琦、曹明、汤腊生、于海燕、江天际、顾瑾、何志园、郁霞、袁福英、孙景梅、周燕、郭俊义、陈诺妍、咸鸿昌等。目前法学院图书馆工作人员共3人。

二、院图校图联动

基于南京大学设计的校图书馆与院系图书馆之间的职能划分,法学院图书馆每一步发展,都与校图书馆的支持和指导密不可分。

人员体制上,法学院图书馆工作人员隶属于法学院管理;业务方面,接受校图书馆的指导,但又不属于总馆—分馆的性质。经费来源包括校图书馆的资源调配、校图书馆与法学院的共建、法学院自主经费三种方式。院自主经费使用有较大的自主性,院与校图书馆资源共建也有一定的自主性，在校图书馆资源分配方面的自主性相对较弱。总体而言，校图书馆对法学院图书馆的经费支持力度名义上逐年增长，实际经费的分配和使用却无明显增加，基本保持持平，近年来实际购买力还有下滑趋势。法学院对院图书馆的文献资源建设经费则在逐年增加，尤其是近年来，法学院在电子资源建设方面，为丰富院图书馆的法学文献资源建设、提高法学文献的保障程度提供了有力的经费保障。

根据图书馆业务流程，校图书馆一直坚持全校文献资源建设的整体效率，以及文献资源的标准化、规范化。法学院图书馆自成立以来，也一直强化这方面的工作。为保证分类、编目的标准化、规范化，保证分类编目的一致性，对院系自采、捐赠、交换等渠道获得的文献资源，在校图书馆的帮助下全部进行重新审核，以实现分类、编目的标准化和规范化，并全部汇入校图书馆计算机系统，为实现全校资源共享奠定基础。

2006年，在学校图书馆的帮助下，法学院图书馆完成了全部馆藏的回溯建库工作，逐步告别了手工借阅、卡片检索，开始实现图书流通自动化、读者检索网络化，也真正实现了法学院图书馆馆藏在全校范围内的共享，并通过学校图书馆OPAC系统实现了馆藏资源的网络检索和资源共享。

2009年开始取消纸质版"法学院图书馆借书证"，启用南京大学校园"一卡通"刷卡入馆，并逐步开始对南京大学其他院系师生开放阅览。为适应这一变化，满足广大师生对院图书馆服务工作日益增长的需求，从2009年开始，法学院图书馆在全校院系图书馆中比较早地延长每天开放时间，打破中午、晚间闭馆的传统，实现全天的连续开放，每周累计开放时间超过了72小时。院图书馆开放时间的增加，在很大程度上满足了法学院师生对院图书馆服务工作的需求，同时对全校的文献资源共享发挥了积极的作用。

2020年，校图书馆对原有的计算机系统进行升级，对传统资源与电子资源、网络资源以及传统服务与网络服务均提出了更高的要求。法学院图书馆也必将在院图书馆现代化建设、文献资源保障效能、法学信息服务等方面有一个较大的提升。

三、馆藏资源建设

1. 传统纸质文献资源建设

法学院图书馆藏书以法学为中心，并涉及政治、哲学、经济、历史以及工具书等，涵盖文、史、哲、管、经、政、教育、军事、自然科学等多科文献资源。法学文献资源是法学院图书馆最基本也是最重要的构成要素。法学院图书馆馆藏文献资源的最主要来源是校图书馆的调配、校图书馆与法学院的共建，辅之以自购、赠送、交换等。在法学院图书馆的纸质馆藏中，学校图书馆承担了绝大部分的纸质文献的资源建设任务，纸质资源的建设经费有了基本保障。由于经费金额不受院图书馆控制，资源配置有可能并不符合法学学科建设、法学教学、法学研究的真正需要，因此，院图书馆除了积极与校图书馆进行资源建设方面的协调，更重要的是通过院图书馆自身努力，丰富法学院图书馆的馆藏，以满足法学院专业学科建设以及教学、科研的需要。

港台书库,是法学院图书馆收藏的另一特色。总数有两千多册,内容涉及香港、台湾的经济、政治、法律、历史,但以法律书籍为多,内有港台出版的民法、刑法、诉讼法和法理、法史诸方面的著作,其中新版的《中华民国现行法规汇编》一套五十册,内容极为全面、丰富,是研究民国时期和台湾现行法制的重要材料。此外,法学院图书馆还收有一些台湾著名法学家和大法官的个人著作,如法学家史尚宽、梅仲协,大法官杨建华等,为此,馆内专门辟出橱窗展览。

1996—1997年,院图书馆获赠首批台湾版法律图书及资料,同时法学院还与台湾交通大学科技法学研究所签订了图书资料交换协议。在较长的一段时间内,法学院图书馆的台湾版法学文献资源建设得到保证,从而奠定了法学院图书馆台湾版法律文献的馆藏基础。2004—2005年,院图书馆经校图书馆的大力支持,获赠首批日文版法律图书和期刊,再加上对日文法学期刊的大力补充,奠定了法学院图书馆日文版法律文献的馆藏基础。2007—2008年,院图书馆获得瑞典罗尔·瓦伦堡人权研究所赠送的图书,极大地补充了国际法、人权法方向的原版馆藏。2016年,获得凤凰出版集团赠书,进一步丰富了院图书馆人文社会科学方便的馆藏。

2007—2010年,法学院出资先后引进了 *International Law Reports* 128卷和 *International Encyclopedia of Laws*,进一步充实了法学院图书馆的外文馆藏。近年来,随着法学院对外文文献资料的需求进一步增加,院领导倡导并支持加强外文文献资源的建设,开始着手"外文经典法律文库"的建设工作。2000年前后纸质文献的资源建设经费快速增加,并在2003年达到一个较高的水平,之后则基本处于高位运行状态。截至2019年12月,法学院馆藏中外文图书超过5万册,合订本期刊超过1万册。

法学院图书馆搜集、展示中、外文期刊350余种。中文期刊中,有刊载清末到中华民国官方颁布的有关政治、经济、法律、文化和外交诸方面的政策、法令、法规一类的期刊、公报,如清末民国的《外交报》《学部官报》《法政杂志》《政府公报》《司法公报》《法律评论》《法令周刊》《法学季刊》《法学杂志》《中华法学杂志》《新法学》等。外文期刊近40种,语种包括英、日、德、俄等,世界上一些著名的法律期刊都可在馆内找到,如美国的《哈佛法律评论》《耶鲁法学杂志》《比较法》《国际法资料》,芝加哥法学院的《法律研究》,日本的《神户法学院法学》,一桥大学《法学研究》,德国的《法律与国家》《经济法》等,这些资料成为沟通法学院与外界联系、促进教学与研究的重要渠道。

2. 电子资源、网络资源建设

法学院图书馆一直比较重视电子资源、网络资源的建设工作。2003年就开始试用LexisNexis在线数据库,随后开始正式订购。南大法学院这项工作在国内高校的法学院校中开展得比较早,吸引了周边学校的师生前来使用该数据库。2004年以后,法学院图书馆开始加大对中外文在线法律数据库的了解、试用、引进工作。2005年,法学院图书馆在国内法学院校中比较早地开始注意了解、建议试用、引进德文法律专业数据库BeckOnline,以支持法学院和中德经济法研究所展开法学学术研究工作。

经过多年努力,通过与学校图书馆的共建以及法学院自建等形式,先后引进了法意法学数据库、北大法宝数据库、HeinOnline数据库、Westlaw International 及 WestlawNext 数据库、超星法源卓越法律人才学习平台、Kluwer 系列数据库、法意法学大数据分析平台等专业数据库和平台。尤其是 2015 年，学校加大电子资源建设的力度，Kluwer 系列数据库、法意法学大数据分析平台、超星法源卓越法律人才学习平台等都是这一时期电子资源的建设成果。2018—2019 年，法学院加大了电子资源建设的力度，除了增加电子资源的试用，以广泛地了解法律专业数据库，还有针对性地引进了日文专业数据库 TKC，并在国内较早引进了德文法律专业数据库 Beck Online 中的两个子库：Verwaltungsrecht Kohlhammer 和 Grosskommentar Zum Zivilrecht。

表 14-1　2020 年法学院图书馆（自建、共建）法律专业数据库一览表

序号	数据库名称	文种	数据库类型	包含内容
1	北大法宝	中文	事实/数据	法规、案例、法学期刊、英文版
2	北大法意网	中文	事实/数据	法规、案例
3	法意法学大数据分析平台	中文	事实/数据	案例
4	超星法源卓越法律人才学习平台	中文	事实/数据/多媒体	图书、期刊、报纸、会议论文
5	BeckOnline 数据库	德文	全文/部分全文	法律法规、图书、期刊
	* Verwaltungsrecht Kohlhammer	德文	全文/部分全文	法律法规、图书、期刊
	* Grosskommentar Zum Zivilrecht	德文	全文/部分全文	法律法规、图书、期刊
6	Cambridge Law Reports	英文	全文/部分全文	
7	HeinOnline 数据库	英文	全文/部分全文	期刊
8	House of Commons Parliamentary Papers 英国国会下议院议会文件	英文	全文/部分全文	立法资料
9	ProQuest Congressional 美国国会文献信息数据库	英文		立法资料
10	TKC 数据库	日文	全文/部分全文	法律法规、图书、期刊
11	Westlaw International WestlawNext	英文	事实/数据	Primary/Secondary Source

目前，法学院图书馆自建、共建续订的在线法律专业数据库共有 11 个，订购了 20 种主要数字资源（含电子图书、期刊、全文数据库、文摘索引数据库等）：（1）超星数字图书馆；（2）CNKI 中国知网 1994—　；（3）维普中文科技期刊全文库 1989—　；（4）万方数据资源；（5）中文社会科学引文索引 1998—　；（6）法意数据库 1949—　；（7）EBSCO 学术期刊文摘及全文数据库 1975—　；（8）Westlaw International 法律数据库；（9）Lexis-Nexis 学术大全数据库；（10）SSCI 科学引文数据库 1900—　；（11）ProQuest 商业信息文摘及全文库 1971—　；（12）Cambridge Journals Online 剑桥学术期刊；（13）JSTOR 西文过刊全文数据库 1665—　；（14）PQDT 博硕士论文文摘库 1966—　；（15）Springer 出版社全文电子图书、电子期刊数据库；（16）Wiley 出版社全文电子期刊；（17）SAGE 出版社全文电子期刊；（18）中国权威经济论文库；（19）CCER 经济金融研究数据库；（20）全国报刊索引数据库

1857— 。基本形成了传统纸质文献与电子文献相互补充的文献资源保障体系。总之,法学院学生可利用电子图书54万种,各类数据库20个,外文电子期刊1.7万余种,拥有国内外国重要的法律数据库,包括美国Lexis Nexis法律数据库等。

随着学校图书馆对全校电子资源建设的总体布局和强化,电子文献的比重还将得到进一步提高。除了加强专业法律电子资源的建设外,学校图书馆提供的其他基础性、通用性的电子资源,比如中国知网、万方、维普、中文社会科学引文索引以及ISI Web of Knowledge平台、ProQuest平台、JSTOR、EBSCO等在线数据库或平台,为法学院的学科建设以及法学院广大师生的教学、科研,提供了强有力的文献保障和文献支撑。

四、专业学科服务

法学院图书馆是法学院发展中重要的组成部分,不仅担负着法学文献的搜集、整理、保存任务,同时还为法学院师生以及本院系以外师生、校外读者提供法学文献信息检索、咨询、流通、借阅服务,更重要的是要充分利用法学专业馆藏资源,以法学学科服务为导向,开展法学文献信息服务工作,充分发挥法学院图书馆为法学院教学、科研服务的文献信息保障和支撑作用,发挥法学图书馆的专业服务优势。

对法学院图书馆的学科服务来说,除必须保留图书馆共有的借、阅功能外,法学院图书馆在不断发展的过程中,还将院图书馆馆藏文献资源建设与法学院及法学院教师对法律文献信息的需求结合起来。从2007年首次举办"海外法律新书推荐会"开始,通过书展的形式,先推介给法学院师生,根据师生甄选,图书馆再下单。既补充馆藏,也为师生个人购买海外专业图书拓展了渠道。

法学院图书馆一直重视馆藏文献的揭示工作。1982年法律系资料室就参加了《法学文章目录索引(1950—1981)》编印工作。后又参加了《经济法资料目录索引(1985年)》《中华人民共和国经济法规选编(1983—1984)》的编印工作。此后,法学院图书馆展开了Current Contents式的服务,2000年开始先后推出了"法学院图书馆快讯""新书通报""外文期刊题录""港澳台期刊题录""南京大学硕/博士学位论文题录"等多项旨在充分、及时揭示馆藏文献内容的服务。这些服务一经推出,从打印、复印到印刷再到电子邮件等推送形式,在当时的技术条件下对教师的教学、科研提供了很好的帮助。近年来,随着计算机技术、网络技术的快速发展,法学院图书馆也在着手改进相应的服务,努力发掘法律文献的特点,为法学院师生及其他读者提供法律文献的专业服务。

法学院图书馆多年来不但重视法律文献、法律信息的咨询工作,而且重视读者的法律文献检索的培训工作。从最初简单的新生入学"如何使用法学院图书馆"开始,逐步发展为法学院新生入学使用图书馆教育、配合学校图书馆的"90分钟系列讲座"、法律专业数据库的系列演示和培训、法律文献检索方法论讲座等多种形式,针对不同层次读者的不同检索需求,精心组织体系性的文献检索培训,努力满足读者日益增长的提高法律文献检索技能的需求。2004年,法学院图书馆积极配合法学院的课程设置要求,试验性地在本科生中开设了"法律文献检索与写作"(法律文献检索部分)课程。2019年又正式在法律硕士研究生课程中开设了"法律文献检索与写作"（法律文献检索部分）课程，加强对法学院本科生、研究生法律文献检索技能的培训与教育，努力为提高学生的法律文献检索能力、法律文献检索水平提供帮助。

图书馆深入贯彻服务教学与科研的宗旨，全面为读者服务，不断满足教学科研需要，迅速反映国内外最新学术动态，传递校内外相关学科信息，提高师生信息素质。不定期向教师和学生提供"文献信息检索"介绍，指导学生利用文献资料提高论文写作水平；对教师进行数据库使用的重点培训，提高教师信息检索效率，通过教师带动学生提高电子数据库的利用率；配合新生入学教育，安排专人负责向新生宣传文献资源。

针对教学、科研用户，提供专业级的专题检索及定题检索服务；建立并完善图书馆网站、网上信息发布系统及资源检索系统，向师生推介文献资源；定期分类发布中外文图书借阅排行榜，引导、分析图书需求。

五、对外合作交流

法学院图书馆除了强化自身建设外，也以更加开放的态度，积极加强与有关方面尤其是法律图书馆界的合作与交流。自恢复建系开始，院图书馆积极与国内外法学院系、研究机构、法律图书馆等加强交流与合作，先后接受了瑞典罗尔·瓦伦堡人权研究所、日本著名民法学者、凤凰集团、台湾元照出版社等国内外研究机构、出版机构、个人捐赠的大批高质量的法学学术专著，并与国内外多家法学研究机构保持着良好的资料交换关系。

2009年6月，南京大学法学院参加了上海交通大学主办的"全球化时代的法律图书馆与法学教育改革"学术研讨会，与来自耶鲁大学、纽约大学、康奈尔大学、北京大学、清华大学、中国人民大学、浙江大学等30余所国内外综合性大学法学院的院长、副院长和法律图书馆负责人，分别就法学教育改革，尤其是法律图书馆在法学教育中的地位、作用以及法律图书馆之间的交流合作、法律图书馆联盟的构建等议题进行了充分的讨论。与会各方发布了《十三所综合性大学法学院高级职业教育的合作宣言》，并就《院际法律图书馆合作协议（草稿）》中的基本原则进行了充分讨论。

法学院图书馆派员参加了2009年和2013年在国内举办的第一届、第三届"中美法律信息与图书馆论坛"。通过与中、美法律图书馆专业人员之间的交流，探讨中美两国不同法律体系、法律制度下的法律图书馆的定位与作用，探讨中美两国法律图书馆界共同关心的热点问题、难点问题、焦点问题，谋求两国法律图书馆的共同发展。

法学院图书馆还积极参加"全国政法系统图书馆馆际协作会议"，分别派员参加了2003年、2006年、2008年、2010年、2012年、2013年的协作会议，探讨国内法律图书馆共同面对的困难与挑战，尤其是院系法律图书馆共同面对的机遇与值得学习、借鉴的经验。

2010年，法学院图书馆还参加了由北京大学、清华大学、中国人民大学、中国政法大学和山东大学大陆6所高校法学院（校）图书馆组成的代表团，出席了台湾政治大学法学院主办的具有开创意义的"首届两岸大学法学院法学图书资料交流研讨会"。2011年，法学院图书馆应邀派员参加了"两岸四地法律信息论坛"。通过交流和研讨，对港澳台地区的法律图书馆状况以及法律图书馆的特色,有了更加直观的了解和认识,同时对法律图书馆界共同面对的挑战与机遇,有了直接与比较充分的交流。

近年来,为了保障教学目标的实现,推动教学改革,南京大学及法学院加大了对教学条件的投入,建设了法学专业的专用资料室、模拟法庭、电脑房、电子阅览室等。用于专业师资队伍建设、课程建设、教材建设、教学实践基地建设、教学方法及现代教育技术等专项的建设经费充足,持续增长。实验室、实习基地和图书资料等,能满足培养高素质人才的需求。与相关行业、企业密切有合作关系;有良好的校内外实验、实习条件。

经过40年的发展,法学院图书馆从无到有,馆藏从少到多,规模从小到大,逐步发展,日益进步。

| 下编 |

教研菁英：学术风采录

编前导言

　　个人学术之路,系由学术颗粒细石铺就。恢复建院(系)40年来,法学院的教研舞台上,不少教师曾经充分展示过才华,给人留下深刻印记;更多的教师正活跃于这一舞台,逐日书写学术华章。历史总是由过往转承,衔接至当下;又在当下日积月累,延伸到未来。历史的链条就这样,环节相扣,绵延不断。每个法律人其实都是法律史的书写者,法学院所有教研人员,自然也是院史的书写者、法律教育史的参与者和记录者。因此,法学院的"教研菁英"无疑是构成院史浓墨重彩的篇章。

　　本编按教研室分列章节,历史与当代结合,以学术小传的形式,记录教师们的学术轨迹和学术识见。内容由"学术背景"(求学经历、主要教学与研究领域)、"学术成果"(大致包括代表性专著、5篇左右代表性论文、代表性译著;国家级学术课题名称;省部二等以上奖项)以及"学术创见"(以提出的创新学术观点为主)三部分组成。

　　记述顺序依次为:第一,曾经活跃于南京大学法学院教研舞台、现已仙逝或在南京大学离退休的教师,根据其学术活动的持续性、执教期间的学术影响力等,选择性介绍;第二,任现职的所有教师,包括2021年9月1日前引进的专职科研岗人员,均予介绍;第三,曾执教法学院时间较长、后调离法学院且在其他单位仍从事教研工作的教师,他们任职南京大学法学院期间所留下的学术印迹,无疑是院史上不可或缺的记载元素,故酌予备录。为叙说方便,每位老师直称其名,免去"先生""老师"之类的敬称。

　　每则学术传记的原始素材主要由老师自己提供;无法直接提供素材的老师,通过查阅过往文献及访谈等方式,获取有关信息;离世老师的素材,则根据历史记载、网络资料及同事们的回忆,搜集整理。各种素材多寡不等、篇幅各异、格式不一,编者在充分保留原始素材的基础上,根据设定纲目,裁剪汇编,尽量保持整体风格一致。每则篇幅大致在2 000字以内。

第十五章　法理教研室

林仁栋

学术背景

林仁栋,1928年10月—2017年7月,江西赣州人。1949年毕业于原国立政治大学法律系。1980年筹建南京大学法律系,为创系主任,历任副教授、教授。讲授法理学、法学理论专题等课程。曾任南京市人民监察委员会秘书,南京市第二中学教导主任,江苏省法学会理事,中国法学会法理学研究会干事,苏州市人大常委会立法咨询员,南京大学马列室、政治系、哲学系教研室主任。1986年5月,应邀赴德国讲学。1989年筹建中德经济法研究所主要参与者。

学术成果

著作:《民主革命时期毛泽东思想的产生和发展》(南京大学出版社1980年版);《马克思主义法学的一般理论》(南京大学出版社1990年版)。

主编:《中国法律基础》(公丕祥、林仁栋主编,南京师范大学出版社1997年版)。

代表论文:《论法的原则》(《上海社会科学院学术季刊》1987年第1期);《解放思想　繁荣法学》(《法学》1992年第6期);《论人权与公民权》(《南京社会科学》1992年第1期);《市场经济与地方立法》(《南京大学学报》1995年第3期);《法和利益》(《南京大学法律评论》1995年春季号);《社会主义市场经济与法制建设》(《南京社会科学》1993年第6期)。

主持项目:江苏省社科基金项目"市场经济与法制建设"。

《关于法的阶级性和继承性》获江苏省哲学社会科学优秀成果二等奖;《马克思主义法学的一般理论》获江苏省普通高校人文社会科学优秀成果三等奖。

学术创见

在南京大学哲学系及法律系先后开设过哲学、哲学经典著作、逻辑学、毛泽东哲学思想等课程,改革开放初期,在马克思主义哲学、法学理论研究方面取得了开拓性的成果,提出一系列创新论点。1989年被列入英国剑桥国际传记中心编纂的《澳大利亚和远东地区名人录》。1993年经国务院批准享受政府特殊津贴。

张步云

学术背景

张步云(1930—2021年),生于河南沈丘。1949年参加工作,1950—1955年,先后在中国人民解放军河南军区独立十三团、二十一兵团217师651团、解放军水利九团、解放军工程队、华南公路指挥部、中央交通部任学员、文教、见习参谋、政治干事等职。曾在华南公路工程建设中荣获二等功。1962年,中国人民大学哲学系研究生班毕业,分配至南京大学马列室、法律系从教,分别任助教、讲师、副教授。曾任法学理论教研室主任、法律系副系主任。1991年退休。2021年1月去世。

学术成果

合作编著《法学基础理论》等教材。

代表论文:《试论毛泽东同志的刑事法律思想》(《南京大学学报》1985年第1期);《研究法的起源及其发展远景必须坚持马克思主义的阶级论》(《江海学刊》1990年第3期);《也谈意识在改造客观世界中的能动作用》(《南京大学学报》1981年第1期);《也谈法的本质属性》(《南京大学学报》1990年第2期);《法律以权利或以义务为本位的历史评析》(《政法论坛》1990年第6期)。

曾昭华

教研领域:法学理论

学术成果:(资料暂缺)

周安平

学术背景

周安平,1965年生,江西省安福县人。1994年获西南政法学院法学硕士学位;2005年获苏州大学法学博士学位;2013年加拿大渥太华大学访问学者。曾先后在浙江省委党校、苏州大学法学院工作。2006年1月起在南京大学法学院工作至今,法理学教授、博士生导师。主要教学和研究领域是法理学、法社会学、司法制度,侧重以法学理论分析社会问题。2019年,获南京大学学生评选的"我最喜爱的老师"称号。现为中国法理学研究会常务理事、江苏省宪法法理学会副会长。

学术成果

著作:《性别与法律》(法律出版社2007年版);《大数法则》(中国政法大学出版社2010年版);《常识法理学》(北京大学出版社2021年版)。

代表论文:《对我国婚姻法原则的法理学思考》(《中国法学》2001年第6期);《涉诉舆论的面相与本相:十大经典案例分析》(《中国法学》2013年第1期);《性的公权控制》(《法学研究》2003年第5期);《许霆案的民意:按照大数法则的分析》(《中外法学》2009年第1期);《社会自治与国家公权》(《法学》2002年第10期)。

主持课题:2004年获国家社科项目"法理学视野下的性别问题研究"立项。

《性别与法律》获江苏高校哲学社会科学研究优秀成果一等奖(2008年);《涉诉舆论的面相与本相:十大经典案例分析》获江苏省第十三届哲学社会科学优秀成果二等奖(2014年)。

学术创见

1. 2007年以前,主要从事"性别与法律"的研究。其间发表的相关论文主要有《性的公权控制》《社会性别的法律建构及其批判》《性别平等的法律进路之批判》《解构婚姻的性别基础》等。著有《性别与法律》一书,从性别歧视的法律起源入手,揭示了法律关于性别的公共领域与私人领域对立划分的二元结构,从而揭示了性别歧视与这一二元结构的同构性。根据这一认识,该书认为,私人领域的性别平等并不会随着性别平等原则在公共领域中的确立而自动实现;相反,公共领域性别平等的法律效力反而会因为私人领域中的性别歧视而得以消减。因此,简单赋予女性与男子平等的法律方法并不能从根本上消除性别歧视,而必须是从男权法律关于性别的公共领域与私人领域划分的解构入手。要解决私人领域中的性别歧视,首先必须改变公共领域与私人领域的传统划分标准,实现以事物的性质代替以家庭为物理参照。当然,该书也认为,私人领域的性别歧视并不能通过私人领域本身的建构而自足,相反,私人领域中的性别歧视恰恰是因为女性在公共领域中建构力量的缺失,尤其是因为女性在法律上的"失语"。因此,最终破解性别歧视的难题则不仅仅是改变关于性别的公共领域与私人领域的划分标准,而且还必须改变公共领域与私人领域的性别分工,尤其是实现女性与法律的融合,而这显然单靠法律是不行的,它与文化也有很大的关系。

2.《常识法理学》。法理,简单来说,就是法律的道理。法律是关于人类生活的安排,法理就是人类生活如何安排的道理。因此,法理一定是来自生活的,是对人类生活规则的提炼;同时,法理又必须有能力照应生活和解释生活。要改变法科生对法理的不好印象,就要使法理回归生活,使学生能够基于生活常识去理解法理。该书上篇是法的规范论,主要内容有法的概念、法的功能、权利义务、法律责任、法律规范、法律渊源、法律效力等,是关于静态的法;中篇为法的运行论,主要内容有法律程序、立法、守法、执法、司法、法律方法等,是关于动态的法;下篇为法社会论,主要内容有法律与人性、法律与经济、法律与科学、法律与宗教、法律与道德、法律与国家等,是关于法律与其他社会现象的关系。如果说,上中两篇的主题是关于"法律是什么",那么下篇的主题就是关于"法律不是什么",两者都是关于法律的认识。

3. 比较重视将法理学与社会问题相结合,特别是自 2007 年以来,研究倾向尤为明显。在这一领域发表的论文,又可以分为三个主题。(1) 分析社会热点事件。这些热点事件主要有房屋拆迁、"范跑跑"、许霆案、"天价过路费案"、"如何证明我妈是我妈"、"见死不救"、人情面子、讨价还价、问责、反家暴法、涉诉舆论等。其在讨论许霆案的论文中,富有创意地提出了一个"大数法则"的概念。(2) 分析与时俱进的时代概念,这些概念主要有善治、依法治国、谣言、人类命运共同体等。其中,与俞可平教授商榷"善治"概念的论文值得一提。论文认为,善治概念具有极强的主观性,容易诱发善治优于法治的观念,从而消解法治的客观性。善治可能只是学术的负资产,并不具有知识增量的作用。(3) 探讨法理基础问题,这些问题主要有社会自治、社会交换、占有与所有、人权起源、人类竞争规则的道德性。其他社会交换与法律、优胜劣汰与优胜劣不汰等相关方面的论文,都是从法学与社会学、人类学结合的角度来展开论述的。以上三个方向的论文尽管主题分散,但仍然有其共同性。其共同性反映在以下三点:(1) 突破传统法理范围,强调思维的发散性和多学科的综合性;(2) 坚持法治至上,维护法治权威,拒斥任何的媚俗跟风;(3) 价值分析贯穿始终,充满人文关怀,强调从弱者的角度看法律。

艾 佳 慧

学术背景

艾佳慧,四川成都人。重庆工商大学经济学学士,2001 年获西南交通大学管理学硕士学位,2004年获北京大学法律硕士学位,2008年获北京大学法学博士学位,2008—2010年北京大学光华管理学院应用经济学博士后。美国哥伦比亚大学、香港大学、香港城市大学、台湾"中央研究院"法律学所访问学者。现为法学院副教授。主要教学和研究领域:法理学、博弈论与法律经济学、法律社会学、司法制度研究、民事诉讼法。

学术成果

代表论文:《司法判决书中"双高"现象并存的一种社会学解释》(《中外法学》2005年第6期);《司法知识与法官流动——一种基于实证的分析》(《法制与社会发展》2006年第4期);《中国法院绩效考评制度研究——"同构性"和"双轨制"的逻辑及其问题》(《法制与社会发展》2008年第5期);"The Elastic Ceiling: Gender and Professional Career in Chinese courts", *Law & Society Review*, 15, Feb, 2017(共同第一作者);《科斯定理还是波斯纳定理:法律经济学基础理论的混乱与澄清》(《法制与社会发展》2019年第1期)。

译著:《经济学家贡献了什么》(法律出版社2006年版);《法律经济学文献精选》(合译,法律出版社2006年版);《垄断的秘密:市场结构与沉没成本》(第一译者,北京大学出版社2013年版)。

主持课题:国家社科后期资助基金"当代中国法官管理制度研究"(2013年);中国博士后基金特别资助项目"法官激励制度研究"(2010年)。

学术创见

1. 司法制度研究:自2006年发表《司法知识与法官流动——一种基于实证的分析》以来,后续的一系列论文集中研究了当代中国的法官管理制度,并试图勾连起法理学与诉讼法学研究之间隐秘的理论通道。以在长达十几年的法院实地调研中获得的数据和材料为素材,以一种信息和激励的视角,对既有法官管理制度的若干方面进行深度"解剖"和讨论,并由此抽象出当代中国法官管理的基本范式。不仅如此,相关系列论文更进一步分析和探讨了法官管理和程序法治,甚至社会和经济发展之间更一般性的理论问题,希望通过考察中国最新一轮司法改革中的"变"与"未变",进而在经济和社会变迁的大背景下检讨当代中国法官管理范式背后的深层结构及其可能存在的问题,并进一步反思和厘清中国司法改革应有的理论逻辑,以及未来的改革路向。

2. 民事诉讼制度研究:不同于民事诉讼法研究的法教义学进路和法社会学进路,所发表的一系列关于民诉制度研究的论文均侧重经济学面向,试图从信息经济学和机制设计理论的角度揭示若干民事诉讼基础制度背后的信息基础。具体而言,经济基础决定上层建筑,小农经济和计划经济时代对司法的需求与市场经济时代对司法的需求完全不同。现代陌生人社会给传统的纠纷解决机制带来了严重的信息问题、裁判风险分担问题,以及随之而来的司法正当性和效率性问题,因此,现代社会才需要复杂烦琐的现代程序制度和相应的程序正义观。中国快速的经济转轨和社会变迁内生出对现代程序的制度需求,在中国构建具体诉讼制度时应该注重发挥程序制度的信息功能,比如,上诉程序应是一套能够化解上诉当事人和上诉法官(或法院)之间信息不对称的有效机制,而"和稀泥"式的司法调解由于无法保证始终如一的依法判决,因此很可能只能在短期内达到"息讼"的目的,但在长期内会带来更多无效的机会主义诉讼,从而无助于司法公正和司法效率的实现。

3. 法律经济学方法论:一系列论文探讨法律经济学的基础理论及其方法论的反思。不仅首次提出来自域外的许多法律经济学理论已经不能有效回应和解释当代中国的诸多特殊现象和问题,中国学者要敢于在回答中国问题的过程中在理论上有所突破和创新,更第一次剖析了科斯和波斯纳这两位法律经济学创始人固有的理论差异及其来源,并在此基础上批评波斯纳法官的法律经济学理论,认为只研究单个主体的成本收益分析不能有效解释充斥着策略互动的法律世界。最新发表的代表性论文《科斯定理还是波斯纳定理:法律经济学基础理论的混乱与澄清》,更进一步揭示了科斯理论的核心在于真实世界的法律界权理论,而被中国法学界视为法经济学基础的波斯纳定理实际上仅仅是波斯纳法官误读科斯定理后得出的一个有待商榷的理论。

蔡 琳

学术背景

蔡琳,先后获苏州大学法学院法学学士学位、法学理论硕士学位,中国社会科学院法学博士学位。德国基尔大学、美国华盛顿大学(圣路易斯)访问学者。现为副教授,中德法学研究所研究员。主要教学和研究方向:法学方法论、司法制度、西方法哲学。现为中国法学会法理学研究会理事。

学术成果

著作:《裁判合理性理论研究》(法律出版社 2009 年版)。译著:《法律教育与等级制度的再生产》(中国政法大学出版社 2012 年版)。

代表论文:《法律论证中的融贯论》(《法制与社会发展》2006 年第 2 期);《案例指导制度之"指导"三论》(《南京大学学报》2012 年第 4 期);《人民陪审员助理角色之实证考察》(《法学》2013 年第 8 期);《论"利益"的解析与"衡量"的展开》(《法制与社会发展》2015 年第 1 期);《不确定法律概念的法律解释——基于"甘露案"的分析》(《华东政法大学学报》2014 年第 6 期)。

主持课题:国家社科基金"司法实践中的法律与政治关系研究"(2016 年)。

学术创见

1.《裁判合理性理论研究》一书,着重探讨裁判合理性理论的多重主张和限度。除导论外,分为六章,第一章建立裁判合理性理论的思想结构,即个体主义的路径和交互主义的路径;第二章与第三章均从个体主义的路径去探讨裁判的合理性标准;第四、第五章则是从交互主义的路径去探讨裁判的合理性标准;第六章集中探讨了裁判合理性的规范性要求中体现出来的普遍性与场域论的张力,主要观点是认为裁判合理性的普遍超越,最后将会建立在一个民主宪政的法治国之上。创新见解:(1) 澄清了描述性和规范性探究的差别;(2) 提出了认识规范意义的裁判合理性标准的思想结构;(3) 澄清了不同裁判合理性标准之间的关联和意义;(4) 在方法上代表了法律方法论的最新进展,法律论证为法律方法论的研究提供了许多新方法和新知识,如语用哲学、修辞学、批判性思维、论辩理论、对话伦理学等;(5) 裁判合理性的研究为认识审判实践提供了新的视角和评价依据。

2. 法学方法论的理论性研究及其推进:代表性论文《法律论证中的融贯论》是国内第一篇研究融贯论的论文,也是作者在法学方法论研究领域中的开篇之作,该篇论文后被收录于高等教育出版社《法律方法案例教程》,成为基本的教学参考资料。该文在哲学基础上分析了法律论证中的融贯论及其与逻辑一致性、信念之间的相互支持关系的特性。不仅如此，融贯论的提出也与如何看待法律论证中规范性命题的范围有关，它不仅涵盖了法律规范和道德规范，是可反驳性命题组成的知识体系，也在很大程度上拓展了我们对法律概念的认识。

3.《融贯论的可能性与限度》澄清了法律领域中的三种融贯论；提出叙述性融贯中基础融贯论为法官认定事实提供了形式标准；规范性融贯中解释的融贯论揭示了法官的基本立场以及价值取向，有效地实现了关于法律命题的完整集合。在这两个层面上，法官的论证可以趋向认识上的合理性，以及价值判断上的合理性。

4. 拓宽法理学与部门法学结合的研究领域：《论"利益"的解析与"衡量"的展开》《不确定法律概念的法律解释——基于"甘露案"的分析》，均为结合法学方法论与部门法学的产物，一定程度上拓展了部门法领域中法学方法认识的深度。早期发表于《浙江社会科学》上的《合宪性解释及其解释规则》一文，是法学方法论与宪法学的结合研究：(1) 民法方法论中利益衡量是常见的主张。"衡量"并非简单的比较，而是在个案中通过理性化的思考寻求特定衡平的方式；利益衡量的运用必须考虑不同法域和不同情境而有所限定。(2) "裁量"行政法学中的基本术语，以"甘露案"为例，该文认为最高人民法院的再审判决中混淆了法律解释与裁量在法律适用上的特性。法律解释不应被视为纯粹的语义归类或人为划界。裁判者不能通过定义式的法律解释代行判断不确定法律概念的内涵和外延。本案的实质并不在于对"剽窃、抄袭"或"情节严重"的解释，而关涉裁量是否合乎制度的目的。

5. 关注司法改革及其基本原理：《案例指导制度之"指导"三论》《人民陪审员助理角色之实证考察》是基于我国司法制度的考察而撰写的论文，如果缺乏司法制度的整体理解，就无法理解我国法学方法论研究中的问题意识：(1) 对于案例指导制度，需要从规范本身探究其制度空间及意义。案例指导制度设定的五类指导性案例出于"司法统一"和"法律发展"的目的。指导性案例应具有形式性的拘束力，但其实效受限于司法地方主义和审级制度。虽然裁判规范必须由最高人民法院予以总结，但其适用无法摆脱判例法的案例比较技术。除颁布指导性案例之外，我们更应该关注指导性案例的运用。(2) 陪审制度是我国司法制度中不可忽视的组成部分。通过调查发现，我国人民陪审员并非"陪而不审"，而是"助而不审"。法官在法庭上占有知识上的比较优势，因此无法与陪审员就法律问题形成商谈。法官选拔陪审员是为了补充审判人力、司法监督、弥补法官知识和经验的缺乏，其陪审员选任程序使法官可以选择满足其需要的陪审员。在既有人民陪审员制度设计的前提下，制度改良应着重于对公民获得公平裁判权利的保障。

陈　坤

学术背景

陈坤，1984年生，江苏徐州人。2006年、2009年分获南京大学法学学士、法学硕士学位；2013年，获北京大学法学博士学位。现任法学院副教授，法律推理与人工智能研究中心执行主任。主要教学和研究方向：法理学、法哲学、法律方法论、法律与人工智能。现为中国法学会法理学研究会理事，中国法学会董必武法学思想研究会理事。

学术成果

著作：《法律命题与法律真理》(中国政法大学出版社2021年版)；《基于可驳斥性逻辑的

法律推理研究》(中国社会科学出版社 2021 年版)。

代表论文:《所指确定与法律解释》(《法学研究》2016 年第 5 期);《法律解释与法律续造的区分标准》(《法学研究》2021 年第 4 期);《重申法律解释的明晰性原则》(《法商研究》2013 年第 1 期);《可废止法律推理与法治》(《法制与社会发展》2019 年第 6 期);《法律推理中的独特思维倾向及其可能的误区》(《现代法学》2020 年第 1 期)。

主持课题:国家社科基金项目"基于可驳斥逻辑的法律推理研究";中国博士后科学基金面上资助项目(一等)"法学知识论视角下的疑难案件问题研究";中国博士后科学基金特别资助项目"可驳斥性法律逻辑的框架与应用"。

曾获 2015 年山东高等学校优秀科研成果奖二等奖,2017 年山东省高等学校人文社会科学优秀成果奖一等奖。

学术创见

1.《法律领域的真理与客观性》一书,在批判各种法律真理问题上的怀疑论与空缺论,并系统考察学说史上的法律真理观的基础上,提出了一种新的法律真理观(内在证立论的法律真理观),维护了法律知识的客观性。对妥当的法律真理观的寻求,并不是一个纯智力的游戏,而是我们理解法律规则、探知法律内容、反思法律方法,以致获取正确判决的重要理论工具。这突出地表现在,我们可以用法律命题理论来为正确判决的存在问题、标准问题与获得问题提供一个前后一致的答案。

2.《基于可驳斥性逻辑的法律推理研究》,在对法律推理的概念、过程与性质进行全面总结的基础上,揭示了经典逻辑在刻画法律推理时面临的困境,结合两种不同的可驳斥逻辑(基于扩展的非单调逻辑与基于论证的论辩逻辑)以及法律方法论、非形式论证理论等领域的研究成果,提出了一个新的法律逻辑系统的构想,即非单调法律逻辑系统(Non-monotonic Legal Argumentation System,NLAS)。NLAS 有两个层次:逻辑层与论辩层。逻辑层处理例外,论辩层处理规则冲突。这使 NLAS 能够很好地刻画不同类型的法律推理,并符合法律实践的真实情况;NLAS 是简洁的、清晰的、易接近的,并具有很强的灵活性与可扩展性。

3.《法律、语言与司法判决的确定性》,明确了语言在法律确定性问题上的影响及限度;《疑难案件、司法判决与实质权衡》,明确了实质权衡在疑案裁判中的不可避免,解释了为什么实质权衡不一定意味着判决确定性的丧失;《疑案审理中的实质权衡与最小损害原则》,为维护司法判决的确定性,提出了最小损害原则作为法律续造的基本原则;《重申法律解释的明晰性原则》,批判了基于不同理论的法律解释的普遍性论题,明确了法律解释的必要性原则;《疑难案件中的法律概念与立法意图》,从认知语义学的视角出发论证了主观解释论的正确性;《所指确定与法律解释》,提出了一种新的适用于一般法律词项的指称理论;《可废止性法律推理与法治》,明确了法律推理是一种可废止推理及其成因,解释了为什么可废止性不会损害法治,相反却有助于法治的实现;《法律推理中的独特思维倾向及其可能的误区》,揭示了法律推理中的一些独特思维倾向,提示了这些思维倾向可能带来的误区;《法律解释与法律续造的区分标准》,对区分法律解释与法律续造的标准,提出了全新的看法。

熊 静 波

学术背景

熊静波,1974年生,安徽巢湖人。2003年获湖南大学经济法学硕士学位;2006年获浙江大学宪法行政法学博士学位。2006年至今,任职于南京大学法学院法理学教研室,现任副教授。主要教学和研究领域:法理学、法与权利的一般原理、法律职业伦理。

学术成果

代表论文:《理解中国法解释论的三个分析框架》(《法商研究》2010年第5期);《由内在态度决定的权威——对指导性案例规范性的再评估》(《法学评论》2016年第6期);《法律"最小公分母"的证成——一个化简为繁的法律关系理论的内在逻辑及其意义》(《法制与社会发展》2019年第3期);《表达自由和人格权的冲突与调和——从基本权利限制理论角度观察》(《法律科学》2007年第3期);《权利之间的界限——以美国宪法第一修正案为中心》(《现代法学》2007年第3期)。

主持课题:国家社科基金一般项目"法律职业伦理实效性的文化解读与对策研究"(17BFX023)。

学术创见

1. 基于法律元概念,运用辩证原理,重新审视法律关系理论,对于本科教学的体系化有一定的助推作用。在《法律"最小公分母"的证成》一文中指出:从法体系看,"规范"是一个有待进一步论证的、最抽象的概念,其最有资格成为论述的开端。规范的基本模态可以分为四种,即"命令""非命令""禁止""允许"。这四种规范的基本模态并非只是在一个层面上简单切分而形成的四个基本单元,因为不仅"命令"与"禁止"之间存在着否定关系,而且"允许"与"非命令"也分别由对"禁止"与"命令"的进一步否定而产生。"请求权""特权""义务""无权利""权力""豁免""责任""无资格"这八个概念,实际上是通过对"命令""非命令""禁止""允许"构成的基本模态的否定与再否定而形成的。如此观察,才能理解法学概念演进的动力及法律关系的复杂性,这正是法律人工智能发展的必备前提。

2. 将法律的最基本概念与权利原理、原则问题对接起来,做体系化的努力,最终将法理学本体论部分融为一体,对本科法理学教学有较大推动作用。在《作为实体性原则的基本人权——对基本人权的制度化及其实践的另一种考察》一文中,由基本权利抽象出来的原则被称为实体性原则。实体性原则体现了实践理性的原则,具有双重特性:既有主观性,又有客观性。主观性对应于"善"(good),客观性对应于"对"(right)。原则理论更注重原则的主观性面向,原则的善的指向性、不确定性、重量性等几个特点都可以从主观性维度导出,而这几个特征决定了原则追求最佳化的实现。实体性原则的实现会遭遇原则冲突、原则与规则冲突等情形,可谓方法论的核心问题。

3. 重塑职业伦理研究路线,反思现代职业伦理及其研究方法。《作为社会医生的法律家》一文指出:一定意义上,法律家可以被视作社会医生。相应地,他应该像医生看待人体疾病那样,保持正确的社会病观念。其在社会病的治疗与预防中都应该有所作为,表现出充分的实践智慧,而不只是技术理性。法律家的职业形象与人格形象不应该是分裂的,他应该是具备相应的德性,并在专业实践活动中有所体现,能够为公众所理解与认同。一个理想的法律家,应该是德才兼备的社会医生。"实践智慧"与"德性"或许可以替代"技能"与"伦理",成为法律职业研究的新框架。

4. 从哲学史的视角,将解释学的发展分为三个阶段,即决定论阶段、解释论阶段、侧重于法律论证阶段。此种划分有助于认识司法权的运行规律性变化,也有利于给目前的解释论定位,有利于推动本科法理学运行论、方法论部分教学。《理解中国法解释论的三个分析框架》一文指出:当前中国法解释论不发达的原因可以部分归咎于公理式的法律决定论、适法者不能正视法解释过程中的主观性,学术界对此已有一定的共识。在法解释学的原始积累未完成的情况下,有学者尝试通过经验型的案例研究来间接推动法解释学的发展。然而,这种经验型的案例研究也面临挑战,即学者对裁判活动加以评判所参照的标准本身也有待进一步考证,因而相关研究必须转入论辩型研究。论辩型研究直面异议风险,从法律论证理论的高度研究我国现行法和法律实践。总体而言,公理式的法律决定论、经验型的案例研究以及直面异议风险的论辩型研究,是理解中国法解释论的三个分析框架。

郭俊义

学术背景

郭俊义,1971年生。2000年获南京大学哲学系西方哲学专业硕士学位,2005年9月获南京大学哲学系西方哲学专业博士学位。2008—2012年在吉林大学法学院理论法学博士后流动站从事博士后研究。德国科隆大学法学院访问学者。2000—2002年,任教于华南理工大学。2005年12月至今,任教于南京大学法学院。主要教研方向:西方法哲学、西方古代法律及法律思想。

学术成果

著作:《通过法治走向和谐社会:和谐社会下的利益冲突及其法律调整》(第三作者,法律出版社2013年版)。译著:《马基雅维里政治著作选》(北京大学出版社2013年版);《古典时期的雅典法》(江苏省人民出版社2020年版)。

代表论文:《雅典立法者之立法宗旨研究》(《法制与社会发展》2017年第6期);《雅典:从政治到文化何以可能》(《东岳论丛》2018年第5期);《苏格拉底之审及柏拉图之反思》(《南京大学法律评论》2018年春季卷,《人大复印报刊资料·法理学、法史学》2019年第5期收录);《论亚里士多德法律观念中的平等思想》(《南京大学学报》2020年第6期);《法官审判方式的翻译困境:19世纪的法国和日本》(德文译文,《南京大学法律评论》2016年秋季卷)。

主持课题:江苏省社会科学基金后期资助项目"《古典时期的雅典法》翻译"(17HQ013);参与国家社会科学重点课题"通过法治走向和谐社会:和谐社会下的利益冲突及其法律调整"(05&ZD025)。

学术创见

1. 梳理了西方学者对雅典法律研究的四个阶段。无法律的哲学犹如无源之水、无本之木,而没有哲学的法律也会失去其发展的空间。但对于法律与哲学之间如何互动的问题,在法律与哲学皆为独立显学的现代语境下,甚少有学者能够道明其中环环相扣的勾连。然而,随着现代学者对雅典法律制度及法律生活的剖析,探究哲学与法律的原初浑然一体的状态有了可资利用的素材。但学者们的研究之路漫长而艰辛。西方学者对雅典法律的研究主要分为以下四个阶段。第一阶段是从宗教的角度来研究法律,主要代表人物是古朗士,著作为《古代城市:希腊罗马宗教、法律及制度研究》;第二阶段是从政治制度的角度来研究法律,代表人物为萨拜因和巴克,著作为萨拜因的《政治学说史》和巴克的《希腊政治理论:柏拉图及其前人》;第三阶段是从雅典人政治生活的角度来思考雅典的法律,以施特劳斯的《自然权利和历史》及《城邦与人》为主;第四阶段是从雅典的社会现状来研究法律,这主要是一些零碎的而非整体上对雅典某些实证法及程序法的研究。

2. 解读了雅典法律制度及其成因。分两步进行:一是研究雅典法律制度的特点:(1)立法者为城邦的公共利益而立法,在此详细解读德拉古和梭伦的立法目的。(2)自愿诉讼原则。为了城邦的稳定,雅典法律规定任何雅典男性公民只要确认了犯罪行为,都可以提起诉讼。同时,为避免恶意诉讼,制定了违法动议诉讼制度。(3)民众法院的司法职能:不仅具有司法权,而且还有行政权及立法权。民众法院的司法权是至上的,体现为民众法院的裁定是终审裁决;行政权是指民众法院对就任、在任及卸任的官员具有审核权;立法权是指民众法院对公民大会通过的违背以往法律的法令有做出违法判决的权力。(4)公民对司法权的垄断,即任何年满30岁雅典男性公民无论贫富都可以就任陪审员。二是研究雅典法律制度的成因。主要表现为三个方面:希腊神话所具有的政治因素;雅典公民的权利欲求;雅典人的公共道德观念。

3. 探讨了雅典法律思维下的正义观念。主要从三个方面来论述:首先是个人与个人之间的正义观念;其次是个人与国家之间的正义观念;最后是个人与社会之间的正义观念。研究了柏拉图与亚里士多德的正义观。主要分为两个方面:一是柏拉图的正义观念,主要观点是柏拉图在强调城邦正义观时并没有忽略对个体正义观的认识。《理想国》主要体现了城邦正义观;《法律篇》则是城邦正义观与个体正义观的结合。二是亚里士多德正义观,这种正义观既是对柏拉图正义观的借鉴,也是对其的改造。在此部分主要解读亚里士多德的普遍正义观与具体正义观,研究了哲学家对法律制度的构建。柏拉图与亚里士多德都在正义观的基础上进行了法律制度的构建。

4. 重点关注:指明了雅典的积极司法与社会和谐的关联,即雅典公民对司法的垄断,使得法庭上有了商谈的形式,这有力地保证了雅典社会的稳定;指出了法律只有与哲学相连才会发展出普适性的观点,即哲人把雅典人的法律观逐渐改造为人类所共享的法律观念;指出了哲人法律之思的重点并不仅仅为了建构制度,更重要的是提升个人的道德判断力;指出了法律所具有的教育功能是针对公民一生而言的,而非某个阶段。这与立法者的立法目的紧密相连。

陈洪杰

学术背景

陈洪杰,1979年生。2002年获宁波大学法学学士学位;2006年获厦门大学法学院诉讼法学硕士学位;2009年获厦门大学民商法学博士学位。2009—2021年先后任职于上海财经大学、上海师范大学;2021年2月至今,任教于南京大学法学院,现为副研究员。研究方向:诉讼法学、司法体制、法社会学。

学术成果

代表论文:《人民司法的历史面相——陕甘宁边区司法传统及其意义符号生产之"祛

魅"》(《清华法学》2014 年第 1 期);《从"群众参与"到"公民参与":司法公共性的未来》(《法制与社会发展》2014 年第 1 期);《现代性视野下司法的信任危机及其应对》(《法商研究》2014 年第 4 期);《民意如何审判:一个方法论上的追问》(《法律科学》2015 年第 6 期);《司法如何民主:人民司法的历史阐释与反思》(《比较法研究》2016 年第 5 期);《法律如何治理:后形而上法哲学反思》(《法制与社会发展》2017 年第 4 期);《转型社会的司法功能建构:从卡理斯玛权威到法理型权威》(《华东政法大学学报》2017 年第 6 期)。

学术创见

1. 解决诉讼当事人之间的利益纠纷,需要诉诸权力机制;满足诉讼当事人的正义诉求,需要诉诸象征机制,人民司法的历史实践是权力和象征机制的有机结合。但在社会转型过程中,人民司法同样也面临着权力和象征机制双重转型的挑战。

2. 觉醒的社会个体开始产生越来越强烈的愿望,以一种独立、自主的主体性姿态参与他们所关心的公共事务决策或表态中,但这种表达机制和渠道的无序性,使得我们虽然努力试图播下"司法民主"的"种子",最终收获的却是诸如李昌奎案中的舆论哗然,以及药家鑫案中法院"好意""征询公民意见","民意"却并不买账的苦果。司法如何通过有效的公共性创制来回应实践需求,是我们当前司法体制所面临的主要挑战。

3. 司法信任危机在社会的蔓延主要不是因为法官个体的品质出现了问题,而更可能是因为司法制度所建构的承诺遭到了信任问题。只有在承诺发生之初,每一个社会成员都被假定为有权参与建构承诺,并以其实际行动监督被授权的制度实施者,对制度性承诺的普遍性社会信任才是可欲的。这是一个悖论式的命题,在现代民主社会,制度化的不信任越多,自发的社会信任就越多。

4. 典范系统的"可视性"取决于隐藏其后"不可视"的决策系统,在树典型、评先进的典范系统运作中,个体价值和意义高度依附于具有决定权的复杂科层体制,不利于司法主体自我负责和司法民主的精神旨趣培养。

5. "通过法律的治理"通常假定我们可以凭借理性在法律系统内部建构并维系关于"合法/非法"的有效区分,然而法律的实践却时时隐藏着"合法即非法"的悖论。以程序主义观念这样一种交往理性的形式化表达来建立基于合法律性的合法性,可以在以"共识/合意"为导向的法律沟通过程中最大限度地避免"法官以个人专断僭越法律共识"的合法性风险。

6. 在包括赵春华案在内的诸多引发舆论关注的争议案件中,法官或许并非不懂得如何利用社科法学的判断能力与法教义学的裁判技术,去弥合司法标准与公众认知之间的巨大断裂,而更可能是基于其"父爱"式的社会"管制"取向而对司法后果的实质合理性问题做出了"爱之深,责之切"的价值决断。为了保证良法的颁行能够导向预期的善治,法律必须以其作为"社会交往机制"的系统潜力而彰显其公理性与司法的合理性。只有首先确立基于交往原则和承认社会自主性的权力逻辑与法律决策结构,那种体现"人性化""人文化"和"人权化"的方法论逻辑,才有可能在法律的运作中获得国家体制官僚无法武断拒斥的实效。

陈处昌

学术背景

陈处昌(已调离),1932年生,江苏扬州人。1955年,毕业于中国人民大学法律系研究生班。曾任扬州市公安局宣传部干部,西北大学讲师,陕西师范大学政教系副教授。1981—1987年,南京大学法律系任教,法学理论专业硕士研究生导师。教研领域:法学理论。爱人王光仪曾同在南京大学法律系任教。曾任江苏省总工会法律顾问,南京政治学院、南京军区《临汾旅》政治教育顾问,泰州市总工会特邀法律顾问。兼任中国法理学会、江苏省法学会理事。1987年10月,调至汕头大学法律系任教。

学术成果

著作:《法律知识手册》(南京大学出版社1985年版);《社会主义法制通论》(南京大学出版社1986年版);《社会主义法制理论的几个问题》(法律出版社1985年版);《青年法学》(南京大学出版社1987年版);《法律知识手册——法制教育与学习丛书》(陈处昌等编,南京大学出版社1985年版);《法学概论简明教程》(共同编著,南京大学出版社1985年版)。

代表论文:《毛泽东思想法学理论初探》(《西南政法学院学报》1984年第4期);《论划分社会主义法律部门的标准》(《江海学刊》1984年第3期)。

曾主持法律与政策、法制与民主的关系等课题。

张中秋

学术背景

张中秋(已调离),1962年生,江苏省南京溧水人。1984年,获华东政法大学法学学士学位;1987年,获中国政法大学法学硕士学位;1998年,获中国政法大学法学博士学位。1986—2003年,任教于南京大学法律系/法学院,教授、博士生导师,兼任南京大学亚太法研究所所长,主持编辑《南京大学法律评论》(1995—2000);现任中国政法大学教授。研究领域:法理学、比较法律文化。现任中国法律史学会执行会长。曾代表南大法学院(系)多次应邀赴美国、德国、日本及我国台湾和香港地区参加学术活动。

学术成果

著作:《中西法律文化比较研究》(南京大学出版社1991年第1版,1999年第2版);《法律与经济:传统中国经济的法律分析》(第1卷,南京大学出版社1995年版);《比较视野中的法律文化》(法律出版社2003年版);主编《中国法律形象的一面——外国人眼中的中国法》(法律出版社2005年版)。

代表论文:《耐刑完刑考辨》(《辽宁大学学报》1987年第1期);《中国封建社会奸罪述论》(《南京大学学报》1987年第3期);《宋代吸引海外贸易的法律措施叙论》(《法学研究》1993年第4期);《传统中国政治生活类型的转变》(《法学》1995年第6期);《对中西法律文化的认识》(《光明日报》2002年8月20日理论版);*Studies on the Characteristics of village Conventions and Their Cultural Backgrounds*, *Comparative Studies of Village Conventions:China,Korea,Vietnam and Japan*(Nagoya University Center for Asian legal

Exchange Symposium,2003,Nagoya)。

1995年,获全国高等学校人文社会科学研究优秀成果二等奖1项;1997年,获全国青年优秀社会科学成果最高奖优秀专著奖1项;2003年,合作获得全国高等学校人文社会科学研究优秀成果一等奖1项。

学术创见

1. 关于中西法律文化比较。运用文化类型学和原型理论,通过对中西法律文化的比较研究,提出中国与西方在法的形成、法的本位、法的文化属性、法与宗教伦理、法的体系、法的学术、法的精神和法律文化的价值取向诸方面存在差异。在这些诸多差异中,对"人"是什么——德性的存在还是理性的存在——的不同理解和设定,是中西法律文化最大的差异。中西法律文化的这些差异是它们各自的地理环境、社会环境和历史文化环境的产物,但它们之间的这些差异只能说是不同,很难说是不好。而且无论差异有多大,大家都是文化中的人,在人的本质属性上是一致的,因此,在人的文化原理层面上,中西法律文化具有同一性,即在人的文化原点、原理及其展开的轴心和结构模型上有其共同性,所以中西法律文化的交流本质上是可行的。这个观点的理论贡献,一方面在于对中西法律文化进行了辨异、求同和会通的系统比较,另一方面在于从文化原理上解读了中西法律文化的同一性。这个认识既可检讨中西法律文化交流的历史实践,又可分析和推论中国法律文化在当下的构成及其未来走向,以至对当代中国法治化进程中的中西法律文化交流亦有启发。

2. 关于中国法律文化原理。通过对中国法律文化的理论探讨,提出中国传统法律文化运行了几千年,其中蕴含了深厚的法理。这个法理的原理,形式是道,实质是德,合称为道德原理,即道德是传统中国法律文化的正当性所在,因此,从法的哲学上说,中国传统法律文化的原理可称为道德原理。道德原理的哲学基础是天人合一的有机宇宙观,有机宇宙观是一种有生命感的天、地、人,亦即自然、社会与人类相联系的整体世界观,所以道德原理立足全体、效法自然、追求和谐。它赋予了中国传统法律文化责任——权利的结构、道德的精神和人类全体,以及人类与自然共生共荣的价值目标,并以此影响和支配着中国传统的立法、司法和人们的法律观念与行为。道德原理法的积极意义在于肯定、保护和追求有德的人、向善的法与和谐的社会;而且由于这些价值本身植根于善的道德,因此具有某种程度的普适性和持久性;即使与立足于个体的西方自由原理法相比较,中国的道德原理法亦有其价值。因为人是个体的,但人类是群体的,道德与自由都是人类所必需的。鉴于传统的力量、原理的合理性和中国发展的趋势,尤其是中国有机的宇宙观已获得新的科学与哲学的某种支持,所以在理解和化解西方制度与中国社会的脱节,以及运用什么样的法律理念和规范去参与解决人类争端和全球性的生态危机方面,中国法律文化的道德原理将重放光彩。这个观点的理论贡献,首先揭示了贯通并支配中国传统法律文化发展的基本原理,指出这个原理的形式是道、实质是德,合称为道德原理;其次是指出中国法律文化的道德原理的价值,不仅具有某种程度的普适性和持久性,而且即使与西方相比较,亦有其永恒的和现实的价值,当然,这些价值的发挥在现代社会需要创造性的吸收。

杨春福

学术背景

杨春福(已调离),1967年12月生,江苏兴化人。1989年,获扬州大学(原扬州师范学院)法学学士学位;1992年,获吉林大学法学硕士学位;1998年,获南京大学在职哲学博士学位。韩国汉城国立大学法学院访问学者,并做法哲学博士后研究;美国哥伦比亚大学访问学者;德国哥廷根大学高级研究学者。1992—2016年,任教于南京大学法律系、法学院,教授、博士生导师。现任东南大学法学院教授。研究领域:法理学、人权法学、法律的经济分析、司法制度等。2004年入选教育部首届"新世纪优秀人才支持计划"。2005年4月至2014年4月,任南京大学法学院副院长。

学术成果

著作:《权利法哲学研究导论》(南京大学出版社2000年版);《自由、权利与法治》(杨春福等著,法律出版社2007年版);《经济、社会和文化权利的法理学研究》(杨春福等著,法律出版社2014年版)。编著《律师与公证实务》(南京大学出版社1999年版)。主编《法理学》(清华大学出版社2009年版),《人权法学》(科学出版社2010年版)。

代表论文:《论法律效力》(《法律科学》1997年第1期);《制度、法律与公民权利之保障》(《法制与社会发展》1998年第2期);《保障公民权利——中国法治化进程的价值取向》(《中国法学》2002年第6期);《法官应该是司法能动主义者——从李慧娟事件说起》(《现代法学》2009年第6期);《善治视野下的社会管理创新》(《法学》2011年第10期)。

主持课题:国家社科基金青年项目"法治化进程中公民权利保障机制研究"(00CFX001);国家社科基金一般项目"经济、社会和文化权利的法理学研究"(08BFX005);教育部人文社科重点研究基地重大招标项目"法治国家与司法权威"(08JJD820179);国家社科基金重点项目"完善我国人权司法保障制度研究"(14AFX003)。

2011年《法理学》(主持)获南京大学优秀课件特等奖、江苏省优秀课件一等奖。

学术创见

1. 代表著作《权利法哲学研究导论》的学术特色和学术创见:第一,对权利法哲学研究从思想史的角度作了一个较为明确的划分,对每一时期权利研究的代表性学说进行了考察分析,尤其注意不同时期权利学说之间在学术思想和文化传统上的绵延。第二,构建了一个富有中国特色的权利法哲学研究的理论体系,即权利本体论、权利价值论和权利运行论,使权利研究在一个比较合理的框架内得以深入和拓展,并使权利理论层次分明、浑然一体。第三,从多维视角透视权利这一现象,从不同学科的知识链中分析权利这一范畴,对权利的主体性、关系性、实践性和辩证性做出了比较新颖的分析。第四,以人类学的发现为素材,提出了原始权利的概念,并分析了原始权利及其特征,继而研究了权利的起源和基础,特别研究了权利的道德基础、经济基础、权力基础、心理基础和法律基础等。第五,结合法律社会学的实证分析方法,阐述了权利获得的标志,分析了滥用权利的构成要素,提出了防止权利滥用的观点和对策。

2. 《经济、社会和文化权利的法理学研究》一书从一种现象学的方法和整体主义的进路对经社文权利进行深入思考,从思想史和实践史两个维度对经社文权利作了历史性考察,通过对人权二分法理论展开了全面和深入的批评，进一步澄清了经社文权利的人权属性，厘定了经社文权利的范围，讨论了经社文权利的保障与可诉性理论与实践，并就经社文权利的国家义务与市民社会保障机制进行了阐述。

3.《保障公民权利——中国法治化进程的价值取向》一文，提出保障公民权利是评价中国法治化的核心指标和价值取向，明确这一观点有利于全民法治意识的培育和巩固，有利于我们反思立法历程、抓住立法和重心之所在，有利于正确理解执法和司法的意义，有利于国际人权领域的对话与合作。这需要在观念上的革新和制度上的设计，在制度设计上主张法律职业主体精英化、法律运作透明化、公民权利救济及时化等。

4.《制度、法律与公民权利之保障》一文，借鉴制度经济学的基本概念和理论，指出公民权利保障中制度供给的不足，主张应从正式制度、非正式制度及其实效等方面对公民权利进行立体的、多层次的保障。

第十六章　宪法行政法教研室

田　军

学术背景

田军(已退休),1938年1月生,辽宁沈阳人。革命军人出身。1961年,吉林大学法律系毕业。曾师从江苏省社会科学院孙叔平先生研读。为参与法律系恢复建立的教师之一,教授。长期从事宪法学教学与研究,数十年来对宪法学发展做了大量的工作,数次获校"优秀共产党员""教书育人"奖等荣誉。1996年享受国务院政府特殊津贴。1999年荣休。因教学成果突出,被南京大学返聘为本科教学督导员,尽职尽力,2011年离职。曾任江苏省法学会法理宪法学研究会副会长,兼秘书长。

学术成果

著作:《宪法学教程》(南京大学出版社1987年版);《宪法学原理》(南京大学出版社1991年版)。

代表论文:《论人权的实现与宪法保障》(《南京大学法律评论》1994年秋季号);《试论改革和完善人民大会制的渐进性》(《南京大学法律评论》1995年春季号);《两个人权公约和我国人权宪法保障制度的完善》(《国家行政学院学报》2001年第2期);《以法治国与严格执法》(《法学天地》1997年第1期)。

《宪法学教程》1992年获教育部优秀教学成果二等奖。

2017年4月,获中国宪法学研究会常务理事会评选的"中国宪法学发展特殊贡献奖"。

学术创见

提出了一些当时亟待解决的法律理论及实际问题,如:关于执法能力,执法体系的问题;目前改革已经到了深水区,体系化能力有待提高;当下的监察制度,涉及专业问题和治理体系完整化;社会主义法律体系是否还需要进一步改革;国家治理能力除了考虑环节、手段、程序,还要注意其他因素;法科学生需要关注现实问题,要多听听社会上的声音,多做实地调研;我国人权的宪法保障问题。

叶松春

叶松春(1933—2018年),江苏无锡人。1955年7月毕业于东北人民大学(吉林大学前身)法律系,曾任校学生会委员,毕业后留校任教。后调至公、检、法等机关任职。1965年7月入党。1968年9月至1974年3月,下派到吉林省白城市洮儿河五七干校的校干部审查部门工作。1980年在吉林省检察院工作期间,接受南京大学法律系恢复筹备组的招募,1981年6月调入南京大学法律系,妻子王凤英亦随调至南京大学法律系资料室工作。主讲行政法学、刑事诉讼法等课程。20世纪90年代退休后,曾在南京中山律师事务所工作。

王太高

学术背景

王太高,1966年生,江苏高邮人。1988年、1991年、2003年先后获苏州大学法学院法学学士、硕士、博士学位。现任法学院教授、博士生导师。研究领域:行政法学、行政诉讼法学、国家赔偿法、土地制度、司法制度。曾任法学院副院长。现兼中国法学会行政法学研究理事、江苏省行政法学研究会副会长等。

学术成果

著作:《行政补偿制度研究》(北京大学出版社2004年版);《行政许可条件研究》(法律出版社2014年版);《行政公益诉讼研究》(合著,中国政法大学出版社2008年版)。

代表论文:《论行政公益诉讼》(《法学研究》2002年第5期);《土地征收制度比较研究》(《比较法研究》2004年第6期);《论我国行政许可延续立法之完善》(《法商研究》2009年第5期)《论行政许可中止》(《法学》2014年第4期);《合法性审查之补充:权力清单制度的功能主义解读》(《政治与法律》2019年第6期)。

主持课题:国家社科基金一般项目"行政许可条件研究";国家社科基金重点项目"权力清单制度的理论与实证研究"。

《行政许可条件研究》获江苏省第十四届哲学社会科学优秀成果二等奖。

学术创见

1. 行政公益诉讼理论研究。主要学术观点:行政公益诉讼在我国具有宪法基础,与我国法治体系相融;从我国法治发展的角度看,行政公益诉讼可以架起从行政诉讼到宪法诉讼的桥梁;从制度创新的角度看,行政公益诉讼较之于民事公益诉讼更具迫切性,因为民事公益诉讼制度的功能与行政执法的功能有一定交叉;与传统诉讼模式侧重于解决争议功能不同,行政公益诉讼是社会管理创新背景下公众有序参与公共事务的一种新形式。

2. 行政补偿制度研究。主要学术观点:行政补偿是与行政赔偿相对应的一项行政法制度,是国家责任体系的核心内容,必须纳入我国行政法学理论体系并对之开展系统研究;在我国实行土地国家所有和集体所有的制度背景下,土地征收补偿是我国行政补偿制度的一项核心内容,必须依据行政补偿的基本理论审视并完善我国土地征收补偿制度;从生存权和发展权的高度,论证我国土地征收补偿制度必须建立在平衡公共利益、集体利益和农民个体利益的基础上,并充分保障补征收人尤其是失地农民的基本权利。

3. 行政许可基础理论研究。以2003年《行政许可法》的颁布为契机,立足我国社会主义市场经济体制建设和简政放权的行政改革,聚焦行政许可法文本,对行政许可法的实施及其基础理论问题予以持续关注和深入研究,出版著作《行政许可条件研究》,其主要观点:许可制度的核心在于许可条件的设定和落实,作为许可准入的"门槛",行政许可条件设定过高会扼杀市场自由和社会活力,而过低则会导致行政许可形同虚设,无法实现预防风险、提供社会公信和高效配置资源的立法目的,因而都会造成公共资源的浪费。据此,提出无论是行政许可制度的创设还是行政许可实践,均应高度关注行政许可条件;事中事后监管的实质是对被许可人是否符合行政许可条件的判断,因此建立行政许可中止制度才能为事中监管提供制度性抓手,避免事中监管流于形式;与行政处罚这种"一次性"决断行为不同,行政许可是一种典型的"过程性行为",即不仅要作出行政许可决定,更重要的是要根据被许可人事实情况的变化即时进行行政许可后的监管并做出处理决定,这对传统行政行为效力理论是一处丰富和发展;行政许可延续不是简单的行政许可有效期的延长,其本质是行政机关根据被许可人的申请做出的新的同类行政许可决定,在保证"在位者"优先权的同时,避免被许可人相关事务的人为中断;行政许可注销本质上是一种程序行为,通过及时清理行政许可终止的许可证件等,以维护行政许可的基本秩序。

4. 权力清单制度的理论与实证研究。自 2014 年开始,我国行政实践中普遍开展权力清单制度的实践,权力清单制度强调"清单之外无权力",这导致了我国行政实践中出现了诸如权力清单的性质是什么、依法行政还是依清单行政、权力清单如何与国家法律的立改废释相衔接等问题;权力清单制度是中国法治政府建设独特的制度形式,是"政府法治论"这一行政法学基础理论在实践中的展开;权力清单形成过程中的"清权""减权"是消解形式法治与实质法治冲突的有效形式,体现了功能主义的法治理念;权力清单是我国"一元两极多主体"的立法体制下,化解我国改革开放 40 多年来不同时代背景下的法律规范冲突、落实法无授权不可为基本原则的有效制度;从实践层面看,权力清单中的"制权"、动态调整机制及责任清单制度的建立等,是影响权力清单制度实效的关键。

肖泽晟

学术背景

肖泽晟,1969 年 9 月生,湖南隆回县人。原湘潭师范学院理学学士,中国政法大学硕士,2007 年 11 月获南京大学在职博士学位。现任教授、博士生导师。2003—2009 年,兼任南京大学—约翰斯·霍普金斯大学中美文化中心研究员。主要教学研究领域:宪法学、行政法学、行政诉讼法学、公物法学、公共资源法学、殡葬法学。现兼任中国律师法学研究会常务理事、中国行政法学研究会理事、江苏省法学会金融法学财税法学研究会副会长兼秘书长、江苏省立法学研究会、农业法学研究会和行政法学研究会副会长。

学术成果

著作:《公物法研究》(法律出版社 2009 年版);《宪法学——关于人权保障与权力控制的学说》(科学出版社 2003 年版)。

代表论文:《论规划许可变更前和谐相邻关系的行政法保护:以采光权的保护为例》(《中国法学》2021 年第 5 期);《论国家所有权与行政权的关系》(《中国法学》2016 年第 6 期);《论公物附近居民增强利用权的确立与保障》(《法商研究》2010 年第 2 期);《宪法意义上的国家所有权》(《法学》2014 年第 5 期);《论遏制公共资源流失的执法保障机制——以公共资源收益权和行政执法权的纵向配置为视角》(《法商研究》2014 年第 5 期);《墓地上的宪法权利》(《法学》2011 年第 7 期)。

主持课题:国家社科基金项目"公物法研究";"公共资源特许利益的限制与保障"。

"中国行政法原理及应用"被评为 2017 年度"国家精品在线开放课程"和 2020 年国家级一流本科课程。

学术创见

1.《公物法研究》一书提出：公物是所有公民基本权利得以实现的物质基础，公民可以按照公物的本来用途自由、免费（低费）使用，因公物利用而产生的社会关系，主要应受公法调整；政府的责任在于保护公物的本来公共用途不受侵犯，政府并无权利利用公民的生活必需品去获得收益。

2.《论国家所有权与行政权的关系》一文提出：宪法中的国家所有权是保障每个公民平等合理利用国有财产的公共"控制权"，指属于国家所有的财产应当处于国家的最高控制之下，但国家机关不能禁止公民对国有财产进行合理利用，因而具有强烈的公权属性，并内在地决定了只能经由立法权和行政权的行使才能实现国有的目的。从现行法对国家所有权权能的配置来看，在国有财产的具体用途被确定之前，抽象层面的国家所有权权能与行政权的行使是无法分离的。国有财产的用途依法被确定为生活资料后，国家所有权与行政权也不可分离，但是在国有财产的用途依法被确定为生产资料之后，国家所有权权能就应当与行政权分离。

3.《宪法意义上的国家所有权》一文提出：宪法意义上的国家所有权是一种体现平等主义的义务性所有权、抽象所有权和私法类型的权利，政府原则上不享有收益权。政府只是这里的名义所有权人，真正的所有权人和受益人是全体国民。政府有义务优先将国有土地、自然资源和财产用于公共财产、公用事业建设和公民基本权利的保障，政府并无随意处置这类国有财产的权力。

4.《论遏制公共资源流失的执法保障机制——以公共资源收益权和行政执法权的纵向配置为视角》一文提出：为保障执法的中立性和有效性，在上下级政府间配置公共资源收益权和行政执法权时，除了应遵循事务影响范围与行使监督权力的选民范围相一致、事务的重要程度与权力行使者的级别相匹配以及辅助性和正当程序等原则外，还应采取"两权分离"模式，建立两权分离机制。在两权必须同属中央政府时，应建立垂直管理的行政执法体系，将公共资源特许费交给公共资源基层管理单位实行专款专用，引进公众参与机制，并通过完善中央层面的横向制约机制来弥补纵向制约机制的不足。

5.《墓地上的宪法权利》一文提出：死者基于生前的基本权利而享有死后坟墓不受侵犯的权利。墓地作为生者祭祀先人之场所，是其宗教信仰自由、文化活动自由得以实现的物质条件。墓地管理人基于处置死者遗体和管理坟墓的义务而对墓地享有"准财产权"。当这些基本权利产生拘束私人的效果时，很容易与墓地所有权发生冲突，可在宪法上确认农村传统宗族墓地归宗族所有，以消除这类冲突，或在民法上确立坟墓役权制度，用以限制墓地所有权，以协调这类冲突。

6.《论规划许可变更前和谐相邻关系的行政法保护》一文提出：城乡规划区范围内的采光权首先是一种公法意义上的请求权，只有反射到民事领域后，才成为私法意义上的采光权。由采光权的公法权利性质所决定，要摆脱相邻权人的上述困境，就必须由行政机关按照"共享"的发展理念，确保相邻权人能够与建设者共享因规划许可变更所带来的收益，并在规划许可被变更前，从建设者那里得到公平补偿。否则，规划许可的变更就将破坏和谐的邻里关系，引发争议。为保护原来和谐的邻里关系，摆脱相邻权人的救济困境，确保变更规划许可决定的合法性，应建立公正、及时的行政裁决机制，并将"补偿争议不存在或已解决"作为变更规划许可的前提条件。

赵 娟

学术背景

赵娟,1964年生,江苏沭阳人。1984年,毕业于江苏商业专科学校;1994年、2001年、2006年先后获南京大学法学学士学位、法学硕士学位、法学博士学位。美国伊利诺伊大学弗里曼基金项目研究学者。现任教授,兼任南京大学—约翰斯·霍普金斯大学中美文化研究中心教授。研究领域:宪法和行政法基本理论、言论自由制度、比较公法秩序。兼任江苏省人大常委会法工委规范性文件备案审查咨询专家,江苏省法学会法理学与宪法学研究会秘书长,中国法学会宪法学研究会理事。

学术成果

著作:《中国宪法的成文性质与司法适用》(法律出版社2015年版);《规范、秩序与公法》(中国社会科学出版社2020年版)。

代表论文:《论行政法的宪政基础——对行政法与宪法之间关系的再认识》(《中国法学》2005年第2期);《谁的言论,又是谁的自由》(《法学评论》2007年第6期);*On Test of Balance of Interests in Freedom of Speech Cases in the U.S.*(《中国法学(英文版)》2009年第1期);《自治与监督——司法权威的宪法建构机理》(《学习与探索》2013年第4期);《政治宪法学不是什么——认真对待美国经验》(《江苏社会科学》2015年第4期);《美国宪法吸收原理的新展开》(《南大法学》2020年第1期)。

《论行政法的宪政基础——对行政法与宪法之间关系的再认识》一文,获江苏省第十届哲学社会科学优秀成果二等奖(2007年);《中国宪法的成文性质与司法适用》一书,获江苏省第十四届哲学社会科学优秀成果三等奖(2016年)。

学术创见

1. 提出"成文宪法说"。成文宪法兼具法律属性与政治属性,且两种性质并行不悖,中国宪法也不例外。成文宪法下的司法与宪法之间存在着天然联系,宪法的司法适用性是宪法之法律属性的基本特征,也是法治的内在要求。法院适用宪法的合法性与必然性源自成文宪法本身的法律性质以及法院所负有的宪法实施的宪法职责,不取决于也不需要宪法文本的特别授权性规定。根据人民主权原理,成文宪法所形成的秩序结构是人民主权—成文宪法—代议制机构,在这一结构中,成文宪法是人民主权的文字表达,具有终极效力权威。中国现行宪法在形式上已经承袭了成文宪法的法律性质,在实质上也应采用成文宪法下的人民主权原理解说宪法文本。宪法的至上性约束着所有国家权力,但其中最重要的约束对象是法院。尤其是在公民基本权利与自由的保护方面,司法过程不可替代。宪法解释是宪法实施的前提。从制度完善的角度看,宪法解释权的有效配置固然需要考虑民主正当性问题,但也不应该忽视规范的实际效力或者实施效果。

2. 关于言论自由与商业言论。言论自由的价值表现在两个层面:在手段意义上,言论自由对于民主政治、真理发现、社会宽容具有重要作用;在目的意义上,言论自由的价值是与人作为一个生命体存在的内在特征和健康发展联系在一起的。手段与目的是相互关联的,如果过于强调言论自由的手段价值,则会有失偏颇,不利于言论自由的实现。商业言论自由属于言论自由的范畴,其宪法地位为宪法文本和宪法判例所确认。商业言论自由之宪法保护的意义在于实现经济领域的言论自由、保护消费者权益和控制政府权力。商业言论自由对于言论自由本身具有重要意义,商业言论自由既是对言论自由价值的明证,也丰富了言论自由的价值内涵。在权利类型上,商业言论自由具有言论自由和经济权利的"竞合性"特征。在国内公法学界,赵娟开拓性地探讨了商业言论这一言论自由理论的前沿问题,研究成果原创性程度高,受到同行关注,成为这一研究领域的代表性文献。

3. 关于公私法关系、宪法与行政法关系。公法与私法之区分的实质意义,在于划出公私两个领域之间的"楚河汉界",公法与私法在价值追求上的同质性又使得两者"貌离神合"。在我国,既有明确公、私法之"楚河汉界"的必要性,也具有实现公、私法之"貌离神合"的可能性。行政法与宪法具有作为公法的同一性,两者之间也存在作为部门法的差异性,最为重要的是"宪政国家是行政法的前提",行政法必须构建在宪政基础之上——行政权的合法性来自其在宪政结构中的地位与职能、宪政控制行政法治的性质与方向、宪政决定并塑造行政法的风貌与品格。中国行政法同样需要具备宪政基础。

4. 关于美国不成文宪法和政治宪法学。在美国,不成文宪法是一个学理概念,不是一个法律概念,司法审查过程是不成文宪法"生成"的典型场域。从形式上看,不成文宪法表现为法院的宪法解释,同时也是宪法解释方式或者技术。美国成文宪法体制下的不成文宪法,是附随成文宪法而产生的,其存在的必然性源自成文宪法具有成文法的局限性,其合法性取决于其与成文宪法的文字和精神的契合程度。作为宪法学学术谱系的一种扩展,政治宪法学既是法学研究科学化的表现,也是对宪法政治属性的理论回应,其学术进步意义是显著的。政治宪法学的研究繁荣了宪法学,为学者的交流提供了更加丰富的资源。中国宪法学可以从中获得启发与借鉴。

吴卫星

学术背景

吴卫星,1974年生,江苏启东人。1998年、2003年分获南京大学法学学士、法学硕士学位;2006年,获武汉大学法学博士学位。德国哥廷根大学访问学者。现任南京大学法学院教授。研究领域:环境与资源保护法、行政法与行政诉讼法。兼任江苏省法学会环境资源法学研究会副会长、江苏省法学会生态法学研究会副会长、江苏省高级人民法院环境资源审判法律专家。

学术成果

著作:《环境权理论的新展开》(北京大学出版社2018年版);《环境权研究——公法学的视角》(法律出版社2007年版)。

代表论文:《宪法环境权的可诉性研究——基于宪法文本与司法裁判的实证分析》(《华东政法大学学报》2019年第6期);《环境权入宪的比较研究》(《法商研究》2017年第4期);《我国环境权理论研究三十年之回顾、反思与前瞻》(《法学评论》2014年第5期);《印度环境公益诉讼制度及其启示》(《华东政法大学学报》2010年第5期)。

主持课题:2009年度国家社科基金项目"环境权理论的新展开"(项目编号09CFX051);参与《中华人民共和国固体废物污染环境防治法》《江苏省电力保护条例》《南京市水环境保护条例》等数十部法律草案的专家起草、咨询与论证工作。

《环境权研究——公法学的视角》获江苏省高校第七届哲学社会科学优秀成果二等奖(2010年)、南京大学第七届人文社会科学优秀成果二等奖(2010年);《环境权入宪的比较研究》一文获江苏省第十五届哲学社会科学优秀成果三等奖(2018年)、第十二届中国法学家论坛征文二等奖(2018年)。

学术创见

1. 提出狭义环境权说。环境权的主体应仅限于自然人,国家、法人或其他组织、自然体、后代人都不是法律意义上的主体。环境权是一种对一定环境品质的享受权,是实体性的权利,不包括经济性权利和程序性权利。作为一种实体性的权利,环境权不同于传统的物权及其他权利,其客体虽是以物质形态存在的环境及其构成要素,但其内容却是从物质的客体中呈现出来的生态的、文化的、精神的或审美的利益。

2. 提出环境权的三大权利体系。环境权包括环境人格权、环境公共地役权和环境获益权三大内容。环境人格权类似于"一般人格权",是一个框架性、开放性的权利,通过学说和判例可以逐步厘清其内涵,并从中发展出清洁空气权、清洁水权、环境安宁权、景观权等一系列的子权利。所谓环境公共地役权是对环境资源的一种积极的利用行为,包括进入森林、草原、河流、湖泊、海洋、公园等场所的权利,是一种休闲、消遣性的权利。所谓环境获益权可以追溯至罗马法,与一般地役权不同,它表现为进入某个场所并且取走某些物品的权利,例如取水、垂钓、捡拾柴火、采摘蘑菇等权利。

3. 提出环境权的三大本质特征:(1) 环境权的公共性。这是环境权区别于生命权、名誉权、财产权等传统个人权利的重要表现。环境权的公共性具体可以通过以下几个方面予以说明:环境权的主体是公众,是自然人,通常某一地域的人共同享有;环境权是对于共用环境资源的一般利用,通常无须许可;环境权的目的是为了增进人们的福祉;环境权的行使一般不具有排他性。(2) 环境权的人格权特质。就自然人对环境公物利用权的性质而言,其本质不是财产权,而是人格权。即使是环境获益权,也是基于人格权而做出的。因为,环境权的本质是自然人基于生态、文化、教育、娱乐等目的而亲近自然、利用自然,这是为了保障人们的基本生存以及人格的养成、发展。(3) 环境权具有宪法位阶。在当代社会,环境权并不仅仅是在环境保护法、自然保护法、水法等一般的环境立法中得以被承认,而且已经为越来越多国家的宪法所明确承认。所以,环境权具有宪法位阶和宪法基本权利的属性,并为一些国际人权公约所承认和保护。

4. 提出判断环境权是否可诉的"四步法则"。"四步法则"判断的过程是一个从宪法文本到司法实践、从简单到复杂的逐步递进、逐步深入的过程:(1) 环境权是否可诉的宪法明文规定。"四步法则"的第一步是观察宪法文本是否有环境权可诉的明文规定,如果宪法条文明确肯定环境权的可诉性,那么一般来说环境权就是可诉的;反之,如果宪法明确规定环境权不可诉,那么环境权一般就是不可诉的。(2) 环境权条款的文义解释。如果环境权条款规定,环境权的内容和行使保留给法律予以具体规定。那么,环境权一般就不可诉。在权力机关立法之前,该环境权不具有可司法性。(3) 体系解释。也即是要考察宪法环境权条款在宪法的位置,通过宪法的结构、文义等予以综合的判断。(4) 宪法文本和司法实践的"互证"。欲深入探究一国宪法环境权是否可诉,除了分析宪法文本,尚需关注司法实践。通过宪法文本和司法实践的"互证",我们才能对环境权可诉性有更深刻的把握。

陈 伟

学术背景

陈伟,1979年生,江苏南京人。河海大学工学学士、法学硕士,复旦大学西方哲学哲学博士,南京大学法学博士后。台湾成功大学政治经济研究所、美国俄亥俄州立大学莫里茨法学院访问学者。现为法学院副教授。研究领域:环境法学和理论法学。

学术成果

著作:《事实与规范的辩证法——哈贝马斯法哲学研究》(上海人民出版社2011年版)。代表论文:《疫学因果关系及其证明》(《法学研究》2015年第4期);《环境质量标准的侵权法适用研究》(《中国法学》2017年第1期);《环境侵权因果关系类型化视角下的举证责任》(《法学研究》2017年第5期)。

主持课题:国家社科基金后期资助一般项目"二阶段归因论"(2019)。

曾获上海市(省级)优秀博士论文奖(2011年);励青环境法学一等奖(2019年)。

学术创见

1. 对哈贝马斯的法哲学进行了系统的研究。哈贝马斯的法哲学以"事实性"与"有效性"及其之间的"张力"为设计构图,以"交往行动理论"为理论基石,以"普遍语用学"和"商谈伦理学"为理论支撑,并融合了"生活世界""公共领域""市民社会""交往权力"等一系列建筑元素,建构起当代最后一个法哲学"体系"——"程序主义法律范式"。可以把对哈贝马斯法哲学思想的研究放入更加广阔的语境中进行全面分析:把哈贝马斯的法哲学思想置于整个现代西方政治哲学思想的语境中;把哈贝马斯对"权利"及"权力"理论的"重构"置于西方政治思想史的语境中;除了研究哈贝马斯法哲学与其他哲学理论的具体关系以外,还注意把程序主义法律范式置入诸如法学及政治学等操作性更强的理论中;把哈贝马斯的法哲学置于整个现代西方哲学语境(语言学转向)及哈贝马斯自己的哲学体系语境之中,以便更为深入地理解哈氏法哲学的哲学思想渊源。

2. 将疫学因果关系及其证明理论系统性引入我国法学界。将疫学型环境侵权的因果关系分为一般因与特定因,不但可以从理论上更为清晰地界定此类侵权因果关系的特征,还可以为在司法审判实践中判断因果关系是否存在提供参考框架。证明一般因存在与否的关键证据为流行病学证据,而证明特定因存在与否的证据则包括暴露学、临床医学、病理学等科学证据以及其他的一般证据。在对科学证据进行司法审查的基础上,结合其他证据和具体案情对因果关系做出司法判断,才有可能对疫学型环境侵权案件做出合理判决。

3. 对环境侵权因果关系进行了类型化研究,并以此为基础来处理涉及环境侵权因果关系的举证责任问题。环境侵权因果关系的举证责任分配问题是环境法学和侵权法学理论界存在争论的疑难问题。在英美法对因果关系所做的一般因果关系与特定因果关系两分法的基础上,根据科学确定性程度可进一步把一般因果关系分为三种类型:常识型、科学确定型和科学不确定型。只有科学不确定型因果关系的举证责任才应由被告承担。根据污染物致害的时空顺序,可把特定因果关系分为到达的因果关系和致害的因果关系,而致害的因果关系则可根据证明的需要区分为暴露的因果关系和真实的因果关系。到达的因果关系之举证责任,根据现行立法与司法解释应由被告承担。致害的因果关系中暴露的因果关系之举证责任应由原告承担,真实的因果关系之举证责任则由被告承担。

4. 系统性地研究了环境质量标准的侵权法适用问题。在存在环境质量标准且其自身的合法性和合理性未受质疑的前提下,应当承认环境质量标准在侵权法上界定是否存在污染的效力,从而承认被告的合规抗辩。如果环境中的特定污染物没有超过环境质量标准规定的限值,那么无论排污者排放的污染物是否超过了污染物排放标准,排污者都不应承担环境污染侵权责任。如果环境中的特定污染物超过了环境质量标准规定的限值,该污染物系排污者的排放所致,且能够认定污染物与损害结果之间存在因果关系,则排污者应当承担环境污染侵权责任。当不同地方的环境质量标准对同一污染物限值的规定不一致时,应当以更加严格的环境质量标准为进一步判断人身损害因果关系是否存在的"门槛"。

5. 提出有关事实因果关系的二阶段归因论。在归因和归责双阶层因果关系判断体系中,存在事实因果关系是进一步判断法律因果关系的前提。条件说是判断事实因果关系的通说,合法则性条件说则成为有力学说。相当因果关系论和客观归责论致力于对归责标准的研究,而对归因的处理过于简单,导致在用条件说或合法则性条件说判断事实因果关系时出现逻辑上的混乱,从而不恰当地削弱了事实因果关系判断本身的重要性。根据到达的因果关系和致害的因果关系二阶段归因论,条件说适用于对到达的因果关系的判断,合法则性条件说适用于对致害的因果关系的判断。运用二阶段归因论对传统因果关系理论进行合理重构,不但可以解释既有理论所无法妥当解释的疑难案例中的因果关系问题,更可以厘清基本理论层面上的逻辑含混之处,构建更接近实事本身的精细化归因理论。

田　芳

学术背景

田芳,1971年生,湖北仙桃人。1992年,获重庆交通大学工学学士学位;1998年,获湖北省社会科学院法学硕士学位;2004年,获武汉大学法学院法学博士学位;2011-2012年,加州大学圣地亚哥分校访问学者。2004年9月至今,在南京大学法学院工作,宪法学副教授、硕士生导师。主要教学和研究领域:宪法学、比较宪法学、人权法学、宪法与刑事诉讼制度,侧重宪法与部门法联系的研究。现为中国法学会宪法学研究会理事、中国法学会立法学研究会理事、中国法学会海峡两岸法律研究会理事。

学术成果

著作:《技术侦查中个人信息保护的法理研究》(法律出版社2021年版);《地方自治法律问题研究》(法律出版社2008年版)。

代表论文:《法律解释如何统一》(《法律科学》2007年第6期);《行政区划宪法条款的解读——从"省管县"体制的推行说起》(《现代法学》2008年第4期);《宪政民主与公民投票制度之设计》(《政治与法律》2008年第5期);《技术侦查措施合宪性审查中的动态平衡保障理论》(《比较法研究》2015年第4期);《宪法调控民法的路径与意义》(《南京大学学报》2014年第5期)。

主持课题:教育部人文社会科学规划基金项目"刑事非法证据排除规则适用中的宪法原理研究"(13YJA820044);司法部国家法治与法学理论研究项目"刑法制定和实施中的宪法边界"(15SFB2008);江苏省社会科学基金项目后期资助"技术侦查中个人信息保护的法理

研究"(20HQ017);国家社科基金重点项目"国家纵向治理体系现代化和法治化若干重大问题研究"子课题(20&ZD159)。

学术创见

1. 手机定位信息是公民的一种信息隐私权,但这一信息却是由无线电通讯公司形成、储存并保留的。手机定位信息的宪法保障,最终还是落脚到信息的调取程序。手机定位信息相比于银行账务信息、电话号码信息,以及一定时间内的机动车公共领域的行踪信息,应受到更高程度的保障,政府调取手机定位信息时将承担更多的证明责任。

2. 科技的发展是一把双刃剑,它既可以使警察更快地侦破案件,也可以使犯罪分子更方便地实施犯罪。美国案例法发展出公民隐私权的动态平衡保障理论,强调技术中立原则,认为侦查技术的发展不应改变公民隐私权与警察保障公共安全之间的平衡关系。我国刑事诉讼法用专节规范了技术侦查措施,赋予法院对侦查机关采用技术侦查措施的行为实施程序性审查。在我国对于公民免于政府非法搜查的宪法基本权利理论研究不够充分,导致制度上的保障不足。技术侦查措施的界定应遵循保障公民基本权利,限制侦查机关权力的路径,制度上赋予法院对侦查行为进行实体性审查,并引入权力分立的制衡机制。

3. 刑事领域内非法证据排除规则的适用涉及三大公民基本权利,即公民免于非法搜查基本权利、公民不得自证其罪基本权利、公民获得律师帮助基本权利。政府的取证行为如果侵犯了公民以上的基本权利,所获得的证据就构成了非法证据,法院将会排除该证据,因此非法取证中的法主要是宪法所保障的公民基本权利。

张　慰

学术背景

张慰,1977年生,浙江义乌人。1999年、2014年分获南京大学法学学士、法学硕士学位;曾赴德国图宾根大学学习博士课程,德国联邦宪法法院访问学者。现为南京大学法学院暨中德法研究所副教授。研究领域:宪法学及中德比较法,基本权利的释义学以及与文化(权)相关宪法理论。

学术成果

代表论文:《适应与自主之间的德国基本权利教义学——德国国家信息行为的宪法教义学建构》(《法制与社会发展》2012年第3期);《宪法中语言问题的规范内涵——兼论中国宪法第19条第5款的解释方案》(《华东政法大学学报》2013年第6期);《艺术自由的文化与规范面向——中国宪法第47条体系解释的基础》(《政治与法律》2014年第6期);《节日"挪假"之正当性剖解》(《法学》2014年第7期);*Disenchantment of Putonghua Promotion, with the Notice of State Administration of Press, Publication, Radio, Film and Television as Research Object*(Renmin University Law Review,2016)。

主持课题:2017年度江苏省社会科学基金项目"江苏方言的法律规制研究"(17YYB005);2015年度德国艾伯特基金会(Friedrich-Ebert-Stiftung)资助的研究项目"Die Rechtsprechungen des BVerfGs zum additiven Grundrechtskonkurrenz"(德国联邦宪法法院判决中的基本权利竞合问题);2014年度江苏省社科基金后期资助项目"跨文化刑法问题研究"(14HQ007)。

《德国食品安全"负面名单"制度宪法思考维度之借镜——以德国潘科区"负面名单"(Negativliste)为例》获中国法学会 2011 年"中国食品安全法治高峰论坛"二等奖。

学术创见

1. 中国宪法学的研究应该立足中国当下的现实问题,并以法院所做判决为基础。宪法的任务并不在于直接给出一个完全肯定或否定的判断,而是要揭示其中具有普遍意义的"宪法理论性争议",在享有基本权利的自由空间、以法治国,以及民主制度之间为其设定标准。

2. 宪法理论空间中对节日制度正当性的追问,归根结底是为了使国家在治理过程中能真正回到对公民权利进行保障的位置之上来进行衡量与判断。在其他各个生活领域,同理亦然,这样才能使国家的治理体系最终回归到服务个人幸福与追求的根本目标之上。

3. 法学的核心工作是为法律人解释法律和处理案件提供规则指引的法教义学。宪法虽是"政治法",在为政治系统保留功能空间之外,在既有的成文宪法之下,并不妨碍宪法学的"教义化"。这要求宪法学在具体的研究立场与方法上,应该采取规范主义立场,以及宪法解释的方法,将各种利益纷争和意识形态对立限定于规范的场域,将各种价值争议技术转化为规范性争议,以实现宪法调和利益冲突、建构社会共识的功能,进而在阐明宪法教义学与现行宪法的紧密关系的基础上探讨建构中国宪法教义学理论体系的可能性。

4. 从司法实践的需要到理论研究的回应,在我国法治建设的进程中宪法规范正逐步成为部门法规范的正当性基准。宪法学应致力于从理由、路径和边界等多重纬度来推动宪法与部门法学的相向而行。

李　　晴

学术背景

李晴,1991 年生,河北保定人。2014 年获北京航空航天大学法学学士学位,2017 年获南京师范大学法学硕士学位,2020 年获清华大学法学博士学位。2020 年 6 月至今,在南京大学法学院担任助理研究员。研究领域:公法学基础理论的本土化、行政处罚的制度建构以及智慧警务模式的法治化问题。

学术成果

代表论文:《论地方性法规处罚种类创设权》、《地方政府规章处罚种类创设权之批判》、《智慧警务模式下警察法授权体系的补足》、《行政处罚中比例原则与过罚相当原则的关系之辨》(第二作者)、《新中国行政法学七十年的发展与进路》(第二作者)、《德国警察法中比例原则的发展机理和启示》等,发表于《政治与法律》《光明日报》《中国法律评论》《浙江学刊》《交大法学》《人民检察》等若干刊物。其中《行政处罚中比例原则与过罚相当原则的关系之辨》一文被人大复印资料(宪法学与行政法)全文转载。

曾作为主要课题组成员之一,参与教育部重大攻关项目"法治中国建设背景下的警察权",负责撰写《治安管理处罚》《警察法上的比例原则》两部分研究内容;作为主要课题组成员之一和实际子课题负责人,参与国家社科基金重大项目"大数据、人工智能背景下的公安法治建设研究"等重要课题立项和研究,负责研究"智慧警务模式下执法活动变革"问题。参与国家社科基金重大项目"新时代中国改革创新试验的法治问题研究",负责研究"行政处罚中的试验立法"问题。

学术创见

1. 地方立法处罚设定权的边界。发表于《政治与法律》2019年第5期的《论地方性法规处罚种类创设权》一文指出，从整体法秩序的角度观察，赋予地方性法规处罚种类创设权，是功能适当原则的考量，既不影响国家法制统一，也未必违反法律保留原则。地方性法规新设的行政处罚应当以《行政处罚法》和其他法律、行政法规规定的处罚种类为起点，扩展至更多的行为罚、财产罚、申诫罚，同时可以创设名誉罚、信誉罚等新型处罚种类，但不得创设关涉行政相对人重大权益的人身罚和资格罚。发表于《中国法律评论》2020年第6期的《地方政府规章处罚种类创设权之批判》一文指出，创设处罚种类不属于明确列举的人大保留事项，重要性难以确定，但因无法明确授权范围，应由人大立法保留，不应授权给地方政府规章。

2. 比例原则的本土化。一方面，关注比例原则与我国《行政处罚法》中过罚相当原则的衔接。与杨登峰教授合作的《行政处罚中比例原则与过罚相当原则的关系之辨》一文提出，比例原则是制约行政裁量的基本原则，而过罚相当原则是设定和实施行政处罚的法定原则。在行政处罚中，比例原则和过罚相当原则缘起不同、功能不同。但比例原则和过罚相当原则均可以用于约束行政处罚实体裁量。在行政处罚的实体裁量过程中，过罚相当原则本身无法提供相当性判断标准，比例原则则可以进行过罚相当的分析。可以将比例原则引入过罚相当原则的判断，在考量过罚相当原则所包含的违法行为构成要素的基础上，通过比例原则的适当性、必要性和均衡性要求来分析判断过罚是否相当。另一方面，关于比例原则的缘起及其在我国警察法中的落地。《德国警察法中比例原则的发展机理和启示》探究了比例原则在德国警察法中的发展过程，《我国警察法比例原则的适用》分析了比例原则在我国落地的困境及其解决方案。

3. 智慧警务模式下的警察法变革。发表于《浙江学刊》2021年第1期的，与余凌云教授合作的《智慧警务模式下警察法授权体系的补足》一文指出，随着人工智能、大数据等新兴技术的引入，我国警务模式从情报主导警务逐步升级为智慧警务。以授权基础理论为基准观之，《人民警察法》第2条第1款和第6条作为任务概括条款可以涵盖智慧警务模式下日益凸显的危险预防任务，但现有警察法规范缺乏对警察之外的其他智慧警务参与主体和新兴智慧警务手段的授权。智慧警务模式下的警察法授权体系应当以《人民警察法》中的任务概括条款为基础，针对数据收集、数据分析等智慧警务中的典型干预手段建构标准授权条款，针对查处措施建立与现有警察法规范的衔接条款，同时针对危险预防措施建立概括授权条款并依据干预强度确立该条款的适用"门槛"。

金　　健

学术背景

金健，1988年生，江苏常熟人。2010年，获南京大学法学学士学位；2014年2月、3月，分获哥廷根大学法学硕士（LL. M.）学位、南京大学法学硕士学位；2019年获哥廷根大学农业法学研究所（Institut für Landwirtschaftsrecht）博士学位。2019年9月起，任南京大学法学院助理研究员。研究领域：部门行政法，尤其是农业行政法、食品行政法及规制与治理理论。

学术成果

著作：*Eingriffsbefugnisse der staatlichen Überwachungsmaßnahmen im chinesischen Lebensmittelrecht—mit Hinweis auf das deutsche Recht*（《中国食品法上政府监管措施的干预权限研究——以德国法为借镜》，Nomos 出版社 2020 年版）。

译著：《美国食品规制》（英译汉），Neal D. Fortin 著，中国法制出版社 2020 年版。

代表论文：《受规制的自我规制与行政法的嬗变》[《行政法论丛》(CSSCI) 2020 年第 25 辑]；《德国公私合作规制理论及其对中国的启示》（《南京政治学院学报》2018 年第 1 期）；《德国食品安全领域的元规制》（《中德法学论坛》2018 年第 15 辑）。

学术创见

1. 国家与社会的混合体随着元规制调控模型的逐渐成熟而日益壮大，其必然性在于结构性原因，也让公法学界面临新的挑战。元规制理论发端于英美，德国将其引入社会性规制，发展出了一套独特的理论体系，在发达的法教义学体系的映射下，有别于他国的规制理论。德国食品安全领域的元规制自有其殊相，与食品行业的特殊性、食品信息的敏感性、消费者权益的受保护程度有关，责任划分理论为食品安全治理责任的划分和公共任务的分野提供了智识工具，欧盟和德国国内法层面关于食品安全的规范为食品规制设置了规制基础，HACCP 等质量管理体系作为自我规制的典型已深植于食品企业内部。但元规制由于结构上的局限，也存在不少问题，同时与其他规制现象相联结，更多时候表现为复合形态，所以变得尤为复杂，需要学界给予更多关注。

2. 极权国家到合作国家的转向，伴随着从履行责任到保障责任的移转，与之平行的还有命令—控制型治理模式的变革，国家通过对公共福祉的保障、国家结构的搭建、法律法规的储备，倾向于从直接的行为调控过渡到间接的结构调控。当食品产业有自我实现国家规制目标的意愿时，立法者可减少使用直接的调控手段，如适当减少不必要的立法活动。规制领域内不协调的、强制性的纯政府规制对于经济发展来说或为非理性选择，自我规制机构因此能使经济的自我行为自由最大化，也能充分考虑可能的公益需求。

3. 传统命令—控制型政府规制难以抵御全球化浪潮和公共任务的繁复带来的冲击，对国家学理论的反思为公私合作规制开辟了生存空间，德国公法学发达，通过对德国合作规制理论的最新发展、理论框架、适用领域的分析，厘清了公私合作规制、政府规制、社会自我规制的相互关系，以期为中国语境下合作规制的适用提供镜鉴。

4. 作为一种重要的规制形式，受规制的自我规制介于政府规制和自我规制之间，在现代行政的土壤中形成了独有的结构和运行理性，在社会、经济的诸多领域都发挥了重要作用。在受规制的自我规制的双重耦合中，政府规制和自我规制的交互关系见证了行政法的变迁，行政法在其映射下日益凸显学习性、合作性及保障性特征。行政法的变迁与变迁中的行政不仅存在修辞上的关联，还给行政法学提供了新的理解可能和观察视角。

5. 社会自我规制不仅尊重社会子系统的自有理性，切合系统的实际而提升规制的实效，而且彰显了社会组织自我立法的理念，具有很强的正当性。在现代行政和行政法中勃兴的受规制的自我规制的双重耦合结构运行着独特的机理，凭借对其理论的梳理和法律实践的剖析，管窥现代行政法之嬗变与发展趋势，在传统政府规制无力应对繁重行政任务的当下，在特定领域采用受规制的自我规制的模式,符合作为调控科学的行政法学的主旨和要义,有利于从生存照护型国家向现代保障型国家的转型。

白 云 锋

学术背景

白云锋,1991年生,湖北宜昌人。上海交通大学法学博士,早稻田大学公派联合培养博士,现为南京大学法学院专职科研人员。主要研究方向:行政法基础理论、行政组织法、行政合同法。

学术成果

代表论文:《如何激励执法者——一个认知行为主义的分析进路》(《法制与社会发展》2020年第6期);《论行政协议第三人原告资格》(《行政法学研究》2019年第1期);《保护规范理论反思与本土化修正》(《交大法学》2021年第1期);《行政执法和解的模式及其运用》(第二作者,《法学研究》2019年第5期);《飞地协议管辖:一个组织法问题的出路》(《中国土地科学》2019年第2期)。

参与课题:国家社会科学基金重点项目"社会主义民主政治中的公民参与及其法治化研究"。

学术创见

1.《如何激励执法者——一个认知行为主义的分析进路》一文指出,面对法律往往无法得到有效执行的困境,传统主流规范法学的整体主义、规范视角、价值预设的范式无法进行有效解说与实践指导,进而基于认知行为主义视角,提出行为行政法学的研究范式与框架,并对影响执法者的内部、外部认知因素进行了分析,在此基础上提出了以斯金纳强化激励为基础的激励框架和中观个性化的激励方案。

2.《论行政协议第三人原告资格》一文首次将固有权益和履行权益的分析框架运用于行政协议第三人原告资格的分析。文章认为,在行政协议第三人诉请合同履行权益时,原告有资格要求回归行政相对人标准;在诉请固有权益时,要遵循与行政协议整体的直接利害关系标准。

3.《保护规范理论反思与本土化修正》一文对保护规范理论的缺陷,以及我国适用保护规范理论的问题进行批判与反思,并在此基础上结合我国积累的司法经验,认为,我们应该在借鉴保护规范理论权益实定化路径的同时,结合本土已有的要件化判断实践,将原告资格的权益基础拓展至私法,并增加因果关系要件作为判断辅助。

4.《行政执法和解的模式及其运用》一文从制度要素的视角,提取出"和解适用前提""和解表意形式""和解实现方法"三个执法和解模式的框架要素,并基于这些要素的变化,构造出情况难查—协商谈判—双方行政契约、情况查明—公示回应—单方行政决定等八种不同的执法和解模式。这突破了关于执法和解需以事实不清为适用前提、协商谈判为表意形式、行政契约为实现方式的传统观点,推进了关于执法和解的理论认识。

5.《论行政黑名单制度的法律属性及其可诉性——基于规范结构的实证分析》一文通过对法规范的实证考察,基于规范结构与规范效果的框架,提取出行政黑名单六类规范内在构成结构类型与三种外在效果实现结构,并基于此分析了行政黑名单可诉、不可诉与附带可诉的三种可诉性结论。

6.《论行政诉讼原告资格的审慎审查义务》一文首次从程序义务视角研究行政诉讼原告资格问题,这有别于以往的实体标准角度。文章建构起法官审查行政诉讼原告资格时的程序上的审慎审查义务,用以弥补实体原告资格标准的不足。

7.《论"互联网+"时代的行政规制图景》一文通过广泛收集网约车规范文本,从实证角度归纳出政府在网约车监管过程中的真实监管图景,并据此首次提出将和解等规制手段运用于新业态规制。

邢鸿飞

学术背景

邢鸿飞(已调离),1963年生,江苏高淳人。1984年获华东政法大学法学学士学位;2007年获河海大学在职管理学博士学位。1994—1997年,在南京大学任教,曾任法学院法律系系主任。现任河海大学教授、博士生导师。主要教学研究领域:宪法学与行政法学、环境与资源保护法学、法律社会学。现致力于公用事业法、国际河流法的研究。兼任中国行政法学研究会常务理事,江苏省法学会行政法学研究会会长。

学术成果

著作:《官僚与官僚制——中国传统官制的精神及表现》(宁夏人民出版社1993年版);《行政法学》(南京大学出版社1997年版);《行政复议与行政诉讼原理》(南京大学出版社1993年版)。

代表论文:曾在《中国法学》《法律科学》《法学》《行政法学研究》《江海学刊》《南京大学学报》等主流期刊发表《政府特许经营协议的行政性》《论政府特许经营协议的契约性》《论基础设施权》《行政契约与权力理性》《试论行政契约的分类及形式》《软法治理的迷失与归位——对政府规制中软法治理理论和实践的思考》等论文。

主持课题:国家社科基金青年项目"市场经济中的行政合同研究"(1993年)。

学术创见

《官僚与官僚制——中国传统官制的精神及表现》一书,是以中国的封建官僚及中国古代存续2 000余年的传统官制为研究对象的著作。全书从分析中国传统官制形成的文化土壤入手,对中国传统官制的历史轨迹、发展惯性及其文化变迁做了整体研究。同时,又进一步以官僚系统、官僚机构、官僚特权、官僚主义、官僚心态、官民关系、为官之道及依法治官为立足点,对中国传统官制的精神及表现做了更加全面、深入、系统的论述。这是改革开放以来,国内较早从学术角度关注并研究官僚制度的一部著作。

杨解君

学术背景

杨解君(已调离),又名张泽想,1963年生,湖北仙桃人。1986年获中南财经政法大学法学学士学位;1994年获中国政法大学法学硕士学位。1994年3月至2000年9月,任教于南京大学法学院,教授。现任职于南京工业大学法学院。主要教学研究领域:行政法与行政诉讼法、能源法与环境法、法理学与宪法学等。

学术成果

著作：《秩序·权力与法律控制》（四川大学出版社 1995 年版）；《依法行政论纲》（中共中央党校出版社 1998 年版）；《行政救济法——其本内容及评析》（南京大学出版社 1997 年版）；《面向低碳未来的中国环境法制研究》（复旦大学出版社 2000 年版）；《法国行政合同》（主编，复旦大学出版社 2000 年版）。

代表论文：《关于行政法理论基础若干观点的评析》（《中国法学》1996 年第 2 期）；《行政违法与行政犯罪的相异和衔接关系分析》（《中国法学》1999 年第 1 期）；《论行政处罚的设定》（《法学评论》1995 年第 5 期）；《行政违法状况及其相关分析》（《法商研究》1997 年第 4 期）；《行政诉讼的基础与检讨》（《政法论坛》1997 年第 4 期）；《法治的悖论》（《法学》1999 年第 6 期）。

张梓太

学术背景

张梓太（已调离），1985 年获山东大学学士学位；1988 年获山东大学、吉林大学硕士学位；2002 年获南京农业大学土地管理学博士学位。1993—2003 年，任教于南京大学法学院，教授。现任职于复旦大学法学院。教学与研究领域：宪法行政法学、环境与资源保护法学等。

学术成果

著作：《宪法与行政法的生态化》（法律出版社 2001 年版）；《环境保护法概论》（编著，中国环境科学出版社 2003 年版）。

代表论文：《污染权交易立法构想》（《中国法学》1998 年第 3 期）；《中国环境行政诉讼之困境与对策分析》（《法学评论》2003 年第 5 期）；《论国家环境权》（《政治与法律》1998 年第 1 期）；《关于环境民事法律责任几个问题的认识》（《江苏社会科学》1995 年第 2 期）；《论〈唐律〉与唐初政治社会的协调性》（《江海学刊》1991 年第 3 期）；《中国古代立法中的环境意识浅析》（《南京大学学报》1998 年第 4 期）。

张千帆

学术背景

张千帆（已调离），1964 年生，上海人。1984 年获南京大学物理学学士学位，1989 年获卡内基梅隆大学生物物理学博士学位；1999 年获得克萨斯大学奥斯汀分校政府学博士学位。1999—2002 年任南京大学法学院教授、博士生导师。现任职于北京大学法学院。研究领域：西方宪政与司法体制、中国宪法与宪政及比较行政法。江苏省中青年杰出法学家。现任中国宪法学会副会长。

学术成果

著作：《市场经济的法律调控》（中国法制出版社 1998 年版）；《美国宪法与政府体制》（中国社会科学出版社 2000 年版）；《西方宪政体系》（上册·美国宪法，中国政法大学出版社 2000 年版；下册·欧洲宪法，中国政法大学出版社 2001 年版）。

译作：《宪法决策的过程：案例与材料》（[美]保罗·布赖斯特著，张千帆等译，中国政法大学出版社 2002 年版）。

《西方宪政体系(上册)》获得江苏省第七届哲学与社会科学优秀成果一等奖(2001年);《西方宪政体系(下册)》获得司法部优秀成果三等奖(2002年)。

胡 敏 洁

学术背景

胡敏洁(已调离),1979年生,2006—2016年,任职于南京大学法学院,教授。现任职于浙江大学法学院。教学科研领域:主要集中于福利权、福利行政法、契约治理等命题。中德法学研究所LLM课程:PUBLIC LAW II以及本科生全英文国际班课程。兼任中国法学会行政法学研究会理事、中国法学会行政法学研究会政府规制研究会委员。

学术成果

著作:《福利权研究》(法律出版社2008年版)。

代表论文:《转型时期的福利权实现路径——源于宪法规范与实践的考察》(《中国法学》2008年第6期);《给付行政范畴的中国生成》(《中国法学》2013年第2期);《论政府购买公共服务合同中的公法责任》(《中国法学》2016年第4期);《作为治理工具的契约》(《中国行政管理》2015年第1期)。

主持课题:国家社科基金青年项目"政府购买公共服务中的行政契约法制改革"(2012年);教育部哲学社会科学青年项目"给付行政原理与医疗券制度架构"(2009年)。

获首届应松年行政法学优秀成果奖(2016年)。

学术创见

1. 较早对福利权进行了系统性探讨。宪法学关于权利理论的早期研究更关注消极权利。作为国内福利宪法与行政法研究的代表性青年学者,近年来基于宪法与行政法学的互动,对中国特色的福利宪法与行政法进行了持久深入且全面的研究。较早开展积极权利理论研究,出版了国内第一部关于福利权研究的专著,对福利权的历史、性质、可裁判性、司法保障、救济等进行全面梳理,对福利权、生存权、社会权等概念进行辨析。在《中国法学》发表的相关论文《转型时期的福利权实现路径》获中国法学会宪法学年会第七届中青年优秀成果奖。

2. 努力推进福利行政法基础理论研究。在福利权实现的具体保障路径中,规范政府权力、促使政府维护权利是重要方式之一,也符合服务型政府与国家治理现代化的方向。在该研究方向,《给付行政范畴的中国生成》一文对给付行政在中国的展开进行了回溯,强调在给付行政概念传入之前,中国实践中已有类似现象。借助探讨"给付行政"概念流变,提出中国式给付行政应从生存权保障过渡到福祉提高,实现资源共享与资源公平分配。基于此,对于国家实行福利行政的法技术性问题进行讨论,发表法学CSSCI期刊论文若干。借助福利权、福利行政法的个案研究反哺总论,认为行政法学理论架构需因时而动,为法治社会、国家治理体系和治理能力现代化保驾护航;在实践意义上,福利行政程序、福利行政活动方式等相关研究成果能够直面并尝试解决中国转型期中井喷的系列社会问题,如贫困问题、住房问题、老龄化问题等。

3. 致力于治理、规制理论下的行政法学总论变革研究。对行政组织法、行政程序法、行政救济法等问题进行了探究:在我国行政法尚未形成完善的传统体系之际,学界面临着"内忧外患"。一方面,我国行政法理论需要对全球化下行政法的变革给予回应。全球化下的行政法发展正处在一个转型时期,传统的秩序行政开始朝向关注给付行政的方向发展,并衍生出风险行政的新问题;另一方面,行政法理论需要成长并服务于国家治理现代化的新时代背景。基于此,提出以下创新成果与见解:(1)传统行政法需要结构性变革,现代行政法应注重行政行为方式与目标的匹配度;(2)丰富行政活动的工具箱的同时需符合传统行政法制约政府权力的功能取向。例如《论政府购买公共服务合同中的公法责任》;《作为治理工具的契约》都对作为新兴活动方式的契约以及政府购买公共服务合同进行了探讨。其中,《论政府购买公共服务合同中的公法责任》一文厘清了政府购买公共服务合同不同于民事合同和行政合同的特殊之处,从责任主体、内容以及责任实现几个方面,系统地对公法责任进行了深入论证,推进和更新了对公法责任的理解,有助于理解在政府与社会资本合作、公私合作伙伴关系日渐凸显的背景下,监管责任、担保责任、保护责任等新兴公法责任类型的发展。

第十七章 法律史教研室

王 超

学术背景

王超(已退休),1935年生,字仲甫,笔名任岩,江苏涟水人。中国政治制度史和法律史学家。1962年毕业于复旦大学历史系。历任南京大学副教授、教授,南京大学东方法律文化研究中心主任,中国法律史学会理事,复旦大学、北京大学、河南大学讲座教授,法国马赛第三大学等校客座教授。

学术成果

著作:《中国历代中央官制史》(上海人民出版社2005年版);其他还有《法学探微》《中国政治制度史》《中国法律思想通史》《中国法律与家族制度研究》《〈大唐六典〉校注》等独著或合著10余部。

代表论文:《评宋代中央集权制度》(《光明日报》1980年10月21日);《我国封建时代中央与地方关系述论》(《中国社会科学》1983年第1期);《我国古代的行政法典——〈大唐六典〉》(《中国社会科学》1984年第1期)。

曲可伸

学术背景

曲可伸(已退休),1955年毕业于中国人民大学,为第一期学员。毕业后,先后到西北大学、西北政法学院任教,在"文化大革命"之后来到了南大。潜心学术,著有《罗马法原理》《世界十大著名法典评介》《马克思主义法律思想史》等。在南大任教期间,曾被委派到南开大学主持法学研究所的成立,之后,再回南京大学法律系执教。

专著《罗马法原理》材料丰富、观点创新,迄今还是不少大学罗马法研究生重要参考教材。1984—1989年,因为学术成果丰富,在短短5年之内,即获评南京大学教授职称。

钱大群

学术背景

钱大群(已退休),1935年生,江苏张家港人,南京大学教授。1950—1954年从事军内文教工作。1959年复旦大学及上海社会科学院(今华东政法大学)法律系毕业。1959—1981年,先后在西北师范大学(中文系)等校任教文选与汉语课,1981年调至南京大学法律系,讲授中国法律史。2003年与2011年两次应邀参加唐律国际学术研讨会。曾任中国法律史学会第五届执行会长,现为江苏省法律史研究会终身名誉会长;曾被聘为江苏省政府参事。1993年起享受国家有特殊贡献者政府津贴。

学术成果

撰写研究唐代法律的著作9部,中国法制史教材3部,刑法著作1部,语言文字著作3部。

著作:《唐律与唐代法制考辨》(社会科学文献出版社2013年增修);《唐律疏义新注》(南京师范大学出版社2007年版);《唐律研究》(法律出版社2000年版);《唐律与唐代法律体系研究》(南京大学出版社1996年版);《中国法制史教程》(主编,南京大学出版社1987年版);《中国法律史论考》(南京师范大学出版社2001年版)。

代表论文:《西周"三事"考》(《法学研究》1982年第4期);《谈"隶臣妾"与秦代的刑罚制度》(《法学研究》1983年第5期);《律、令、格、式与唐律的性质》(《法学研究》1995年第5期);《〈唐六典〉不是行政法典:答宁志新先生》(《中国社会科学》1996年第6期);《〈唐律疏议〉结构及书名辨析》(《历史研究》2000年第4期)。

《中国法制史教程》(主编,南京大学出版社1987年版)获国家教委优秀教材二等奖;《唐律与唐代吏治》《唐律与中国现行刑法比较论》等,获江苏省社会科学优秀成果奖;论文《扬长避短、整合归真——谈唐代〈律疏〉书名的整合问题》(《北方法学》2008年第2期)曾获教育部人文社科三等奖(2013)。

学术创见

学术研究最富有成就的领域是对唐律的研究。从20世纪80年代起,在系统研读唐律的基础上,积极参与了法史界和史学界对唐律与《唐六典》的学术争论,成为其中一方的代表人物。一系列开拓性的代表观点集中体现在:唐代法律体系的构成;唐律与令格式的性质特点;唐律在立法、司法、审判、执行上的特色;特定法律词语概念;重要制度之流变;唐律中的服制与罪罚;唐律在唐宋的使用;对唐律书名与版式做整合的理念;唐律原创内容质疑,以及《唐六典》性质与行用等。诸多文章史证运用精当典型,多有发前人之未发及辨正前人观点的创造性见解,体现了新时代唐律研究新的动向与深化;既是唐律研究的杰作,也是中国法律史的基础性考证著作。

孟 长 康

学术背景

孟长康(1942—2018年),获南京大学历史系世界史专业硕士研究生学位。20世纪80年代,在法律系从事外国法制史教学。长期关注并从事中外经济法律问题比较研究。

学术成果

代表论文:《美国的共同基金法律制度》(《法学杂志》1996年第3期);《我国利用外资的新动向及相应对策与法律调整》(《南京社会科学》1995年第12期);《美国共同基金法律制度简介》(《国际金融》1995年第9期);《海外企业并购中国企业的对策与法律监管》(《中国经济问题》1996年第2期);《设立中外合资基金的法律构建》(《国际贸易》1995第7期);《我国利用外资的趋势及法律调整》(《国际经济合作》1995年第12期);《海外企业在华的并购现象及其对策》(《国际贸易问题》1996年第1期)。

金 俭

学术背景

金俭,1963年生,江苏太仓人。1985年7月,作为南京大学法律系首届学士留校任教至今。先后于南京大学法学院获法学学士学位、法学硕士学位、法学博士学位。美国加州大学伯克利法学院访问学者。现为教授、博士生导师。南京大学住宅政策与不动产法研究中心主任。主要教学和研究领域：房地产法、土地法、不动产物权法、外国法制史专题、中外法制比较研究、法学前沿等。在全国高校法学院、系中最早为本科生开设"房地产法"课程。江苏省青蓝工程中青年学术带头人。曾先后应邀出访美国、澳大利亚、英国、日本等国开展学术交流。兼任江苏省法学会房地产法学研究会会长、江苏省土地学会副主任委员、江苏省法学会工程法学研究会副会长、江苏省人民政府行政复议委员会委员等。

学术成果

著作：在法律出版社、科学出版社、中国建筑工业出版社、南京大学出版社、台湾翰卢图书有限公司出版专著十多部，如：《中国住宅法研究》《不动产财产权自由与限制研究》《房地产法研究》《房地产法的理论与实务》《规则、原理与适用——中国不动产物权》《房地产法学》《中国住房保障——制度与法律框架》《中国不动产物权的法律保护——立法、案例与理论》等。主编《房地产法学》教材被评为国家"十一五"规划教材。在全国核心刊物及其他刊物发表专业论文一百多篇。

代表论文：《不动产预告登记的搁浅与重启——以我国〈民法典〉颁行为契机》（《政治与法律》2020年第12期）；《不动产财产权行使自由与限制之平衡》（《社会科学战线》2009年第2期）；《中国住宅私有化进程与社会影响》（《南京大学学报》2004年第3期）；*Indifference and Development Trend of Modern Western Countries Concept of Private Property Right*（《中国法学（英文版）》2010年12月）；*Grid Governance in China under the COVID-19 Outbreak: Changing Neighborhood Governance*（Sustainability 2021，13，7089. Published：24 June 2021.）。

主持课题：国家社会科学基金项目四项："中国住宅法研究""不动产财产权行使自由与限制研究""不动产准征收理论与实证研究""公共租赁住房法律制度研究"等；主持江苏省重点社科基金项目"江苏省城镇住房保障立法研究"，主持司法部及省部级政府委托项目多项。

2005年、2006年分别获江苏省哲学社会科学优秀成果奖、江苏省人文社会科学优秀学术成果奖。2008年获江苏高校第六届哲学社会科学研究优秀成果奖。

学术创见

1. 在国内较早提出确立住宅人权与公平住宅权的观点。指出住宅权既是公民的私有财产权，也是公民的基本人权，是人类生存与发展的基本权利。国家、政府、社会组织有责任与义务并采取一定的措施帮助公民实现这一权利。为确保公民住宅权的实现，在住宅政策上宜采取"住宅商品化兼住房保障型"双轨制的政策模式。应制定《住宅法》以确立公民住宅权，保护公民的居住权益为其根本目标，以提高居民居住水平与住宅负担能力，改善住宅环境品质，以确保每一个社会公民都能居住在适宜的有良好居住条件的环境中，以及享有公平、不受歧视的住宅权利为其主要任务。

2. 提出构建符合我国国情的公共租赁住房保障法律体系。公共租赁住房作为租赁性住房保障形式，将是今后住房保障的最主要且最重要的保障形式。把公租房扩大到非户籍人口，尤其是农民工或新市民住房保障上；将公平住宅权的理念与理论通过公租房法律制度确立与体现，建构公租房准入与使用退出机制、政府责任机制，公民住宅权的司法救济机制，从法理与法律制度层面解决城镇居民家庭与外来务工人员、新市民、新就业人员的住房保障，充分体现住房保障权的公平性。

3. 系统地阐述了不动产财产权行使自由与限制的关系。指出有限自由是公民不动产财产权行使的前提，适度限制是不动产财产权自由的保障。公民不动产财产权行使的自由是一个基本原则，但这种自由不是无限制的自由，在公共利益面前将受到一定的限制。不动产财产权限制的目的在于弥补不动产财产权自由的不足与不完美以及维护基本的社会公正，保护和扩大有序的、和谐的自由以及社会整体的自由。不动产财产权行使自由与限制在公、私法上应具有不同的侧重点，建立有限自由与适度限制的不动产财产秩序模式。

4. 在国内首次对不动产准征收理论与实证展开全面论证。不动产准征收是指对私人财产权的形式限制构成的实质剥夺，也就是指政府没有行使征收权，但公民的不动产财产权因政府公权力的行使而受到侵害，请求价值损失补偿的情形。不动产准征收的核心在于，如何合理区分政府行使公权力所实施的对不动产私有财产的一般限制和对不动产财产的征收权（包括类似征收），或者说如何界分应予补偿的过度限制和不予补偿的一般限制。不动产准征收不同于传统直接征收，通常都是以合法的面孔出现，要通过宣告无效和撤销等方式予以排除并非易事，因此，只有通过公正补偿才能有效地平衡政府与不动产所有人之间的利益冲突。对不动产准征收补偿救济，不能孤立进行，要根据准征收的不同形式和补偿救济的理论基础（特别牺牲）来综合考虑。以"公正补偿原则"为依据，既可以对不动产所有人进行有效救济，也可以防止不动产所有人因此而获得特别的利益，加重政府的负担。不动产财产准征收理论与实证研究将填补我国不动产财产准征收研究方面的空白，无疑具有重要的学术价值及实践意义。

张仁善

学术背景

张仁善，1964年生，江苏东台人。1985年苏州大学历史系学士，1988年南开大学历史系硕士，1996年南京大学历史系博士。美国圣·约瑟夫大学、德国马普所"私法与比较国际私法研究中心"、德国马普所"欧洲法律史研究中心"汉堡大学访问学者，在得克萨斯大学、汉堡大学等进行学术交流。1988—1998年任南京海军指挥学院教员。1999年至今，南京大学法学院任教，现为教授、博士生导师；南京大学—约翰斯·霍普金斯大学中美文化研究中心兼职教授，兼任中美联合学术委员会（JAC）委员（现任）；西南民族大学客座教授；南京大学法学院司法文化研究中心主任。主要教学和研究领域：中国法律史，法律社会史，法律文化，司法传统与司法近代化。江苏青蓝工程中青年学术带头人。曾任《南京大学法律评论》主编（2008—2017年）。现为中国法律史学会执行会长；江苏省法学会法律史研究会会长，江苏省市场监督管理学会副会长。

学术成果

著作：《中国法律文明》（南大出版社2018年版）；《礼·法·社会——清代法律转型与社会变迁》（天津古籍出版社2001年版；商务印书馆2013年修订版）；《近代中国的主权、法权与社会》（法律出版社2013年版）；《法律社会史的视野》（法律出版社2007年版）；《司法腐败与社会失控：1928—1949》（社科文献出版社2005年版）；编辑《王宠惠法学文集》（法律出版社 2008 年版)。

代表论文:《寻求法律与社会的平衡:论民国时期亲属性、继承法对家族制度的变革》(《中国法学》2009 第 3 期);《近代法学期刊:司法改革的"推手"》(《政法论坛》2012 年第 1 期);《论传统中国的"性情司法"及其实际效应》(《法学家》2008 年第 6 期);《略论南京国民政府时期司法经费的筹划管理对司法改革的影响》(《法学评论》2003 年第 5 期);《论民国时期收复司法主权的法理抗争》(《法学》2012 年第 2 期)。

《中国法律文明》一书,获江苏省第十六次哲学社会科学优秀研究成果一等奖(2020 年);《礼·法·社会——清代法律转型与社会变迁》一书,获"江苏省第八次哲学社会科学优秀研究成果一等奖"(2004 年);《近代中国的主权、法权与社会》一书,获江苏省第十三次哲学社会科学优秀成果二等奖(2014 年)。专著《中国法律文明》被列入国家社科基金"中华学术外译学术丛书"项目(2018 年英文版);2019 年国家社科基金"中华学术外译学术丛书"项目(意大利文版);2019 年被中国新闻出版研究院等机构评选为"新中国 70 年百种译介图书推荐目录"。

主持课题:国家社科基金一般项目"中国传统司法中的理性与经验研究"(2011 年);国家社科基金后期资助重点项目"近代中国司法图景:史料集萃"(2020 年);教育部课题"我国司法腐败的历史考察及现实反思";司法部重点课题"民国司法制度研究"。

学术创见

1. 提出中国法律社会史的学科体系。界定中国法律社会史的定义是:研究中国法律与中国社会结构、社会阶层、社会生活及社会心态关系的历史,目的是揭示中国法律发展与中国社会变迁之间的内在联系,探求中国法律演变的历史规律。开展中国法律史研究,将有助于拓宽中国法律史的研究视野,丰富法律史的研究内容,促进研究方法的更新;促使中国法律史学科饱满充实,呈立体态势;有助于揭示中国法律与中国社会发展的内在联系,探寻法律发展的历史轨迹,揭示中国法制近代化步伐迟滞的根源。

2. 概括了中国传统法律文明的构成要素及对待传统法律文明的态度。中国传统法律文明特征:法律渊源多元;法律形式多样;彰显德性、人本理念;维系农业经济运行;与宗法制社会高度切合;完美体现一元化的政治意志;催生大一统局面的向心力,增强民族凝聚力;道德之治被内化为规则之治;注重法律与天道、人伦的和谐;国家法与民间法的互动;司法中情、理、法的融合,理性与经验的统一;促进社会控制效力的最大化;在绝大多数时间段,实现社会和谐稳定。以中国法系为核心的中华法系曾经引领东亚法律文明,塑造了东亚法圈,也为世界法律文明贡献出智慧。发源于内陆、农业经济、宗族结构及中央集权等,均是中国文明产生的基础,只要自然、经济、社会及政治结构没有发生质的变化,基于其上的规则体系也不会裂变。民族性越完整,法律越持久。民族的,未必是世界的。唯有民族中的精华,才有可能成为世界文明的元素;民族中的糟粕,不但是本民族发展的障碍,也不会为世界所接受。唯有凭借对民族传统精华的自信,对世界先进文明的海纳,自我扬弃,不断升华,保持与各法律文明之间的包容和互补,本土法律文明才能融入世界文明大潮,持久保持旺盛活力。

3. 勾勒中国司法近代化的轨迹。尽管主权问题不是近代中国法律变革的全部动因,但至少是一个外在的、最直接的动因。1902—1949 年,中国法制近代化历时近 50 年。20 世纪前 50 年,中国法律近代化的轨迹:以西化为起点,又以西化中止为终点。动因:以收复主权而始,以主权收复而终。从起点到终点,呈圆形轮回。关注近代中国主权、法权与社会的关系,无疑有助于了解上述诸多问题。

4. 揭示民国法律与社会的关系。南京国民政府时期,家族制度变革从政治、社会、立法、司法等层面全面展开,直接效果就是《中华民国民法》"亲属编""继承编"的制定颁布及司法上的实际运作。尽管民国时期家族制度的变革还存在诸多不平衡性或差异性,总体趋势则是渐进改革、全面推进。家族制度的变革特征体现为:政治引领风气,社会缓慢跟进,立法实施保障,司法调和新旧。

张春海

学术背景

张春海,1970 年生,河北怀安人,中国人民大学法学学士、北京大学文学硕士、历史学博士。曾赴韩国学习两年,在日本京都大学访学一年。现为南京大学法学院教授。主要教学和研究领域:中国法制史、东亚法制史、隋唐史、中韩关系史。曾任法律史教研室主任。

学术成果

著作:《唐律、高丽律比较研究》(法律出版社 2016 年版);《中国古代立法模式演进史》(南京大学出版社 2020 年版)。

主持课题:独自承担国家社科基金两项,"'华化'与'土俗'之间——古代朝鲜半岛移植中国传统法制的进程与复杂性研究""高丽变异唐律问题研究"。

代表论文:《论唐律对朝鲜王朝前期法制之影响:以"华化"与"土俗"之关系为中心》(《中外法学》2010 年第 4 期);《晚清至民国时期以宪法建构民族国家的考察》(《复旦学报》2020 年第 3 期);《"中国"之心归何处——元明鼎革之际李穑的认同困境》(《外国文学评论》2020 年第 2 期);《"天下观"的移转与秦隋间"都官"的变迁》(《史林》2018 年第 4 期);《论北方族群法与东亚法文化圈的关系:以盗罪倍赃制的传播为中心》(《上海交通大学学报》2021 年第 12 期)。

学术创见

1.《唐律、高丽律比较研究》是国内唯一一部对高丽律与唐律进行系统性比较研究的著作。该书首先依据唐、宋,以及韩国高丽朝等史料,对已佚高丽律进行了辑佚和复原,从而为对唐律和高丽律两大律典进行比较研究奠定了基础。辑佚的 21 条律文和《高丽史·刑法志》序言所依据的刑律一样出自高丽前期法典,而复原的高丽律则为后来武人执政时期所定。通过对唐与高丽两律法条进行详细的比较研究,发现高丽律自身存在一个发展变化的过程,大致经过了四个阶段,其中武人执政时期是高丽律发展的第三期。两律适用的机关并非是一种一一对应的关系,有的名同实异,有的同中有异,呈现出比较复杂的样态。之所以会出现这种现象,除了传统、物质和体制上的原因以外,更重要的则是社会结构和权力格局上的原因所致。高丽律的适用较之唐律有四大明显的不同:高丽律的适用轻而唐律重、高丽律的适用标准松而唐律严、高丽律的适用对唐律多变通且与本国之固有刑罚同时适用、高丽律的适用有一套律外的耻辱刑。该文还对高丽法律移植的道路和过程进行了综合探讨,揭示了文化、社会结构、权力构造以及利益集团四大因素在其中所起的作用。

2.《中国古代立法模式演进史》一书,首次提出了古代中国"立法模式"的概念。立法模式意味着一国立法权的不统一,它不一定专属于某个特定机构,常处于变动的状态与过程中——不同的立法主体常对应不同的立法模式。质言之,"立法模式"的核心便是"立法权"本身,即谁在事实上立法。关于现代国家的立法主体,学者大都同意"立法主体实际上主要是国家机关",其他任何社会组织、团体或个人,均无权立法。在古代中国,立法主体却呈多元状态,有一个复杂的演变过程。具体而言,越是在历史早期,知识精英(通常也是政治精英)在立法活动中的作用越是明显。先秦两汉时期,教育不普及,专门性知识掌握在个人与家庭,个人立法模式盛行,皇权不能很好地掌控立法。随着文明的进展、知识的普及,华夏立法文明在魏晋时期有了重大进展,群体性立法模式出现。然而,"五胡乱华"的文明浩劫使这一法制文明的演进出现了重大曲折。南朝时,立法模式不得不在相当大的程度上向个人立法的模式回归。经过隋及唐初的发展,从唐高宗开始,双层架构立法模式逐渐出现。发展到宋代,立法呈现出多机构、多样式之立法模式的特征,组织立法成为主流的立法模式,具体又可分为政府部门立法、专门性立法机构立法与皇帝直接立法。

单 锋

学术背景

单锋,1975年生,江苏镇江人,1998年、2001年、2006年,先后获南京大学法学学士、法学硕士、法学博士学位。台湾中正大学访问学者(2007年),英国华威大学访问学者(2010年)。2001年7月至今,在南京大学法学院任教,教授。曾任法学院法理教研室主任、院长助理。主要教学和研究领域:应用法理学、民事诉讼法学、房地产法学、外国法律史。兼任江苏省房地产法研究会秘书长,江苏省法理与宪法研究会副秘书长,南京大学住宅政策与不动产研究中心副主任。

学术成果

专著:《经济法视域内之公益诉讼研究》(现代教育出版社2007年版)。

代表论文:《论经济法诉讼的独立性——一种实质理性与回应型诉讼观》(《法学论坛》2009年第5期);《法律中的真理与命题》(《华东师大学报》2013年第3期);《知识产权系统优化论》(《管理世界》2014年第9期);《法治经济的司法保障》(《江海学刊》2016年第1期);《人权普遍性问题评议》(《人权研究》第12卷)。

主持课题:获得一项国家社会科学基金和两项江苏省社会科学基金项目。

主讲课程被评为南京大学精品课程、江苏省优秀研究生课程。曾获江苏省微课比赛一等奖、全国二等奖。被评为"南京大学中青年骨干教师""江苏省十大青年法学家(提名奖)"。

学术创见

1. 在经济法公益诉讼方面。公益诉讼在当事人适格、诉权理论、法院的角色、诉讼影响即判决的既判力等诸多方面的制度设计迥异于传统诉讼,其根源在于公益诉讼的理念在维护一种超越个人、关乎社会的利益价值。经济法的价值追求也正在于以社会整体利益作为表现形式、以经济自由和经济秩序为主要内容的公共利益,因而在作为其组成部分的宏观调控、市场管理及社会保障等各方面凸显了公共利益的本位观。这就使得经济法与公益诉讼具有天然的契合性,因而经济法视域内的公益诉讼是典型的公益诉讼。

2. 在环境公益诉讼原告资格方面。首先,检察机关环境公益诉讼之原告资格。随着我国公益诉讼的实践需要、域外经验的借鉴和地位的相对超然性,检察机关成为国家提起环境公益诉讼的最佳代表者,但同时又要注意检察机关提起诉讼的权力边界。其次,社会组织环境公益诉讼之原告资格。关于《民事诉讼法》第 55 条公益诉讼条款中的"法律规定的机关和有关组织",其中的"法律"是否需要限定解释值得玩味,通常认为,法律一词有广义和狭义两种含义,但是出现在作为基本法律的《民事诉讼法》第 55 条中的"法律"二字应当从狭义上去理解,不能以现有法律对公益诉讼的规定虚化、不易于操作为对"法律"做出任意的扩大解释的理由,这是对立法权威、法律解释的不尊重。同时由于社会组织的原告资格还存在诸多问题,是否可以这样安排,对于基本条件,可考虑从该组织的性质、从事环保公益活动的持续时间、活动业绩、人员构成、必要经费、有无违法行为等方面进行具体设定,并规定符合这些条件的社会组织可以向法律规定的部门(例如国家环境保护部)申请资格认定,一旦获得认定则在一定期限内当然具有环境公益诉讼的原告资格,在其提起环境民事公益诉讼时,法院不需要对这一资格进行审查,而只需审查起诉的其他要件,以免引起相关问题的争议。最后,公民环境公益诉讼之原告资格。在现实生活中,赋予公民以个人身份提起环境公益诉讼的资格具备充分的理论基础和重大的现实意义,公民是环境利益的最终受益者和环境侵害的最大受害者,因而让公民的力量成为环境民事公益诉讼中最基础和最重要的部分就显得尤为重要。考虑到目前我国立法并不支持一般公民以个人身份提起环境公益诉讼,导致环境民事公益诉讼制度未能充分发挥保护环境的作用,未来环境公益诉讼制度应当将普通公民纳入原告范围,以实现公众力量在环保司法中的积极作用。同时也要对公民民事公益诉权进行合理限制以维护司法资源的合理利用,并在法定情形下使得检察环境公益诉权与公民环境公益诉权相配合,建立起真正能对保护环境起到促进作用的环境公益诉权制度。

3. 在法律方法论方面。近年来,法律方法在法理学和实体法领域内已经获得长足的进展,但在程序法领域内,尤其是在民事诉讼法的领域内,直接研究民事诉讼法法律方法论,或者将法律学中法律方法论既有的成果应用到民事诉讼法的具体研究中,则极为少见。法理学者和民事诉讼法学者,尤其是后者,能否着眼于司法场域,借鉴、创新既有的法律方法论理论,研究民事诉讼法在适用过程中的解释方法、推理过程、论证要略,以方法和技术弥补民事诉讼法立法的不足与漏洞,从而激发民事诉讼制度新的生命力,以应对新型案件的挑战,而不是将所有任务都简单地推向立法者。同时在法律方法论一般理论的指导下,发掘民事诉讼法领域乃至程序法领域内法律方法论的特质,既可与民法方法论、刑法方法论一样,独树一帜,亦可与法律方法论之一般理论交相辉映,起到为部门法理学或应用法理学提供实践库和智慧源的作用。

邹 立 君

学术背景

邹立君,1976 年生,吉林辽源人,南京大学法学院副教授、硕士研究生导师。分别于 2003 年、2006 年获得吉林大学法学院法学硕士学位、法学博士学位。美国旧金山州立大学、加州大学伯克利分校访问学者。主要教学和研究领域:西方法律思想史、外国法制史、比较法、法理学等。现任法律史教研室主任,江苏省法学会法律史学研究会秘书长,中国伦理学会法律伦理专业委员会理事。

学术成果

专著:《良好秩序观的建构:朗·富勒法律理论的研究》。合译著作一部。

在《法制与社会发展》《法商研究》《政法论坛》《法律科学》《现代法学》等法学核心刊物发表文章数十篇;两篇论文分别获得中国法学会中国法学青年论坛征文活动二等奖(2011年)与三等奖(2016年)。

主持课题:2011年度国家社会科学基金青年项目"司法政策与裁判正义实证研究";2019年度国家社会科学基金一般项目"制度激励视角下的法官职业伦理研究"。

学术创见

1. 人,"究竟应该生活在何种性质的社会秩序当中"? 这一问题既是一个重要的可以发掘出诸多问题的理论命题,同时如果与当下中国人的现实生活状态相联系,那么它就会成为一组实践性问题。具体到中国当下的语境,或许,为了获知良好生活秩序的真谛,我们真的应该破除某些思维方式的限制;又或许,我们所有探求的努力真的并不能保障一种良好生活的达致,但这些却不能为我们的不思考和不参与本身提供任何正当理由。从学术思想史的角度考察,美国法学家朗·富勒终其一生致力于探讨"良好的社会秩序"得以形成和维持的条件,他对有助于使人们过上"良好生活"的社会秩序诸条件的探讨给我们提供了一种崭新的理论视界。我们可以将富勒的法律秩序观概括为以下四个方面:(1)法律秩序观的根本意旨:交往在目的性活动中的扩展。(2)法律秩序观的法治要义:作为一项规则治理的目的性事业。(3)法律秩序观的伦理基础:两种道德的区分与使法律成为可能的道德。(4)法律秩序观的生活关照:一种过程分析的思想表征。

2. "重实体,轻程序",作为一个法学命题,它是一个已被接受的主张、某种标准的区分,还是被编织起来的观念之网结? 这些并未予以充分言明,或许只有参照它所服务的理论目的,我们才能有所理解。所以,关于实体与程序,尤其程序正义与实体正义之间的观念表达式要发生"质"的转变才能完成从单项选择式向多项的过渡。如果用一个图形来表示的话,程序正义与实质正义分别位于一条线段A的两端,它们之间的轻重优劣等关系在不同的截点上是有不同的表现的,每一个截点都代表了不同的时空结构和事件结构等。正义、平等、自由等则可以用没有端点的直线B、C、D……来表示,B、C、D……的位置是可以随意在空间中移动的,我们要关注的问题是当它们与线段A相交时所提供给我们的问题是什么。而人则是时空中无所不在的点,正是它所构成的一个个问题链,连接着A、B、C、D……,并最终形成完整的意义之网。

3. 人们常常会抱怨,政策似乎从没能解决什么问题。其实,挑选和实施政策手段的过程是政治性的和连续性的。我们通常所谓"新政策"的行动,实际上是某些人的下一步动议。无论我们把能动司法政策看作解决当下司法无效性或无权威性等问题的对策性手段,还是将其看作连续有机的整个政治领域当中的一个阶段性或过渡性主张,其歧义性或悖论性存在状态是不争的事实,而如何正视这种歧义性或悖论性样态则是无论该政策的反对者还是赞同者都必须仔细斟酌的。

4. 法院是国家权力体系中的重要部分,其权能理应受到尊重;同时法官的裁判也必须尊重其他制度的权能,并且应在"法治"框架下充分说明他们的决定。在司法权能作为程序性思维的意义上,它一定会为我们自己规范法官裁决提供重要镜鉴。司法权能代表了规范法官裁判的一种程序性思维,它以裁判程序为中心,区别于以裁判结果为中心的实质性思维。以裁判结果为中心的理论提供的是何为善的、正确的或法律上有效的判决之判准。根据2015年9月《最高人民法院关于完善人民法院司法责任制的若干意见》关于"审判责任的认定和追究"强调的内容——"法官在审判工作中,故意违反法律法规的,或者因重大过失导致裁判错误并造成严重后果的,依法应当承担违法审判责任"——来看,我国目前法官裁判的规范路径,仍然倾向于以裁判结果为中心的实质性思维。或许是时候改变我们过于倚重实质性追责规定的现状,为规范法官裁判的程序性思维开放足够的空间。

咸鸿昌

学术背景

咸鸿昌,男,山东人。1993年获山东师范大学学士学位;1996年获山东师范大学硕士学位;2007年获中南财经政法大学博士学位,入职南京大学法学院。主要教学和研究领域:外国法制史,英国土地法律史,比较法。

学术成果

著作:《英国土地法律史》(北京大学出版社2009年版);《英国法制史》(合著,齐鲁出版社2001年版)。

代表论文:《圈地运动与英国土地法的发展》(《世界历史》2006年第5期);《英国土地承租人权益的法律保护》(《南京大学法律评论》2011年秋季卷);《普通法土地保有权的建构及其内涵特征》(《政治与法律》2009年第9期)。

获江苏省高校第七届哲学社会科学研究优秀成果一等奖(2010年);江苏省法学会第二届优秀研究成果二等奖(2010年)。

学术创见

1.《英国土地法律史》是国内学术界第一部系统研究阐述英国土地法律发展历史的著作。该书明确提出英国土地权利制度中存在的"保有权"模式,并将其称为英国不动产法律制度的基石与核心。在研究方法上,作者在详细阐述土地权利形态体系的同时,又细致分析各种权利形态在实践中"分解—调和"的发展变动规律,从"静""动"两个角度对土地法律制度展开立体研究。

2. 在国内学术界较早从法律角度系统研究"圈地运动",提出英国传统土地法是"圈地运动"产生和发展的重要依据,早期的圈地运动是在传统法律框架下有序展开的资本原始积累活动,而圈地运动的不断发展又推动传统土地法律制度逐渐向现代转型;进入现代社会之后,因英国圈地目的发生了根本性变化,土地法保护的重点也从强调私人权利转向兼顾公共利益。

3. 在比较法研究的基础上,提出赋予土地承租人日益充分的法律保护是经济社会发展的必然要求。与大陆法系"合同法"式的保护模式不同,英国法在历史进程中逐渐形成了"合同法+侵权法"式的保护模式,这一过程中土地承租人的权益性质逐渐从债权向对世性的财产权过渡,但因传统法律框架的制约最终没有转变为完整意义上的财产权,而变成了一种特殊的"准不动产权"。

李 莎

学术背景

李莎,1989年生,江西吉安人。2010年获北京交通大学法学学士学位;2012年获中国人民大学法学硕士学位;2016年获香港大学法学院法学博士学位。2017年9月,入职南京大学法学院,加入法史教研室,任助理研究员。主要研究领域:中国近代思想史、法思想史、传统文化与法。

第十八章　经济法教研室

李乾亨

学术背景

李乾亨(1925—2009年)，河南驻马店人。全面抗战后期，考取国立中央大学法学院，主修法律学，辅修经济学。新中国建立初期，毕业留校做政治助教、兼地理学系政治辅导员。师从著名哲学家孙叔平研习，是南京大学培养的第一代马克思主义理论教育的教师之一。1952年院系调整后，转向经济学专业，长期教授"政治经济学"。1987年，调入法律系，讲授经济法学，任法律系主任。曾兼任中美文化研究中心学术咨询委员、江苏省法学会学术委员会主任、江苏省法学会经济法研究会副会长、省人大法制委员会副主任委员等职。1994年离休，2009年4月15日去世。

学术成果

著作：《货币小史》（江苏人民出版社1981年版）；《今日帝国主义》（中国青年出版社1985年版）；《社会主义经济体制改革的理论与实践》（河北人民出版社1987年版）；《政治经济学》（合著，上海教育出版社1985年版）；《资本原始积累史话》（中国青年出版社1979年版）。

代表论文：《〈竞争法研究〉评价》（《南京大学法律评论》1994年秋季号）；《谁是我们的上帝——一些"精品商店"关门歇业后的思考》（《现代商业》1993年第9期）。

"联系改革开放实际，改革政治理论教学"项目，获国家教委优秀教学成果奖（1989年）。

学术创见

学术研究横跨政治经济学、经济法学两个领域。改革开放初期，开创性地研究、阐发社会主义经济模式理论。1991年被国家选入青年文库的《今日帝国主义》和少年文库的《资本原始积累史话》在当时产生了巨大的影响，一版再版，其中《今日帝国主义》被视为当时从事外经贸工作者的重要读物。①

戴奎生

学术背景

戴奎生，1941年5月生，苏州吴江区人。1959年7月，毕业于吴江中学；1959年9月，在南京大学德文专业学习，1964年7月，获学士学位。1964年8月，开始在南京大学外文系德文专业任教，先后任助教和讲师。1983年调入法律系。1984—1986年，在德国哥廷根大学

---

① 参见唐宋：《李乾亨先生苦乐年华》，《法学天地》，2001年第8期；《追忆李乾亨先生》，《南大校友录》，2009年春季号。

法律系进修,获法学硕士学位。1989年开始,任法律系中德经济法研究所副所长;1991年,晋升副研究员。研究所改称中德法学研究所后,继任副所长。主要研究领域为竞争法学、德国交易所法、中德经济法比较等。2001年8月荣休。

学术成果

著作:《竞争法研究》(戴奎生、邵建东、陈立虎著,中国大百科全书出版社1993年版);《中华人民共和国反不正当竞争法释义》(丁邦开、戴奎生、邵建东著,南京大学出版社1994年版);《中德法律继受与法典编纂:第四届费彝民法学论坛文集》(范健、邵建东、戴奎生主编,法律出版社2000年版)。

代表论文:《联邦德国〈竞争法〉禁止阻碍竞争的规定》(《中外法学》1990年第2期);《关于德国一人公司和中国"一人公司"的立法比较》(《中德经济法研究所年刊》,南京大学出版社1992年版);《德国〈交易所法〉对我国相关立法的启示》(《上海财经大学学报》2001年第6期)。

《竞争法研究》获江苏省第四届哲学社会科学优秀成果三等奖(1994年)。

吴建斌

学术背景

吴建斌(已退休),1956年生,江苏启东人。1982年7月,获南京大学经济学学士学位,留校任法律系经济法教师;1989年5月,赴日本爱知大学法学部进修商法博士课程1年;2003年,获工商管理博士学位。日本大阪大学法学部特邀研究员。教授,博士生导师,南京大学人文社会科学高级研究院兼职研究员。现已荣休。主要研究领域:比较公司法、法律经济学。

学术成果

著作:《现代日本商法研究》(人民出版社2003年版);《最新日本公司法》(中国人民大学出版社2003年版);《公司冲突配置权利实证研究》(法律出版社2014年版);《日本公司法:附经典判例》(编译,法律出版社2017年版)。

代表论文:《关于股份制的法律思考》(《中国法学》1988年第2期);《关于企业股取得限制的比较研究》(《外国法译评》1993年第3期);《试论关联公司关系》(《中外法学》1996年第3期);《构筑我国现代企业制度的科学法律基础》(《中国法学》1998年第1期);《科斯法律经济学本土化路径重探》(《中国法学》2009年第6期)。

学术创见

1. 提出大经济法概念。《经济法的困扰和出路》一文在国内最早提出大经济法实际上包含了民法、商法、行政法和经济法四大部门法,应当及早分开,受到当年《中国法学研究年鉴》的重点关注。

2. 澄清法律经济学基本理论。作为部门法而非法理学研究人员,法律经济学研究视角或许与法理学界有所不同,主要是从部门法特别是公司法角度、为了如何解决前述法律解释学难以应对的公司法具体问题所遇到的困扰而展开的。通过反复研读科斯的经典文献,发现科斯是在人类历史上第一个提出有限资源优化配置应当转换为冲突权利优化配置主张的学者,从而打通了经济学与法学之间的"任督二脉",给经济学和法学两大学科带来革命性的变革,张五常所称科斯理论为局限条件下的合约(产权、制度)选择,可谓鞭辟入里、一语中的,科斯也认为张五常是世上唯一真正懂得其思想的人。而这正好契合公司治理结构中股东与股东之间、股东与公司(包括管理层)之间,以及公司(包括股东)与公司债权人之间三大冲突究竟如何解决的世纪难题,这一认识在国内并不多见。国内法学界研究法律经济学的学者受波斯纳影响者居多,而鲜有采纳科斯理路者,他们往往宣扬赢者通吃的唯效率论,甚至社会达尔文主义。作者于2009年和2020年为文予以澄清,并多次呼吁法律经济学要回到科斯。《科斯法律经济学本土化路径重探》(《中国法学》2009年第6期)一文更是颠覆了国内波斯纳范式的主流法律经济学理论,也为后来的公司法律经济学(公司冲突权利优化配置理论)实证研究奠定了坚实的理论基础。

3. 中日比较法研究。除了前述《自己株式取得の規制について》(1990)、《关于企业股取得限制的比较研究》(1993)外,代表性论文有《日本战后公司法演变及启示》(1993)、《日本引进独立董事制度的经验及启示》(2003)、《近年日本商法、公司法修改评析》(2004)、《日本〈关于股份公司监察的商法特例法〉最新修改评析》(2004)、《本国化、现代化与法典化的演进——日本百余年公司立法回眸及启示》(2006)、《从日本公司形态整合看中国统一公司法趋势》(2006)、《试论上市公司独立董事的责任及其限制》(2006)、《日本公司治理中的执行官制度研究》(2007)。代表性著译有:《现代日本商法研究》(2003)、《日本公司法规范》(2003)、《最新日本公司法》(2003)、《日本公司法典》(2006)、《日本公司法:附经典案例》(2017)。

4. 公司法律经济学实证研究。主要是在重新解读科斯法律经济学理论的基础上,将其作为公司法案例研究的分析工具,先后发表了一系列公司法律经济学(公司冲突权利配置)研究成果。除了收入2014年法律出版社出版的《公司冲突配置权利实证研究》外,其后主要有《股份转让自由原则再审视》《公司纠纷指导性案例效力定位》《指导性案例裁判要点不能背离原案事实——对最高人民法院指导案例67号的评论与展望》《从"孟文公案"中的优待股论争看类别股权益的平衡路径》。其中,有关公司强制收购设限股权有效论,不仅改变主流理论,而且逐渐影响司法裁判,甚至最高人民法院生效裁判文书页涉及接受了作者的观点;有关公司法人格否认理论和实务研究成果,主张实际责任人包括但不限于股东、适用范围也有滥用和混同并列情形,推翻了限于股东担责及滥用情形的通论;有关公司合同理论的解析,在国内第一次澄清了该理论的三个层次,并对相关裁判做了深入剖析,引起理论界和实务界反响颇大。

范　　健

学术背景

范健,1957年生,江苏南通人。1983年获南京大学学士学位;1988年获南京大学法学院硕士学位;1989—1991年,在德国哥庭根大学法学院留学,从事商法、国际商法研究;美国哥伦比亚大学访问学者。现任南京大学法学院教授、博士生导师,澳门科技大学法学院特聘教授,南京大学商法研究中心主任。主要教学和研究领域:商法基础理论、商事部门法、经济法理论、国际商法。曾任校团委书记,1994—2001年,先后任南京大学法学院副院长、院长,中德法学研究所中方所长。现兼任中国商法学会副会长、江苏省商法学会会长、亚洲商法研究院理事。1997年受聘于联合国计划发展署,担任联合国越南改革项目顾问专家。2016年担任亚洲商法研究院(新加坡)首届理事。首届教育部法律教育指导委员会委员。

学术成果

著作：主编马工程教材《商法学》(高等教育出版社 2019 年版)；主编"十一五"国家规划教材《商法》(第四版,高等教育出版社 2011 年版)；《商法基础理论专题研究》(第一作者,高等教育出版社 2005 年版)；《德国商法：传统框架与新规则》(法律出版社 2003 年版)；《反倾销法研究》(南京大学出版社 1995 年版)。

代表论文：《商法探源》(《南京大学学报》1991 年第 4 期)；《论我国商事立法的体系化：制定〈商法通则〉之理论思考》(《清华法学》2008 年第 4 期)；《走向〈民法典〉时代的民商分立体制探索》(《法学》2016 年 12 期)；《编纂〈中国商法典〉前瞻性思考》(《广东社会科学》2018 年第 3 期)；《中国〈民法典〉颁行后的民商关系思考》(《政法论坛》2021 年第 2 期)；《当代中国商法的理论渊源、制度特色与前景展望》(《法制与社会发展》2018 年第 5 期)。

主持课题：联合国计划发展署越南国家改革方案评估项目；中宣部、教育部马工程重点教材项目"商法学"；国家社科基金重大研究专项项目"社会主义核心价值观融入社会主义市场经济法律制度研究"(2018 年)；国家社科基金项目"民法典编纂后的商事立法研究"(2018 年)；国家社科基金项目"市场经济与商法制度研究"(2001 年结项)；教育部南海协同创新中心法律平台项目。

学术创见

1. 关于商法理论与制度的引进。自 1991 年以来,发表系列论文和专著,系统介绍和研究以德国商法为主的大陆法系商法制度,成为近代以来首位将大陆法系国家商法理论和制度系统介绍和引进到中国的学者。

2. 关于民商分立。民法与商法有着不同的历史源流,商法法典化远远早于民法典的创制。诞生于 19 世纪的民法典是宗教伦理与商业伦理冲突的产物,它促进了商法的进步。民商分立既有历史传统,更有现实需求。中国《民法典》编纂需要给商法制度创新留有空间,需要兼顾与日渐成熟的商法体系的协调,需要考虑商法规范的编内与编外安排。

3. 关于商事立法之体系化、中国《商法通则》立法和《商法典》编纂。在民法典编纂的背景下,国家最高立法机关需要同步规划中国商事立法的体系化、法典化。《商法通则》加商事部门法形成的商法汇编体系是我国现阶段实现商法体系化的最佳模式。而实现该体系化最核心的部分就是《商法通则》的制定。中国《商法通则》的制定应以形成中国特色、适应时代需求、具有前瞻性为指导思想,以已基本达成共识的一般规定、商主体制度、商行为制度、商事责任制度、商事争端解决制度为主要内容,并将《商法通则》列入全国人大立法规划,发动各方力量起草《商法通则》(立法建议稿)。在条件成熟的时候汇编商事法律并编纂中国《商法典》。

4. 关于商主体及商行为。在现代商法中,商主体是指能够依商法规定以自己的名义直接从事商行为,享受权利和承担义务的企业。将商主体直接界定为企业,不仅有利于商法的适用,还为政府官员等不能"经商"的商法一般要求提供了明确合理的解释。商行为是指由商主体实施的营业行为以及一般民事主体实施的营业行为与投资行为。商行为主要表现为营业行为但又不限于营业行为。商行为主要是商主体实施的行为,但一般民事主体也可成为商行为的实施主体。

5. 关于公司法改革。当代公司制度面临竞争秩序维护难度增大、公司经营异化、公司社会性缺失的普遍困境,而中国公司制度既有在公司公共性上有所建树、在简易法律框架下大胆放权的独特优势,又有与商业实践存在一定程度脱离、对公司制度可能引发的社会风险防范不足的缺憾。未来中国公司制度改革应坚守弘扬现代公司理念,改革资本制度,重构公司的信用基础以及推进平衡化治理结构的主要方向。

6. 关于中国商法的国际化。作为经济全球化时代的中国商法要跟上经济发展的步伐,必须充分认识商法的国际性:商法的国际性可能带来中国市场经济格局的根本变革,对此我们应有所准备。我国在世界经济深度转型时期提出"一带一路"倡议具有重要的时代意义。然而,要使我国与"一带一路"沿线各国真正在合作基础上实现共赢,我国必须以法律合作为基石。通过创造法律认同的方式首先实现商法趋同,其后逐步走向法律趋同,是我国应该遵循的法律合作路径。我国应当双管齐下,在现代商法理念的指导下构建与完善国内商事法律制度的同时,积极探寻符合世界商事活动要求的商事规则,从而确保我国"一带一路"倡议的准确方向和最终目标的实现,提升我国在当代世界商事规则形成上的话语权。

邵 建 东

学术背景

邵建东,1962年生,江苏常熟人。1978—1985年,在南京大学外文系德文专业就读,获文学学士、硕士学位。德国哥廷根大学法学硕士、法学博士。1985年7月至今,在南京大学法律系、法学院执教,现任教授。主要教学和研究领域为经济法、民商法、中德法律比较。

曾经担任南京大学法学院院长、博士生导师。中德法学研究所中方所长,江苏省人民检察院副检察长,现任江苏省政协副秘书长、省法学会副会长。享受国务院政府特殊津贴。曾任中国法学会理事,中国法学会经济法学研究会副会长,全国法律硕士专业学位教育指导委员会委员,江苏省法官、检察官遴选委员会主任,江苏省法官、检察官惩戒委员会主任。当代德国法学名著编委会会员,积极从事中德之间的比较法研究和法律交流工作。

学术成果

著作:《德国反不正当竞争法研究》(中国人民大学出版社2001年版);《德国民法总论》(译著,法律出版社2000年初版、2001年第2版;台湾元照出版公司2002年繁体字出版)。

代表论文:《不正当竞争法律责任比较研究——以中国和德国法为考察对象》(徐杰主编《经济法论丛》第3卷,法律出版社2002年版);《我国反不正当竞争法中的一般条款及其在司法实践中的适用》(《南京大学法律评论》2003年春季号);*Zur Aufnahme des BGB im alten China Juristenzeitung* 2/1999, S. 80~86. *Besprechung in Frankfurter Allgemeiner Zeitung vom* 11. *Februar* 1999(*Vorbildlich*),《旧中国对德国民法典的继受》(《法学家报》,Juristenzeitung)。

曾获江苏省哲学社会科学优秀成果奖。

学术创见

1.《德国民法总论》。翻译的德国慕尼黑大学教授迪特尔·梅迪库斯《德国民法总论》,不仅对德国民法典总则做了提纲挈领式的介绍,而且涉及民法典其他各编的有关内容。该书向读者展示了20世纪90年代德国民法的状况,是新中国建立以来,祖国大陆学者译介的

第一部系统介绍德国民法总论的著作。祖国大陆民商法学者以往大多从日本和我国台湾地区转引德国的法律、判例和学术观点,本译著的出版,使祖国大陆学者直接接触到原汁原味的德国法学,引起民商法学界的广泛兴趣,成为参引率很高的学术著作。

2.《德国反不正当竞争法研究》,对作为德国市场经济法核心内容之一的反不正当竞争法做了系统研究。从分析德国竞争法的概念入手,探讨德国制定反不正当竞争法的必要性,研究其100多年来发展的轨迹,并对现行法的宗旨和目的、反不正当竞争法在德国法律体系中的地位等问题进行考察。重点研究著名的一般条款,探索一般条款的理论价值、学术界解释一般条款过程中出现的不同视角以及司法机关在适用一般条款过程中形成的案例类型。最后,作者对各类具体的不正当竞争行为的性质、背景、构成要件以及法律后果逐一做了分析。

3.《不正当竞争法律责任比较研究——以中国和德国法为考察对象》一文,对中国和德国不正当竞争行为的法律责任做了系统的比较研究。文章认为,德国反不正当竞争法律责任是一个双轨式的制裁体系,即以民事责任和刑事责任为主,其中尤其以民事责任的意义为最大。德国反不正当竞争法赋予特定的团体以诉权,调动社会力量监督和制止不正当竞争,被证明是一种成功的做法。中国反不正当竞争法律制裁体系最突出的特点在于设置专门的监督检查机关,负责对不正当竞争行为保持积极的、主动的干预,这一制度无疑具有现实的和积极的意义。然而,考虑到中国现行行政执法制度存在的不足以及调动社会力量同不正当竞争作斗争的必要性,中国法应当借鉴德国有关民事责任的各项制度,特别是赋予某些社会团体以起诉权,通过扩充私权来弥补行政执法制度的不足。

4.《旧中国对德国民法典的继受》提出,旧中国继受德国民法主要不是一个"力量"问题,而是一个"质量"问题,亦即旧中国取法德国民法的主要原因在于《德国民法典》本身所具有的可继受性。《德国民法典》最突出的可继受性,在于其揭示了自然人法律生活的内在逻辑,规范了一个自然人自出生到死亡所涉及的各种社会关系,因此法典在内容上具有高度的普适性,从形式上具有严密的逻辑性和明确的条理性。

李友根

学术背景

李友根,1967年生,浙江温岭人。1987年获南京大学法律系法学学士学位;1990年3月获南京大学法律系经济法学硕士学位;2002年7月获中国人民大学法学院经济法学博士学位。现任法学院教授、博士生导师,兼任南京大学中国法律案例研究中心主任、南京大学经济法研究所所长。主要教学和研究领域:经济法学、判例制度、知识产权法学、商法总论。入选教育部新世纪优秀人才支持计划(2011年)。2007—2015年任南京大学法学院院长。现任中国法学会经济法学研究会副会长、江苏省法学会社会法学研究会会长、江苏省法学会经济法学研究会副会长等学术职务。

学术成果

著作:《人力资本出资问题研究》(中国人民大学出版社2004年版)。

代表论文:《法律奖励论》(《法学研究》1995年第4期);《论竞争法中的法定赔偿》(《中国法学》2009年第1期);《指导性案例为何没有约束力》(《法制与社会发展》2010年第4期);

《惩罚性赔偿制度的中国模式研究》(《法制与社会发展》2015年第6期);《经济法规合宪性审查标准——基于对美国最高法院判例的考察》(《法学评论》2020年第1期)。

主持课题:国家社科基金规划项目"基于反不正当竞争法修改的案例类型化研究"(2016年);教育部项目"虚假广告的法律治理研究"(2010年);司法部重点项目"民法实效制度研究"(2007年)等课题。

科研获奖:教育部人文社会科学优秀成果三等奖(2013年)、江苏省哲学社会科学优秀成果二等奖(2005年、2011年)。教学获奖:被评为南京大学"我最喜爱的老师"(2005年、2008年)、南京大学赵世良讲座教授(2017年)。

学术创见

1. 奖励制度的法学研究。将"奖励"纳入法学范畴领域,提出法律规范分类中以法律后果为标准增加"奖励性规范"的类型。在1995年的论文《法律奖励论》(发表于《法学研究》1995年第4期)中,基于立法文本中诸多"奖励""表彰"等规定,在参考前文研究成果的基础上,通过对法律规范结构、义务设定标准等研究,提出了奖励的法律性质、类型划分、救济保障等,为奖励纳入法律规范范畴进行了初步论证。"奖励"的法律理论,不仅有力地解释与回应了社会生活中普遍存在与适用的奖励现象,也有助于完整地理解法律调整社会关系的诸多手段,对于丰富与完善社会与经济领域的法律制度具有一定的理论价值。

2. 在经济法学的研究中,倡导与实践案例研究方法。从1996年开始,以最高人民法院指导案例、最高人民法院公报案例、人民法院报公布案例及北大法宝、中国裁判文书网的广泛案例为基础,在深入解读案例的基础上挖掘、总结、提炼法学理论问题,并通过对国外判例的比较研究,试图探索法学领域的中国问题、中国方案与中国理论,逐渐形成"中国问题、世界眼光、案例实证、历史梳理、理论提升"的研究方法与风格。一方面,运用案例研究方法从司法案例中挖掘、总结、提炼经济法理论,以期创新经济法学研究方法,也使经济法学研究与司法实务相对接。近年来,这一研究方法分别在经济法主体理论(经营者界定、标准人理论等)、经济法权利理论(消费者知情权、经营者公平竞争权等)、惩罚性赔偿理论、反不正当竞争法等领域得到充分运用,取得了相应的研究成果。另一方面,对于案例研究的方法、类型及其在教学中的运用也进行研究与探索。提出应当在案例研究的积累基础上开展有效的案例教学,并指导学生特别是法律硕士专业学位的研究生学习与运用案例研究方法。

3. 以实证方法和比较法方法从事判例制度的研究。采用实证研究的方法开展判例制度(我国的案例指导制度)的研究,以更为直观地发现制度存在的问题与完善的方向。得出结论:指导案例的关键在于其法律解释与论证理由的说服力,即便强行赋予制度上的约束力,也会被法官们以区别技术加以拒绝。由此提出,在建立案例指导制度时,应当充分考虑案例的产生程序,特别是引入"案例市场的竞争"机制,以保障其效力与制度初衷的实现。我国的案例指导制度虽有别于其他国家的判例制度,但其制度长期运行的实践及丰富的理论研究成果可以为我国的制度完善提供有益的借鉴。因此,近年来通过对美国最高法院判例的研究,从实体法与判例制度两个角度进行比较研究。《惩罚性赔偿制度的中国模式研究》一文提出:中美两国的这一制度在功能、运作上具有不同的定位,但置于整个法律体系框架中,两国的制度发展可谓是殊途同归,我国的惩罚性赔偿既区别于大陆法系,又区别于英美法系,是中国特色法律制度的一个范例,其建立、演变、固化有着内在的规律。《论案例区别与先例推翻:美国最高法院 Janus 案的启法》(载《南京大学法律评论》2018 年秋季卷),以我国最高法院第 8 号指导案例在实践中被拒绝参照的案例切入,比较美国最高法院 2018 年 Janus 案有关推翻先例的判决意见,提出了研究案例区别技术和先例推翻条件的重要意义。《经济法规合宪性审查标准——基于对美国最高法院判例的考察》(载《法学评论》2020 年第 1 期),梳理了美国判例对于经济法规的违宪审查标准,结合我国案例和制度环境,提出我国合宪性审查中应避免使用最低的合理审查标准,而应采用中度审查标准。

徐棣枫

学术背景

徐棣枫,毕业于南京大学地质系和法学院,获得理学学士学位、法学第二学士学位、法学博士学位。美国威斯康辛大学访问学者。现任法学院教授、博士生导师。主要教学研究领域:知识产权法和法学实践教学、律师实务、法律诊所等。兼任江苏省知识产权法研究会副会长,全国律协网络与高新技术法律专业委员会委员。2012 年入选国家知识产权局第一批全国知识产权领军人才。

学术成果

著作:《专利权的扩张与限制》(知识产权出版社 2007 年版);《知识产权法:制度、理论、案例、问题》(合著第一作者,科学出版社 2005 年第 1 版、2020 年第 2 版,被评为教育部"十一五"国家级规划教材);《企业知识产权战略》(合著第一作者,知识产权出版社 2010 年版);《企业并购中的知识产权风险》(合著第一作者,南京大学出版社 2013 年版);《专利权的不确定性与专利诱饵的法律规制》(合著第一作者,知识产权出版社 2019 年)。

代表论文:《专利领域中反垄断问题研究——试论滥用专利权》(《南京大学学报》1999 年第 4 期);《问题专利探析》(《东南大学学报》2007 年第 4 期);《威斯康星之路与 WARF 奇迹:高校技术转移实现模式选择》(《学海》2009 年第 3 期);《权利的不确定性与专利法制度创新初探》(《政治与法律》2011 年第 10 期);《不正当行为抗辩制度之移植可行性及设计构想——基于〈专利法〉第四次修改中的"诚实信用"原则》(《东方法学》2018 年第 11 期)。

主持课题:国家社会科学基金项目"专利权的不确定性与专利诱饵(Patent Troll)的法律规制研究"(13BFX122);教育部人文社会科学研究项目"企业并购中的知识产权风险研究"(11YJE820002);江苏省哲学社会科学基金项目"江苏省软件产业自主创新与知识产权保护研究"(07FXB005)。

学术创见

1. 国内较早对专利权滥用和专利领域中的反垄断问题开展研究,提出专利权是一种合法的垄断,但是在专利领域亦存在反垄断问题。指出专利权的垄断性与反限制竞争间既统一又有冲突,论证了运用专利法对专利权人滥用专利权行为进行规制,运用反垄断法对专利权人滥用市场地位构成垄断的行为进行规制,即专利法和反垄断法二元结构规制专利权滥用和专利非法垄断行为,既要保护专利权人的合法权益,又防止滥用专利权和利用市场地位限制合法竞争。

2. 从专利权界定制度出发,系统论述了专利权扩张与限制的理论缘由,揭示专利权扩张的制度性基础,进而讨论构建与之相适应的权利限制制度和体系,在制度研究的基础上,通过对专利权在各个阶段中的扩张与限制的具体问题研究,为完善专利权的限制制度提供理论和具体措施。

3. 从专利非实施主体(专利诱饵)、问题专利等实际问题出发,研究揭示了专利权不确定性的现象和危害。在财产法和市场管制法两个框架下,对现有理论和制度进行解析,以权利确定性寻求为路径,反思了传统财产法理论在专利领域存在的缺陷,探讨如何借鉴占有理论应对专利权的不确定性。通过重新认识专利法与垄断法的关系,提出专利法市场管理功能的界定和发挥,为专利法的完善以及专利审查、专利司法应对专利非实施主体提出了具体建议。

4. 较早开展对专利侵权诉讼中的维权周期长、程序交叉问题的研究,提出了实用新型专利检索报告制度的缺陷和改进意见,在专利法三修中得到采纳。

方小敏

学术背景

方小敏,江苏无锡人。1991 年,获南京大学法学学士学位;1994、1995 年,分获南京大学、德国哥廷根大学法学硕士学位;2002 年,获哥廷根大学法学博士学位。现任南京大学法学院教授,哥廷根大学兼职教授。英国布里斯托大学、美国纽约大学、德国马普外国私法与国际私法研究所、马普竞争与创新研究所、波恩大学、柏林自由大学、科隆大学等访问教授。主要教学和研究领域:经济法学、竞争法学、中德/中欧法律比较、欧盟法、中国经济法(德语)。曾任中德法学研究所所长,南京大学人文社科高等教育研究院驻院学者。现兼任中国法学会经济法学研究会理事、国际竞争法学会会员、中国欧洲法学研究会常务理事、江苏省法学会经济法学研究会副会长,德国哥廷根大学中国校友会会长。

学术成果

著作:《欧盟反倾销法中的非市场经济国家》(德文,Peterlang 出版社 2002 年版);《中国反垄断立法若干问题研究》(德国阿登纳基金会学术研究丛书 2006 年版);《竞争法学》(合著,中国人民大学出版社 2009 年版)。主编《中德法学论坛》(第 1—16 辑)、《德国联邦法院典型判例研究丛书》。

代表论文:在《法商研究》、《法学》、《现代法学》、《比较法研究》、《竞争法杂志》(德文)、《国际公司和商业法律评论》(英文)等中外学术刊物上发表经济法、竞争法论文数十篇。

主持课题:国家社科基金研究项目"垄断行业改革背景下的反垄断法和规制法的关系";德国联邦教育科研部(BMBF)项目"中德比较法视野中的能源和环境法";欧盟委员会"欧洲一体化与欧洲认同"法学子项目。

学术创见

1. 反垄断法研究成果显著。多次参加中国反垄断法起草专家研讨会,出版《中国反垄断立法若干问题研究》一书,为研究和理解中国反垄断立法提供重要参考。独立撰写《竞争法学》一书中"《反垄断法》编",对反垄断法基础理论及实体法律制度的系统阐述和比较研究,对反垄断法抽象性、普遍性、否定性特征进行的概括和提炼具有一定的首创性。对欧盟竞争法的体系性思考和专题研究集中体现在专著《竞争法视野中的欧洲法律统一》中。

2. 重视经济法基础理论研究，主张通过对经济法核心规范的实证分析，构建和完善经济法理论。尝试通过对作为经济法核心内容的具体部门法问题进行长期观察和研究，厘清经济法的一些基本问题。在经济法基础理论研究中重视采用比较研究方法，认为社会主义市场经济、社会市场经济、自由市场经济等不同市场经济模式虽然侧重点各异，但面临的经济法律问题是相似的，即通过法律来调整国家（干预）和市场（竞争）之间的关系。在比较研究中，强调中国问题意识和世界法律视野，为完善我国经济法学理论和立法、改善经济法律实施提供比较法视野下的方案。提出国家干预法是经济法的一般特征和核心内容，经济法应当以尊重市场竞争机制为基础，增强市场导向型的反垄断干预能力建设，审慎适用行政命令式干预，并担负起推动市场化改革的使命。

3. 开展国际贸易法和竞争法的交叉研究。在学界较早以欧盟贸易保护措施为素材，研究国际贸易法与市场竞争法的关系，揭示贸易保护措施的理论缺陷和实践短板，探讨国际贸易法的未来发展方向，特别是对欧盟反倾销法中"非市场经济国家"制度的研究兼具理论和实践指导意义。欧盟法和中国法的直接交流对话，既重视欧盟法实证研究，也渗透着对中国问题、中国立场的关切，提出了对贸易保护措施理论和制度的重构。

4. 比较法研究见解独到。通过对中、欧、德竞争法及其背后影响法律制度生成和发展的深层次原因的探究，对欧盟竞争法改革和市场经济法治何去何从，开展独立思考，并结合我国国情提出和论证"双层销售额标准"的中国方案，研究成果被国家相关部门采纳，规定在2008年8月颁布的《国务院关于经营者集中申报标准的规定》中。在国内学术界较早澄清行政垄断并非仅存在于经济转型国家，欧美成熟市场经济国家也有公权力垄断并对它进行法律规制，只是规制理念、路径、手段甚至概念体系各不相同。通过对外国法的比较研究和对中国法的实证研究，论证了我国反垄断法对行政性限制竞争行为进行规制的必要性、正当性和可行性，为反行政垄断立法提供理论依据和域外经验。率先探讨和明确《反垄断法》第7条不是针对国有企业的反垄断法使用除外条款，提出区分国有企业事实垄断地位和法定垄断地位的重要性，阐述了反垄断法平等适用于竞争性国有企业和其他所有企业的属性，助益反垄断法的准确解释和适用。

曾　　洋

学术背景

曾洋，获南京大学法学博士学位，教授、博士生导师。美国威斯康星大学麦迪逊分校访问学者。主要教学和研究领域：证券法、金融法、上市公司法律问题。

学术成果

出版教材《证券法学》（南京大学出版社2008年版）；译著《加拿大证券监管制度》（主持翻译，南京大学出版社2009年版）。

代表论文：《内幕交易侵权责任的因果关系》（《法学研究》2014年第6期）；《证券内幕交易主体识别的理论基础及逻辑展开》（《中国法学》2014年第2期）；《修补还是废止？——解释论视野下的证券法第47条》（《环球法律评论》2012年第5期）；《证券内幕交易的"利用要件"》（《环球法律评论》2013年第6期）；《重构上市公司独董制度》（《清华法学》2021年第4期）。

主持课题：国家社科基金项目"证券内幕交易构成和证明的疑难法律问题研究"（13BFX105）；江苏省社科基金"系统性金融风险动态平衡防控机制研究"（19FXB003）。

学术创见

1. 提出并证成内幕交易不侵害投资者的知情权，而是侵害投资者的公平交易权。同时，论证并明确了内幕交易的事实因果关系和法律因果关系。借助因果关系理论的发展并重新审视内幕交易的行为本质，发现投资者因内幕交易而致权益被侵害是完全被动的，"比较优势论"有助于实现对内幕交易行为及其侵权责任的整体认知。内幕交易侵害其交易对手——"善意同时反向交易者"之"以信息对称为核心的公平交易法益"，而非投资者的"知情法益"。内幕交易行为提升了投资者亏损发生的客观可能性，两者之间具有事实上的因果关联。依托以原因力、有责性、公平性等若干要素为中心的理论与价值判断体系，并贯彻侵权法之填补及预防损害的补偿性功能，经论证可知内幕交易侵权行为引致的损失限定为对手"交易损失的一半"，但应以相当于内幕交易人非法获利（包括所获收益或避免的损失）的投资者损失额为限。

2. 提出内幕交易主体应当是一般主体，论证并提出立法的修改建议。在我国法律制度中，规定证券内幕交易主体的法律用语有"内幕信息的知情人""非法获取内幕信息的人"和"任何知情人"，但主体范围并未清晰界定。内幕交易主体立法应以"信息平等理论"为基础、以"（任何）知情人"为统一立法用语、以"行为识别主义"为实践导向和主体类型化依据，其内在逻辑方为畅达，我国现行法律制度应据此作出修改。对内幕交易证明中的疑难问题"利用要件"和"知悉要件"进行了富有创见性的讨论，并进行了合理的逻辑推演，指出"知悉内幕消息"是内幕交易构成的基础，"利用内幕消息"应当作为要件之一并得到证明。

3. 系统研究证券法、上市公司法律的若干问题。提出加强对"资本证券"的研究，在分析有价证券、证券资本的基础上，厘清证券法上的"证券"和有价证券、资本证券之间的关系，指出证券法中应当对基础证券和衍生证券进行类型化界定。我国证券法尚未规定融资融券交易时，即已研究信用交易风险控制的初始保证金和追加保证金机制，并于内外部风控机制进行区分；首次提出证券资本并在进行相关理论研讨，提出并讨论证券资本三原则，是对证券市场风险防范和风险管理法律原则的系统反思；关注证券投资者保护问题。《重构上市公司独董制度》是一项具有前瞻性的研究，以权利与义务一致、义务和责任匹配为基础，指出独董的制度目标是监督和限制控制权私人利益，对特定事项以警示和披露为履职边界。

4. 关注金融市场的相关法律问题。发表《民间融资利率管理的类型化路径选择》《P2P应当缓行》，较早提出"类型化管理是民间融资利率管理的最优选择，区分民事消费型借贷和商事经营型信贷是民间融资利率类型化管理的基础"；在2015—2016年民间金融行为尤其是P2P狂欢之际，提出在审慎的金融领域，在缺乏相应的规则时，应阻止P2P的冒进。后续的现实证明，该文是尽到了一个理论研究者的关注、警示现实的基本职责。

宋 亚 辉

学术背景

宋亚辉，1984年生。2012年获南京大学法学博士学位，同年入职东南大学法学院。2015年调任南京大学法学院，现为教授、博士生导师，南京大学经济法研究所所长。曾任南京大学人文社科高等教育研究院驻院学者,德国哥廷根大学访问学者、德国奥斯纳布吕克大学法学院交换教师。教学和研究领域:市场规制法、公司法、公私法合作理论等。教育部"长江学者奖励计划"青年学者(2020),南京大学华英学者。入选"江苏社科优青"和"江苏青蓝工程"等人才项目。获南京大学"我最喜爱的老师"称号。兼任江苏紫金传媒智库研究员、中国广告协会法律咨询委员会常委暨学术委员会委员、中国法学会经济法学研究会常务理事。

学术成果

著作:《社会性规制的路径选择》(法律出版社 2017 年版);《虚假广告的法律治理》(北京大学出版社 2019 年版)。

代表论文:《风险控制的部门法思路及其超越》(《中国社会科学》2017 年第 10 期);《追求裁判的社会效果:1983—2012》(《法学研究》2017 年第 5 期);《环境管制标准在侵权法上的效力解释》(《法学研究》2013 年第 3 期);《食品安全标准的私法效力及其矫正》(《清华法学》2017 年第 2 期);《网络市场规制的三种模式及其适用原理》(《法学》2018 年第 10 期);《营利概念与中国法人法的体系效应》(《中国社会科学》2020 年第 6 期)。

主持课题:2015 年国家社科基金青年项目"公共风险管控的公私法合作机制研究"(15CFX020);2021 年国家社会基金重点项目"适应商业创新的市场规则体制研究"。

获 2018 年江苏省第十五届哲学社会科学优秀成果一等奖;2015 年江苏省社科应用研究精品工程奖一等奖;2013 年获得江苏省优秀博士学位论文;2010 年获得教育部第一届博士生学术新人奖。

学术创见

1. 揭示了中国风险立法中的部门法壁垒与"各自为政"之弊。由于受到大陆法系法律结构的影响,中国的风险立法主要建立在公私法二元结构以及部门法分立格局之上。这样的立法结构在法律实施层面存在严重的部门法壁垒。实证法上的各自为政反过来又强化了部门法学相对封闭的立场,学者也习惯于各守疆域地在各自部门法框架内独自耕耘,并发展出彼此独立的学说来正当化并推动部门法内部结构的改造。理论与立法的互动使得部门法壁垒得到自我强化,这不仅无助于管控风险,而且束缚了中国法律结构的现代转型。

2. 运用法律经济学的分析工具打破了风险立法中的部门法壁垒。相较于大陆法系根深蒂固的公私法二元结构,以及部门法分割的学术传统,运用法律经济学的分析工具所做的横跨多个部门法的交叉学科研究具有一定的前沿性和创新性。这一研究解决了大陆法系理论和实践中长期以来存在的一个基础性难题——公私法壁垒与部门法"各自为政"的局面。这对于中国风险立法的结构转型具有深远意义。尤其是在风险规制功能方面,不同部门法之间的合作有助于发挥各自的比较优势,协调运用多元化的风险规制工具共同管控我国当下日益严峻的环境、健康和安全风险。这给大陆法系的部门法学研究带来了一股新气象,为公私合作的法律体系构建提供了新思路。

3. 超越部门法壁垒搭建了不同部门法在风险领域的合作框架。运用法律经济学的分析工具所做的风险规制法研究,打破了大陆法系公私法二分框架下的部门法壁垒,初步构建了不同部门法在风险规制领域的合作框架,形成了由一般威慑、威慑补充和行政管制构成的"三位一体"的立法结构。由此形成的风险立法呈现出部门法"分"与"合"的双重变奏。这里的"分"不再是部门法壁垒之下的"关起门来搞建设",而是要打造开放的部门法体系,为不同部门法之间的沟通与协调预留"通道";这里的"合"也不是回归历史上的"诸法合体"结构,而是搭建不同部门法之间合作的桥梁,进而发挥不同部门法的比较优势来共同管控日益严峻的环境、健康和安全风险。

4. 初步设计了跨部门法的风险立法结构。近年来研究的风险规制法即其范例。在制度结构上,风险规制领域的公私法合作框架能够充分发挥侵权法、行政法、刑法在风险规制领域的比较优势,进而以协调合作的姿态共同防控现代工业化引发的环境、健康和安全风险,这对于中国风险立法的结构转型、风险规制效果的优化以及落实健康中国的规制目标均具有创新意义。

5. 通过跨部门法的研究,致力于推动部门法学研究范式的革新,即从"部门法分立格局"到"跨部门的市场规制法研究"。近年来立足于风险规制领域系统反思了大陆法系国家沿用两百余年的部门法分立格局以及理论范式,在此基础上打破了部门法壁垒,构建了民法、刑法、行政法等部门法在风险领域的合作框架,这有助于推动大陆法系公私法二元结构以及部门法分立格局的转型,同时还可以推动部门法学研究范式的升级。

王建文

学术背景

王建文,先后获西北政法学院学士学位,南京大学法学院硕士、博士学位,中国人民大学法学院民商法专业博士后。现任法学院教授。主授课程有"商法总论""公司法",主要研究领域为商法、金融法,并立足于商法,开展营商环境研究。

学术成果

著作:《商法总论研究》(中国人民大学出版社 2021 年版);《证券法研究》(中国人民大学出版社 2021 年版);《中国商法的理论重构与立法构想》(中国人民大学出版社 2018 年版);《中国商法立法体系:批判与建构》(法律出版社 2009 年版);《商法教程》(中国人民大学出版社 2009 年第 1 版、2019 年第 4 版)。

代表性论文:《论我国引入公司章程防御性条款的制度构造》(《中国法学》2017 年第 5 期);《论我国构建控制股东信义义务的依据与路径》(《比较法研究》2020 年第 1 期);《论我国股东知情权穿越的制度构造》(《法律科学》2019 年第 4 期);《再论股东未届期出资义务的履行》(《法学》2017 年第 9 期);《我国商法引入经营者概念的理论构造》(《法学家》2014 年第 3 期)。

主持课题:国家社科基金重大项目"研究阐释党的十九届五中全会精神,优化市场化法治化国际化便利化营商环境研究"(21ZDA052 首席专家)。

入选中国商法学研究会 2020 年度商法人物(2021 年入选);首批国家级一流本科课程《网络与人工智能法》负责人(2020 年);第三届江苏省优秀青年法学家(2013 年)。

学术创见

1. 商法基础理论研究。在对商法展开全景式研究的基础上,对商法基础理论展开了体系化研究,形成了涵盖商法基本范畴、民商区分、商法理念、商法原则、商法体系、商事权利、商事纠纷解决等领域的系统性研究成果,在商法学界产生了广泛影响。

2. 公司法体系化研究。重视公司这一商业基本组织形式在运行过程出现的实践问题,立足于公司法的组织法属性,形成了涵盖公司设立、公司治理、公司资本制度、股东权利、控制股东信义义务、董事信义义务等领域的系统性研究成果。

3. 互联网金融法治研究。发起设立了江苏省互联网与信息法学研究会，并担任会长，推进网络法与信息法学研究。以此为基础，开展交叉学科研究和课程建设，并获批首批国家级一流本科课程。

4. 营商环境实证研究。作为第三方评价负责人，持续承担江苏省委常委会审议通过的《关于构建亲清新型政商关系的意见》部署的江苏省营商环境评价工作，其研究报告《江苏省区域民营经济营商环境综合评价报告》发生实际影响。

此外，以优化营商环境为主题，承担了国家社科基金重大项目和省社科基金重点项目，开展适应国情、省情，具有中国特色的营商环境评价方法及指标体系研究，通过全面的数据分析，揭示出营商环境存在的问题，探求务实可行的解决方案。

张　　理

学术背景

张理，1962年生，江苏南京人。1985年获南京大学经济学系学士学位，毕业留校至法律系，成为经济法教研室一员，兼法律系1984级的辅导员。1988年暑假，参加国家教委委托中国人民大学法律系举办的首届经济法基础理论研讨班，随后在南京大学在职修读硕士研究生课程。1998年晋升为副教授，硕士研究生导师。主要教学和研究领域：经济法和金融法、票据法等。

学术成果

代表论文：《再论我国合作银行的名称与法律性质》（《金融研究》1996年第5期）；《消费信用关系中消费者的特殊权利探析》（《外国经济与管理》1997年第11期）；《关于票据质押几个重要问题的思考》（《南京大学法律评论》1999年春季号）；《从发展我国投资银行的法律障碍看金融创新原则的确立》（与张瑞来合著，《南京大学法律评论》2002年春季号）等。

学术创见

《再论我国合作银行的名称与法律性质》，在分析了"合作"的法律含义后，认为合作银行这一概念与其法律性质在法理上不相融合，会导致理论上的混乱。

《消费信用关系中消费者的特殊权利探析》，是国内较早关注消费信用法律调整的论文。消费信用在实践中已经广泛出现，无论是以抵押贷款方式购买房产，还是向商家分期付款购买"大件"消费品，法律对消费信用关系的特殊性关注不够。在尚无法律明确规定的情形下，文章对消费信用关系中消费者的特殊权利做学理探讨，提出应当特别强调消费者的知悉权、消费者的合同撤销权、合理规定消费者的违约责任。这些观点在后来的消费者保护法研究中被广泛提及，修改后的消费者权益保护法和相关司法实践都支持了这些建议。

《关于票据质押几个重要问题的思考》，是国内较早研究票据质押的论文。文章对票据质押的形式要件、票据质权与票据权利的关系、票据质权实现的途径和禁转记载后票据设质的有效性等问题加以分析，其中有些观点被后来的司法解释采纳。

《从发展我国投资银行的法律障碍看金融创新原则的确立》指出，随着资本市场的产生和发展，在资本市场上起着纽带和媒介作用的专业机构——投资银行应运而生，成为现代金融体系中的重要主体。中国资本市场形成了以证券公司、信托投资公司、期货经纪公司和投资咨询机构为主体格局的资本市场服务机构,但从法律对它们的经营范围所作的严格限制来看,它们并不是真正意义上的投资银行,立法的后果必然导致投资银行在我国无法可依,也就无法设立。经国家批准成立的中国国际金融有限公司无疑属于投资银行,但它明显是违法的:一是中国并没有设立中金公司这种金融机构的法律依据;二是违反《商业银行法》,因为股东之一是中国建设银行,根据《商业银行法》,商业银行在中国境内不得向非银行金融机构和企业投资。设立投资银行是因为需要和有意义,但设立却是违法的,这种矛盾的根源在于金融法基本原则的保守和欠缺。文章建议将允许创新作为金融法的原则。

在 2005 年以后的几次会议论文中,都是紧密结合现实经济政策、金融监管措施,以批评视角发出声音,如:第一,指出政府以违法为代价进行"调控",回避造成经济"过热"的根本原因,将体制弊病和政府失误造成的后果转嫁企业和社会公众;将管制行为当作宏观调控,混淆行政手段与经济手段的差别,使经济体制朝着背离市场经济的方向走得更远。第二,审查许可是中国金融监管的代表性方法,可将中国金融监管模式称为许可型监管模式。从金融监管必要性理论概括出金融监管的主要任务是通过反垄断、防止系统风险、强化信息披露维护公众利益。银监会对银行几乎所有业务及品种实行行政许可,这明显超出了必要的范围,越过了监管边界。对产品和服务品种的许可,导致监管者直接行使金融机构经营管理决策权,既是对企业权利的侵犯,又会造成牺牲效率、抑制创新,或者监管者滥用公共权力。许可型监管模式应及早被其他符合市场经济体制、符合现代法治理念的监管方式所取代。第三,以信用卡套现入罪为视角,对金融行为过度刑法管制提出批评,认为信用卡套现不存在社会危害性,入罪目的不正当,提出以市场经济刑法观区分金融行为罪与非罪,真正推进深化金融改革、完善金融服务。

齐晓琨

学术背景

齐晓琨,1969 年生,先后获中山大学德语语言文学学士、中国政法大学法学学士、德国蒂宾根大学法学硕士、德国法兰克福大学法学博士学位,中国社会科学院法学研究所博士后。自 2006 年起,任教于南京大学法学院暨中德法学研究所,现为法学院副研究员、副教授。主要从事民法学和经济法领域的教学和研究工作。

学术成果

著作:《中德民法名誉权保护区别的背景研究》(Zivilrechtlicher Ehrenschutz in Deutschland und China-Eine Untersuchung über den Hintergrund der Unterschiede)(德国 Kovac 出版社 2005 年版);《德国新旧债法比较研究》(法律出版社 2006 年版)。

代表论文:《索拉雅案评注》(《现代法学》2007 年第 1 期,人大复印资料《民商法学》2007 年第 5 期全文转载);《解读德国〈民法典〉中的债权人迟延制度》(《南京大学学报》2010 年第 2 期,人大复印资料《民商法学》2010 年第 8 期全文转载)。

2004 年,获得德国黑森州米歇尔曼法学优秀研究成果奖(Gottfied Michelmann-Preis)。

2008 年,获江苏省哲学和社会科学二等奖。

李 华

学术背景

李华,苏州大学法学学士,南京大学法学硕士、法学博士。福特汉姆大学法学院访问学者。自1999年起,任职于南京大学法学院,现为副教授。主要教学和研究领域:经济法、保险法、商法研究。现兼任中国商法学研究会理事、中国保险法学研究会理事。

学术成果

著作:《董事责任保险制度研究》(法律出版社2008年版);自2011年起,参与主编《保险法评论》(法律出版社出版,至今已经出版1—6卷)。

代表论文:《中国大陆保险资金股权投资监管与保险消费者之保护》(《月旦财经法评论》2018年11月);《中国大陆保险资金私募股权投资监管之完善》(《月旦民商法杂志》2019年3月);《责任保险的内在逻辑及对食品安全风险的控制》(《南京大学学报》2016年第3期);《我国环境污染责任保险发展的路径选择与制度构建》(《南京社会科学》2010年第2期);《我国食品安全强制责任保险制度的构建》(《商业研究》2012年第5期)。

主持课题:国家社科基金课题"保险资金股权投资监管研究"。

学术创见

1. 创新保险资金股权投资及基础理论。保险资金投资股权的理论落后于实践,保险资金股权投资不能仅以收益为唯一目的,亦需要兼顾广大被保险人的利益,从公共利益角度,加强对保险资金股权投资监管。区分保险资金的来源,对不同性质的保险资金所进行的股权投资行为予以规制。对通过"万能险"等所筹保费进行股权投资应予以严格限制,以解决资产匹配不合理所导致的保险经营风险。新经济条件下保险业股权投资监管理念与思路的调整。金融市场日益开放,监管应对能力不足的矛盾更加凸显。厘清保险资金股权投资创新与监管的边界,厘清监管与市场的责任。贯彻保险资金运用"放开前端、管住后端"的总体思路,实现监管方式的改变,加大偿付能力和资产配置的硬约束,防控内部控制和关联交易等领域风险,坚守不发生系统性风险。对保险资金股权投资实施协同监管。保险资金股权投资涉及保险、证券以及银行等领域,在证券监管与银行保险业监管分业监管的情形下,对保险资金股权投资实施协同监管,避免利用险资实现控股目的、争夺公司控制权,避免险资过度涉入资本市场,恶意并购,实现保险资金投资收益与投保大众资金安全之利益平衡。

2. 构建中国董事责任保险制度。《董事责任保险制度研究》中提出,董事,包括独立董事,应对公司尽忠实义务和勤勉义务,在违反义务的情况下,应承担相应的责任,在董事违反注意义务的情形下,过重的责任追究有可能使董事等高管难以有开创精神,影响到能力的发挥,可以通过责任保险制度转移该风险,结合中国实践,提出了构建中国董事责任保险制度之建议。

3. 对我国保险资金投资股权的立法情况予以梳理,探讨现有关于保险资金股权投资之不足,提出对于保险资金大部分来源于投保人所缴保费这一实际情况,在使用责任准备金进行股权投资和并购时应有所限制,保险资金股权投资不应争夺公司控制权,而应以财务投资为主。

4. 认为保险资金私募股权投资是保险资金运用的主要形式之一,保险公司在私募股权投资基金中处于有限合伙人的地位,为维护广大保户的利益,有必要加强私募基金管理人的管理,协调银保监会和证监会、行政监管和自律监管的关系,对保险资金私募股权投资的创新予以监管,实现保险资金运用在追求盈利的情形下确保安全性之目的。

5. 提出了责任保险具有转移风险、分担损失、填补损害之功能,威权管制为主导的食品安全监管尚存不足,食品安全责任保险可以发挥食品安全风险管理功能,以实现保险的社会公共政策目标;对保险消费者概念予以厘清,认为无法适用《消费者权益保护法》对保险消费者提供保护。为维护保险消费者利益,应以维护社会公共利益为目的,完善金融消费者保护立法,从制度层面对保险消费者权益予以保护;提出在食品安全领域可以推行强制责任保险,以救助食品安全事件中的受害者,特别是对婴幼儿食品,更应实施强制责任保险。

6. 认为环境污染责任保险可以采用二元化模式,选择自愿保险和强制性保险并存,并对强制保险的实施提出具体意见。关于环境污染责任强制保险的呼吁,已引起环保部门的重视,2017 年 6 月,环境保护部和保监会联合研究制定了《环境污染强制责任保险管理办法(征求意见稿)》,前期相关研究与现行立法相呼应。

周 长 征

学术背景
周长征,1993 年厦门大学法学院国际经济法专业学士学位;1998 年、2001 年分获北京大学法学院经济法硕士学位、博士学位。2001 年至今在南京大学法学院任教,现为副教授、硕士生导师。主要教学和研究领域:劳动法、社会保障法、经济法、商业法、国际经济法。

学术成果
著作:《全球化与中国劳动法制问题研究》(南京大学出版社 2003 年版);《劳动法原理》(科学出版社 2004 年版)。

代表论文:《WTO 的"社会条款"之争与中国的劳动标准》(《法商研究》2001 年第 3 期);《劳动法中的人——兼论"劳动者"原型的选择对劳动立法实施的影响》(《现代法学》2012 年第 1 期);《社会转型视野下农民工养老保险权利的法律救济:以去私法化为中心》(《法学评论》2012 年第 2 期);《国际金融危机背景下劳动合同法的实施——兼论司法能动主义在劳动争议处理中的作用与局限》(《清华法学》2010 年第 5 期)。

主持课题:国家社科基金一般课题"劳动合同法对我国制造业劳动关系的影响及其实施问题实证研究"(2016 年)。

获中国劳动法学研究会颁发的"《劳动法》十周年优秀科研成果著作一等奖";2006 年,获得江苏省第九届哲学社会科学成果二等奖。

学术创见
1. 全球化已经对中国劳动法制产生了重大影响,包括国际贸易自由化对中国劳动法制的影响、国际投资对中国劳动法制的影响、国际劳工标准对中国劳动法制的影响等方面。这些影响是在国际交往日益增多的前提下,由软权力与硬权力共同发生作用的结果。同时,中国劳动法制由公法向私法的转变,为接受这些影响提供了内部环境。中国既不能全盘接受全球化,也不能以本土化为借口反对全球化。在全球化与本土化的矛盾中,应当坚持全球化与本土化的适当平衡。中国劳动法制在 21 世纪面临着艰巨的改革任务,在这个改革过程中,全球化是一个必须考虑的因素。认清全球化对劳动关系和法律的一般影响,是研究全球化与劳动法制问题的基础。

2. 我国《劳动法》采用了"劳动者"的概念,但并没有对"劳动者"的具体含义做出解释。如果联系 20 世纪 90 年代初立法时的语境来分析"劳动者"的权利体系,我们可以发现《劳动法》中"劳动者"的真正原型是国有企业职工。直到《劳动合同法》颁布,"劳动者"才开始具有农民工的某些特征。由于"劳动者"原型的选择不当,我国劳动关系的调整机制天生就带有体制色彩过强、覆盖面过窄、权利体系大而全等问题,这些问题不仅曾严重地妨碍了《劳动法》的贯彻实施,而且将来还可能会降低《劳动合同法》等新法的实施效果。在市场经济条件下,劳动立法中的"劳动者"应当是处于从属地位的抽象的人,而不应该是具体的某一类社会群体。

3. 在全球化的背景下,各国之间在劳动标准方面的"探底竞赛"愈演愈烈,劳动标准在经济竞争的意义上已经成为劳动力成本的代名词。公司社会责任在劳动标准方面主要是要遵守国际劳工公约所倡导的"核心劳动标准"。然而,单靠一个国家、一个地区的企业去承担社会责任显然是不现实的,建立全球治理机制是唯一可行且有效的路径。为了公平合理地在全球范围内分配公司社会责任的成本,国际社会可以通过对国际资金流动征收公司社会责任"托宾税"(Tobin Tax)来筹集资金。征税对象可以不局限在外汇交易,也可以包括货物和服务的进出口,由各国海关负责征收,然后由国际劳工组织或者专门的国际基金会向出口国的制造商、政府部门或者劳动者转移支付。

张婉苏

学术背景

张婉苏,1977 年生,江苏淮安人。1998 年获南京大学商学院学士学位;2000 年、2013 年分获南京大学法学学士、法学博士学位。现为南京大学法学院副教授。曾赴台湾中正大学法学院进行学术交流。主要教学和研究领域:财税法、经济法。

兼任江苏省司法厅立法专业团队成员、中国法学会财税法学会理事、江苏省法学会房地产法学研究会常务理事、江苏省金融法与财税法学研究会理事、江苏省法学会工程法学研究会理事、南京大学华智研究中心研究员。

学术成果

代表论文:《我国财税法视阈中转移支付的公平正义——以运行逻辑与实现机制为视角》(《政治与法律》2018 年第 9 期);《乡镇政府债务化解与风险防范研究——基于〈预算法〉的视角》(《学习与探索》2018 年第 6 期);《地方政府举债层级化合理配置研究》(《政治与法律》2017 年第 2 期);《中央不救助地方政府债务的纠结、困惑与解决之道》(《苏州大学学报》2016 年第 5 期);《民间借贷利息判断标准研究——基于南京地区十年间终审判决书的整理与分析》(《江苏社会科学》2012 年第 3 期);《滞纳金征收比例设定的立法研究》(《学海》2012 年第 2 期);《特别纳税调整"一般条款"之法律解读——以税收法定主义和实质课税原则为视角》(《苏州大学学报》2010 年第 4 期)。

主持课题:国家社科基金"《预算法》与地方政府债务规制研究"。

周 梅

学术背景

周梅,1971年生,安徽省寿县人。1993年获安徽大学法学学士,1998年3月获南京大学及德国哥廷根大学法学硕士学位;2003年3月至2004年7月,在德国普富海尔姆大学攻读工商管理专业国际咨询专业硕士;2004年,在德国帕绍大学攻读法学博士;2006年,中国社会科学院法学研究所博士后;2006年10月至今,任南京大学法学院暨中德法学研究所教师,中德法学研究所所长助理。主要教学和研究领域:德国民法、中德民法比较、德语。

学术成果

著作:*Der Herausgabeanspruch aus mittelbarem Besitz*(德国Dr. Kovac出版社2006年版);《间接占有中的返还请求权》(法律出版社2007年版);《德国司法制度》(合著,厦门大学出版社2010年版)。

译著:《罗马法史》(Ulrich Manthe著,迟颖、周梅合译,商务印书馆2016年版)。

代表论文:《德国法上的占有中介关系之构成要件》(《南京大学法律评论》2009年秋季卷);《所有权返还请求权制度》(《河北法学》2008年第9期);《〈德国民法典〉第933条与第934条第2款之间的价值冲突》(《中德法学论坛》第9辑);*Sachenrechtsgesetz*(Zeitschrift fuer Chinesisches Recht)(第一作者,《中国法杂志》2007年第1期);《论人才流动中的若干法律问题》(《中国人才前沿》第1卷,社科文献出版社2005年版);*Verteidigung statt Angriff*, *Koordnierung statt Durchsetzung：Kommentar zur jüngst verabschiedeten Durchführungsverordnung des Arbeitsvertragsgesetzes*(周梅译,载于Zeitschrift fuer Chinesisches Recht,《中国法杂志》2009年第3期);*Verordnung zur Durchführung des Arbeitsvertragsgesetzes*,周梅译,载于Zeitschrift für Chinesisches Recht,(《中国法杂志》2009年第3期);《西方市场经济的法哲学前提》(周梅译,《中德法学论坛》第5辑);《有限责任公司股东的责任》(周梅译,《中德法学论坛》第6辑)。

杨 阳

杨阳,1999年获南京大学日耳曼语言文学学士;2001年、2002年,先后获德国哥廷根大学、南京大学法学硕士;德国汉堡大学法学院博士在读。2002年,获德国"时代"奖学金;2006年,获第一届德国"洪堡基金会总理奖学金";2012年,获南京大学"中国银行奖教金"。在中外期刊上发表多篇论文、译文。曾作为特邀专家参与多项国务院法制办、司法部及最高人民法院组织的中德法律交流项目。2017年11月起,任法学院院长助理;2018年获南京大学"优秀财务负责人"。2021年11月起,兼任法学院党政办公室主任。

夏 琴

学术背景

夏琴,1986年生,本科毕业于北京外国语大学,硕士毕业于美国密歇根大学安娜堡分校,博士毕业于美国加州大学洛杉矶分校,法学博士(SJD)。2021年秋入职法学院。教学与研究领域:金融法、证券基金法、比较民商法、国际经济法。

学术成果

What's Going On in China's Arbitration？—About Arbitrator，Association and Award（ABA China Law Reporter,《美国律师协会中国法律报道》2008年第4卷第3期）；《深入发展我国私募股权投资行业的思考》(《中国经贸导刊》2012年11月,总第699期)；《风险审查工作中的信息披露和研判》(《风险管理》2014年第2辑,总第28辑)；参与编写了《微弱经济与普惠金融：中国普惠金融发展报告(2020)》(中国普惠金融研究院主编,中国金融出版社出版)；协助James J. White教授进行*Uniform Commercial Code*(《美国统一商法典》,第5版,第4卷,实务者手册)的Secured Transaction(担保交易)卷更新工作。

学术创见

1. 当今世界存在三种证券监管模式：(1)以德国和日本为代表的"政府主导模式",其中中央政府对证券监管拥有最大的权力；(2)以英国和中国香港为代表的"灵活性模型",该模型赋予了市场参与者履行监管义务极大的弹性,但保留了政府机构内部的一般决策权和执行权；(3)以美国和加拿大为代表的"合作模型",该模型在政策制定领域赋予市场参与者广泛的权力,但也通过平行和重叠的公共机构保持对市场活动的严格监督和管控。展现这三种模型之间差异的方式是通过比较规模,"政府主导的模式"国家处于规模边缘,强调政府在决策、市场监督和法律执行领域中广泛的控制；"合作模式"国家处于天平的另一边,它强调市场参与者的自我表现和自我约束；"灵活性模式"国家位于天平中间,可以选择将各种权力分配给政府机构或市场参与者。从上述三种模式中的任何一种来看,中国的证券监管都有着不同的意义,因为作为监管机构的中国政府不仅行使紧密的控制权,而且通过其国有企业在证券市场上占有相当大的份额。

2. 从历史、比较、案例研究和实证研究方法来探索证券问题,比较中美证券法规,尤其是预测规则和前瞻性信息。对公司目的、合同与披露责任、强制披露、绑定假说、法律移植以及实证研究的理论做出比较研究,追溯这种监管差异的历史原因,描述并评估近十年来中国发行者、监管者和美国私人市场的趋同及监管合作；以利益相关者视角,从披露角度揭示证券监管,即中国语境下的营利预测监管；为国际资本市场的监管者和投资者提供独特的见解,在监管竞争中,为中国在当今全球市场吸引国际资本提供新的视角。

丁 邦 开

学术背景

丁邦开(已调离),1968年,获吉林大学法律系学士学位；1981年,获中国社会科学院法学硕士学位。1981年10月至1997年3月,任教于南京大学法学院,教授,曾任法律系主任、中德经济法研究所所长。后调任上海财经大学法学院。教研方向：法学理论、经济法学及科技法学等。

学术成果

著作：《法学概论简明教程》(南京大学出版社1985年版)；《中国现行法制探析》(南京大学出版社1990年版)；《科技法学纲要》(南京大学出版社1990年版)；《合同法学》(南京大学出版社1994年版)。

代表论文：《党政分开的法学思考》(《法学研究》1988年第3期)；《论民主与法制的辩证

统一》(《江苏高教》1987年第2期);《建设与市场经济相适应的法治环境》(《中国工商管理研究》1993年第6期)。

1991年,获南京大学首届研究生导师教书育人奖;1992年起享受政府特殊津贴;曾获得江苏省哲学社会科学优秀成果奖(2次)。

曾承担国家社会科学基金项目、国家教委社会科学规划项目、国家科委和江苏省软科学项目、江苏省社会科学规划项目多项。

蒋大兴

学术背景

蒋大兴(已调离),1993年湘潭大学法学学士,1999年、2006年分获南京大学法学硕士、法学博士学位。1999—2008年,任教于南京大学法学院,教授。现任教于北京大学法学院,教授。主要教学和研究领域:商法总论、公司法、司法伦理。

学术成果

著作:《公司法的展开与评判:方法·判例·制度》,法律出版社2001年版。

代表性论文:《审判何须对抗——商事审判柔性的一面》(《中国法学》2007年第4期);《公司自治与裁判宽容——新〈公司法〉视野下的裁判思维》(《法学家》2006年第6期);《商事关系法律调整机制之研究——类型化路径与法体系分工》(《中国法学》2005年第3期);《私法自治与国家强制——闭锁性股权收购的定价困境》(《法制与社会发展》2005年第2期);《企业内部处罚性自治规则及其法律调整机制》(《法学研究》1998年第3期)。

陶广峰

学术背景

陶广峰(已调离),1959年生,安徽人。先后获兰州大学历史系学士学位、法律学系硕士学位。曾任教于兰州大学法学院。2001—2010年,任教于南京大学法学院,教授,博士生导师,中国经济法研究所所长。2001—2005年,兼任法学院副院长。现任职于南京财经大学法学院。教授课程:经济法理论专题研究、经济立法与司法研究、经济法前沿问题研究、法学方法研究、经济法哲学研究、比较法专题及法理学专题等。研究方向:经济法学、财税法学、金融法学、侵权行为法学、比较法学、法理学及法律文化学等。

学术成果

著作:《金融创新与制度创新》(中国政法大学出版社2006年版)。主编《经济法原理》(中国政法大学出版社2005年版)。

代表论文:《法律现代化与意识形态化色彩——我国法律变革研究历程中的一个现象分析》(《中国法学》2003年第4期);《十六国法制抉微》(《法学研究》2008年第1期);《论国家经济职能与经济法的形成机制》(《南京大学法律评论》2003年第1期);《公共经济法论略》(《安徽大学学报》2005年第2期);《全球化与中国经济法的发展进路》(《南京大学学报》2005年第3期)。

第十九章 民商法教研室

周元伯

学术背景

周元伯(1928—2010年),江苏省南京人。1956年,毕业于东北人民大学(1958年改为吉林大学)法律系,1956年8月至1981年7月,吉林大学法律系任教,主讲民事诉讼法。1981年8月,调至南京大学法律系,担任民法学教研室主任、副教授、教授。1985年1月加入中国共产党,1988年6月荣休。1999—2005年,任三江学院法律学系主任。曾担任中国法学会理事,中国法学会诉讼法研究会理事,江苏省法学会理事,江苏省民法、民事诉讼法学研究会总干事,南京中山律师事务所主任,南京大学首席法律顾问,江苏省人大常委会地方立法专家咨询组成员等职务。

学术成果

周元伯从教近50年,长期工作在教学科研的第一线,担任民事诉讼法学、民法学的教学科研工作。退休以后,积极发挥所长,承办了诸多具有影响力的案件,在司法实务界享有较高声望。专著《中华人民共和国民事诉讼法概论》(1979年)是十一届三中全会以后我国第一批民事诉讼法学专著之一。

主编《中国民法教程》(南京大学出版社1988年版)、《民事诉讼法学》等,深受法律院校及各阶层读者好评。

主编的《中华人民共和国民法通则释义》《中国民法教程》,先后获江苏省1988年和1991年哲学社会科学优秀成果奖。

张惠兰

张惠兰(已退休),1940年生,辽宁沈阳人。1961—1966年,吉林大学法律系学习,获法学学士学位。毕业留校任教,讲授民法。1978年,调至江苏省检察院工作。1981年,调入南京大学法律系任教,为恢复建系后第一批教师之一。长期坚持教学,主讲民法、婚姻法等课程。编撰了系列教学讲义。1985年荣休。

张 淳

学术背景

张淳(已退休),1954年出生,重庆市人。1982年获北京大学法学学士学位,同年执教于南京大学法律系、法学院,是南京大学恢复法学专业之后的首批教师之一,教授,博士生导师。现已荣休。主要教学和研究领域:民商法、信托法。曾担任江苏省法学会民法学研究会名誉会长,曾长期兼任中国民法学研究会理事。

学术成果

著作:《信托法原论》(南京大学出版社 1994 年版);《中国信托法特色论》(法律出版社 2013 年版);《信托法哲学初论》(法律出版社 2014 年版)。

代表论文:《信托合同论》(《中国法学》2004 年第 3 期);《试论对企业托管的法律调整》(《中国法学》1999 年第 6 期);《关于制定我国信托法的宏观思考》(《现代法学》1995 年第 3 期);《中华人民共和国信托法的创造性规定及其评析》(《法律科学》2002 年第 2 期);《中华人民共和国信托法对英美信托法特有规则的移植及其评析》(《中外法学》2002 年第 6 期);《试论受托人违反信托的赔偿责任》(《华东政法学院学报》2005 年第 5 期);《投资信托法律调整研究》(《江海学刊》1995 年第 2 期);《信托期间:信托法的态度》(《社会科学》2015 年第 11 期)。

主持课题:1992 年国家社会科学规划基金课题"我国现阶段商业信托关系法律调整研究";1996 年教育部人文社会科学研究课题"我国国有企业信托管理过程中的法律问题研究";2006 年司法部法学理论与法治建设研究课题"我国社会保障基金投资信托法律规制研究";2009 年教育部哲学社会科学研究后期资助项目"信托法哲学初论";2010 年教育部人文社会科学研究规划基金项目"对我国赈灾捐助财产管理的信托法规制研究";2019 年国家社科基金后期资助项目"信托:定义、比较法、公约"。

《信托法原论》获江苏省第五次哲学社会科学优秀成果三等奖(1997 年)。所授课程获"全国法律硕士课程教学优秀奖"。

学术创见

1. 出版了新中国第一部信托法学术专著《信托法原论》,是我国信托法研究的开创者,填补了我国法学研究的一项空白。据统计,在我国法学界从事信托法研究的学者中,作为负责人的国家级和部级信托法研究课题数量第一,出版的系统研究信托法的学术著作数量第一(共 3 部),在 CSSCI 来源期刊上发表的论文数量第一(共 32 篇,其中一流法学期刊 2 篇),在《人大复印报刊资料》上转载的信托法论文数量第一(共 12 篇)。信托法研究解释论与立法论并重,重视从信托法的基础理论出发,构建具有现实意义和中国意味的信托法体系。他以《信托法原论》建构了信托法研究的起点,并以商业信托、企业信托为对象,重点研究了中国信托法律关系初建时期的内在逻辑与运作规律,对我国《信托法》的制定提供了直接的智识支持。对公益信托投入了更多的研究精力,对"社会保障基金投资信托"和"赈灾捐助财产管理信托"进行了深入的研究。并指出,对于上述信托类型,我国信托法在制度设计上缺乏充分的考虑,应当在解释论上做出回应,重视"忠实义务""披露义务"的基础性价值,并适时做出立法层面的调整。就"信托所有权"的基础属性、信托合同的法律性质等涉及信托法制的根本问题提出了开创性的观点,奠定了我国信托法研究的基础与理论起点。

2. 在民法总则、合同法方面的研究独树一帜。在错误论、情势变更等问题上的研究是我国民法相关讨论的重要起始点。基于比较法的研究,对我国民法上"重大误解"制度的内在逻辑和范畴进行了深入的讨论,指出了我国意思表示瑕疵制度的比较法渊源与规范特征。主张重视"欺诈"制度的要件塑造,将"沉默欺诈"纳入我国民法的范畴。此外,对于情势变更原则的要件与法效果,都提出了超越当时理论与实务的崭新观点,为后续研究打下了基础。

就方法而言,在民法研究领域,注重解释论的研究方向,重视司法裁判的动向与趋势,长于对实体法的解释。

邱鹭风

学术背景

邱鹭风(已退休),1958年生,福建厦门人。厦门大学法学学士、法学硕士,1998年1月起任教于汕头大学法学院,2009年6月起任教于南京大学法学院,民商法教授。现已退休。主要研究领域:民法、合同法、亲属法。

学术成果

著作:《人身伤害与索赔》(南京出版社2000年版);《婚姻家庭关系的调整与保护》(南京出版社2001年版);《合同法学》(邱鹭风等著,南京大学出版社2000年版);《医患纠纷人民调解案例解析》(第一主编,江苏人民出版社2012年版)。

代表论文:《论外商并购行为的法律规制》(《现代法学》1997年第6期);《论情谊行为侵权责任——以一起"情谊行为侵权案"的判决为分析样本》(《南京大学学报》2008年第5期);《关于完善我国监护制度的探讨》(《南京大学法律评论》1998年第2期);《对经济特区法制建设的再认识》(《学术研究》1998年第10期);《健全经济特区企业劳动法制,维护劳资双方的合法权益》(《福建论坛》1991年第11期);《台湾〈劳资争议处理法〉浅析——兼论如何完善我国大陆劳动争议处理制度》(《福建学刊》1991年第5期)。

学术创见

1. 在合同法、婚姻家庭法、侵权法领域均著书立说,研究领域较广,长期在南京大学讲授民法课程,深受学生喜爱。

2. 经常就热点社会问题接受新闻媒体的采访,积极进行法制宣传,在普法教育方面作出了卓越的贡献。

3. 经常参与立法论证,向全国人大及各级立法机关提交立法建议,积极参与推动中国法治建设。

汪 萍

汪萍,1985年获南京大学法学学士学位;南京大学社会学系博士学位。主要研究方向为婚姻家庭法学。曾任法学院党委书记、校人事处处长、统战部部长、艺术学院党委书记。

叶金强

学术背景

叶金强,1986年毕业于滁州师范学校;1998年获中国政法大学民商法硕士学位;2005年获清华大学法学博士学位。现任法学院院长,民商法教授、博士生导师,德国洪堡学者兼任南京大学私法研究所主任。主要教学和研究领域:民法基础理论、合同法、物权法、债法、侵权行为法等。

兼任中国国际贸易仲裁委员会仲裁员,南京市仲裁委仲裁员。现任南京大学法学院院长。

学术成果

著作:《公信力的法律构造》(北京大学出版社 2004 年版);《信赖原理的私法结构》,(台湾元照出版公司 2006 年版)。

代表论文:《私法效果的弹性化机制》(《法学研究》2006 年第 1 期);《相当因果关系理论的展开》(《中国法学》2008 年第 1 期);《风险领域理论与侵权法二元归责体系》(《法学研究》2009 年第 2 期);《共同侵权的类型要素及法律效果》(《中国法学》2010 年第 1 期);《物权法第 106 条解释论之基础》(《法学研究》2010 年第 6 期);《私法中理性人标准之构建》(《法学研究》2015 年第 1 期)。

主持课题:2008 国家社科基金一般项目"私法中的理性人标准研究";2009 教育部新世纪人才计划项目"侵权行为构成之弹性框架之建构";2018 国家社科基金一般项目"侵权法所保护利益范围的确定模式研究"。

学术创见

1. 理性人标准研究。法律对人及其行为的评价,需要运用理性人标准。现有理论对理性人标准的具体构造鲜有论及。为解决评价标准的问题,着力探讨了理性人标准的认识论基础、理性人标准的内部结构、价值基础及其实现方式、适用机制等核心问题。揭示了以价值为导向的理性人标准的具体化路径,勾勒出理性人标准运用的基本模式,即理性人建构、场景重构、透过法官认知模式得出判断的三阶操作范式。并进入具体领域,就合同解释、侵权过失判断、可预见判断、信赖合理性判断等问题,研究了理性人标准在这些领域的具体运用,展现了理性人标准广阔的适用空间。此项研究具有重大理论意义及实务价值,为法律中人的评价问题提供了切实可行的技术方案。理性人标准除了在私法领域之外,还可以进一步拓展到公法领域来发挥作用。此项研究成果,在私法领域中具有深远的意义:(1) 抽取出了理性人标准适用的一般模式,为各具体领域中理性人标准的适用打下良好的基础;(2) 指出运用理性人所要实现的价值,系根据不同适用领域分别确定的,并无统一的价值需要通过理性人标准来实现;理性人标准仅是实现不同领域不同价值的工具之一;(3) 不同领域之不同价值的实现方式却是相同的,即均通过影响建构理性人之材料和重构场景之材料的选择,来表达与实现相应的价值;(4) 通过具体领域中理性人标准之研究,展现了理性人标准与具体领域的结合方式,为理性人标准在其他领域中的适用指引了方向,也为相应领域相关问题的解决提供了可行的方案。

2. 侵权法基础理论研究。因果关系研究上,澄清了传统理论中许多模糊之处,创造性地提出了建构相当因果关系的途径,主张相当性之判断采行理性人标准,理性人构建则从知识和能力两个角度来完成。在侵权构成方面,探明了违法性与法律保护之利益范围的对应关系;从法律上损害之界定角度,将各项要件统合起来,强调各项要件满足程度上的差异,主张在各个要件满足度比较权衡基础上确定损害赔偿的范围。在精神损害方面,从精神损害与金钱不可通约之属性出发,探讨精神损害金钱评价的难题,在比较考察的基础上,提出了具有可操作性的方案。归责原理方面,深刻反思了传统过错责任原则之不足,主张在二元划分的前提下,以风险归责来整合所有的无过错责任,并将风险归责动态化。共同侵权方面,抽取出共同侵权中连带责任的正当化基础:共同过错和可能因果关系,并以此为基础构建出现行法的解释论框架。

3. 信赖原理研究。从现代的法实践中抽取出信赖保护思想,并将之原理化,揭示出现代法上信赖原理所占据的足以和自治原理分庭抗礼的重要地位。细致描述了信赖原理和自治原理在许多具体场景下的竞争与合作关系,并将此种关系提升为私法原理间关系的基本模式。强调归责性要件兼顾私法自治的功能,主张通过信赖者信赖合理性程度与责任者归责性程度的比较权衡,来弹性地确定法律效果。该创新点包括:其一,从信赖原理与自治等原理之间的紧张关系的角度,来确定信赖原理的合理边界;其二,主张私法论辩实际上为私法原理之间的角力,论辩的过程表现为各私法原理背后价值之间的比较与衡量;其三,将法律安定性区分为逻辑安定性和价值安定性,现代法超越了概念法学的逻辑安定性,走向了寻求法价值安定性的评价法学之路;其四,从经济学、社会学、私法学等角度论证了信赖原理的正当性,强调信息成本节约、信任的简化功能及私法视角的转换在其中的意义;其五,理性人标准具体化方向的探明,为理性人标准与个案要素的结合提供了渠道。

4. 法学方法论研究。从方法论的角度,对私法领域中占支配地位的"全有或全无"效果模式,进行了深刻的反思,揭示出所有要件均具有的满足程度之面相,主张在要件满足程度综合平衡的基础上选择法律效果。强调所有的具体法律评价均是以一定的量度出现的,故法律效果设置上需要保留必要的伸展空间,这除了具体规则法律效果幅度的可调节安排之外,还可以考虑为实现效果与评价的相适应而在不同的规则之间穿梭,透过各构成要件的解释可能性,来寻得妥当的法效果。所有这些均是面向方法论上的一个恒在的问题:如何让法律效果有足够的空间来反映法评价的量度,拓展私法基础理论,并为私法方法论问题的系统解决做着点滴的积累,而具体的解释论研究,又为司法实践问题的解决提供了可行性方案。

解 亘

学术背景

解亘,1967年出生。1989年获西安交通大学工学学士学位;1991年获中国人民大学法学第二学士学位;1998年获日本京都大学法学硕士学位;2001年,日本京都大学大学院法学研究科博士课程毕业;2014年获浙江大学法学博士学位。2001年8月起任教于南大法学院,现为教授、博士生导师。主要教学和研究领域:债法、知识产权法、民法总则。

学术成果

代表论文:《论违反强制性规定契约之效力》(《中外法学》2003年第1期);《冒認特許に関する一考察》(《知的财产法政策学研究》10号,2006年);《论管制规范在侵权行为法上的意义》(《中国法学》2009年第2期);《我国合同拘束力理论的重构》(《法学研究》2011年第2期);《格式条款内容规制的规范体系》(《法学研究》2013年第2期);《被误解和被高估的动态体系论》(合著,《法学研究》2017年第2期)。

译著:《民法讲义Ⅰ总则(第三版)》(山本敬三著,北京大学出版社2012年版)。

主持课题:国家社科基金项目"民法典债编之基本框架的重构"。

获江苏省第十二届哲学社会科学优秀成果二等奖(2012年)。

学术创见

1. 在学界首先开始探讨违反强制性规范之契约的效力问题。效力的判定,既取决于所违反之规范的公法价值与因契约上之私法价值的角力,还取决于判断者对公法与私法之关系所持的基本立场。

2. 围绕冒认专利(即无专利申请权人擅自申请而获得的专利)纠纷,并不属于司法实务界所定性的专利权属问题,对冒认专利的效力判断必须依据专利法的根本理念——专利权应当赋予发明且按照特定方式公开之人。单纯的发明者不值得被赋予专利权。冒认专利虽然被公开,但并不意味着该技术方案进入了公有领域。在解释论上可以类推商业秘密法上的保护制度。

3. 一个加害行为违反或者没有违反相关管制规范的事实,对于侵权行为的判定会产生什么样的影响?从公法与私法相互关系的视角来思考可以深化对此问题的理解。管制规范中的防止侵害型规范,是以保护他人利益为目的,对侵权行为法具有直接意义。在侵权行为法的适用过程中,此种类型的管制规范作为私法规范的一种补充,其评判与裁判功能将有机会得以显现,并主要体现在侵权裁判的论证负担上。

4. 围绕合同债权的拘束力问题,存在着债权债务构成与合同构成两种不同的理论模式。我国法在总体上选择了合同构成。但由于理论上的准备不足,无论立法者还是解释者都没有清晰地意识到上述两种构成的存在和意义,而是误用了早已扭曲变形的严格责任体系和过错责任体系作为理论工具,导致合同法在立法和解释上都夹杂很多债权债务构成的成分,不仅造成了严重的体系矛盾,而且在一定范围内引发了法律效果的偏差。这些矛盾和偏差需要通过用纯粹的合同构成对现行的合同拘束力理论进行重构方能化解和矫正。

5. 在控制合同内容的规范群内部存在着体系化的分工。格式条款内容控制规范不能适用于核心给付条款。其根本原因在于,市场机制通常虽不能作用于附随条款,却能作用于核心给付条款。这并不意味着核心给付条款就不受法律秩序的规制。对于不当合同的介入,通常需要合意度低下和均衡度不足两个要件的合力。《合同法》第40条的意义,在于将所有利用格式条款之情形的合意推定为程度较低的合意。如此一来,在对格式条款做内容控制时,便不再需要举证合意度的低下。

6. 动态体系论正在为国内越来越多的学者所接受,并频繁地出现在民法学各领域的解释论和立法论中。然而,学界却误读了动态体系论,并由此对其抱有过高的期待。作为评价法学的一个版本,动态体系论既要对抗概念法学的僵硬,也要对抗自由法学的恣意和非合理性。国内学界往往忽略了后者的意义,片面强调结果的弹性化,导致其所主张的立法论和解释论并不能克服自由法学带来的恣意和不确定性。另一方面,即便澄清了误读,动态体系论也存在自身的局限性。动态体系论的体系性,由要素体系和基础评价这两大支柱构成,但是内在体系本身的捉摸不定导致了要素体系的不限定性,实定法上也普遍缺失基础评价。先天的不足极大地限制了动态体系论发挥作用的空间。

吕 炳 斌

学术背景

吕炳斌,1980年生,浙江新昌人。2003年获复旦大学法学院法学学士学位,2005年获韩国国际法律经营大学法学硕士学位,2011年获复旦大学法学院法学博士学位,同年任职南京大学法学院,现为教授、博士生导师。主要教学和研究领域:知识产权法、知识产权的跨学科和交叉学科研究、网络与信息法学。

学术成果

著作:《网络时代版权制度的变革与创新》(中国民主法制出版社 2012 年版);《专利披露制度研究——以 TRIPS 协定为视角》(法律出版社 2016 年版)。

代表论文:《个人信息权作为民事权利之证成:以知识产权为参照》(《中国法学》2019 年第 4 期);《论网络用户对"数据"的权利——兼论网络法中的产业政策和利益衡量》(《法律科学》2018 年第 6 期);《实用艺术作品可版权性的理论逻辑》(《比较法研究》2014 年第 3 期);《论个人信息处理者的算法说明义务》(《现代法学》2021 年第 4 期);*The unique Chinese legal approach to online ad blocking: is it in the right direction?* (Computer Law & Security Review, 2017, vol. 33, no. 6.); *Expedited Patent Examination for Green Inventions: Developing Countries' Policy Choices* (Energy Policy, 2013, vol. 61.)。

主持课题:2014 年国家社科基金青年项目"孤儿作品的版权问题研究";2021 年国家社会基金项目"民法典中隐私与个人保护信息的二元保护模式研究"。

学术创见

1. 个人信息有别于数据,也不同于隐私。它以个人敏感隐私信息为内核,往外扩散,其边界处于相对确定的状态。个人信息与知识产权的客体类似,均是特定的信息,其权利不能架构在占有的基础上,不是对客体的圆满状态的控制。可借鉴知识产权的"行为规制权利化"的构建路径,形成包含个人信息利用的知情权、个人信息利用的决定权以及保护个人信息完整准确权这三方面内容的个人信息权。个人信息权可以满足绝对权的特征,融入民事权利体系中的绝对权大家庭。

2. 对数据保护展开研究,认为数据上体现的"内容"可以受到个人信息、著作权、商业秘密等保护,对之并无增添一个新的专门权利之必要。值得研究的是抽象层面的"数据本身",即符号意义上的电子数据。网络用户应当享有的数据权利在法律上处于混沌状态;披着契约外衣的"私立规则"存在利益倾向上的严重弊端,侵蚀着用户的应有权利。数据权利构造的背后涉及网络法是否需要贯彻产业政策、异质利益之衡量这两大理论难题。数据上虽不宜设立所有权,但可以依循"绝对权化"的路径,构造一种强度适中的专有权利,从而融入既有的民事权利体系。就用户数据而言,具有确定内容、满足绝对权的特征,从而可以上升为权利的至少包括"专有访问权"和"可转移权"。在本质上,这两项权利与知识产权类似,也是将特定行为上附属的利益内容类型化地划归权利人专有。

3. 实用艺术作品兼具艺术性和实用性,具有与普通美术作品不同的特性。实用艺术作品的艺术性成分和实用性、功能性成分应当是可分离的,而且只有当这种艺术成分能够独立分离出来时,才能获得版权保护。扎根于思想表达二分法的可分离性成为实用艺术作品版权保护的一个基本原则。在分离出实用艺术作品的艺术成分之后,应适用与其他艺术作品一样的独创性判断标准。

4. 实用艺术作品位于技术和艺术的十字路口,处于专利和版权之间的模糊地带,对此产生了"双重保护"和"非此即彼"之争。对实用艺术作品著作权和外观设计专利权的关系的正确定位应当是"交叉保护"。交叉保护在知识产权法原理上具有正当性,却面临着扩大保护的制度风险。应当采取措施避免实用艺术作品的扩大保护。基于平衡目的的纠正措施包括:可分离性原则、美感表达和艺术上的独创性等实质性条件的限制,私人复制的合理使用规则的利用以及知识产权诉讼规则的限制。这些限制措施有助于使实用艺术作品保护的激励机制处于恰当状态,从而取得版权制度的平衡架构。

5. 网络广告拦截的法律之争的本质在于个人自由与网络服务商的营利模式之间的紧张关系。广告拦截并不违反版权法,因此版权法不能为"基于广告的商业模式"提供庇护。互联网本身就是在"创造性破坏"的过程中发展起来的创新产业,任何法律干预都应谨而慎之,以免妨碍新兴技术和市场结构的自由发展和自发竞争。

6. 以孤儿作品问题的探讨为契机,对著作权法的理论基础进行反思。提出著作权法的假定前提应当从"经济人假设"转向"社会人假设"、著作权法应不受绝对权理念的束缚等理论见解,从而为化解孤儿作品的版权问题提供理论支撑。

7. 论个人信息处理者的算法说明义务。告知同意系个人信息保护的基本要求和核心规范。告知中的"明示"要求和充分性要求均蕴含着说明义务。在应用算法的自动化决策场合,个人信息处理者也应承担相应的"算法说明义务"。算法说明义务的目的在于保障个人知情,该义务指向关于算法技术及其应用方面的有用信息,但无须涵盖算法的技术细节和复杂的数学解释。为弥补算法说明义务的不足,可辅之以算法问责制,对算法进行协同治理。

朱庆育

学术背景

朱庆育,1973 年生,江西省瑞金县人。1994 年、1999 年、2002 年分获中国政法大学法学学士、法学硕士、法学博士学位。德国汉堡马克斯-普朗克外国私法与国际私法研究所访问学者。2002—2018 年先后任教于中国政法大学、浙江大学。2019 年至今,任南京大学法学院教授、博士生导师,南京大学法典评注研究中心主任,南京大学中德法研究所研究员。主要研究方向:民法学、法学方法论、德国近现代民法史与法律哲学。

学术成果

著作:《意思表示解释理论——精神科学视域中的私法推理理论》(中国政法大学出版社 2004 年版);《民法总论》(北京大学出版社 2013 年版)。

主编《合同法评注选》(共同主编,北京大学出版社 2019 年版);《中德私法研究》(共同主编第 7—17 卷,北京大学出版社 2011—2018 年版。)

代表论文:《中国法学实力格局——以青年学者的引证情况为分析文本》(《中国法律评论》2017 年第 5 期);《抵押物转让效力之比较研究——兼评我国担保法第 49 条》(《政法论坛》2000 年第 2 期);《权利的非伦理化:客观权利理论及其在中国的命运》(《比较法研究》2001 年第 3 期);《法典法、判例法与中国私法的走向》(《中外法学》2002 年第 4 期);《意思表示与法律行为》(《比较法研究》2004 年第 1 期);《物权立法与法律理论》(《中外法学》2006 年第 1 期);《法律行为概念疏证》(《中外法学》2008 年第 3 期);《意志抑或利益:权利概念的法学争论》(《法学研究》2009 年第 4 期);《私法自治与民法规范》(《中外法学》2012 年第 3 期);《〈合同法〉第 52 条第 5 项评注》(《法学家》2016 年第 3 期)。

学术创见

擅长民法总论特别是法律行为理论。以"通过教义法学、超越教义法学"为基本治学理念,致力于规范性解释科学的私法体系构建、组织中国民法(典)评注写作(2016 年起,担任

《法学家》"评注"专栏组稿人；2020 年起，担任《南京大学学报》"民法典评注专栏"主持人）。截至 2020 年 3 月，共出版个人独著两部；主编《合同法评注选》（北京大学出版社 2019 年出版）；参与撰写 6 部专著或教科书，发表论（译）文 48 篇，联合主编连续出版物 CSSCI 来源集刊《中德私法研究》（北京大学出版社）。

方文晖

学术背景

方文晖，1968 年生，江苏扬中人。先后在南京大学法律系、历史系获法学学士、法学硕士、史学博士学位。自 1989 年留校，主要任职行政岗位，现任南京大学资产管理处处长。专业研究领域为婚姻法、高等教育法，2001 年被聘为副教授。现为研究员。

代表文章：《我国大学章程制定路径研究》（《高等教育研究》2013 年第 10 期）；《当前大学章程制定主体论析》（《中国高等教育》2011 年第 9 期）；《论大学章程的现实意义》（《贵州社会科学》2011 年第 8 期）；《论民事检察监督制度的现实合理性》（《人民检察》2001 年第 4 期）；《浅议高校学生管理中的契约意识》（《江苏高教》2000 年第 6 期）；《论婚姻在法学上的概念》（《南京大学学报》2000 年第 5 期）。

岳　卫

学术背景

岳卫，1970 年出生，江苏南京人。日本立命馆大学法学硕士、法学博士。南京大学法学院副教授，南京大学法学院保险法研究所所长。主要教学和研究领域：民商法、保险法、商法理论研究。

中国保险法学会理事、日本保险学会会员；江苏省保险业智库专家成员。受邀参加了最高人民法院关于保险法司法解释（二）（三）（四）的专家咨询、论证工作。

学术成果：

著作：《日本保险契约复数请求权调整理论研究》（法律出版社 2009 年版）。

代表性论文：博士论文《中国强制自动车責任保険における被害者の権利保護——日本法からの示唆》；《利他型人寿保险中投保人与受益人的对价关系》（《法学研究》2017 年第 6 期）；《人身保险中故意免责的举证责任》（《法学》2010 年第 5 期）；《人寿保险合同现金价值的强制执行》（《当代法学》2015 年第 1 期）；《保险契约故意免责条款之故意对象研究》（《南开学报》2012 年第 8 期）。

"中国强制机动车责任保险制度中被害人的权利保护——日本法的启示"，获日本天野和夫奖励基金天野奖。

学术创见

1. 我国的保险法理论与实务往往误读人寿保险金不属于被保险人遗产之法律规定，认为其专属于受益人，其他任何人均无权介入该保险金的处理。然而，在投保人与受益人非为同一人的利他型人寿保险契约中，受益人的保险金请求权虽然为其直接取得的权利，但该直接取得性并不能否定受益人与投保人之间的具体法律关系。依照民法利他型契约理论，一方面，受益人得直接向保险人请求保险金给付的权利源自保险契约，即投保人与保险人之间的补偿关系；另一方面，受益人能否最终取得保险金，还取决于投保人与受益人之间的对价关系是否存在。该对价关系与补偿关系相互独立，其法律性质为投保人对受益人的单方赠与行为。投保人及其财产关系人之间的利害关系调整应以该单方赠与行为为标准进行。投保人的债权人可依据民法有关债权人撤销权的规定撤销该赠予；受益人为共同继承人时，其他继承人可依照继承法的规定对保险金主张一定的权利。

2. 人寿保险合同中投保人的债权人能否就保单的现金价值申请强制执行乃目前司法实践及保险实务界所关心的重要问题。保单的现金价值在法律性质上为投保人对保险人的金钱债权（现金价值返还请求权），在法律没有规定其为禁止保全执行债权的情形下，投保人的债权人当然可以申请强制执行，其并非专属于投保人的权利。但是于执行方式上应区别于对存款的执行，需以债权人代位解除保险合同为前提，同时某些情形下债权人代位权的行使应属于权利滥用而被禁止。

3. 人身意外伤害保险条款一方面规定了保险事故须具有"非故意性"，另一方面又规定了被保险人故意造成保险事故的，保险人免于保险金给付责任。司法实践中，争议的焦点在于当保险事故的意外性处于"真伪不明"的状态时，究竟应由谁承担客观的举证责任，承受不利裁判的结果。解释论上，我国《保险法》中有关故意免责的规定于举证责任分配上具有强行法属性，故举证责任应由保险人承担。立法论上，应借鉴《德国保险法》，在没有相反证据的情形下推定保险事故乃非故意所致，从而有效保障正当请求权人的合法权益。而保险人可以通过间接证据的积累完成主观的举证责任，使法官形成保险事故具有"故意性"的完全心证，阻止不正当请求案件的发生。

4. 保险请求权代位制度的法理基础在于财产保险中的"利得禁止原则"，然而近年来该原则的强行法规性受到质疑，并影响到相关具体规定的解释。认为请求权代位不应为强行法规的观点主张损失填补型保险合同中可以约定对相关权利不进行代位，没有约定的，保险人当然代位之解释亦不成立。其法理基础在于"利得禁止原则"为道德风险防范之政策性原则而非基于可普遍化的一般原理，定额给付型损失补偿保险的出现则可视为该理论发展的结果。

5. 日本判例法上，将受害人的保险金受领作为确定精神损害赔偿抚慰金的考虑因素，通过斟酌抚慰金的数额对加害人的金钱支出进行评价，从而达到维护公平之做法值得借鉴。此外，应当通过法律（强制投保的情形）以及条款（任意投保的情形），规定或约定定额的伤害保险金应从损害赔偿金中扣除，从立法上对此问题给予事前的根本解决。

6. 外来性是"意外伤害保险中意外"要件的主要内容之一，包含疾病因素在内的"外来性"之因果关系判断以及举证责任分配，是确定保险人是否承担保险金给付义务的必经程序。前者应通过将相关案件类型化（外来客观事件先行型、疾病先行型以及疾病与外来客观事件竞合型）并采相当因果关系理论进行判断。而后者，保险金请求权人必须就外来客观事件（外力作用）尽举证责任，保险人若欲免责，则应举证该外力起因于疾病，两者处于逻辑上的先后关系。"猝死"案件亦应遵循相同法理，一方面若有其他有力证据可以否定猝死的，理应形成"外来性"之判断；另一方面不能以保险人未尽明确说明义务为由直接支持保险金请求而缺乏对"外来性"的判断过程。

刘 勇

学术背景

刘勇,南京大学法学学士、法学硕士、法学博士。日本京都大学法学研究科访问学者。南京大学法学院副教授。主要教学和研究领域:民法总则、合同法、房地产法。现兼任中国民法学研究会理事、江苏省法学会房地产法学研究会副秘书长、江苏省法学会民法学研究会理事。

学术成果

著作:《缔约信息提供义务论》(江苏人民出版社2019年版)。

代表论文:《缔约过失与欺诈的制度竞合》(《法学研究》2015年第5期);《超额利息返还的解释论构成——以法释[2015]18号第26条、第31条为中心》(《法学》2019年第4期);《超额利息的抵充——以"民间借贷"为对象》(《法律科学》2019年第2期);《契税征收与返还的解释论》(《法学》2018年第2期);《论违约金之减额》(《北方法学》2017年第4期)。

主持课题:国家社科基金项目"民法利息规制的体系、整合与辐射效应研究"(2021年)。

曾获"江苏省优秀青年法学家提名奖"(2019年)、"江苏省教育科学研究成果奖(高校哲学社会科学研究类)二等奖"(2016年)。

学术创见

1. 强调以"制度竞合"的视角观察民法体系中具有相互关联的制度。由于欺诈构成中的主观"故意"要件与缔约过失中的"过失"要件的对立,我国合同法中的缔约过失与欺诈制度对于"缔约时隐匿信息或告知虚假信息"的情形做出了矛盾的评价,形成了典型的制度竞合。考虑到缔约过失与欺诈的体系价值,并不能简单地通过制度的删减来消除两者之间的制度竞合。正视"故意"要件的"历史"意义,承认"过失的欺诈",方能在现有民法体系内保持逻辑的顺畅。"过失的欺诈"不仅在解释论上是可行的,也能通过信息提供义务确实地来实现。

2. 以明确具体法现象背后的"法性质"为目标,是建构民法外部体系的尝试之一。民间借贷中的超额利息抵充本金的问题,存在着不同于现行规范的法律构成。对此,裁判实务中"当然抵充"的立场并不妥当。在同一本金债务的场合,该抵充的法性质为"提前清偿"或"抵销";在"跨合同"抵充的场合,则为"抵销"。而对于未来债务,除非当事人之间存在"抵充合意",原则上应禁止超额利息的抵充。就超额利息返还请求与抵充竞合的问题,应以"保护借款人对超额利息的自由利用"为基准,在单一本金场合认定返还请求的优先,而在跨合同抵充的场合则允许借款人自由选择。在当事人之间存在既存本金债权之时,超额利息返还请求权的诉讼时效应自本金债权到期时起算;而当事人之间存在"抵充合意"的场合,时效则应从"合同终结时"起算。

3. 以"体系化的解释论"为目标,表现如何对实体法规范展开解释论的作业。《最高人民法院关于审理民间借贷案件适用法律若干问题的规定》第26条、第31条规定的超额利息返还请求权存在限缩的必要,应根据借款合同的类型与样态进行具体的判断,否则将会出现对借款人保护过度或保护不足的状况。对于"无效区间"的超额利息,应当以不法原因给付为基础,区分民间借贷的不同样态,分别肯定或否定借款人的返还请求权。对于"自然债务区间"的利息,则应认定借款人处产生不履行的抗辩,而非直接的超额利息返还不能。同时,应基于赠予的构造对自愿支付的超额利息的返还请求权进行统一的阐释。

4. 税法规范的体系解释论。若特定规范与民商事交易直接相关，其解释就不应拘泥于法规自身的文义，否则就可能造成税法与民法对同一生活事实的不同评价，从而破坏法秩序内部的统一。在房地产交易契税的征收方面，就应考虑到物权法与合同法的相关规范，从而在保持税法规范的独立意味的基础上，对其提供逻辑流畅、体系严密的"外部体系"的支撑。

契税规定的解释应考虑私法规范的变动，存在超越文义的必要，以避免法秩序内部的矛盾。关于契税的法性质，应避免"财产税"的笼统表达，而认定其为流转税中的"不动产取得税"。由此，契税义务的构成以不动产权利的取得为要件。

5. 基于"契约拘束力"理论，对具体合同法规范的解释论重构。《合同法》第114条第2款为法院降低当事人约定的违约金数额打开了"方便之门"，其正当性来自实现当事人利益客观均衡的"实益型"思考。罗马法以来，违约金减额规范的变化呈现出实质化的进路，却偏离了合同法理论的整体框架。为保持合同逻辑体系的协调，应当从"合同自由"的基本原理出发，重视缔约过程体现的当事人合意强度，以合意拘束力的界限作为认定违约金约定数额是否有效的根本依据。立法论上，违约金减额规范未必是必要的；解释论上，《合同法》第114条第2款应被视为"便宜"的表达。

张燕玲

学术背景

张燕玲，山西长治人。1995年、2002年、2006年，分获山东大学法学学士、法学硕士、法学博士学位；美国堪萨斯大学法学院访问学者。现任南京大学法学院副教授。教学和研究方向：婚姻家庭继承法、合同法及人工生殖法。现为中国法学会婚姻家庭法研究会理事，海峡两岸关系法研究会理事。

学术成果

著作：《人工生殖法律问题研究》（法律出版社2006年版）。

代表论文：《亲子否认之诉的理念变迁》（《南京大学学报》2019年第5期）；《人权法视域下大陆配偶的家庭权保障》（《南京大学法律评论》2015年第2期）；《特留份的理论基础与制度构建新论》（《民商法论丛》2014年第55卷，法律出版社2014年版）；《家庭权及其宪法保障——以多元社会为视角》（《南京大学学报》2011年第4期）；《论婚约制度在我国亲属法中的创立——兼评〈婚姻法〉司法解释（二）第10条》（《法学论坛》2010年第2期）。

学术创见

1. 人工生殖的意义与性质。人工生殖代表着人类对自身生殖过程的认识和主宰，使众多不孕患者的生育梦想变为现实，同时也使得他们的生育选择权增加，具有重大的时代意义。但人工生殖作为治疗不孕不育的医学手段，它是人类不得已情况下的医疗行为，它属于非自然的通过人工拟制方式生育子女的行为，它体现的是人类的互助精神。人工生殖永远不能替代自然生殖；也永远不能与自然生殖并列成为人类可自由选择的生育方式。

2. 生育自由及其保障范围。生育自由作为人的一项基本人权，其先于宪法而存在，无论宪法中有无生育自由的规定，均应得到宪法的保障；生育自由的内涵决定生育自由的保障范围。生育自由的核心在于保障人运用自身的生殖功能生育与自己有血缘联系的下一代，不孕患者在征得他人同意的前提下,可以借用他人的生殖功能和生殖技术生育子女,人工生殖无损于公序良俗,应当得到法律的许可,人工生殖将因法律的许可而进入宪法的保障范围。

3. 人工生殖子女父母身份认定规则。传统民法中父母子女关系的建立,血缘与怀胎是母亲同时具备的要素,法律上兼以两者作为认定母子关系的指标。随着医学科技的发达,人工生殖技术使得血缘与怀胎的相连性不再理所当然,不孕夫妻可以借用他人的精卵通过体内或体外受精,使妻孕育分娩子女,甚至可以将不孕夫妻的受精卵植入他人的子宫怀胎分娩,使得人类的繁衍可以在血缘之外的母体进行。生殖科技对现行法律制度提出了挑战,人工生殖子女之父母身份认定问题尤为突出。为避免因采用特殊规则形成人工生殖子女为特殊子女的不当认识,立法上应采用与自然生殖同样的父母认定规则来确定人工生殖子女的父亲和母亲。也即,依据出生事实确定分娩者是孩子的母亲,根据婚生推定规则确定母亲的丈夫为孩子的父亲;父亲在人工生殖手术前签订知情协议书的,丧失对人工生殖子女提起亲子否认之诉的权利。立足于有限开放代孕的观点,确定代孕子女的父母身份时,法律应突破传统的分娩者为母亲的观念,通过特殊立法规定遗传父母为代孕子女之法律父母。

4. 代孕合法化的理论基础与立法应对。代孕作为人工生殖的方式之一,其本质上体现的是女性之间的自愿互助行为。代孕合法化既有法理上的无伤害不禁止原则和正义原则作为理论支撑,又有人的婚姻家庭权和追求幸福权作为权利依据。只有公民的自由权利的行使损害了公共利益或他人的自由权利的时候,他的权利或自由才受到限制。代孕以双方签订代孕契约为合作基础,代孕母提供自己的子宫帮助不孕夫妇孕育子女,通过代孕,不孕方拥有了自己的孩子,代孕母在获得一定补偿的前提下,因自己的奉献而获得高度的精神满足。他们的行为对社会、对他人并没有什么直接或间接的损害,纵使遭到伦理、宗教界的反对,那只是因为它和一个国家传统的伦理宗教观念相冲突所致。而国家的伦理、宗教观念本身应当随着科技的进步、社会的发展而不断更新发展,而不能一成不变,固守陈规。生殖科技的双面性使得人们在享受开放代孕所带来的科技成果的同时又充满对其可能产生负面作用的焦虑,禁止代孕成为一些国家最无奈而又最安全的选择。但是这种违背现代法理精神的做法在实践中也遭到越来越多的否定,代孕母的积极作用使得有限开放代孕成为一些国家的立法选择。这种趋势符合现代多元风险社会运用宽容原则对待新生事物的观点,值得我国立法借鉴。为规范人工生殖的应用和管理,保护不孕夫妇和人工生殖子女的合法权益,确保人工生殖技术安全、有效和健康发展,我国应尽早颁布专门的人工生殖法。立法应专设人工生殖管理局作为人工生殖的主管机关;限制开放不孕夫妇提供生殖细胞的借腹代孕;明确人工生殖子女的法律地位,并赋予其一定的血缘知情权。

尚连杰

学术背景

尚连杰,河南新乡人。2007 年、2010 年分获郑州大学法学学士、法学硕士学位;2015 年,获清华大学法学博士学位。2013 年 10 月至 2014 年 9 月,德国弗莱堡大学联合培养。现为南京大学法学院副教授。教学、研究领域:民法学、物权法、合同法。

学术成果

代表论文:《缔约过程中说明义务的动态体系论》(《法学研究》2016 年第 3 期);《缔约过

失与欺诈的关系再造》(《法学家》2017 年第 4 期);《合同撤销与履行利益赔偿》(《法商研究》2017 年第 5 期);《拟制条件成就的法理构造》(《法律科学》2017 年第 4 期);《表意瑕疵视角下除斥期间规则的构建与适用》(《现代法学》2019 年第 4 期)。

主持课题:国家社科基金青年项目"消费者保护视角下瑕疵信息责任研究"(16CFX055);中国博士后科学基金面上资助项目"信息提供义务的类型化研究"(2016M591804)。

学术创见

1. 动态体系论可被运用于缔约过程中说明义务这一领域,即通过信息重要性、披露可能性、期待合理性与信赖紧密度四个要素来判断缔约过程中说明义务的有无。同时,通过案例群的积累,遴选出若干亚要素,使说明义务的判断标准更具可操作性。为防止动态体系论的滥用,原则上仅当不存在法律规定、当事人约定或者交易习惯时,方可运用动态体系论。

2. 根据制度竞合论,缔约过失制度与欺诈制度之间存在评价矛盾,应通过承认"过失欺诈"予以解决。"过失欺诈"理论存在规范上的障碍,忽视了错误理论的适用性,尚欠充分的说服力。在解释论的背景之下,关于重大误解的规定可实现对"过失欺诈"的功能替代,以规制过失违反信息义务的行为。

3. 基于撤销合同与解除合同的"相似性",在特定情形下应对其效果作等同评价。针对恶意隐瞒标的物品质的情形,基于两项缺陷的存在及请求权的相互影响,赔偿履行利益具有正当性。评价重心并非合同存在与否,而是违约行为的发生。在规范层面,具有支持撤销合同之后赔偿履行利益的现实可能。

4. 拟制条件成就是对诚实信用原则的贯彻,其理论构造应遵循"要件——效果"的逻辑展开。在要件层面,不正当行为应通过是否为自己利益予以判断。同时,需对行为人本来的因果关系进程施加了直接或者间接的影响,使得本应成就的条件未成就。此外,一般的可归责性即为已足,无须故意。当拟制效果与损害赔偿或者其他法效果并存时,应赋予权利人以选择权。

5. 表意瑕疵的类型差异决定了当事人之间可归责性与保护必要性的差异。应结合具体的表意瑕疵类型对主观除斥期间作不同设计,同时为重大误解情形创设独立的客观除斥期间。在欺诈、胁迫和显失公平的情形中,1 年的除斥期间可以发生中止,但不能中断。对于 5 年的客观除斥期间,不适用中止或中断的规定,但在特殊情况下可予以延长。

冯洁语

学术背景

冯洁语,浙江海盐人。2010 年获华东政法大学经济学专业法学学士学位,2013 年获华东政法大学民商法专业法学硕士学位,2016 年获复旦大学民商法专业法学博士学位。2014—2015 年作为联合培养博士在德国弗莱堡大学访学。2016 年至今,供职于南京大学法学院,副教授。2018—2019 年,作为洪堡学者在德国弗莱堡大学访学。现教学与研究领域:民法的财产法领域,尤其是债权让与。

学术成果

代表论文:《禁止债权让与特约:比较法的经验与启示》(《法商研究》2018 年第 5 期);《人工智能与民事责任的变迁》(《比较法研究》2018 年第 2 期);《诉讼时效正当利益与中断事由

的重构》(《法律科学》2018 年第 4 期);《论法律行为对处分的限制》(《法学家》2017 年第 6 期);《论禁止债权让与特约效力的教义学构造》(《清华法学》2017 年第 4 期)。

译著:《德国债法分则案例研习》([德]威灵、芬克瑙尔著,中国法制出版社 2019 年版)。

学术创见

1.《合同法》第 79 条第 2 项规定了当事人得以禁止特约的形式约定不得让与的债权。《合同法》第 79 条第 2 项既没有规定禁止特约的构成要件,也没有明确其法律效力。因此,在实践中难免会遇到适用上的困难。对于《合同法》第 79 条第 2 项的效力应作何解,首先应当考察该条文的立法过程。其次,从体系解释来看,《合同法》第 79 条第 2 项规定的禁止特约属于债权让与债务人保护体系的一部分,其效力应当与其他债务人保护制度相衔接,在《合同法》第 79 条第 2 项的解释中,应当尽可能限制禁止特约的适用。此种限制贯穿禁止特约的构成要件与法律效果。在构成要件方面,限制约定禁止特约的主体、形式等。而限制的重点落在禁止特约的法律效果方面。随着经济社会的发展,债权让与的作用已经不仅仅限于使得债权受让人可以收取给付。在让与担保等债权让与中,受让人取得债权的目的在于取得债权作为责任财产的担保功能。换言之,随着交易的多样化,债权让与的目的多样化,当事人基于禁止特约所享有的利益同样多样化。在这个意义上,禁止特约的效力应当根据当事人的利益有所区分。

2. 自动驾驶机动车的发展是科技进步的必然趋势。从中短期来看,自动驾驶技术并未动摇传统机动车事故责任的构架。系统的使用人并未丧失驾驶人属性,通过引入生产者作为驾驶人,足以实现对受害人的保护。但是,从技术的长期发展来看,其导致了生产者责任替代驾驶人责任的趋势。鉴于生产者责任的诸多不利因素,此种移转难言合理。在自动驾驶技术引入之后,对于受害人的保护不应弱于之前。从受害人保护、促进技术进步和增强法的安定性角度考虑,应当通过强制保险、驾驶人责任和生产者责任,对受害人予以综合性保护。为了实现这一目标,目前的当务之急,应当是修改《机动车交通事故责任强制保险条例》第 23 条和第 31 条,使得机动车强制保险真正起到保护受害人的作用。

3. 我国时效制度的效力经历了从胜诉权消灭到抗辩权发生的转变,但我国学说对于时效为何存在的正当理由的认识却并未随之改变,其理论框架未能脱离萨维尼 19 世纪中期提出的理论框架。这就导致了时效正当理由与时效具体制度之间的矛盾。面对此种矛盾,学说尝试通过去除所谓的"时效反道德性",根据利益状态进行体系再构等方式,缓和两者的矛盾。但是,上述尝试由于出发点的问题,均未能真正解决时效正当理由和具体制度的冲突。

对于时效正当理由的理解须以抗辩权发生主义为前提,时效届满后债务人享有不履行抗辩,但债务本体并不消灭。由此反映出时效制度的两种要求:其一,不得将债务人永久置于不安定的状态下;其二,债务又是应当被履行的。

在这两种要求下,时效中断制度表现为两种形态:其一为权利行使型中断;其二为债务承认型中断。《民法总则》第 195 条虽然反映了这两种不同的形态,但均存在一定的问题。在权利行使型中断中,立法所确定的中断事由过于宽泛,并未真正使得债务人从不安定的法律状态中解脱出来。对此应当严格解释为唯有债权人通过权利行使,取得可执行的判决时,才发生时效中断的效果。而在债务承认型中断中,我国立法选择的术语有误,应当将债务人同意履行在解释上等同于债务承认。

张力毅

学术背景

张力毅,1988年生,江苏宜兴人,现为南京大学法学院副教授。本科与硕士均毕业于南京大学法学院,博士毕业于上海交通大学凯原法学院。在台湾大学、台湾政治大学、新加坡国立大学等有过交换、访学或短期交流经历。教学与研究领域:保险法和破产法。

学术成果

在《法律科学》《政治与法律》《华东政法大学学报》《行政法学研究》《保险研究》《上海财经大学学报》等CSSCI来源刊物(包括扩展版和集刊)上独立发表论文近20篇,其中3篇被人大复印资料全文转载。代表性论文包括《比较、定位与出路:论我国交强险的立法模式——写在〈交强险条例〉出台15周年之际》《困境与出路:财产保险合同中的保险利益判断——兼评〈保险法司法解释四〉及其征求意见稿相关规定》《被保险人危险增加通知义务司法适用之检讨——基于277个案例的裁判文书之分析》《交强险中受害人直接请求权的理论构造与疑难解析——基于解释论的视角》《通过破产法解决地方政府债务危机——美国的经验和启示》等。

主持课题:教育部人文社会科学研究青年基金项目"投保人(被保险人)保险法上不真正义务群的现代化改造研究"(18YJC820087)。

学术创见

回归以"受害人保护"为主要政策目的之政策性保险视角对我国交强险的现行立法模式和具体规则设计进行可能的检视,提出我国交强险在解释论上可能出现的困境与未来的变革方向。

希望以民法不真正义务理论为基础,对保险法上的投保人(被保险人)所承担的告知义务、危险增加通知义务、防灾减损义务、保险事故发生通知义务、协助代位义务等进行体系化的梳理,从而试图对保险法上的投保人(被保险人)不真正义务群进行统一的规则设计。

以美国《联邦破产法》第9章地方政府的债务调整程序为主要研究方向,研究美国是如何通过破产法框架解决地方政府债务危机的,这一模式有何优势,又存在着怎样的难题,未来又有何变革方向,对于我国地方政府债务困境的解决有何借鉴意义。

刘青文

学术背景

刘青文,1969年出生,海南屯昌县人。1992年,获上海外国语学大学德语语言文学学士学位;1998年,获德国哥廷根大学法学硕士学位;1999年,获南京大学经济法学硕士学位;2005年,获德国哥廷根大学法学博士学位。2005年至今在南京大学暨中德法学研究所任教。教学与研究领域为民法、消费者法、婚姻家庭法。

学术成果

著作:《德国合同法典型案例评析》(南京大学出版社2014年版);"Die Rechtsfolgen nach der Ausübung des Widerrufs-und Rückgabesrechts bei Verbraucherverträgen", Sierke Verlag 2005(《对消费者合同行使撤回权的法律后果》,专著,德国西尔克出版社2005年德文版)。

译著:《希特勒的民族帝国》(译林出版社 2011 年版)。

代表论文:《对无益耗费旅游时间的损害赔偿》(《南京大学法律评论》2015 年秋季卷);《论契约法中的第三人损害赔偿》(《南京大学学报》2014 年第 5 期);《分割夫妻共有财产可否不以离婚为前提》(《苏州大学学报(哲社版)》2011 年第 6 期;《人大复印资料·民商法学》2012 年第 4 期全文转载);《论格式条款在消费者合同中的效力》(《民商法论丛》第 44 卷,梁慧星主编,法律出版社 2009 年 8 月版);《德国的消费者撤回权制度》(《世界经济与政治论坛》2009 年第 4 期)。

学术创见

1. 代表作《德国合同法典型判例评析》,对德国联邦法院在合同法领域的 10 起典型判决进行了研究,涉及违背善良风俗的合同、为第三人利益合同、附保护第三人作用合同、交易基础丧失、合同解除时对迟延损害的赔偿请求权等涉及民法总则和债法总则的内容。这些判决大多是德国法上的典型判决,对德国民法的理论、制度和法律适用有着深远的影响,因此,对这些判决的研究对于中国学者了解和认识德国法有重要的参考价值。《论契约法中的第三人损害赔偿》(载《南京大学学报》2014 年第 5 期)是系统研究德国判例法上的第三人损害赔偿制度的论文,该论文充分利用第一手资料,详细梳理了德国法上涉及第三人损害赔偿的案例类型,分析其法理基础,并以该制度为参照,发现了中国《合同法》第 404 条的法律漏洞,同时提出借鉴德国法的因应之道。

2.《对无益耗费旅游时间的损害赔偿》提出,因为可归责于旅行社的事由导致旅游挫败或者旅行社提供的旅游服务不符合合同约定时,旅游者除了有权要求返还已经支付的旅费外,还可以就无益耗费的旅游时间主张金钱损害赔偿。该文的主要学术创见在于揭示了旅游时间的财产属性以及在其无益耗费时的救济途径。

3.《分割夫妻共有财产可否不以离婚为前提》,以"婚姻法司法解释(三)"(征求意见稿)第 5 条为缘起,结合《物权法》第 99 条探讨夫妻共有财产制在婚姻关系不解体的情况下分割夫妻共有财产的必要性和可行性。该文的主要学术创见在于对《物权法》第 99 条提出了婚姻法视角的解释和适用。

潘 重 阳

学术背景

潘重阳,2014 年获大连海事大学法学学士学位,2017 年获武汉大学法学硕士学位,2021 年获中国人民大学民商法专业法学博士学位。2016 年,台湾政治大学法学院访学。2021 年秋入职法学院,从事民法学的教学和研究工作。

学术成果

代表论文:《无权代理人对善意相对人责任的析分》(《华东政法大学学报》2019 年第 3 期);《论真正利益第三人合同中第三人的违约救济》(《东方法学》2020 年第 4 期);《论债权人代位权制度之存废——以实体与程序交叉为视角》(《大连海事大学学报》2015 年第 3 期);《论联立合同的效力关联——以商品房买卖与借款合同联立为例》(《政治与法律》2021 年第 11 期)。

学术创见

1. 现有的《民法典》第 171 条第 3 款解释方案未能填补"隐藏的漏洞",需通过确定无权代理人责任性质以探寻新的解释路径。非善意无权代理人承担的是侵权责任,善意无权代理人承担的是法定特别责任。因此,《民法总则》第171条第3款应当被解释为指示适用性规范与请求权创设规范的混合,即该条既指向侵权责任的承担,又创设了善意无权代理人的法定特别责任。由于侵权责任和法定特别责任均不能支撑履行债务的责任形式,立法上也并无额外创设履行债务责任形式的必要,所以该款关于履行债务的规定,同样是指向合同责任的规范。三种责任的构成要件不同,善意相对人可依据具体情形主张不同的责任形式与赔偿范围。

2. 真正利益第三人合同中第三人的权利来自合同当事人的约定,第三人的违约救济方式也受当事人约定的限制。在当事人没有特别约定时,第三人不享有基于违约而生的解除权,但可以通过放弃权利从债之关系中脱身。对于当事人约定的惩罚性违约金,如无特别约定,第三人不享有主张的权利;对于赔偿性违约金,第三人应当受该违约金条款的拘束,不得请求赔偿实际损失。在第三人与债权人分别主张强制履行与替代给付的损害赔偿责任时,两者的请求可能发生冲突。此时,第三人选择强制履行的责任形式应当优先于债权人替代给付的损害赔偿的请求,而债权人主张强制履行的请求则优先于第三人选择替代给付的损害赔偿请求。

邢　才

学术背景

邢才(已调离),20世纪80年代法律系恢复后的第一批教师之一,曾担任法律系副系主任。主讲民法课程,研究领域:民法、经济法比较法。后调至江苏省委党校工作。

学术成果

主编《经济法学新论》(南京大学出版社1991年版)。

代表论文:《加强经济司法　保证经济体制改革顺利进行》(《法学评论》1985第4期);《资本主义国家合同法的演化和发展趋势》(《国外社会科学情况》1992年第4期);《德国的"社会市场经济"认领》(《世界经济与政治论坛》1993年第10期);《资本主义国家合同法的演化和发展趋势》(《世界经济与政治论坛》1992第4期);《美国秘密情报的法律保护》(《江苏公安专科学校学报》1995年第1期);《关于国家赔偿法几个问题之我见》(《江苏警官学院学报》1995年第5期)。

王光仪

学术背景

王光仪(已调离),女,1933年10月生,四川宜宾人。曾就读于宜宾女中、重庆市复旦中学。1950年参加工作,先后任职于西南人民革命大学总校人事科、中共中央西南党校文化部组织科。1955年考入西北大学法律系,1958年10月提前毕业,获本科学士学位。先后任陕西科学技术委员会秘书、陕西科技情报研究所《科技动态》主编。1981年调入南京大学法律系,任讲师、副教授。教研领域:婚姻法、劳动法及经济法等。与丈夫陈处昌曾同时供职于南京大学法律系。1987年10月,调入汕头大学法律系任教。先后兼任中国法学会第三届理事会理事、中国劳动法学会研究会常务理事、中国婚姻法学研究会理事等。

学术成果

著作:《经济法学入门》(中国青年出版社1987年版);《婚姻法学教程》(南京大学出版社1988年版)。

代表论文:《我国实行劳动合同制初探》(《江海学刊》1986年第6期);《论我国继承制度的必要性及其特点》(《南京大学学报》1986年4期)。

税　兵

学术背景

税兵(已调离),1971年出生,四川自贡人。四川师范大学法学学士,北京大学法学硕士、法学博士。2006—2013年任教于南京大学法学院。现任澳门大学法学院教授。主要教学和研究领域:民商法学,近年偏重于法律实证研究,关注真实世界中的法律模型。

学术成果

著作:《非营利法人解释:民事主体理论的视角》(法律出版社2010年版)。

代表论文:《身后损害的法律拟制——穿越生死线的民法机理》(《中国社会科学》2011年第6期);《自然资源国家所有权双阶构造说》(《法学研究》2013年第4期);《占有改定与善意取得:兼论民法规范漏洞的填补》(《法学研究》2009年第5期);《非营利法人解释》(《法学研究》2007年第5期)。

主持课题:国家社科基金2007年项目"海域物权法律制度研究"。

曾获中华人民共和国教育部2012年新世纪优秀人才支持计划;江苏省第八届哲学社会科学优秀成果一等奖;江苏省法学会第三届"十大中青年法学家"。

学术创见

1. 在专著《非营利法人解释》及先后发表在《法学研究》《法律科学》等刊物的系列论文中,系统阐述了非营利法人制度的民法机理,从利润分配请求权的视角探寻了非营利法人的内在特征,为《民法总则》法人制度的建立完善提供了理论支持。系列研究成果不仅促进了公法与私法学者之间的对话,而且在管理学、政治学等领域产生了学术影响,获得清华大学公共管理学院颁发的"2011年度中国公益学术成果奖"。

2. 提出了"国家所有权双阶构造说"的原创性理论,主张应祛除国家所有权的法律神话,遵循解释论立场的研究范式,把中国语境中的自然资源国家所有权诠释为法规范系统。在社会主义市场经济条件下,土地、海域、矿产、水、林业等自然资源作为基本的生产要素,亟待进入市场流通,实现优化配置。不可让渡的国有自然资源一旦进入民事领域,就势必适用相应的私法规范。论文提出的"双阶构造说"理论模型,为解决上述问题提供了一条可行的研究路径,它既保障了宪法的根本法地位,又维护了民法的体系性,兼具理论与实践的双重价值。《法学研究》杂志社围绕该篇论文,组织了法理学、宪法学、民法学、行政法等领域知名学者参加的专题研讨会,"充分展现了宪法学者与民法学者的不同视角及对中国现实的强烈关注,深具启发性"。论文发表后,在法学界引发了探讨国家所有权的学术热潮。

3. 在方法论上,主张民法问题不应是民法学者"独家经营"的知识领域。唯有打破学科壁垒,并从司法裁判中挖掘思想素材,法学技艺才能顺应大数据时代的社会变迁。

第二十章 刑法教研室

梁世伟

学术背景

梁世伟(1934—2017年),江西南昌人。1951年9月,进入上海圣约翰大学政治系学习,1952年9月,进入上海华东政法学院学习。1954年7月毕业后,在合肥工业大学马列主义教研室任教。1980年7月,调入南京大学。1981年,开始在法律系讲授刑法课程。1986年4月,任副教授,1992年9月退休。2017年1月去世。是法律系复建后刑法学科的奠基人。特别注重案例教学,理论联系实际;所编刑法学教材,在20世纪80年代具有较大影响。

学术成果

著作:《刑法学教程》(编著,南京大学出版社1987年版)。

代表论文:《数罪并罚二题》(《南京大学学报》1982年第3期);《试论犯罪既遂》(《政法学刊》1989年第4期)。

王 钧

学术背景

王钧(已退休),1954年生。先后获中国政法大学法学学士学位、吉林大学法学院法学硕士学位,留校任教。1999年,获吉林大学法学院刑法学博士学位。同年入职南京大学法学院,历任副教授、教授。教研领域:中国刑法学、外国刑法学、比较刑法学。曾任中国犯罪学研究会理事、南京大学"犯罪预防与控制研究所"副所长。

学术成果

主要著作:《刑罪关系导论》(南京大学出版社2001年版)。

代表论文:《刑法解释的常识化》(《法学研究》2006年第6期);《刑法·刑事政策·和谐社会》(《山东警察学院学报》2006年第4期);《论"罪责"要素在实践中的应用》(《江苏大学学报》2010年第1期);《危害性原则的崩溃与安全刑法的兴起:兼评伯纳德·哈考特与劳东燕的"崩溃论"》(《中国刑事法杂志》2009年第9期)。

学术创见

刑罚与犯罪的关系是刑法理论思维的前提,《刑罪关系导论》一书,在对刑法学研究对象的深入思考中提出刑罪关系问题,详细考察了刑罪之间相互作用的基本条件、根本性质、主要特征以及刑罪关系发展的历史轨迹,通过对刑罪关系内在矛盾的分析,论述了刑罪关系的道义根源、社会本质、观念形态、动态平衡规律、在司法审判中的特征,以及在刑罪执行中的变化等许多基本问题,阐发了一系列深刻的见解。

《刑罪关系导论》,曾获江苏省第四届高教社科人文奖(2002年)。

孙国祥

学术背景

孙国祥,1956年生,江苏张家港人。1982年,获西南政法学院法学学士学位,1986年,获中国人民大学法学硕士学位。德国马普外国刑法与国际刑法研究所访问学者。现为南京大学经济刑法研究所所长,二级教授、博士生导师。主要教学和研究领域:刑法理论、经济刑法。现兼任中国廉政法制研究会副会长、中国刑法学研究会理事、学术委员会委员,江苏省法学会刑法学研究会会长。1993年起获国务院特殊津贴。2021年度南京大学"师德先进个人"。

学术成果

著作:《当代刑法专题与罪案研究》(中国矿业大学出版社1993年版);《经济刑法原理与适用》(南京大学出版社1995年版);《刑事辩护方略》(江苏人民出版社2001年版);《贪污贿赂犯罪疑难问题学理与判解》(中国检察出版社2003年版);《新类型受贿犯罪疑难问题解析》(中国检察出版社2008年版);《贿赂犯罪的学说与案解》(法律出版社2012年版);《贪污贿赂犯罪研究》(中国人民大学出版社2018年版)。

主编教材:《中国经济刑法学》(中国矿业大学出版社1989年版);《新刑法教程》(南京大学出版社1998年版);"十一五"国家级规划教材《刑法学》(科学出版社2008年版);《经济刑法研究》(法律出版社2005年版)被遴选为教育部研究生教学推荐用书。

代表论文:《集体法益的刑法保护及其限度》(《法学研究》2018年第6期);《受贿罪量刑中的宽严失据问题——基于2010年省部级高官受贿案件的研析》(《法学》2011年第8期);《违法性认识错误不可避免性及其认定》(《中外法学》2016年第3期);《骗取贷款罪司法认定的误识和匡正》(《法商研究》2016年第5期);《行政犯违法性判断的从属性和独立性研究》(《法学家》2017年第1期);《新时代刑法发展的基本立场》(《法学家》2019年第6期)。

主持课题:国家社科基金项目"反腐败国际公约与贪污贿赂犯罪立法完善";国家社科基金后期资助重点项目"贪污贿赂犯罪研究"。

获南京大学第三届教学名师奖(2007年);主持的"法学实践教学示范中心建设"获江苏省高等教育成果奖二等奖(2007年);主持的《刑法学》网络课程被评为2007年度国家精品课程(网络教育);主持的《刑法学》课程2008年被评为江苏省精品课程;《刑法基本问题》获司法部优秀法学成果奖。

学术创见

1. 在刑法基础理论研究中,对违法性认识错误、行政法的违法性认定、集体法益的刑法保护和新时代刑法发展的基本立场等重要问题从理论与实践相结合的角度进行了创新研究,体现在:关于违法性认识的错误;关于集体法益的刑法保护;关于罪数,特别是合并犯的概念和理论;关于行政犯违法性的判断;关于恢复性司法;关于死刑的存废;关于非刑罚化;关于法律人的刑法思维,等等。

2. 在经济刑法的研究中,最早建构了经济刑法的学科体系:(1)关于市场经济与经济刑法。我国现行经济刑法存在不足,过于强调对计划经济的保护、罪与非罪的界限模糊。(2)关于法人犯罪,提出界定标准。(3)经济犯罪违法性判断。刑法选择保护的实际上是与行政不法不一样的"法秩序",行政不法不能代替刑事不法的判断。(4) 经济刑法的犯罪化趋势。犯罪化的同时,应认真评估在经济刑法领域中,是否存在过剩的、不合时宜的规定。(5) 改革开放以来经济刑法基础理论发展与前瞻。经济刑法研究本身也需要应时代的变革,处理好消化吸收与理论创新的关系,建构基础意义的命题。(6) 关于骗取贷款罪的司法认定。无论是"骗取贷款"行为,还是"严重情节",都需要从有无侵害金融机构贷款安全角度进行实质认定。在有足额担保并未形成贷款人实际损失或者案发前归还贷款的情况下,不构成骗取贷款罪。

3. 对贪污贿赂等职务犯罪研究,多年来关注联合国反腐败公约与我国贪污贿赂犯罪的立法完善,承担了国家重点课题,并形成了系统的成果:(1) 关于国家工作人员的司法认定。哪些人的职务犯罪由监察机关调查,应根据监察法的规定确定。被调查对象的刑法主体身份,解决的是被调查对象所涉职务犯罪的具体罪名,应该以刑法规定的主体性质为依据。(2) 惩治贪污贿赂犯罪的刑事政策。刑事政策因时而变,在贪污贿赂犯罪的猖獗严重时期,刑事政策既要严密法网,又要在刑罚上保持足够的威慑力,不应因对轻刑化的吁求无原则地认同而减损对贪污贿赂犯罪的刑罚供应量,即采用"又严又厉"的模式。而在贪污贿赂犯罪得到有效控制的平稳时期,刑事政策应及时转型,向着"严而不厉"的惩治模式过度。(3) 关于受贿罪的法益。保护法益是受贿罪研究中的一个核心论题。该法益界定一方面反映传统受贿罪的权钱交易本质定位;另一方面,可以为受贿罪的立法修订、司法适用确定边界,满足法益对于"体系内在"的评判,形塑现阶段受贿犯罪的各种复杂形态,为各种非典型的受贿行为提供足够的阐释力,从而妥当解决受贿罪认定中一些长期争论未决的问题。(4) 关于"截贿"行为的性质。可以通过刑法规范本身,分析委托人向受托人交付财物以及受托人是否向"受贿人"转送财物的刑法规范评价,进而对财物的性质(是否属于犯罪工具性财物)作出评判,在此基础上,根据"截贿"的不同手段,分别界定为诈骗、侵占以及事后不可罚的行为。

单　勇

学术背景

单勇,1979 年出生,黑龙江省黑河市人,2001 年、2004 年、2007 年分获吉林大学法学院学士、硕士、博士学位。2007—2017 年,先后任教吉林大学法学院、浙江工业大学法学院、同济大学法学院;2018 至今,任职于南京大学法学院,教授。主要教学和研究领域:犯罪学及刑事政策学。第五届"江苏省优秀青年法学家"、中国犯罪学学会理事、中国社会学犯罪社会学专业委员会副秘书长。

学术成果

著作:《基于犯罪热点制图的城市防卫空间研究》(法律出版社 2020 年版);《城乡结合部的犯罪聚集规律与空间防控研究——基于地理信息系统的应用》(法律出版社 2017 版)。

代表论文:《城市高密度区域的犯罪吸引机制》(《法学研究》2018 年第 3 期);《犯罪热点成因:基于空间相关性的解释》(《中国法学》2016 年第 2 期);《城市公共安全的开放式治理——从公共安全地图公开出发》(《中国行政管理》2018 年第 5 期);《跨越"数字鸿沟":技术治理的非均衡性社会参与应对》(《中国特色社会主义研究》2019 年第 5 期);《走向空间正义:城市公共安全的技术治理》(《中国特色社会主义研究》2018 年第 5 期)。

主持课题:国家社科基金项目"基于犯罪热点制图的城市防卫空间研究";教育部、司法部、中央政法委等省部级项目11项。

学术创见

1.《基于犯罪热点制图的城市防卫空间研究》,运用地理信息系统对我国城市街面犯罪的空间分布状况进行制图分析,以犯罪热点制图为研究进路,揭示犯罪的聚集性、热点的稳定性及犯罪的转移性等犯罪空间分布特征。以空间滞后模型探究犯罪热点成因,以地理加权回归模型把握城市高密度区域吸引犯罪的具体机制,探寻城市吸引犯罪的内在机理,以此研讨我国高密度城市的防卫空间策略及技术治理的转型趋势,发展城市犯罪学及犯罪地理学的基础理论。提出观点如下:提出了城市犯罪学的理论框架。该书探索了基于地理信息系统的犯罪制图应用;开展了犯罪与城市因素的相关性分析;提出针对犯罪热点的整体性治理策略;提出城市公共安全治理应以空间正义为价值导向。

2.《城乡结合部的犯罪聚集规律与空间防控对策研究——基于地理信息系统的应用》,以地理信息系统为基本研究方法,以犯罪制图分析我国城乡结合部的犯罪聚集规律,提出并探讨空间防控的应用策略:第一,在理论上,犯罪热点与空间因素的相关性分析从经验到量化、从定量到定性、从相关到因果揭示了犯罪热点的空间演化规律;第二,在方法上,犯罪制图与回归分析的整合运用既发挥了地理学的想象力,又充分利用了数学模型在量化分析上的优势;第三,在应用上,空间相关性分析从罪犯到地点、从原因到条件、从宏观到微观、从模糊到精准、从经验到智能为立体化治安防控的改进提供理论支持。

3.犯罪的技术治理问题。犯罪的技术治理是防控主体依托"社会治理云"等架构,遵循"数据集成—风险预警—决策支持—指挥调度—共治服务"的平台治理流程,集成运用几十种、上百种具体的智慧治理系统对各类数据进行分析,以实现犯罪预测、预警、预防的整体性治理模式;技术治理存在赋能与赋权"一显一隐"的非均衡发展样态,技术治理异化的反思可转换为技术治理非均衡发展的应对思考,这种思考应围绕技术治理的正当性展开;技术治理对秩序唯美主义的过度追求使个人变得更透明,加剧了"数字利维坦"和个体之间的纵向数字鸿沟。为促进民众对技术治理的实质参与,应回归信息技术的赋权功能,尊重和保障个人数据权利,遵循法治之道制衡数据监控的权力运行,通过数据权利的法律保障搭建跨越非均衡性的法律阶梯;技术治理应遵循空间正义和认真对待城市权利,以空间正义为城市公共安全治理的价值导向,实现治理资源在空间重构中的公平分配,从集体权利、底线权利和积极权利的角度探索技术治理的改进思路。

4.公共安全地图的公开以数据共享、数据制衡形式打通了社会参与的"信息入口",以可视化、交互式、精准性方式指引个人安全生活,驱动公共安全治理从封闭式管理走向开放式治理。

杨辉忠

学术背景

杨辉忠,男,1970年生,安徽灵璧县人。1991年,获吉林大学法学学士学位;1998年,获吉林大学法学院刑法学硕士学位;2006年,获吉林大学法学院刑法学专业博士学位。1998年4月到南京大学法学院任教,现为法学院副教授。主要研究领域:中国刑法学和经济刑法学、国际刑法学、犯罪心理学。曾担任过南京大学法学院刑法教研室主任、江苏省法学会刑法学研究会秘书长、中国犯罪学会理事、江苏省法学会刑法学研究会常务理事、江苏省法学会廉政法治研究会常务理事。

学术成果

著作：《身份犯研究》（中国检察出版社 2007 年版）；《经济刑法原理与实训》（南京大学出版社 2014 年版）；《合同诈骗罪诉辩审评》（中国检察出版社 2014 年版）；《刑罚制度的当代变革及趋势研究》（吉林出版集团 2021 年版）。

代表论文：《身份犯类型的学理探讨》（《法制与社会发展》2003 年第 3 期）；《身份犯的实质研究》（《南京大学法律评论》2003 年秋季号）；《刑事法官解释刑法的几个问题》（《南京大学法律评论》2009 年春季号）；《论我国刑法的立法趋势》（《社会科学战线》2009 年第 11 期）；《我国身份犯立法之检讨》（《学术界》2009 年第 1 期）。

主持课题：司法部 2016 年度专项课题"刑罚制度变革趋势研究"。

学术创见

1.《身份犯研究》。（1）身份犯类型的学理探讨。身份犯是刑法中明文规定的由具有特定身份的犯罪主体而进行的一类犯罪。根据主体身份对共同犯罪的刑事责任的影响，可以将身份犯分为纯正身份犯与不纯正身份犯；根据主体身份的形成原因，可以将身份犯分为自然身份犯与法定身份犯；根据主体身份的确定程度，可以将身份犯分为定式身份犯与不定式身份犯；根据刑法中规定的身份犯的犯罪构成要件的内容是否要求具有特定身份之主体去亲自实施，可以将身份犯划分为排他性身份犯和非排他性身份犯。（2）身份犯的实质。身份犯的实质在于特定的犯罪主体违背了自己特定的义务，侵害了法律所保护的特定的法益，同时也侵害了法律所普遍保护的普通法益，可概括为"三重法益侵害论"。（3）混合身份共犯之辨识及其刑事责任。混合身份共犯是指有身份者与无身份者共同实施某种身份犯罪的情形。从"有身份者是实行犯"和"无身份者是实行犯"等两方面，对混合身份共犯中各个罪犯的行为定性以及刑事责任的承担等问题进行探讨，混合身份共犯的具体辨识以及刑事责任解决的一般性原则。另外，提出了多种的身份犯的学理分类，如自然身份犯和法定身份犯、定式身份犯和不定式身份犯、亲手性身份犯与非亲手性身份犯等。

2.《经济刑法原理与实训研究》。主要研究经济刑法的概念、经济刑法的立法原则与立法模式、经济刑法的基本原则以及经济刑法的解释等一般理论；经济犯罪的概念与特征；经济犯罪的犯罪构成；经济犯罪的未完成形态；经济犯罪的共同犯罪；经济犯罪的一罪与数罪；经济犯罪的刑罚的配置；我国刑法分则中诸经济犯罪的构成特征、认定和适用等，我国应该在刑法典之外，创建专门的经济刑法典，把经济犯罪、贪污贿赂犯罪作为经济刑法典的方法对象，若再广泛一些，还可以将破坏环境资源保护的犯罪和一些新型的财产犯罪也纳入经济刑法典的立法对象之中。

3.《刑事犯罪确立的影响因素及其确立原则》。刑事犯罪的确立是一个立法过程，是将社会上的用民事的、行政的法律制裁措施已经不足以抗制其社会危害性的严重违法行为规定为犯罪并科以刑罚的活动。刑事犯罪的确立受诸如刑法机能的侧重、世界刑事立法的潮流以及一国的刑事政策等因素的影响。刑事犯罪的确立应当贯彻刑法的谦抑性、补充性以及必要性等原则。

4.《刑事法官解释刑法》。刑事法官在审理案件时由于对刑法条文理解不一致，导致的判决结果不一致,直接影响法律的统一性和权威性,并造成当事人权利义务的不平等对待。刑事法官在适用刑法时唯有掌握科学的解释方法和路径,才能适应形势需要。在解释刑法时,掌握一定的原则和方法,应成为刑事法官的职业技能之一。从刑法解释权的性质、刑法解释领域的特点、法官自由裁量权的行使等角度,可以得出刑事法官解释刑法的一些基本的理念和规则。

5.《防卫的限度与无限度的防卫》。关于防卫的限度,不可一概而论,应具体案件具体分析。中国刑法在第 20 条第 3 款规定了无限防卫权,但条件相当严苛。司法实践中如何把握这些条件?认为应当对第 20 条第 3 款作限缩解释,严格控制无限防卫权的适用范围,以保障被防卫者的合法利益。另外,该文也对无限防卫权立法的正当性问题进行了研究与探讨,因为毕竟是私力救济,将剥夺他人生命的权利赋予个人,到底合适与否,正当与否,尚待进一步地商榷与探究。

张 淼

学术背景

张淼,吉林长春人,刑法学博士、政治学博士后。南京大学法学院副教授,南京大学—约翰斯霍普金斯大学中美文化中心副教授,南京大学中国法律案例研究中心副主任,南京大学刑事法研究中心主任。主要教学和研究领域:刑法学和刑事司法。现兼江苏省刑法学研究会秘书长、江苏省廉政法治研究会理事,世界大学联盟(WUN)国际刑法与比较刑法(CIICJ)研究中心理事。

学术成果

著作:《与国际刑事法院合作研究》(吉林人民出版集团 2018 年版);《诈骗罪》(中国检察出版社 2014 年版)。

代表论文:《一般累犯的结构解析及完善进路》(《法学杂志》2014 年第 4 期);《论罪数形态的隐性前提——以"罪刑关系"为视角的重新界定》(《南京大学法律评论》2016 年春季卷);《罪数个体标准的反思》(《河南师范大学学报》2008 年第 3 期);《罪刑法定性质辨析》(《政治与法律》2010 年第 1 期)。

主持课题:2018 年国家社科基金规划项目"诉讼维度中的罪数论适用研究";2017 年教育部人文社会科学研究一般项目"刑法变革中的罪数形态与数罪并罚研究";2015 年司法部国家法治与法学理论研究课题"刑罚改革背景下的累犯制度变革研究"。

学术创见

1. 中国的"罪刑法定"有着不同的分析与诠释维度。从刑法的性质出发对罪刑法定原则的中国诠释进行了界定,从而得出在教义学上所探讨的"罪刑法定"与我国刑法第三条的规定内容之间存在着差异之处。我国刑法第三条的规定应该将其解读为"刑法法定主义",也就是严格按照刑法的规定予以适用。同时认为,罪刑法定作为刑法的黄金原则和帝王原则,涉及刑法中的全部内容,不仅涉及刑法运行中的立法权与司法权之间的关系,还涉及刑法与其他法律之间的关联性,不仅要从世界通行的维度进行诠释,还需要从中国法律自身的特点予以分析和展开。

2. 犯罪成立理论与犯罪构成属于不同的问题。阶层的犯罪成立理论属于方法论层面的问题,而犯罪构成则属于标准形态问题,是否构成犯罪以及运用何种方法进行处断,并不会从根本上影响到判定的结论,应该在解释权限方面给予法官更多的解读与认定空间。犯罪构成具有核心的作用,犯罪构成与违法行为类型化之间的区分才是我们认知问题的关键所在,并无必要从大陆法系的既定标准来指责中国刑法犯罪构成以及犯罪成立理论方面存在着缺陷,相反,如果将两者融合起来才是当下的关键所在。

3. 罪数论与竞合论是两种不同的确定理论和思考方法。针对一段时间以来出现的用竞合论取代罪数论的理论与分析方法进行了评价,认为两者之间虽然存在着历史上的交叉关系,但仍然无法认为两者完全相同。竞合论在引入日本时出现了变异,导致了在立法的处理上仍然沿用之前中华法系的内容,因而将竞合论进行曲解,从而变成了罪数判断理论中的一个组成部分;亦因此,我国刑法罪数理论中所使用的"竞合"用语与德国的竞合论之间存在着明显的差异。因此,竞合论与罪数论不仅在前提条件方面存在着差异,而且在具体的外延方面也有着非常大的不同。就当下的情形来说,无法全面引进与采用竞合论,也无必要将竞合论的引进作为整体的核心内容。

4. 诈骗罪的核心是采用虚构的内容从而使别人遭受损失。传统教义学中诈骗罪的构成包括了"虚构事实"和"隐瞒真相"的方式使被害人陷入认识错误,在此基础上取得被害人自愿交付财物。在日常生活中,由于生活方式的多边性以及发展性,诈骗罪的具体表现与其他犯罪之间存在着交叉冲突关系,与民事的诈欺行为之间的区分也并不明确,因而应该从本质上对诈骗罪的成立条件进行全方位的展开与解读。诈骗罪自身的独立性认定与超越合法行为之边界获取财物的行为之间并非存在着对立关系,应该将一些存在争议的行为排除在诈骗罪的成立范围之外,可以通过民事诈欺以及行政处罚等方法加以解决。而当下的诈骗罪认定则存在着明显扩大的趋势,因而有必要进行检讨和反思,使得诈骗罪的成立范围进一步限缩。

5. 中国特色的刑罚运用制度属于不断开放与发展的制度。中国的刑罚制度是自身社会发展与世界通行惩罚措施的有机结合,而刑罚运用制度虽然以借鉴域外做法为主体,但在发展与实践中也不断随着社会需要而呈现出演进与推进的趋势。具体来说,自首与立功制度的中国本土性值得从社会实际的角度进行分析,也需要根据社会生活的需要而不断调整。从整体来说,自首、立功,以及累犯制度的刚性程度逐渐递增,而减刑和假释制度则更主要取决于政策考量等要素,新近增加的社区矫正和从业禁止等方式,也为我国刑罚执行制度的发展提供了更加合理的"配套措施"。刑罚制度应该是社会生活的"体现",从而应该以实际需要作为检验的标准。

黄 旭 巍

学术背景

黄旭巍,1980 年生,湖北仙桃人,南京大学法学院副教授。北京大学法学学士,武汉大学法学硕士、博士。美国东北大学犯罪学与刑事司法学院、台湾东吴大学法学院、辅仁大学法学院访问学者。主要教学与研究领域为刑法学。现为中国廉政法制研究会首届理事,江苏省法学会刑法学研究会理事。

学术成果

代表性论文:《刑法第 29 条第 1 款后段的教义学分析》(《法律科学》2018 年第 6 期);《污

染环境罪法益保护早期化之展开》(《法学》2016 年第 7 期);《对销售侵权复制品刑事司法的实证分析》(《中国出版》2015 年第 21 期);《故意犯罪形态的原因自由行为探究》(《法学评论》2011 年第 4 期);《论经济犯罪所得之没收》(《法学评论》2021 年第 5 期)。

主持课题:2016 年主持司法部国家法治与法学理论研究项目"虚假恐怖信息犯罪司法认定研究";2018 年主持江苏省社会科学基金后期资助项目"原因自由行为理论研究"。

2015 年获第三届江苏省法学优秀成果二等奖。

学术创见

1. 义务冲突中"义务"的来源。应当根据功效的不同,将问题分为"未履行义务的来源"与"被履行义务的来源"两个方面。除了包括刑法中明文规定的不作为义务外,考察未履行义务的范围和种类,要密切联系不作为犯中的作为义务来源。基于"冲突状况的发生不能归责于行为人"这一要件,理应排除先前行为、法律行为所引起的作为义务;基于罪刑法定原则的要求,道德上的作为义务也应被否定。与整体法秩序相协调的、保障一定生活利益的道德义务,能够成为被履行义务的来源。

2. 从目的论解释的角度出发,有必要将未达到刑事责任年龄者实施的法益侵害行为,解释为《刑法》第 29 条第 1 款后段中的"犯罪",即不法意义上的犯罪;在区分不法与罪责的基础上,承认有些场合下的"犯罪"包括了无罪责的不法行为,也完全符合"犯罪"一词的通常用法。第 29 条第 1 款后段中的"教唆",是广义的教唆,其含义与第 301 条第 2 款中的"引诱"相同,包括了第 347 条第 6 款中的"利用、教唆"这两种情形。因此,引诱未达到刑事责任年龄者犯罪的间接正犯,虽然不成立教唆犯,但其利用行为仍属于广义的教唆,应当从重处罚。

3. 轮奸是不同犯罪人轮流强奸同一被害女性的共同实行犯。应当在坚持轮奸是强奸罪之共同实行犯的基础上,贯彻不法形态的共同犯罪观,故成立轮奸与刑事责任能力无关。轮奸是强奸罪的加重构成要件,存在未遂形态,各行为人强奸均未得逞不影响轮奸的成立。轮奸的既遂标准是二人以上强奸既遂,此时所有参与人均构成轮奸既遂。自己实行强奸的,在对他人的强奸结果具有物理或心理的因果性,且负正犯责任的范围内,成立片面轮奸。

4. 对于销售侵权复制品的行为,当前刑事判决呈现出罪名适用混乱、既遂标准不明、实际刑期较低、罚金数额不足等问题。不应根据《出版物解释》第 11 条将销售侵权复制品行为认定为非法经营罪;但在现行追诉标准下,完全可能根据《出版物解释》第 15 条将其认定为非法经营罪。司法解释通过扩张"复制发行"的含义,强行以侵犯著作权罪架空销售侵权复制品罪,并不合理;对于违法所得数额未达到巨大标准的销售侵权复制品行为,应当以无罪论处。

5. 污染环境罪是情节犯,环境安全本身即为其保护法益,该罪的立法与司法充分体现了法益保护的早期化。法益保护早期化并非建构于风险刑法理论之上,能够有效治理污染环境犯罪;污染环境罪法益保护的早期化以生态学的人类中心主义法益观为依据,不存在消解法益概念的问题;刑法谦抑主义不等于绝对地反对犯罪化,污染环境罪法益保护的早期化兼顾了人权保障,符合谦抑性的要求。成立污染环境罪要求故意侵害环境安全法益,但对侵害传统法益只需具有预见可能性;该罪法益保护的早期化决定了其责任形式只能是故意。

6. 经济犯罪所得之没收。犯罪分子违法所得的一切财物,包括取得物、报酬物、替代物与收益,不包括创设物。对犯罪所得的最终处理,既可能是没收,也可能是返还被害人。不同于刑罚或保安处分,犯罪所得没收是旨在禁止任何人因犯罪而获利的财产衡平措施。对于获取型经济犯罪而言,应当采取总额原则认定其直接所得,将之返还被害人而非没收。对于经营型经济犯罪来说,扣除成本后没收净利,足以达致没收犯罪所得的规范目的。将犯罪所得用于购买彩票、炒股而获取的收益,应全额没收;但将犯罪所得投资于正常生产经营活动所产生的收益,则只能在扣除企业管理、劳动力等其他因素所占的比例后,没收与犯罪所得资本对应份额的收益。没收犯罪所得及其收益时,准用该犯罪的追诉期限。

徐凌波

学术背景

徐凌波,浙江衢州人。2009年获北京大学法学院法学学士学位;2014年获北京大学法学院刑法学博士学位;2012年10月德国维尔茨堡大学攻读刑法学博士研究生。现任法学院专职科研岗副研究员。研究方向:刑法基础理论问、刑法分则教义学。

曾担任《北大法律评论》刑法编辑,中德刑法学者联合会助理。

学术成果

代表论文:《刑法上的占有》(《刑事法评论》2009年第25卷);《存款的占有问题研究》(《刑事法评论》2011年第29卷);《网游外挂相关行为的刑法评价》(《刑事法判解》2012年第12卷);《皮革喷雾剂案与刑法上的产品责任》(《刑事法判解》2014年第14卷);《产品刑事责任中的因果关系认定问题》(《政治与法律》2014年第11期);《盗窃罪中的占有概念》(《刑事法评论》2015年第36卷)。

译文:乌尔斯·金德霍伊泽著《论犯罪构造的逻辑》,徐凌波、蔡桂生译(《中外法学》2014年第1期)。

参与翻译江溯、黄笑岩主编《传统与现代之间的德国刑法学——埃里克·希尔根多夫教授文集》(北京大学出版社2015年版)。

马春晓

学术背景

马春晓,江苏淮安人,1986年生。2008年,获南京审计大学法学院学士学位;2011年,获南京师范大学法学院硕士学位;2018年,获南京大学法学博士学位;清华大学法学博士后(2018—2020年)。拟开设课程《刑法总论》《经济刑法》《刑事政策学》,研究领域主要集中在经济犯罪基础理论领域、集体法益的研究等。

学术成果

著作:《经济刑法的法益研究》(中国社会科学出版社2020年版)。

代表性论文:《中国经济刑法法益:认知反思与建构》(《政治与法律》2020年第2期);《现代刑法的法益观:法益二元论的提倡》(《环球法律评论》2019年第6期);《区分行政违法与犯罪的新视角:基于构成要件之质的区别说》(《中国刑事法杂志》2020年第1期);《虚开增值税专用发票罪的抽象危险判断》(《政治与法律》2019年第6期);《廉洁性不是贪污贿赂犯罪的法益》(《政治与法律》2018年第2期)。

主持课题:2019年度国家社会科学基金后期资助项目《经济刑法的法益研究》(19FFXY009)。

论文曾获最高人民检察院"全国检察应用理论研究优秀成果奖"。

学术创见

1. 推进经济犯罪的法益研究。主张法益二元论,运用集体法益解释经济犯罪。提出应当承认集体法益的独立性,立足法益二元论对经济刑法法益进行本体重塑与功能展开。它勾连宪法,是保障在经济领域中实现个人自由的外部条件的统一体,也是经济秩序市场经济规范保护的客体。法益不是刑法独有的保护目标,仅根据法益标准难以有效区分刑事不法与行政不法。经济刑法的犯罪化应坚持保护适格的集体法益,同时更加注重合比例原则和明确性原则的补充与限制。经本体重塑的经济刑法法益兼具体系超越与体系内在功能,有助于在反思当下中国经济刑法立法与司法的基础上,重构经济刑法的立法理念与犯罪化标准,厘清经济犯罪的类型与解释原理。

集体法益适格与否,并非简单取决于能否还原为个人法益,而在于是否具有符合宪法规定的实体性内容。立足中国语境倡导二元论,有利于科学认知新兴法益的概念内涵和功能转型,能够更好地从根基处说明我国当前的刑事立法现状与发展趋势。但是,受传统刑法观的影响,仍然可能存在对集体法益理解不当与适用泛化等问题,对此应理性地理解法益理论,承认法益概念具有功能上限。在立法上,不应忽略辅助性原则与明确性原则的补充限制功能;在司法上,则应以构成要件作为解释具体犯罪的逻辑起点。

2. 展开客观归责的方法论与实践面向研究。主张以客观归责理论所代表的规范判断方法、基于法所不允许的风险这一核心概念对行政犯罪等分则具体罪名进行实质解释,拓展客观归责的理论射程。

我国犯罪构成要件是定性与定量的统一,中外学理上形成共识的质与量二元区分的方法论,在我国表现为基于构成要件的质的区分标准,量的差异蕴含在质的区分中。刑法对构成要件要素独立、实质的判断在解释方法上需要遵循事实判断向规范判断的递进方式,应从客观构成要件要素、主观超过要素与罪量要素三个层面,准确地适用质的区别标准,合理地界分行政违法与刑事犯罪。

虚开增值税专用发票罪是抽象危险犯,关于抽象危险的判断,不只是事实层面的行为、目的或经验层面的盖然性判断,必须根据犯罪构造与风险创设的方式进行规范判断。虚开增值税专用发票罪属于抽象危险犯中的实质预备犯,其之所以被刑法归责,在于虚开行为创设了值得被刑法处罚的抽象危险。在"为他人虚开、为自己虚开"两种由行为人支配危险流程的情形中,应当以风险是否外溢为归责标准;在"让他人为自己虚开,以及介绍他人虚开"两种由他人支配危险流程的情形中,应遵循共犯从属性原理,以他人行为造成风险外溢为归责前提。

3. 展开对反腐败国家立法研究。我国现行刑法将侵犯廉洁性作为贪贿犯罪的本质特征,延续了两罪同罪同罚的立法传统,深化了对腐败犯罪的认知。将廉洁性作为法益统摄贪贿犯罪,造成法益与构成要件关系的紧张,混淆两罪侵财与渎职的性质,引发罪名体系和定罪量刑标准的结构性矛盾。廉洁性是国家工作人员必须遵守的行为规范,而非规范所保护的对象化客体。现行的相关立法并不具有根据法益安排贪贿犯罪罪名体系的理论自觉。贪污罪和受贿罪具有不同的不法内涵,前者侵犯的是国家法人的财产,本质上是一种个人法益;后者侵犯的则是职务行为的不可收买性,是一种集体法益。由此可以澄清现有立法和司法的误区,明确贪贿犯罪的立法方向。

李方超

学术背景

李方超,1990年生,山东省滕州市人。2013年获吉林大学医事法学学士学位;2016年获吉林大学法律硕士学位;2019年获吉林大学刑法学博士学位。2017—2018年于同济大学留德预备部学习德语。现为南京大学法学院专职科研人员。主要研究方向为中国刑法学、刑法解释学。

学术成果

代表论文:《"国家工作人员"认定范围的再解释》(《法学》2019年第5期);《侵犯知识产权罪立法的不足与完善》(《人民检察》2018年第17期);《未成年人犯罪治理与预防问题研究——以吉林省长白地区司法现状为例》(《净月学刊》2016年第3期);《中国大陆P2P网络贷款行为的刑法规制》(《辅仁法学丛书专论类22:金融犯罪与刑事规制》)。《刑事法律诊所教程》(撰稿人,高等教育出版社2018年版)。

学术创见

1. 在国家出资企业中,就国家工作人员的认定问题不应当仅从相关司法解释的字面意思加以理解。国企改制是一项意义深远的经济改革,通过对企业进行去行政化的改革释放了国有资本的经济活力。诸如2010年最高人民法院、最高人民检察院《关于办理国家出资企业中职务犯罪案件具体应用法律若干问题的意见》等文件扩大了国家工作人员的认定范围,将一些国家出资企业中的非国家工作人员重新纳入国家工作人员的范畴中,不仅再次强化了国家企业的行政化色彩,更在实务中产生严重影响。因此,应当通过系统解释的方法对第六条第二款的规定进行解释,从而弥补国家工作人员认定范围过大、刑法规定内部逻辑不能自洽的缺点。

2. 关于知识产权保护方面,刑法作为保障法在保护知识产权方面具有重大的意义和作用。然而,刑法对于侵犯知识产权罪的规定存在瑕疵:一方面,法益保护范围过窄;另一方面,受刑事政策的影响,刑法对知识产权保护设定了过犹不及的内容。为更好地发挥刑法对于知识产权法益保护的作用,应当在立法层面对现有规定进行反思,扩充刑法所保护法益的范围,摒弃不当规制过失行为的立场,并在此基础上进一步完善刑罚体系,增设适用于侵犯知识产权罪的资格刑。

3. 就正当防卫相关问题而言,正当防卫历来以坚持"正不必向不正让步"为核心立场,主张面临不法侵害防卫人可以积极开展防卫,以保护法益并维护法秩序。随着当今刑法学理论对于正当防卫的理解不断加深,"正不必向不正让步"的立场正面临质疑,防卫人或被侵害人是否首先尝试对不法侵害进行退避开始成为正当防卫的判断要素,即防卫人或被侵害人在一定情况下应当负有侵害退避义务。正是由于长期以来我国刑事实务和理论研究对于侵害退避义务的否认或忽略,造成了一系列问题。事实上,刑法以保护自由为核心价值,正当防卫制度的设置也必然以保护自由为应有之义。从自由的价值立场出发,正当防卫制度应当为防卫人或被侵害人设置一定的侵害退避义务。在防卫人或被侵害人应当履行而未履行退避义务的情况下,应当否定防卫的必要性,进而否认防卫行为构成正当防卫。

第二十一章 诉讼法教研室

宫模义

宫模义,1931年生,山东莱阳人。1951年至1958年中国人民大学法律系学习,获硕士学位,其间有1年在北京外语学院进修俄语。1958年至1962年在列宁格勒(现圣彼得堡)大学法律系留学,获法律副博士学位。留学期间担任留学生党支部书记。1962年开始,在中国社会科学院工作。不久因"备战备荒为人民"等政策的需要,被分流到安徽大学马列主义教研室,担任哲学教师,是当时安徽大学唯一一名博士,同事之间常直呼其"博士"。"文化大革命"期间,他因有留学苏联背景,曾经被造反派冠以"苏修特务"之名,留学期间利用节省下来的助学金购买的大量书籍,均遭到毁坏。1979年调至南京大学,讲授马列主义哲学。1980年开始,参与南京大学法律系筹建,与林仁栋、栾景芳等一起成为创系元老。1981年开始,长期担任法律系刑事诉讼法讲师、副教授、教授,对苏联及东欧国家法律的研究很造诣颇,翻译了《作为刑事诉讼活动主体的被害人:苏联和捷克斯洛伐克的理论和实践》(捷克斯洛伐克卡尔洛维大学加尔金·A.鲁热克著,《环球法律评论》1988第4期)等法律文献,编有《刑事诉讼法教程》(江苏省人民出版社1989年版)。20世纪90年代荣休。

许 江

学术背景

许江(已退休),1949年生,江苏泗洪人,南京大学法学院刑事诉讼法学教授。1982年,获西南政法学院法学学士学位,同年任教于南京大学法律系、法学院(1982年9月至1983年6月,西南政法学院刑事侦查专业进修)。主要从事刑事诉讼法学和侦查学的教学与研究工作。

曾任南京大学法律系副系主任、系主任。曾兼中国刑事诉讼法学研究会理事、名誉理事,江苏省法学会刑事诉讼法学研究会副会长。现任江苏省法学会理事,江苏省法学会法学教育研究会常务理事。

学术成果

著作:主编《刑事诉讼法学》(南京大学出版社2002年版);主编《侦查策略与技术学》(中国检察出版社1995年版);主编《法律基础教程》(苏州大学出版社1993年出版,1995年修订);主编《法律基础教程》(南京大学出版社2000年版)。

代表论文:《论我国刑事诉讼的结构和职能》(《南京大学学报》1998年第2期);《论刑事诉讼参与人范围的完善》(《南京大学学报》2008年第5期);《我国刑事诉讼法再修改应设专章规定诉讼参与人》(《江苏警官学院学报》2009年第3期);《侦查人员出庭身份探析》(《江苏警官学院学报》2004年第5期);《现场勘查中的外围搜索》(《中国刑警学院学报》1988年第1

期);《退回补充侦查制度刍议》(《南京大学法律评论》1994年创刊号)。

学术创见

1. 教改创意。一是法学概论教学改革。主持的"法学概论教学改革"项目,1992年获南京大学优秀教学成果一等奖,1993年获江苏省高等学校优秀教学成果二等奖。二是开展并加强"读写议"。曾于1990年6月在《高教研究与探索》发表论文《文科加强"读写议"之我见》,以指导"读写议"的深入开展。

2. 刑事诉讼的结构和职能是刑事诉讼理论中两个既独立又密切联系的范畴。划分和确定刑事诉讼职能,首先应当以国家司法机关和诉讼参与人在刑事诉讼中所处的地位及其权利和义务为主要标准,其次应当充分反映和展现刑事诉讼各个阶段中刑事诉讼主体的全部活动,即以刑事诉讼阶段作为划分刑事诉讼职能的辅助标准。按照上述标准,可将我国的刑事诉讼职能分为主要职能(包括三种)和次要职能(包括五种)。

3. 我国刑事诉讼法典再修改时,也可用专章规定诉讼参与人。刑事诉讼参与人具有三个特征,应将符合这三个特征的见证人、保证人纳入刑事诉讼参与人范围,这对见证人、保证人诉讼权利的保障以及诉讼权利和诉讼义务的配置具有重要意义。见证人与证人有明显的不同之处,见证人不应包括在证人之中,而是一种独立的诉讼参与人。单位诉讼参与人是与自然人诉讼参与人并列的一类诉讼参与人,诉讼代表人由单位诉讼参与人派生而来并相伴而生,这两个观点也为论证诉讼代表人的立法理由、立法方式和立法解释奠定了基础。

4. 侦查人员通过参加刑事诉讼活动以外的渠道了解案件情况的,可以以证人身份出庭作证。侦查人员通过参加刑事诉讼活动的渠道了解案件情况的,不能以证人身份出庭作证,而应以讯问人员、勘验人员、检查人员、搜查人员、扣押人员、执行拘捕人员等身份出庭说明情况、接受提问。侦查人员不得拒绝出庭陈述,但法律另有规定的应当除外。以上观点主要是针对很多论著都主张侦查人员以证人身份出庭作证而提出的。区分侦查人员出庭身份的关键就在于:是否属于通过参加刑事诉讼活动的途径了解案件情况。这涉及证人条件问题。

5. 在深入分析证明责任与证明主体、证明过程、证明对象内在联系的基础上,给证明责任下了一个新的定义。按照证明主体、证明过程具体活动、证明对象的不同,对证明责任进行了科学的分类,提出了认知证据责任这一新的概念,阐明了证明责任、认知证据责任、举证责任的相互关系。依据法律和司法解释的规定,对我国刑事诉讼中证明责任的分担作出了符合诉讼原理、切合司法实践的界定。

6. 通过典型案例的分析,归纳出外围搜索的六项任务和七个作用。外围搜索有其特定的任务和作用,同实地勘查或现场访问相区别。外围搜索的任务和作用是实地勘查或现场访问无法包含、不能代替的。外围搜索应当作为现场勘查中的一项独立的不可忽视的活动内容,与实地勘查、现场访问并列。不能把外围搜索隶属于实地勘查或现场访问。为了指导外围搜索的实施,论述了划分外围搜索范围应注意的问题、外围搜索的四种形式、外围搜索重点部位的确定、外围搜索的人员及分工、外围搜索时机的把握、外围搜索中发现情况的处理。

7. 通过对退回补充侦查种类的分析,将其特点概括为目的性、合法性、一致性、灵活性四个方面。针对当时退回补充侦查制度存在的明显缺陷,提出了完善退回补充侦查制度的七条具体建议:增补退回补充侦查理由的规定;增补退回补充侦查手续的规定;增补限制退回补充侦查次数的规定;增补解决退回补充侦查争议的规定;完善退回补充侦查期限的规定;明确规定补充侦查的机关;修改《刑事诉讼法》第 48 条第 1 款的规定。

张晓陵

学术背景

张晓陵(1949—2009 年),江苏南京人。1982 年,获安徽师范大学中文系学士学位;1985 年,获中国人民大学法律系刑法专业硕士学位。1985 年,分配到江苏省人民政府工作。1986 年,调入南京大学法律系,曾任副教授,硕士生导师。讲授刑事诉讼法、律师实务等课程。曾兼任南京中山律师事务所(后改制为江苏钟山明镜律师事务所)律师、江苏省直律师协会常务理事、江苏省委政策咨询专家库成员、全国律师协会刑辩委员会委员等职。著有《律师与公正》《职务犯罪研究》等著作。

兼任律师期间,承办过无锡新兴公司(邓斌)非法集资案、第九届梅花奖舞弊案(袁成兰案)以及匡雪民谋杀女友案(无罪辩护成功)等著名案例,产生较大的社会影响,接受过德国《世界报》、新加坡《联合早报》及《南方周末》等多家中外媒体采访。1993 年,获司法部颁发的首届育才奖。2003 年,被评为江苏知名律师。2005 年起,被全国律协刑辩委员会指派担任中国、加拿大刑事辩护技巧培训项目中方讲师,讲授刑事辩护的方法论。

吴英姿

学术背景

吴英姿,1968 年生。1986—1993 年在南京大学法律系、法学院学习,先后获得法学学士、法学硕士学位。2003 年,获南京大学社会学系法学博士学位。2007—2009 年在中国人民大学从事博士后研究工作。美国格林奈尔学院访问学者。现为南京大学法学院教授、博士生导师。主要教学和研究领域:民事诉讼法学、司法制度、法律社会学。

现兼任中国民事诉讼法学研究会常务理事,江苏省法学会民事诉讼法学会副会长。曾任法学院副院长。

学术成果

著作:《法官角色与司法行为》(中国大百科全书出版社 2008 年版);《诉权的人权属性》(法律出版社 2017 年版)。

代表论文:《诉权的人权属性——以历史演进为视角》(《中国社会科学》2015 年第 6 期);《司法的限度:在司法能动与司法克制之间》(《法学研究》2009 年第 5 期);《民事诉讼程序的非常运作——兼及民事诉讼法修改的实践理性》(《中国法学》2007 年第 4 期);《诉讼标的理论"内卷化"批判》(《中国法学》2011 年第 2 期);《司法的公共理性:超越政治理性与技艺理性》(《中国法学》2013 年第 3 期);《司法认同:危机与重建》(《中国法学》2016 年第 3 期)。

编著教材:《民事诉讼法学:原理与实训》(2014 年);《民事诉讼法学:问题与原理》(2008 年);《民事诉讼法学入门笔记》(2017 年)。

主持课题:国家社科基金后期资助项目"司法认同论"(2018 年);国家社科基金项目"作为人权的诉权理论"(2008 年);教育部新世纪人才支持计划"司法公信力研究"(2013 年)。

曾获江苏省哲学社会科学优秀成果一等奖(2016 年)、二等奖(2013 年);入选"教育部新世纪优秀人才支持计划"(2013年);荣获第三届"江苏省十大青年法学家"称号(2013年);中国法学教育研究成果二等奖(2019年);钱端升法学研究优秀成果三等奖(2018年)。

学术创见

1. 民事诉讼法学研究。主要观点如下:第一,诉权理论,将诉权置于权利哲学领域,着重运用程序正义理论,特别是法律程序主义理论论证当代诉权的人权本质属性。在此基础上,构建了诉权本体论(《中国社会科学》2015年第6期)。第二,以法律论证理论为工具,论证了程序价值机理,从中提炼出程序思维与程序方法的基本特征、逻辑、目标、方式。第三,从方法论上批判了诉讼标的理论"内卷化"现象,也在一般意义上对法学研究有警示价值。重新理解诉讼标的应当回归诉的要素理论的地位,与诉的主体、诉的理由等共同发挥作用。(《中国法学》2011年第3期)第四,诉讼契约理论研究,运用诉权理论论证诉讼契约不同于民事契约的本质特征,按照诉权契约与诉讼权利契约的分类,分析论证了放弃诉权契约的法律效力、调解协议经司法确认是否导致诉权消耗、公正债权文书是否导致诉权消耗等理论界争议激烈的问题。第五,诉的合并研究,以案外人异议之诉强制合并的实践理性入手,运用诉的基本原理,梳理诉的合并应当考虑的因素或变量,建构了诉的合并理论模型,用它论证案外人异议之诉强制合并的正当性。第六,再审程序研究,重新界定申请再审权的属性,系统阐述再审程序的构建原理,并就再审事由做了重新界定。还结合中国再审程序实践,揭示再审程序的症结及其根源,并就再审程序重构提出建议。

2. 司法制度研究。主要观点如下:第一,法官角色与司法行为,用角色理论为理论根据,以当代中国法官在社会中扮演的角色作为论文的主线,分析法官司法行为特征和具体行动策略。第二,司法的限度,用司法能动主义与司法克制主义为分析工具,从司法解决纠纷范围、司法在解决公益纠纷和科学技术领域事实争议等方面的局限性,讨论法官在裁判中的"为与不为"。司法权应当恪守自己的边界。有所不为方能有所为。第三,中国司法一直在政治理性与技艺理性之间徘徊,甚至将两者对立起来。其实两者是可以得兼,也应该同时具备的。能够将两者有机结合起来的是司法的公共理性。中国司法理性化并非简单地去政治化,而是在公共理性的指导下,从确保"政治正确"提高到维护"政治正义",还应当从培养法官的公共精神和构建司法沟通理性的制度保障两个层面采取措施。第四,对法院调解的实证研究,从法院调解兴衰变化的历史,透视法院调解制度的存在合理性及其反程序特征。第五,描绘了司法认同从人格魅力型认同转向法理型认同(制度认同)的趋势,并用制度认同要素揭示导致司法认同危机的体制、机制根源,结合当前司法体制改革,讨论了重建司法认同的路径。第六,以司法规律的理论研究为重点,从司法的本质属性、司法目的、司法价值、司法限度、司法活动的基本特征等进行本体论研究,就深化司法改革、回归司法规律进行对策研究。第七,运用目的论,透视我国陪审制目的不明、功能定位偏离,成为服务于法院需要的附属制度,是陪审制功能无法发挥的根本原因。主张人民陪审制改革的方向应当是建设成为司法过程中的公共领域。

严仁群

学术背景

严仁群,1967年生,江苏盐城人。1988年7月,南京化工动力专科学校毕业;2000年获武汉大学法学硕士学位,2005 年获南京师范大学法学博士学位。现任法学院教授、博士生导师。主要教学和研究领域:民事诉讼法、司法制度、法学方法论。

现兼中国民事诉讼法学会理事。

学术成果

著作:《民事执行权论》(法律出版社 2007 年版)。

代表论文:《民诉法之教义学当如何展开》(《比较法研究》2018 年第 6 期);《既判力客观范围之新进展》(《中外法学》2017 年第 2 期);《诉讼标的之本土路径》(《法学研究》2013 年第 3 期);《二审和解后的法理逻辑——评第一批指导案例之"吴梅案"》(《中国法学》2012 年第 4 期)。《释明的理论逻辑》(《法学研究》2012 年第 4 期);《回到抽象的诉权说》(《法学研究》2011 年第 1 期)。

主持课题:中国证监会/上海证券交易所课题"内幕交易举证责任之比较法研究"(2011 年);国家社科基金重大项目子课题"南海维权证据链构建的法理分析"(2019 年)。

学术创见

1. 民事诉讼法基础理论。(1) 关于诉权的理论争议,为抽象的诉权说(抽象诉权说及其修正版——司法行为请求权说)做出辩护。指出就程序的设计而言,不能为诉权的行使附加条件,即便是对诉权滥用的认定也应放在程序内进行;为诉权的行使附加条件会导致其名不副实、无意义并隐含悖论。在程序伊始,法院面对的是"无知之幕",要正当地走出这种状态,要给权利人以救济,就必须接受所有原告的起诉,对所有程序和实体事项的审理都应当在程序内进行。(2) 关于释明,提出释明的两个边界(事实边界与目的边界),指出高桥宏志提出的积极释明的规则的不足。时效制度与释明制度之主旨相悖,所以不能就时效释明。不应以尊重处分权为名漠视对权利的保护。(3) 关于诉讼标的,指出国内实践中有多个路径并存,传统路径"貌似"与旧标的说相同,但实际有较大差异。指出"纠纷说"较接近于美国法上的"事件说"。指出(大陆法系)既往的标的论低估了新、旧说之差异,高估了新说一次性解决纠纷之功效,事件说的缺陷其他诸说也有。(4) 关于部分请求,指出典型意义上的部分请求业已在本土出现。首次指出所谓重复应诉之累和重复审理之累并不真实或并不严重,部分请求甚至对被告有利。法院的审理重心应前置,以确保后续诉讼的快速处理。(5) 关于禁止不利变更原则,指出现行法是否包含禁止不利变更原则是不确定的。首次指出通过结合案情做细化分析、诉诸法的任务、排除不当观念、做适当类比、考虑解释者所处的时代背景等方法可以对案件是否涉及"公共利益"做相对确定的把握。现行法未规定更关乎公平正义的附带上诉,因此禁止不利变更原则即便存在也是"片面"的,不能以背离它为由否定正确的二审结果。(6) 指出美国民事诉讼中的调解率或和解率远未达到 90%,"消失中的审判"的审判(trial)仅指全面庭审,而非其他审理和裁判。美国的和解更可能有利于权利人,并仍有较强的阻吓功能。(7) 指出应当通过合理解读现行法消解"案由不同不能合并审理"等不当观念。(8) 指出不受判决拘束的案外人的权益可能受判决损害,另诉未必能使其获得救济。(9) 指出台湾地区的第三人撤销之诉与法国法并无真正的承继关系。

2. 强制执行法。(1) 指出"吴梅案"的七个问题:混同撤诉与撤回上诉,违法设置执行立案条件,错误理解生效判决和和解协议的关系,异议处理程序欠缺正当性,类推适用(旧)《民事诉讼法》第 207 条,裁判要点与裁判理由不符,案例名称不当。揭明该案与既判力时间范围、债务人异议之诉的关联。(2)指出不能只看到西方各国执行体制之差异,应当看到其共性:关于执行纠纷的裁判权都由法官行使。现行法下的部分程序隐含对这种共性的背离。(3)指出许多西方国家也有一定程度的执行难的问题,某些国家较早赋予执行机构信息化手段,使得其能以简便方式访问有关部门的数据库。

3. 相关的方法论。(1)指出民诉法之教义学也必须坚持"从现行法出发",但此一看似简单的思维路径实际不时被背离,典型的事例是关于第三人撤销之诉的某些讨论。(2)指出法教义学并非纯粹的解释论。为了填补法律漏洞,它不可避免要做一些补丁式的立法论。而即便是"大拆大建"式的立法论,也脱离不了(优质的)法教义学。(3)指出不能机械、孤立地解释法律条文。法律条文中的判断并不一定仅仅是充分条件式的,基于体系解释,并结合具体的案件情境,有可能将其解释为充要条件判断。(4)指出援用其他学科知识时应注意学科之间的良好"接合",不可"生拉硬扯",应当注重引入科学性较强学科的成果。(5)如果某些程序规范的含义很模糊,对它存在严重对立的不同解释,法官应谨慎从事;研究者也务必保持克制,不能以维护程序正义之名要求推翻合乎正义的实体结果。(6)应通过精细的论证展现法教义学的力量,可以通过具体案例澄清社科法学的误解。

狄小华

学术背景

狄小华,江苏溧阳人,1963年出生。1983年毕业于江苏省人民警察学校,1993年获中国政法大学法学硕士学位,2000年获南京大学社会学系法学博士学位。现任法学院教授、博士生导师、南京大学犯罪预防与控制研究所所长。教学和研究领域:犯罪心理学、刑罚学、刑事诉讼法学、少年司法、智能化再犯风险评估等。现兼任中国心理学会法律心理学专业委员会副主任、注册心理督导师;江苏省刑事诉讼法学研究会副会长、江苏省检察官学会副会长,江苏省刑事侦查研究会副会长,江苏省人民检察院专家咨询委员,南京市犯罪预防与控制研究指导中心副主任。

学术成果

著作:《冲突、协调和秩序——罪犯非正式群体与监狱行刑研究》(群众出版社2003年出版);《罪犯心理矫治导论》(群众出版社2007年出版);《循证矫正中国化研究》(江苏人民出版社2013年出版);《中国特色少年司法制度研究》(北京大学出版社2017年出版)。

代表论文:《全要素且可解释智能化再犯风险评估指标体系的理论架构》(《安徽大学学报》2020年第6期);《世界百年少年司法演变与启示》(《东南大学学报》2016年第3期);《从"私力救济"到"公力救济"——刑事诉讼中的权力和权利关系分析》(《江苏社会科学》2004年第2期);《复和正义与刑事调解》(《政法论坛》2003年第3期)。

主持课题:国家社科基金一般项目"中国特色少年司法制度研究";国家重点研发计划资助项目"假释、暂予监外执行、刑释人员犯罪预防支撑技术与装备研究(2018YFC0831100)"子课题——"研究基于要素关联的假释、暂予监外执行人员改造质量评估与风险预警技术"。

学术创见

1. 出版了我国第一本罪犯心理矫治专著《罪犯心理矫治理论与实践》、循证矫正专著《循证矫正中国化研究》,提出了以入监甄别、风险分级、分类矫治等为内容的我国罪犯心理矫治完整理论体系,并通过理论引导,专业培训和实践指导实际推动了我国罪犯心理矫治实践发展。将罪犯改造成为守法公民是我国监狱行刑的目的,而科学改造是实现这一目的的必由之路。针对传统经验性、粗放式的罪犯改造,《罪犯心理矫治理论与实践》一书中提出依托入监甄别构建我国罪犯心理矫治体系。在《罪犯心理矫治导论》中,这一理论体系进一步得到完善,并成为我国罪犯心理矫治发展的主要依据。21世纪以来,与多省实践部门合作,开展罪犯心理矫治研究,不仅为我国建立了违法犯罪心理矫治的理论体系,推动了全国违法犯罪的心理矫治实务工作,率先提出并实际推行职务犯罪的心理防治;而且积极倡导恢复性司法理念,在推动罪犯恢复性矫正、罪犯风险评估智能化及其在此基础上的一体化监狱管理取得了一系列理论与实践成果,有力地推动了全国罪犯心理矫治实践发展。

2. 率先在中国倡导恢复性司法,提出以恢复性理念和和解的方式处理轻微刑事犯罪特别是未成年人犯罪。通过大量实践探索和试点,为推动我国刑事和解入法发挥了重要作用。

3. 在《从"私力救济"到"公力救济"——刑事诉讼中的权力和权利关系分析》一文中,以权利与权力关系分析刑事诉讼的演变,认为人类应对犯罪经由私力救济到公力救济,正向公私合作发展,提出公共权力介入犯罪处理由浅度介入到深度介入,各国正寻求符合国情的适度介入。这一全新的分析视角,让人们清晰地看到刑事诉讼中保障人权与规范公共权力之间的关系变化,以及处理刑事犯罪过程中公私合作的前景。

4. 以实证方法揭示了职务犯罪产生和发展的心路历程,提出了公职人员腐败风险的自我认识、评估和调适的具体方式和方法,开辟了我国职务犯罪心理防治的新途。著作《公职人员职业风险自我认识、评估和调适》,官员如何堕落成为罪犯?主要存在五个环节:一是权力集中容易成为腐蚀对象;二是比较不当容易形成需要膨胀;三是面对吹捧容易导致自我扭曲;四是遇到挫折容易诱发犯罪动机;五是心存侥幸容易促成腐败发生。官员面对诱惑、压力,容易形成需要畸变、心理失衡、自我扭曲、观念错误,并最终导致行为的失控。职务犯罪心理防治专著《公职人员职业风险自我认识、评估和调适》。

5. 通过实证研究发现未成年人犯罪"先受害,后害人"的特点,提出惩罚与保护都只是手段,促进罪错少年回归健康成长之路才是少年司法的目的。《中国特色少年司法制度研究》,提出构建中国特色的恢复性少年司法,运用恢复性和解、恢复性评估、恢复性审判、恢复性矫正等处理少年罪错,以更好地促进罪错少年回归健康成长之路。

6. 针对运用人工智能进行再犯风险评估面临的算法黑洞和难以验证等问题,提出构建全要素且可验证智能化再犯风险评估体系,并据此提出了智能化再犯风险评估、预警、推荐理论模型。以功能划分,影响再犯的因素可分为两类,即犯因因素和应对犯因的应因因素,可将通过算法获得的影响再犯因素之间的相关关系,进一步转化为因果关系,并实现对再犯风险评估的有效解释。

秦宗文

学术背景

秦宗文,1974年生。1997年获中山大学文学学士学位;2002年获中山大学法学硕士学位;2005年获四川大学法学博士学位。2009年西南政法大学博士后出站。美国西北大学访问学者。现为南京大学法学院教授、博士生导师,南京大学法学院证据法研究中心主任、诉讼法研究中心主任。教学和研究领域：刑事诉讼法、证据法、司法制度。兼任中国刑事诉讼法学研究会理事，江苏省刑事诉讼法学研究会副会长。

学术成果

著作：《自由心证研究——以刑事诉讼为中心》（法律出版社 2007 年版）。

代表论文：《刑事隐蔽性证据规则研究》(《法学研究》2016 年第 3 期)；《讯问录音录像的功能定位：从自律工具到最佳证据》(《法学家》2018 年第 5 期)；《案例指导制度的特色、难题与前景》(《法制与社会发展》2012 年第 1 期)；《刑事二审全面审查原则新探》(《现代法学》2007 年第 3 期)；《认罪案件证明标准层次化研究——基于证明标准结构理论的分析》(《当代法学》2019 年第 4 期)。

主持课题：国家社科基金重点项目"类似行为证据的刑事证明功能研究"（2021 年）；国家社科基金项目"隐蔽性证据虚假补强问题研究"（2015 年）；司法部项目"指导性案例制度研究——基于 J 省实践的实证研究"（2013 年）；教育部人文社科基金项目"检察官客观义务本土化问题研究"（2010 年）；江苏省社科基金项目"刑事科学证据的边缘值问题研究"（2021 年）。

获江苏省高校第六届哲学社会科学研究优秀成果三等奖（2008 年），第五届青年刑事诉讼法学优秀科研成果评奖论文类二等奖（2017 年）。

学术创见

1. 研究方法。提倡交叉学科研究。在刑事诉讼法、证据法研究中，始终仅将法律视为处理社会问题的手段之一，多学科知识的引入，使相关分析切入点独辟蹊径，如引入现代哲学理论对自由心证的研究、引入官僚制理论对案例指导制度的研究、引入管理学理论对讯问录音录像的研究、引入心理学理论对证据法的研究。

2. 刑事诉讼法研究。(1) 案例指导制度的开拓性研究。提出该制度最核心的特点是承载司法管理职能和以行政化方式运行，分析了案例指导制度内含的逻辑难题。(2) 刑事二审制度研究。《刑事二审全面审查原则新探》对刑事二审全面审查原则进行了全新的解析。指出其建立在司法能动主义、真实发现主义的基础上，有其历史的合理性。所提出的部分改革建议与后来的刑事诉讼法修改、司法解释的观点是一致的。(3) 认罪认罚从宽制度研究，发表了《认罪认罚从宽制度的效率实质及其实现机制》《认罪认罚从宽制度实施疑难问题研究》。在制度试点之初，就提出该制度应解决的诸问题，后多被证实。提出该制度成功的关键是调动一线人员的积极性，这应通过减少不必要的内部工作环节、削减单位案件工作量来实现。提出具结书的性质是司法契约，应以此为出发点，区别对待被追诉人反悔问题。(4) 刑事强制医疗程序研究。《刑事强制医疗程序研究》总结的刑事强制医疗程序的四个特点，是已有研究所未涉及的。(5) 对以审判为中心诉讼制度改革的反思。《"侦查重心主义"研究》指出，提升实体公正水平应贯彻"侦查重心主义"，提出了"侦查重心主义"的概念，并论述了其与传统的"侦查中心主义"的界分。(6) 刑事和解研究。《刑事和解制度的实践困境与破解之道》对国内盲目借鉴国外恢复性司法理论研究刑事和解的思潮进行了批评，主张应正视中国实践需求，陌生人社会中，刑事和解应以有效赔偿为核心，应强调和解的抚慰功能而不过度追求宽恕。

3. 证据法研究。(1) 自由心证研究。《自由心证研究》突破了对自由心证研究限于制度分析的传统框架，强调对自由心证的动态过程分析。首次对心证形成的故事理论进行了阐释。对约束心证滥用的机制进行了系统化研究。（2）刑事隐蔽性证据规则研究。提出了证据虚假补强的概念，拓展了错案预防与错案纠正的新思路；倡导刑事证据规则研究转型，即由注重规则合法性的静态研究转向考察规则实践的动态研究。（3）讯问录音录像制度研究。《讯问录音录像的功能定位：从自律工具到最佳证据》从管理学切入，首次提出，我国对讯问录音录像的功能进行了人为限制，其实质上被定位为侦查机关的自律工具。我国应以防范虚假供述作为讯问录音录像的核心目的，其功能应定位为诉讼证据。（4）刑事证明标准研究。《认罪案件证明标准层次化研究——基于证明标准结构理论的分析》《死刑案件证明标准的困局与破解》开创性地提出，刑事证明标准包含主客观两个方面，两者并不完全对应，存在主线与辅线之别。这一理论也可以较好地解决关于死刑案件证明标准的争议。

4. 刑事司法中私人取证研究。《论刑事诉讼中私人获取的证据——兼对证据合法性的批评》率先提出刑事诉讼中应赋予私人获取证据的权利，实现取证主体的泛化。

张复友

学术背景

张复友，1963年生，江苏南京人。1982年毕业于江苏省警官学院；1986年和1991年先后获得江苏省自考法律和英语专科文凭；1995年南京大学本科（函授）毕业；1998年获南京大学法学硕士学位；2007年获得南京大学法学博士学位。现任法学院副教授。主要教学和研究领域：刑事诉讼法学、诉讼实务与法律方法、法学实践教学。

学术成果

代表论文：《完善我国刑事鉴定制度的思考》（《南京大学学报》2002年第12期）；《拒不执行判决、裁定罪追诉程序探讨——以程序公正为视角》（《南京社会科学》2006年第11期）；《刑事诉讼证明标准阶段论的重构》（《审判研究》2007年第1期）；《论和谐语境中"辩诉交易"》（《南京社会科学》2008年第5期）；《庭审方式改革与控辩审之角色定位》（《南京大学法律评论》2011年秋季号）。

学术创见

1. 较早对刑事鉴定制度中存在的重复鉴定、鉴定效力等问题开展研究并提出完善建议。

2. 较早对刑事诉讼中证人出庭作证难现象进行研究，通过研究发现证人出庭率低的主要原因在于公安司法机关的消极态度，甚至故意抵制。所以要解决证人出庭难问题必须从制度层面和提高公安司法机关法律人员的法律意识进行解决。

3. 较早对刑事辩护中辩护人权利保护进行研究。司法实践中辩护人的权利屡遭侵犯，而侵犯主体主要来自公安司法机关。刑事司法中公权力的专横是辩护权正常行使的最大障碍。而我们现有辩护权的保护机关则又是公安司法机关，主要是检察机关和人民法院。辩护权一边被保护、一边被侵犯的现象，正是这种制度性缺陷的真实写照。所以核心问题不在于公安司法机关发多少文、开多少会议来保护辩护权，回归到司法本质，即公安司法机关严格依法办案就是对辩护权最好的保护。

4. 拒不执行判决、裁定罪一直被视为刑法中的"僵尸条款"，较早对这一现象的原因进行研究，并从程序上提出激活该法条的合理化建议，有助于公安司法机关对该法条正确理解和运用。

5. 较早对刑事冤假错案现象进行研究。对现行错案纠正机制有着深刻认识,司法实践中,错案纠正难,错案纠正存在较大的偶然性因素,甚至在出现"亡"者归来的情形下,司法机关才被动纠错。该问题的研究有助于完善我国刑事再审程序。

彭心韵

学术背景

彭心韵,1989年生,安徽安庆人。2018年获瑞士巴塞尔大学法学博士学位。现任法学院助理研究员。讲授刑事诉讼法及证据法课程。研究领域为刑事诉讼法、证据法。获得过国家硕士奖学金、瑞士联邦政府奖学金、国家公派奖学金。2019年入选江苏省双创博士计划。

学术创见

博士论文 Exclusionary Rules: Paper Tigers? —The Purpose of Excluding Evidence in P.R. China and Switzerland 提出了一些创新观点,诸如:中国和瑞士的刑事诉讼程序都着重于追求事实真相;在中国和瑞士的非法证据排除规则中都有严格排除证据的情况,例如通过刑讯获得的被告人口供;中瑞两国刑事诉讼都是建立在追求事实真相的基础上的。

第二十二章　国际法教研室

王毓骅

王毓骅(1923—2021年),江苏崇明人。1941年,上海市麦伦中学毕业。1941年秋,入沪江大学政治系,同时在东吴大学法学院注册,攻读法律专业。1945年获沪江大学文学士学位,1946年6月获东吴大学法学士学位。后入国立政治大学高等科第十三期学习,获司法官资格和律师资格。1948年,赴美留学,入印第安纳大学法学院,1949年,获法律博士学位(J.D.)。回国后曾任沪江大学政治系讲师,后调到南京市第四中学任教英语课程,"文化大革命"期间曾在街道副食门市部工作多年。1981年,到南京大学法律系任教,讲授国际公法课程,兼授法律英语。2021年11月20日去世。曾任江苏省法学会副会长,江苏省文史馆馆员,《元照英美法词典》审订学者。

韩成栋

韩成栋(已离休),1927年生,山西清徐县人。中共早期地下党员,从事地下工作。1949年后,在山西公学、山西大学财经学院边学习边工作,经省委组织部推荐,考取中国人民大学外交系。毕业后,被分配到解放军最高军事法庭工作,后因工作需要,到南京军事学院海军系讲授国防法。1958年夏,转业到南京大学历史系,教授世界近代史、现代国际关系史、中华人民共和国对外关系,并组织教师编写世界近代史铅印教材,发表论文5篇。1981年,调至法律系,为创系教师之一,教授国际法等课程,负责主编《国际法教程》等书。

胡晓红

学术背景

胡晓红,1964年生,浙江杭州市人。1984年获西北政法学院法学学士学位;1990年获兰州大学法学硕士学位;2006年获法学博士学位。美国乔治城大学法学院高级访问学者。1984年7月至2005年12月在兰州大学法学院任教,2005年12月至今,在南京大学法学院任教,现为教授、博士生导师。主要教学和研究领域:国际法学、环境法学、经济法、法理。曾任兰州大学法学院副院长、兰州大学法学院经济法研究所所长。

学术成果

著作:《中国反倾销法理论与实践》(中国社会科学出版社2001年版,2007年修订版);《西北少数民族地区环境资源法律制度创新研究》(民族出版社2006年版);《网络侵权与国际私法》(工人出版社2007年版);《跨区域水资源环境保护法律制度研究》(第一作者,法律出版社2012年版);《国际商法理论与实践》(第一作者,清华大学出版社2012年版);《主权财富基金双边规制法律问题研究》(第一作者,北京大学出版社 2017 年版);《WTO 与国际经济法》(主编,清华大学出版社 2004 年版)。

代表论文:在《中国法学》、《法学家》、《法商研究》、《清华法学》、《南大法律评论》、《武大国际法评论》、《南京大学学报》、《兰州大学学报》(社科版)等杂志(C 刊)上发表学术论文 60 余篇。

主持课题:主持国家社科基金项目"西北民族地区环境法制创新研究"(2001 年);教育部规划项目"网络侵权与国际私法"(2001 年);江苏省社科基金重点项目"江苏省跨区域环境法治问题研究";国家社科基金项目"主权财富基金国际规制问题研究——以双边规制为视角"。

曾获 2003 年度甘肃省优秀社科成果二等奖;获宝钢基金会"2003 年度宝钢优秀教师奖"。

学术创见

1. "改进技术"限制性要求规制模式的中国选择——对美国"301 报告"相关指责的回应。针对美国贸易代表办公室于 2019 年 3 月 22 日提交给美国总统的报告——《根据 1974 年贸易法对中国有关技术转让、知识产权与创新的法律、政策和做法进行调查的结果》(简称"301 报告")指责我国有关技术进口法律规定,认为:我国对于技术进口合同"改进技术"限制性要求适用《技术进出口管理条例》,而国内技术许可合同的"改进技术"限制性要求规定于《合同法》中。该立法模式与欧、美反垄断法仅对"独占性回授"规制不同,受到美国政府指责。2019 年 3 月 18 日我国国务院发布"第 709 号令"删除《条例》第 27 条和第 29 条。此令的作出,将技术进口合同有效期内的"改进技术"成果归属以及禁止技术进口合同含有"限制改进技术或限制使用改进技术"条款问题回归至私法范畴,由《合同法》第 354 条、第 329 条规范技术许可合同中的"改进技术"限制性要求问题,同时,《反垄断法》的完善对于维护技术市场公平竞争秩序亦有重要意义。

2. 国际投资协定环保条款:发展、实践与我国的选择。《联合国贸发会议 2012 年世界投资报告》认为,将可持续发展原则纳入国际投资协定正在或已经成为国际投资协定内容变迁的重要表现。尽管 1985 年中国与新加坡双边投资保护协定率先将环境问题置入协定的履行要求中,但此后发展缓慢;其他一些国家则从 20 世纪 90 年代开始重视投资协定和自由贸易协定中环保条款的设计,逐步形成了序言、履行要求、间接征收、投资争议解决、环保国际合作条款模式。这种做法既反映了可持续发展观的要求,也避免了东道国因采取环境措施而承担间接征收的风险。美国 2012 年双边投资协定范本要求进一步完善了现有国际投资协定环保条款之不足。虽然我国近几年海外投资加速,但鉴于投资与环保关系的日益密切和可持续发展原则在国际投资政策中的地位,我国也应根据联合国贸发会议制定的"可持续发展投资政策框架",借鉴美国 2012 年双边投资协定范本,修改和完善中外国际投资协定环保条款。

3. 主权财富基金双边规制研究。认为主权财富基金是指政府所有拥有的具有特殊目的的投资机构或安排,通常其资产源于外汇储备或商品出口收入。自 2008 年金融危机爆发后,主权财富基金开始引起越来越多国家的关注,各国都强调通过多边国际合作强化主权财富基金监管。从目前主权财富基金规制模式看,其具有多元化特点,但主权财富基金的跨国性导致国内法单边规制具有局限性,全球多边性国际投资条约的达成也有现实困难,因此,国际社会仍应当高度关注主权财富基金规制的双边模式。该书建议通过国内法的完善，与中外双边投资保护协定和双边自由贸易协定、双边软法机制的有效配合，明确主权财富基金的私人投资者地位，从规制层面降低外国对中国主权财富基金的"神秘感"和"忧虑"。

宋　　晓

学术背景

宋晓，浙江衢州人。1997年获杭州大学法学学士学位；2000年获武汉大学法学硕士学位；2003年获武汉大学国际法专业国际私法方向法学博士学位。2003年至今，在南京大学法学院任教，现为教授、博士生导师。美国杜克大学访问学者。主要教学和研究领域：国际私法、国际商事仲裁法、国际民事诉讼法等课程。同时参与法学院"社会科学导论"和"法律检索与写作"的教学。曾任法学院副院长。兼任中国国际法学会常务理事、中国国际私法学会常务理事、江苏省法学会国际法研究会副会长。

学术成果

著作：《当代国际私法的实体取向》（武汉大学出版社2004年版）；《中国国际私法的制度生成》（北京大学出版社2018年版）。

代表论文：《判例生成与中国案例指导制度》（《法学研究》2011年第4期）；《程序法视野中冲突规则的适用模式》（《法学研究》2010年第5期）；《识别的对象与识别理论的展开》（《法学研究》2009年第6期）；《同一制与区别制的对立及解释》（《中国法学》2011年第6期）；《属人法的主义之争与中国道路》（《法学研究》2013年第3期）；《国际私法与民法典的分与合》（《法学研究》2017年第1期）。

主持课题：2018年度国家社科基金一般项目"我国涉外民商事审判中选法规则的实证研究"（18BFX218）；2011年度国家社科基金后期资助项目"中国国际私法的制度生成"（11FFX042）；2009年教育部人文社会科学研究一般项目"国际私法与法哲学思潮的互动"（09YJC820054）。

学术创见

1. 关于国际私法与民法典的关系。国际私法是否应当成为民法典的一部分？部分国家据此将国际私法或置于民法典总则中，或置于民法典分则中，或置于民法典施行法中。但国际私法在诸多方面需要超越民法典体系，而且在价值判断方面较之民法典更为开放，更易融合外部的宪法、公法和国际法的价值判断。国际私法作为环绕民法典的民事特别法，是国际私法在法律体系中的最佳位置。我国《涉外民事关系法律适用法》应发展成民商合一的涉外法律适用的单行立法。为了保持国际私法和民法典的有机联系，不宜制定融法律适用、管辖权、判决的承认与执行等于一体的综合国际私法法典。

2. 关于中国国际私法属人法的发展方向。本国法主义与住所地法主义的道路殊别，成为两大法系国际私法最主要的区分标志。我国属人法方法从本国法主义向经常居所原则的根本转变，只有放在两大法系属人法之争的背景中，才能明晰其意义和未来演变方向。本国法主义与住所地法主义都坚持属人法的统一性，前者以国家主义和民族主义为思想基础，后者以个人主义和自由主义为价值追求。本国法主义的历史形成具有单边色彩，它倾向于扩大法院地国属人法的支配范围，伴有对相关法律的道德性的比较判断，借此保障海外国民的基本民事权利。住所地法主义促使不同国籍当事人的民事身份与地位趋于平等一致,客观上促进了一国的族群融合,其体系性功能稍优于本国法主义。惯常居所原则主要是国际公约的妥协产物,其弊端是割裂了个人与特定国家间的精神联系,销蚀了属人法的精神属性。经常居所是惯常居所的中国表达,但最新司法解释赋予了经常居所一定的特殊含义。经常居所未来应进一步"住所化",顾及我国国民跨国流动的现实,实现住所地法主义的价值追求。

3. 关于涉外继承的同一制与区别制。同一制与区别制是涉外继承法律适用的两种基本制度选项。从历史基础和继承法律关系性质出发,同一制较之区别制具有理论优势。《涉外民事关系法律适用法》富有特色地划分法定继承和遗嘱继承的法律适用,前者采用区别制,后者采用同一制。但区别制与同一制简明的立法结构的表象背后,各自隐藏着一系列难以具体规范的复杂问题。无论是最高人民法院未来制定司法解释,还是法官在个案中适用涉外继承冲突规则,都应遵循的基本思路是:区别制的制度运行有时需要同一制的思维方式以为补充,同一制的制度运行需要格外注意不动产所在地法的积极作用。

4. 关于中国的案例指导制度。依据法律功能主义,我国案例指导制度可纳入广义的判例制度之中。判例生成制度是判例制度的"物质基础"。我国指导性案例的生成,主要依赖最高人民法院的司法外权力,采取不以司法等级权威为基础的案例选拔方式,并没有遵循普遍的形式主义进路,没有严格依傍法院体系和审级制度,其实效有待观察。最高人民法院和高级人民法院都应成为判例法院,并可遴选自己法院的案例为指导性案例,我国现行案例遴选标准大体符合判例遴选的一般原理。判例遴选制度对应的是有限援引制度,有限援引制度在成文法语境中并不会面临普通法语境中的正当性质疑,我国案例指导制度应允许法官直接援引指导性案例。案例指导制度的未来发展应与我国整体司法改革彼此深化、相互促进。

5. 关于我国冲突规则的适用模式。程序法视角和程序法原理对于分析冲突规则依职权适用抑或任意性适用的问题是必不可少的,但程序处分主义和辩论主义均不能成为冲突规则任意性适用的法律基础。在法官依职权适用冲突规则的制度下,必须强化法官对冲突规则以及相关法律适用问题的释明义务,以防发生突袭裁判,并由当事人证明外国法。冲突规则只有在依职权适用而非任意性适用的情况下,才能最大限度地维护当事人依据国际私法体系所享有的法律适用的权利。

6. 关于我国国际私法的识别制度。国际私法的识别问题是独特的法律问题,只与法律适用有关,而和管辖权无直接关联。理论纷乱的源头很大程度上源于对识别对象的认识不清。识别的对象是法律规则,识别的中心问题是识别外国法规则和解决识别冲突。识别过程反映了实体规则与冲突规则的对向交流关系,"法院地法说"和"准据法说"各执一端。"新法院地法说"灵活游动于两端之间,透显了识别问题的本质和实践要求。识别问题只宜强化理论指南,而不宜通过立法解决。

彭　岳

学术背景

彭岳,1973年生,江苏省邳州市人,法学博士,法学博士后。1995年获南京大学政治学系政治学专业学士学位;2002年获南京大学法学院法学硕士学位;2006年获南京大学法学院法学博士学位。2008—2010年,复旦大学法学院国际金融法方向博士后研究,美国威斯康辛大学(麦迪逊)法学院访问学者。2002年9月至今,在南京大学法学院任教,现为教授、博士生导师,兼任法学院副院长。主要教学和研究领域:国际经济法、经济规制法。

学术成果

著作:《贸易补贴的法律规制》(法律出版社2007年版);《跨境证券融资的法律规制:以境外公司在境内上市的监管为视角》(法律出版社2011年版)。

代表论文:《贸易与道德:中美文化产品争端的法律分析》(《中国社会科学》2009年第2期);《国际条约在国内适用中的制度僵化及其解决》(《中国法学》2014年第4期);《一致性解释原则在国际贸易行政案件中的适用》(《法学研究》2019年第1期)。

主持课题:国家社科基金规划一般项目"数字贸易规则变革及中国方案研究"(18BFX211)。

获"江苏省第十一届哲学社会科学优秀成果"一等奖(2011年);教育部"第六届高等学校科学研究优秀成果奖(人文社会科学)"二等奖(2013年)。

学术创见

将国际经济法学界定为国家对全球化市场经济进行政府规制,以及在国际层面就此类规制进行协调和合作的一种法律范式。与传统国际公法不同,国际经济法的功能就是要穿透主权面纱,就各国政府规制全球化市场的行为进行再度规制。根据全球化市场所处领域的特点,以及政府初级规制的现状,国际经济法可被细分为国际贸易法、国际金融法和国际投资法等具体领域。

国际贸易法以多边公约为主要法律形态。根据经典的比较优势说,任何一个国家均可因参与国际贸易活动而整体收益,全球福利因贸易自由化而提升。然而,贸易自由化解决不了贸易收益的公平分配问题,也解决不了非经济价值的保护问题。所谓的贸易障碍,在满足一定条件的前提下,有其正当性。国际贸易法力图在国际层面,通过国家间协调和合作的方式,就贸易自由化达成基本的原则,在促进贸易自由化的同时,尊重其他社会价值的维护。WTO成立意味着国际贸易法进入成年期。WTO争端解决程序的高度成功在一定程度上埋下了自我毁灭的种子。国际贸易法学的法学研究必须注意到贸易自由化的限度,应通过具体案件的细致分析,加深对相关法律制度的理解。

国际投资法以双边投资协定为主要法律形态。资本输出国和资本输入国具有典型的身份固化特征。长期以来,除少数例外,很少有国家能够从资本输入国华丽转身为资本输出和资本输入相平衡的国家。因此,早期投资协定的缔约方在议定条约时,自动归入某一阵营。资本输出国关注的是本国投资者海外投资利益的保护问题,资本输入国关注的是吸引外国投资促进本国经济发展问题。所谓的营商环境被理解为对外国投资和外国投资者的最佳保护问题。身份固化加上阵营分离,使得多边协定的达成困难重重。及至国家资本输出国和资本输出国身份出现混同,双边投资协定实体条款和仲裁解决机制的正当性开始受到质疑。无论是采取传统的国际公法、国际商事仲裁范式,还是新兴的国际规制法、全球行政法范式对国际投资法进行"加工",其目的在于促使处于青春期的国际投资法领域尽早步入成年期。

国际金融法以国际软法为主要法律形态。金融全球自由流动促使资本汇集程度提升。

早期的法律和金融理论,近期的金融的法律理论,都强调法律制度之于金融价值的构成性作用。只要保证本国货币为可自由兑换货币,以及资本自由流动,则全球资本市场所在地国的金融法律将构成事实上的国际金融法。无论是国际日程设定者(G20,FSB),还是国际标准制定者(BCBS,IOSCO,IAIS),抑或国际组织(IMF,IBRD),其运作的效果之一是强化金融中心所在地国在全球金融治理法律体系中的优先地位和主导性。与金融资本高度集中这一市场特征相对应,以金融规制协调和合作为主要内容的国际金融法呈现出"中心—边缘"的层级特征。研究美国的金融规制法律,特别是其管辖权的扩张问题,对于旨在建立国际金融中心,获取国际金融事务话语权的中国而言具有现实意义。相对于成年的国际贸易法、青春期的国际投资法,国际金融法现处于儿童期。

李 斌

学术背景

李斌,1994 年、2001 年、2005 年,分获南京大学法学院法学学士、法学硕士、法学博士学位。现为法学院副教授、硕士生导师。主要教学和研究领域:国际法、国际经济法、人权法学。

学术成果

著作:《现代国际法学》(编著,科学出版社 2004 年版)。

代表论文:《论跨国公司母公司对子公司的法律责任》(《南京大学学报》2001 年第 3 期);《中国电信服务贸易市场开放的法律问题》(《南京大学法律评论》2002 年春季号);《非政府国际组织基本理论问题初探》(《南京大学法律评论》2003 年秋季号);《论对跨国银行海外分支机构的母国监管》(《南京大学学报》2004 年第 3 期);《论国有化补偿的宪法保障——兼评我国宪法第 22 条修正案之缺陷》(《南京大学法律评论》2006 年春季号)。

"廓清江苏法制建设的法律与政策边界——以外资环境为例证"项目获江苏省社科应用研究精品工程优秀成果二等奖;"法学本科实践型教学模式的探索与研究"项目获江苏省高等教育省级教学成果二等奖;"法学实践教学中心建设"项目获江苏省高校教学成果二等奖。

学术创见

《现代国际法学》:该书全面、系统地阐述了国际法的基本理论和基本制度。第一编引论部分阐述了国际法的概念、法律性质、历史发展及国际法与国内法的关系;第二编国际法的存在与实施部分着力论述了国际法的渊源、基本原则、国际法律责任、国际争端的解决等国际法基本问题;第三编国际法主体制度部分深入阐述了国家的要素、类型、基本权利和义务,国家及政府的承认以及国际法上的继承问题,分析了国际组织的一般制度及联合国和区域性国际组织在促进国际法发展中的作用,探讨了个人能否作为国际法主体及外国人、难民的法律地位问题;第四编国际领土与国际区域部分多层次、多角度地比较分析了国家领土、国际海洋法、航空法、外层空间法等国际法律制度;第五编条约、国际外交与战时关系部分全面论述了国际条约、外交和领事规则及战争与武装冲突法等有关内容。

《论跨国公司母公司对子公司的法律责任》一文中指出,跨国公司海外子公司在法律上是根据东道国法律设立和经营的独立于母公司的东道国法人,但在经营过程中为满足母公司全球目标而作出损害自身利益并进而损害东道国利益的行为选择已成经常性事实。有必要在某些特定的法律关系中确认公司人格否认作为公司人格独立的必要补充,通过国际合作探索新的可能解决途径:一是完善《联合国跨国公司行动守则》的有关规定;二是有关公司法人格否定的各国一致性规定可能成为"一般法律原则"而上升为国际法渊源。

《中国电信服务贸易市场开放的法律问题》一文中指出,《基础电信协议》对于发展中国家的影响利弊共存,一方面开放电信市场有利于吸引外资,促进基础设施建设,另一方面开放市场的同时将不可避免地面临着相应冲击与调整。我国在《电信条例》实施后,已从法律上允许外资企业经营互联网和其他增值通信业务。我国应根据 GATS 及《基础电信协议》中的相关规定,在不危及国家安全、不妨碍本国电信服务产业发展的前提下做出有选择、有步骤的具体开放承诺。

《非政府国际组织基本理论问题初探》一文中指出,当代非政府国际组织所开展活动大多围绕联合国体系而进行,通过联合国体系争取更多的发言权,力求对国际重大决策产生影响。目前已有越来越多的非政府组织提出要积极拓展非政府组织在联合国体系中开展活动的方式,改变非政府组织在联合国体系中参与的性质,使非政府组织真正成为联合国决策和实施战略的合作者。当代非政府国际组织地位的逐步强化趋势将有力地影响和支持联合国的工作,也将对当代国际关系和国际法形成巨大冲击,对传统国家主权观念提出新的挑战。

《论对跨国银行海外分支机构的母国监管》一文中指出,根据巴塞尔协议规定及当今国际金融监管实践,对跨国银行集团及其海外分支机构的法律管制应以母国的并表监管为核心,并在母国监管当局和东道国监管当局之间建立持续性信息交流与合作。东道国监管当局应适时评判外国银行机构母国并表监管的能力和效果,当断定有银行或银行集团并未受到母国当局的并表监管或母国监管不充分时,东道国应限制或禁止该银行分支机构在其境内设立或继续经营。

《论国有化补偿的宪法保障——兼评我国宪法第 22 条修正案之缺陷》一文中指出,经过 2004 年修宪,我国现行宪法在私人财产权保障问题上明确了征用补偿条款,但适用对象仅限于中国公民。如能将这一条款扩大适用于针对外国投资者的国有化行为,并在时机成熟时在宪法修正案中作出给予"充分补偿"的承诺,对于进一步改进我国引进外资的法律环境具有重要意义。

何 鹰

学术背景

何鹰,1974 年生,重庆人,法学博士。1995 年、1998 年,分获西南政法大学经济法学系法学学士学位、法学硕士学位;2005 年获南京大学法学院经济法学系法学博士学位。自 1998 年 8 月起,在南京大学法学院任教,现为副教授、硕士生导师。澳大利亚南澳大学法学院访问学者。主要教学和研究领域:国际经济法、经济法方向。

学术成果

著作:《对外贸易中的技术性贸易措施法律问题研究》(法律出版社 2006 年版);《西班牙人在华投资税收问题研究》,*La fiscalidad de las inversiones españolas en China*,(合著,Marcial pons Ediciones Jurídicas y sociales, S.A., 2008);国家级精品课程主干教材《国际经济法学(第二版)》(副主编,科学出版社 2012 年 3 月版)。

代表论文:《强制性标准的法律地位——司法裁判中的表达》(《政法论坛》2010 年第 2 期);《WTO 先前上诉机构裁决的地位——专家组职能行使的视角》(《华南师范大学学报》2013 年第 4 期);《尊重合法预期还是严格客观评估:WTO 专家组职能再思考》(《民商法论丛》59 卷,2015 年);《我国碳排放权交易立法规制思考》(《华南师范大学学报》2018 年第 2 期)。《中澳碳排放权交易立法比较》(《民商法论丛》第 68 卷,2019 年第 1 期)。

学术创见

1. 关于气候变化、碳排放权交易。(1)《中澳碳排放权交易立法比较》:中国是碳排放量最大的国家,澳大利亚是主要国家中人均温室气体排放量最大的国家。2015 年《碳排放权交易管理暂行办法》和《2011 年联邦清洁能源法案》分别是中澳规制碳排放权交易的核心立法,亦分别有配套立法,但后者法律体系更完善,包括我国尚缺的碳权利、碳信用、温室气体存储等法案。我国碳排放权交易立法呈统分结合之势,澳大利亚的核心立法与配套立法强调立法的宪法基础、追求减排持续性,具有国际性且透明度高等特点,值得借鉴。(2)《低碳经济法制保障体系的建立与相关法制完善》:我国应紧密结合国情,建立低碳经济法制保障体系,建立与完善能源立法、碳交易法律制度、碳税制度、碳金融法律制度、合同能源管理法律制度、标准化法律制度等相关法律制度,切实保障、促进低碳经济发展。(3)《我国碳交易法律规制研究》:目前仅《京都议定书》第 12 条所确立的清洁发展机制 CDM 是适用于我国的碳交易机制。我国现行碳交易法规政策应当改变以政策为主的规范形式,确定碳排放交易法律规制基本框架;以强制性立法的方式将自愿交易纳入规制对象,并完善配套相关政策、法制,切实促进碳交易发展。(4)《我国碳排放权交易立法规制思考》:碳排放权交易是我国履行减排国际承诺的重要举措。我国现行有关立法以《碳排放权交易管理暂行办法》(部门规章)为核心,存在着有关碳排放权交易的相关规定法律层级低(规范性文件占主体)、惩戒力度不够等问题,高等级全国性碳排放权交易立法亟待出台。与碳排放权交易之减排目的相关的碳税也值得关注。

2. 有关 WTO 法:技术性贸易措施法律问题及 WTO 争端解决法律问题。(1)《对外贸易中的技术性贸易措施法律问题研究》:研究了技术性贸易措施的基本理论、运行机制以及技术标准、技术法规合格评定程序的法律制度,并且探讨了技术性贸易壁垒的应对及应对措施。(2)《技术性贸易措施合法性分析》:技术性贸易措施的合法性包括合法性效力和合法限度两方面。各国根据《TBT 协议》有权采取正常合理的技术性贸易措施保护其进出口贸易,当然必须以"合法"即遵守国际规则为前提。WTO 协议对各国采取 TMT 规定了必须满足的条件,正是这些条件将正常的 TMT 与限制性的 TMT 区分开来,这些条件也就是技术性贸易措施的合法限度。(3)《强制性标准的法律地位:司法裁判中的表达》:我国现行强制性标准作为强制性的技术规范,不属于正式的法律渊源,不能作为法院的审判依据或为法院参照适用。作为技术规范性文件,符合强制性标准可以作为一种法律事实或证据加以援引,但并非一定能作为符合相关法律的抗辩事由。为解决理论与实践中的困惑,强制性标准须经立法程序转化为技术法规,作为规章确立明确的法律地位。(4)《WTO 先前上诉机构裁决的地位——专家组职能行使的视角》:学者及实践中 WTO 成员方对专家组是否应遵循先前上诉机构的裁决(尤其是问题相同时)有不同的认识。而要解决该问题,首先要明确先前上诉机构裁决的地位。鉴于先前上诉机构的裁决并非有约束力的先例,先前上诉机构裁决中的解释并非权威解释,也不构成嗣后惯例,作为当事方提出的一种主张或支持自己主张的论据,专家组行使客观评估职能时对先前上诉机构裁决中的解释应予以考虑,但遵循与否还关涉"合法预期"等相关问题。《尊重合法预期还是严格客观评估——WTO专家组职能再思考》:专家组对先前上诉机构解释的遵循无法律义务,专家组客观评估职能之行使与对先前上诉机构对相同问题一致性解释之(合法)预期的尊重之间并无冲突。但WTO应明确部长级会议和总理事会拥有专有解释权的同时应有的义务,对何种情形下应启动及何时启动解释程序予以完善,促进WTO规则得以更好适用,更好地实现DSU所确立的WTO争端解决体制的可靠性、可预测性及争端积极有效解决的目标。

孙　雯

学术背景

孙雯,南京大学外国语学院英语系本科毕业,南京大学法学院国际法硕士,经济法专业法学博士,副教授,硕士生导师。现任南京大学—约翰斯·霍普金斯大学中美文化研究中心副主任。1999年毕业于南京大学法学院并留校任教至今。曾于1999—2000年在中美中心进修,2000—2001年在美国约翰斯·霍普金斯大学高级国际问题研究院(SAIS)学习,并获国际公共政策硕士学位。主要教学和研究领域:国际商法、国际贸易法和文化财产法、法律英语。

学术成果

著作:《水下文化遗产国际法律问题研究》(南京大学出版社2019年版);《反倾销司法审查制度比较研究》(南京大学出版社2004年版);《文化财产的跨国流转与返还法律问题研究》(合著,第三作者,法律出版社2017年版);《国际商法理论与案例》(合著,第三作者,清华大学出版社2012年版);《"一带一路"建设中国际投资争端的文化遗产保护》(《南京大学学报》2018年第5卷)。

主持课题:国家社科基金艺术学项目"一带一路"背景下非物质文化遗产的数字化保护与知识产权保护的冲突与协调(2019)。

学术创见

1. 近年来对文化产品贸易自由化、文化多样性等多边贸易体制下的贸易规制问题进行了系统性的研究,认为可以借鉴WTO原则与例外的贸易规制模式,将其应用于国际投资法和文化遗产保护问题。因此,相关研究一方面通过在国际投资协议中引入文化例外条款和文化效果评估条款,将文化遗产的保护作为争端解决的例外原则。另一方面通过对相关案例的梳理,针对相关案件中的共性问题,提出在承认ICSID对此类案件有管辖权的同时,应该同时考虑到文化财产争议的非投资性价值。作为两套相并列的法律体系,在国际投资法和文化遗产法两者产生矛盾后,可以借鉴国际贸易法的理论视角和规制模式,选择不同的模式解决问题。具体而言:(1)现状主导模式。这是一种体系内思维。将矛盾看作各自法律体系内的争议。背后的理念是法律冲突(conflict of law),问题在于,与国际投资法不同,文化遗产法没有设立专门的争议解决机构,从而可能会削弱属于非投资价值的文化价值。(2)理想模式/超越模式。该模式背后的理念是范式冲突(conflict of norms)。本课题假设存在一个超越国际投资法和文化遗产法之上的国际法院,将两者的冲突视为两种规范之间的冲突,而不是两套法律体系之间的冲突。提出根据上位法优于下位法、前法优于后法的规则来解决国际投资法和文化遗产法之间的冲突。(3)新模式之设立。本课题将考虑建立在国际投资法争端解决模式下能容纳文化遗产保护的新模式。一方面应承认 ICSID 对此类案件有管辖权,另一方面应考虑到文化遗产争议的非投资性文化价值。

2. 文化遗产是富含经济价值和文化精神的资源,对文化遗产的保护,既体现财产归属的确权,也是精神文化权利的公示。文化遗产的保护,不仅关乎东道国文化遗产保护的利益,而且关乎全人类最基本的共同利益。对文化遗产法律问题深入研究亦有助于促进我国文化遗产的立法进程和司法实践。以对水下文化遗产的研究为例,水下文化遗产为海洋文化资源之一种,与之相对应的法律体系可大致分为国际法体系和国内法体系,国内法体系又可大致分为公法体系和私法体系等。不同的法律体系,由不同的法律机构承担相应的管理和裁判职能。因此,对国际法的法律理念、制度和规则进行分析,特别是分析联合国教科文组织《保护水下文化遗产公约》的立法历程、立法框架以及相关的学术评论,探讨国家在国际法框架下的规制空间,具有重要意义。此外,通过对比分析中国和美国等国的国内水下文化遗产法律,可以看出中国关于文化遗产保护有自身的特点,其中,以国家所有制度最具特色。与美国相比,中国的法律更为注重文化资源的保护,而相对忽略了文化资源的开发和利用。

焦 燕

学术背景

焦燕,1975 年生,江苏扬州人。1997 年、2000 年、2005 年分获武汉大学法学学士、法学硕士、法学博士。美国杜克大学法学院访问学者,美国 Willamette 大学法学院访问学者。现任法学院副教授。主要教学和研究领域:国际私法、国际民事诉讼法、法律英语。兼任中国国际私法学会理事。

学术成果

著作:《婚姻冲突法问题研究》(法律出版社 2007 年版)。

代表论文:《我国外国法查明新规之检视——评〈涉外民事关系法律适用法〉第 10 条》(《清华法学》2013 年第 2 期);《涉外合同意思自治规则的解释与完善——以罗马条例Ⅰ为参照》(《南京大学法律评论》2013 年秋季卷);《法院选择协议的性质之辩与制度展开》(《法学家》2011 年第 6 期);《涉外民事诉讼的被告财产管辖权:比较法之考察》(《环球法律评论》2011 年第 2 期)。

获江苏省法学优秀成果二等奖(2008 年)。

学术创见

1.《婚姻冲突法问题研究》一书,阐述了婚姻冲突法的三个主要问题:结婚的法律适用问题、离婚管辖权与法律适用问题、夫妻财产制的法律适用问题。具体如下:(1)结婚的法律适用。指出,我国应当区分在内国缔结的婚姻和在外国缔结的婚姻,前者只适用缔结地法,后者则可以选择适用缔结地法或当事人属人法,以实现促进婚姻在形式上有效的实体政策。(2)离婚的冲突法问题。讨论的离婚范围很窄,仅指婚姻关系的解除,包括司法分居,但不包括离婚后的财产分割和子女监护,也不包括无效婚姻。在离婚问题上,该书特别讨论了管辖权问题。(3)夫妻财产制的法律适用。这部分讨论了三个问题:属人法的连接点、准据法的统一制还是分割制、准据法可否变迁。最后,提出了我国冲突法立法建议稿。该书是此领域研究的领先之作。

2.《我国外国法查明新规之检视——评〈涉外民事关系法律适用法〉第10条》,文章对《涉外民事关系法律适用法》"一般规定"第10条规定的外国法查明规则做了分析和评论,指出第10条机械地从法系观念和一般诉讼模式出发,抱持浓厚的立法家父主义心态,违背了我国长期通行的司法实践,而且忽略了法院、仲裁机构和行政机关三者在查明外国法问题上的根本差异。未来发展应以现实国情为基点,确立当事人查明模式为基本模式,法官应享有自由裁量权,必要时可以主动逾越当事人提供的外国法信息的范围,并对外国法的内容和解释拥有最终决定权。

3.《涉外合同意思自治规则的解释与完善——以罗马条例Ⅰ为参照》,文章研究了我国《涉外民事关系法律适用法》中涉外合同意思自治规则的解释与完善,将欧盟罗马条例Ⅰ作为对我国意思自治规则进行合理解释的恰当起点,认为我国不应当承认默示法律选择;在允许当事人变更选择时,应当设置变更选择的限制条件,而且将变更选择的时间恢复到一审开庭之前;允许当事人选择与合同没有实际联系的法律;当事人选择非国家法或现代商人法的,应当采"纳入说"。

4.《法院选择协议的性质之辩与制度展开》,文章认为应当肯定法院选择协议的合同性质,从而在具体问题上支持当事人意思自治。法院选择协议兼具合同因素和程序因素,在性质上是合同性质还是程序性质,是自由属性主导还是强制属性主导,不同的法律定性决定了不同的制度展开。目前的发展趋势是,限制合意自由的程序性质论渐受冷落,支持合意自由的合同性质论则渐受肯定。我国法律规定的"实际联系"要求,对于保护私人利益的立法目的难以成立,同时在专属管辖领域之外,对于保护公共利益也没有必要。法院选择协议本身的准据法问题,可以融入涉外合同法律适用的一般原理之中,适用当事人选择的合同准据法。为促进国际民商事争议解决方式的多元发展,各国法律应像支持仲裁协议那样支持法院选择协议。

5.《涉外民事诉讼的被告财产管辖权:比较法之考察》,文章讨论了我国《民事诉讼法》第四编"涉外民事诉讼程序的特别规定"中的被告财产管辖权,虽然我国法院毫不犹豫地据此行使管辖权,但被告财产在涉外民事诉讼管辖权领域是极富争议的问题。对此问题进行比较法考察,既有制度借鉴的理论意义,也有考察被告财产管辖权被国际社会接受程度的现实意义。从现实主义出发,考虑到原被告利益的平衡、各国竞相扩大管辖权的现实以及涉外判决执行的需要,我国仍应保留被告财产管辖权,但同时应当结合我国涉外管辖权体系的变动情况,对其进行合理限制。

张 华

学术背景

张华,1981年出生,江苏溧阳人。2003年、2006年、2009年,分获武汉大学法学学士、法学硕士和法学博士学位。曾先后在英国曼彻斯特大学法学院、德国哥廷根大学国际法与欧盟法研究中心、英国剑桥大学法学院劳特派特国际法研究中心研习国际法与欧盟法。自2009年7月起在南京大学法学院工作,现为教授。研究领域:国际公法原理、国际海洋法、国际组织法、国际争端解决、战争法、网络国际法、欧盟对外关系法。现兼任中国国际法学会理事,中国欧洲学会欧洲法律研究会理事,中国太平洋学会自然资源法研究会常务理事,中国人民解放军东部战区重大军事行动咨询专家组成员。

研究成果

著作:《欧洲联盟对外关系法原理》(法律出版社2016年版);《欧洲联盟对外关系法中的"人权条款"问题研究》(法律出版社2010年版)。

代表论文:《反思国际法上的"司法造法"问题》(《当代法学》2019年第2期);《争议海域油气资源开发活动对海洋划界的影响》(《法商研究》2018年第3期);《论混合型海洋争端的管辖权问题》(《中国法学》2016年第5期);《国际海洋争端解决中的"不应诉"问题》(《太平洋学报》2014年第12期);《中国洋中群岛适用直线基线的合法性:国际习惯法的视角》(《外交评论》2014年第2期);《国际司法裁决中的海洋划界方法论解析》(《外交评论》2012年第6期)。

主持课题:国家社科基金重大项目"海洋命运共同体视野下的中国海洋权益维护研究"子课题"国际争端解决实践及机制研究"(2019年);教育部人文社会科学青年基金项目"欧盟对外关系法与中欧关系的和谐发展"(2011年)。

学术创见

1. 从法律方法论和司法哲学层面系统分析了国际法上的"司法造法"问题。在国际法趋于"司法化"的背景下,国际法上的"司法造法"问题日益凸显。国际司法裁决固有的创造性意味着"功能性司法造法"之存在无法绝然回避。国际法上的"司法造法"因此是一个回应型、渐进式、累积性和反复化的动态进程。除非在程序和结果方面符合公平和正义原则,或者嗣后获得国际社会的广泛认可,否则"司法造法"难免正当性方面的指摘。

2. 全面探讨了争议海域单方油气开发活动对国际海洋划界进程的三重影响。争议海域的油气资源开发活动与海洋划界争端密切相关,根据国际海洋法法庭特别分庭裁决的"加纳与科特迪瓦大西洋划界案",争议海域的单边油气开发活动通常难以证明争端双方存在有关海洋边界的默示协定,亦很难构成影响海洋边界线走向的相关情况。但值得警惕的是,特别分庭有关加纳国际法律责任的裁决存在纵容争端当事方加强油气开发活动的风险。中国可以援引特别分庭有关油气开发活动的否定性裁决,来对抗周边国家的过度权利主张。中国也应该考虑适度调整"自我克制"的传统油气开发政策,在单方开发争议海域的油气资源时,应尽量事先通知周边国家并谋求合作。

3. 系统研究"混合型海洋争端"的管辖权问题,并从国际司法裁决中创造性地提炼出"重心检验方法"。混合型海洋争端,特指同时涉及领土主权与海洋权益问题的争端。鉴于混合型海洋争端所引发的正当性、实效性和公正性危机,国际仲裁庭在裁决管辖权问题时不得不持谨慎态度。国际仲裁庭在"查戈斯群岛仲裁案"中所使用的"重心检验"方法能确保对混合型海洋争端进行相对准确的定性,并随之确定管辖权。而在"南海仲裁案"中,国际仲裁庭并没有沿用"重心检验"方法对菲律宾的仲裁请求逐项进行客观和全面的审查,致使其管辖权裁决出现重大瑕疵。

4. 从国际司法实践和法哲学层面,系统研究国际海洋争端解决中的"不应诉"问题。争端当事国在国际诉讼中采取"不应诉"策略并非"离经叛道"之举,而是有着更深层次的战略考量。国际法院化解"不应诉"危机的经验表明,争端当事国并无应诉的法律义务,且并不必然导致不利判决。国际法院仍应恪守当事方程序平等原则,在确定存在管辖权的前提下,对案件的事实和法律问题作出令人信服的裁决。中国和俄罗斯选择不应诉"南海仲裁案"和"北极日出号案"的事例表明,海洋争端解决机制的强制性与例外规定之间的矛盾势必导致"不应诉"现象。在"不应诉"的尴尬情境下,国际仲裁庭的正当性、独立性、公正性和实效性面临考验。为避免"不应诉"危机的加深,国际仲裁庭宜采取"司法自限"这一路径,在案件的管辖权问题和实体问题方面做出更为谨慎的裁决。

5. 从国际习惯法角度详细论证了大陆国家洋中群岛适用直线基线的法律依据。在领海划界中,远离一国本土的洋中群岛能否适用直线基线的问题一直存有争议。在国际习惯法的范畴下,洋中群岛适用的直线基线"自成一类",但亦必须遵守一定的条件限制。从国际习惯法的角度来看,中国西沙群岛和钓鱼岛列屿适用直线基线具有充分的国际法依据。

6. 2013—2016 年南海仲裁案期间,先后撰写了一系列海洋法论文,并参与了外交部条法司所组织的专家论证工作,以学者身份为中国应对南海仲裁案作出了贡献;近年来多次参加国际学术会议,运用英文阐述中国的国际法立场和主张,通过国际学术交流来维护中国海洋权益。

章 晶

学术背景

章晶,陕西安康人。2009 年、2012 年,先后获南京大学法学学士、法学硕士学位;2017 年,获清华大学法学博士学位。博士学习期间,曾在德国马克斯普朗克比较与国际私法研究所访问研究。后获国家公派联合培养博士项目资助,赴美国杜克大学法学院访问学习一年,其间曾到康奈尔大学法学院访问学习一个月。2017 年博士毕业至今,受聘为南京大学法学院教师,从事国际私法、国际民事诉讼法方面的教学与科研。

学术成果

论文:《国际民事诉讼管辖权规范内容模式之选择》(《中国国际私法与比较法年刊》2020 年卷);《美国事证开示程序对外国案外人管辖权的扩张——以涉中国金融机构案件为例》(《国际法研究》2020 年第 1 期);《过度管辖之存废与中国立场——以限缩解释方法为进路》(《武大国际法评论》2019 年第 5 期);《海牙判决项目管辖协调之困境与前景》(《中国国际私法与比较法年刊》2017 年卷);《美国司法辖区与行政区划之关系——兼论中国跨行政区划法院改革》(《清华法律评论》2015 年第 2 辑);*Five-Year Review of China's Case Guidance System*(1 ZChinR 20,2016)等。

主持课题:中国法学会 2019 年部级法学研究自选课题"美国民事诉讼中的长臂管辖制度的比较法研究"(CLS 2019 D46);司法部课题"我国法律域外适用的司法路径研究"(20SFB4063)。

学术创见

1. 形成于民族国家时代的美国管辖权制度,以权力为属性,以横向联邦主义为背景,以法院与被告间的纵向关系为中心,以司法裁量权为必要构成,具有纵向、单边的特性。与之形成对比的是萌于希腊、成于罗马,以平等互利的城邦间贸易为基础的欧陆管辖权制度,稳定性与开放性并存,以确定性、可预见性和效率为目标,是一套总体政治无涉横向多边空间分配规则体系。海牙判决公约项目管辖权协调的失败，不仅证明了两种管辖权制度之间横亘着难以调和的差异，更暴露了美国单边主义管辖权制度在制度输出上的劣势。在美国国内，其管辖权制度也因高度宪政化，为政治所牵制，过于依赖司法裁量，确定性与可预见性不足而备受批评。

2. 近年来，美国的管辖权制度越发偏向代表本国商业利益集团的被告方，联邦最高法院更是同步收缩了一般管辖权与特殊管辖权标准。然而，这一变革却导致了对外国被告的国际管辖权规整漏洞。这再次印证了美国宪政化的管辖权制度的缺陷——特殊管辖权为法院与被告之间的纵向关系所困，不能根据法律关系的类型发展丰富的特殊管辖权规则应对跨境纠纷。为了填补对外国被告的国际管辖权规整漏洞，美国学界不乏观点建议采用对内外被告区别对待的二元论模式，部分法院已经在探索对外国被告扩张管辖权标准，长期来看，中国企业在美被诉风险将呈上升趋势。

3. 美国法院不断降低对外国案外人的管辖权标准，以扩张其事证开示程序的域外效力。体现了美国对《海牙取证公约》等多边主义机制不信任，将自身法律凌驾于国际秩序、他国法律之上的单边主义思维。国际社会尚未找到有效遏制手段，未来应努力回归多边主义正轨。

4. 过度管辖在当代国际民事管辖体系中的地位日益边缘，但尚未走向终结，仍需承担充当兜底条款、孕育具体单边国际管辖规则、确保特殊管辖连结点的解释处于合理范围等现实功能。应通过司法调控和其必要性与不合理性之间的矛盾。

5. 直接管辖与间接管辖并无逻辑关联。直接管辖的国际协调需要以成员法律制度的高度同质化为前提；间接管辖更具互换性，更适用公约协调。海牙成员制度多元化，尤以欧美管辖体系对峙为烈，不宜强行将两种管辖对称调整。

邱慧心

学术背景

邱慧心，安徽合肥人。获武汉大学国际法研究所博士学位，现为南京大学法学院特任助理研究员，研究领域为国际公法基本理论、国际刑法与国际人道法。曾访学于伦敦大学国王学院，实习于前南斯拉夫联合国前南斯拉夫刑事法庭及余留机制检察官办公室（OTP）上诉组。目前担任国际刑事法律协会（AIDP）青年分会成员、亚洲国际法协会（ASIL）成员、武汉大学人道法与人权法研究中心成员。

学术成果

发表论文：《〈塔林手册 2.0〉专属经济区内实施低烈度军事网络行动——〈塔林手册 2.0 版〉相关规则评述》（《云南民族大学学报》2019 年第 5 期）；《人类命运共同体理念对构建国际经济新秩序贡献卓越》（《中国社会科学报》2019 年 6 月 4 日）；《西班牙司法实践对普遍刑事管辖相关原则的解读》（《国际法研究》2019 年第 5 期）；《2018 年中国促进国际法治：多边实践》（《2018 中国促进国际法治蓝皮书》中/英版）；《国际刑事法院 2015 年综述》（《中国国际法年刊》）；《中国国际法理论与实践的国际传播》（《中国促进国际法治报告 2016 年》中/英版，编者之一）。

主持课题：国家重大社科项目"重大突发公共卫生事件的国际法问题研究"子课题；曾参与中国海洋发展研究会重点项目"美国海军航行自由对国际法的冲击和影响问题研究"，个人独立负责撰写子课题二——"美国海军'航行自由'行动所涉国际法问题及其影响"。

2015—2019年,曾作为执行教练参加国际刑事法院审判竞赛(英文赛),并获得一次全国特等奖、两次全国一等奖与一次全国二等奖。

王倩慧

学术背景

王倩慧,女,安徽宿州人。2013年6月,获辽宁大学法学学士学位;2016年7月,获复旦大学法律硕士学位;2020年6月,获北京大学法学博士学位。2017年7—8月,参加荷兰海牙国际法学院暑期班项目。2017年10月至2018年5月,参加北京大学现代日本研究中心第13期博士生班项目。2018年10月至2019年10月,赴德国马克斯·普朗克比较公法与国际法研究所学习。现为专职科研人员。研究方向有:国际法历史和理论、国际海洋法、全球动物法、世贸组织法等。

学术成果

代表论文:《动物法在全球的发展及对中国的启示》(《国际法研究》2020年第2期);《中国对世界贸易组织裁决的执行——基于比较分析的视角》(《中国国际法年刊》,2019年);《试析中日海洋权益争端》(《未名日本论丛》第13辑,北京大学现代日本研究中心编,社科文献出版社2019年版)。

参与课题:参与北京大学国际法研究所关于中国与周边国家海洋争端的研究项目,负责撰写中国与印度尼西亚等国海洋权益争端部分的内容;参与中国社会科学院国际法研究所关于海洋法的研究项目,负责撰写海洋法史部分的内容。

学术创见

1. 归纳了全球范围内,动物法在立法领域、司法领域和学科建设方面的新发展,并探讨了动物法在中国发展缓慢的原因。经济基础并不能完全决定一国动物保护状况,文化等因素也起到很关键的作用。在学科建设上,动物法在很多国家已经从环境法中脱离出来,成为独立的法学学科,同时出现了研究全球动物保护法律问题的全球动物法。全球动物法虽然顺应了这种趋势,但仅被少数欧洲学者所提倡,尚未得到国际法学界的普遍认可,也不具备充足的国际法律规范。在全球动物保护浪潮下,中国动物保护立法总体上仍处于动物保育阶段。经济发展不平衡以及社会文化的困境是中国动物法进一步发展的主要障碍。"动物福利"概念为何难以被中国民众普遍接受?从历史维度观察"福利"概念,会发现这一概念在中国常与人的福利、社会福利联系在一起,常被解读为"额外的待遇"。因此,当提及动物福利时,人们往往倾向于认为动物福利是给予动物"额外的待遇",认为保障动物福利会减少人的福利,引发人与动物之间的紧张关系,从而在一定程度上阻碍动物福利立法。

2. 通过对中国执行世贸组织裁决的详细分析和总结,以及将中国同作为世贸组织成员的其他一些全球重要贸易方进行详细对比研究,得出结论:国际社会横向权力结构,以及世贸组织法律性或规范性不足,是世贸组织成员难以完全执行所有裁决的外在或客观因素,而世贸组织成员的内部法律体制和对待国际义务的态度,是影响世贸组织裁决执行的内在或主观因素,要求世贸组织成员完全遵守所有对其不利的裁决,难以实现,且不现实。中国在面临不利裁决时,应在世贸组织争端解决机制的框架内,寻求灵活性的解决方案,但不应效仿其他主要世贸组织成员,采取为了国家利益公然破坏世贸组织权威性的执行行为,也不应效仿美国和欧盟的做法,在发现世贸组织争端解决机制漏洞的情况下,一味利用世贸组织争端解决机制的漏洞,损害世贸组织争端解决机制的功效。中国应继续善意履行执行裁决的义务,适度平衡主权原则与约定必须遵守原则之间的关系,以增强世贸组织成员对国际法治的信心,防止以规则为导向的世贸组织多边贸易体制倒退回以权力为导向的丛林法则时代。

3. 从实在法的角度,分析了中国与日本的海洋争端,包括东海大陆架的划界争议,以及钓鱼岛的主权归属问题。

陈立虎

学术背景

陈立虎(已调离),1954年生,先后获西南政法学院法学学士学位、武汉大学法学硕士学位。20世纪80年代初硕士毕业后,在南京大学法律系任教,曾任法律系副主任。主要研究领域为国际经济法。1993年调离。现已从苏州大学王健法学院荣休。

学术成果

著作:《当代官司精析》(安徽人民出版社1990年版)等。

代表论文:《国际贸易惯例及其运用》(《国际贸易问题》1992年第10期);《完善和发展我国的环境影响评价制度》(《重庆环境科学》1990年第4期);《论污染治理合同》(《中国环境管理》1988年第4期);《船舶油污赔偿的国际制度》(《海洋环境科学》1986年第4期)等。

孙南申

学术背景

孙南申(已调离),1950年1月生,江苏省南通人。1985年获华东政法学院法学硕士学位,1991—2003年,在南京大学法学院任教,教授,博士生导师。美国威斯康星大学法学院、英国格莱摩根大学法学院访问学者。2003年调任复旦大学法学院。主要研究方向:国际经济法、国际投资法。曾任江苏省高级人民法院副院长等职。1995年起,享受国务院特殊津贴。

学术成果

著作:《进入WTO的中国涉外经济法律制度》(人民法院出版社2003年版);《中国对外服务贸易法律制度研究》(法律出版社2000年版);《国际经济法》(河海大学出版社1995年版);《外商投资国际惯例》(贵州人民出版社1994版);《美国反托拉斯与贸易法规》(译著,中国社科出版社1991年版)。

主持课题:国家社科基金重点项目"中国对外服务贸易法律制度研究"(1996年)。

学术创见

长期从事国际投资法、国际金融法、国际贸易法、国际私法等领域的教学与研究。出版著作十多部,代表性专著有:《国际投资法》(中国人民大学出版社2008年版)、《WTO体系下的司法审查制度》(法律出版社2006年版)、《进入WTO的中国涉外经济法律制度》(人民法院出版社2003年版)、《中国对外服务贸易法律制度研究》(法律出版社2000年版)、《国际经济法》(河海大学出版社1995年版)、《外商投资国际惯例》(贵州人民出版社1994年版)、《美国反托拉斯与贸易法规》(译著,中国社科出版社1991年版)等。发表学术论文百余篇。

肖 冰

学术背景

肖冰(已调离),1987年、1990年,先后获南京大学法学学士学位、法学硕士学位;2003年获厦门大学法学博士学位。1990年至2016年1月,执教南京大学法律系、法学院,曾任教授、博士生导师。其间,在中美文化研究中心、网络学院兼授国际法、国际经济法等课程。研究领域:国际法学(国际经济法、国际私法)。现任东南大学法学院教授。

学术成果

著作:《〈实施卫生与植物卫生措施协定〉研究》(法律出版社2004年版)。

代表论文:《论金融危机背景下WTO多边贸易体制的困境》(《南京大学学报》2009年第6期);《WTO争端案件中的规则应用差异分析》(《法学》2010年第9期);《论WTO成员方地位之界分——基于乌拉圭法律文本的分析》(《国际经济法学刊》第17卷第2期,北京大学出版社2010年版);《WTO争端解决中的"中国现象"——中国涉案述评》(《国际经济法学刊》2013年第4期)。

主持课题:教育部基金项目"外贸企业应对国际金融危机的法律对策研究"(2009年);国家社科基金重点项目"WTO争端解决中的中国现象与中国问题研究"(2014年);国家社科重大项目"全球金融危机后国际经济秩序重构与中国的法律对策研究"子课题(2009年)。

网络课程《国际经济法学》获教育部2008年度国家级精品课程;《WTO争端案件中的规则应用差异分析》,获第二届江苏省法学优秀成果奖二等奖(2011年);研究报告《江苏出口企业应对国外技术贸易壁垒法律对策研究》,获江苏省"社科应用研究精品工程"优秀成果一等奖(2007年)。

学术创见

1. 对《实施卫生与植物卫生措施协定》的研究。《实施卫生与植物卫生措施协定》(《SPS协定》)是WTO多边货物贸易协定之一,以规制影响国际贸易的SPS措施为己任。《SPS协定》的产生是事实与法律两种因素综合作用的结果,取决于多方面的契机,突出地体现了国际法律制度建设的渐进性与博弈色彩;同时,受到诸多制衡因素的影响与牵引,该协定价值取向上以均衡——没有绝对的主权,也没有绝对的贸易自由为最显见特征。由此,维护各成员实施健康保护的国家主权与实现开放贸易体制利益之间的平衡是其追求并体现的主旨,并充分体现于其规则及其适用之中。《SPS协定》在中国的适用面临诸多问题,需要找出应对路径。该著作是国内第一部有关《SPS协定》研究的学术专著,不仅在理论上深入探讨其制度机理和价值功能,而且系统论证了其实施中所涉规则阐释、应用实效等实践问题,当2009年、2019年中国分别与美国、加拿大在WTO发生WTO争端案件时,被作为中方诉讼之参考论据。

2. 对金融危机背景下WTO多边贸易体制的困境的研究。全球金融危机爆发以来,曾备受诟病的贸易保护主义成为各国赖以应对危机的重要手段。为此,以促进贸易自由为主旨的WTO多边贸易体制努力调动各项机制,意图在应对危机和遏制贸易保护浪潮方面作出有效的贡献,却明显有心无力、困顿重重。通过对WTO体制性弊端的挖掘,揭示了当代多边法律体制的本质问题,具有很强的前瞻性。近年来,受欧美政治和经济形势的影响,"逆全球化"潮流不断涌现并似成主流之势,预言已成现实,WTO亦深陷危机之中。

3. 对WTO争端案件中的规则应用差异分析。WTO争端解决机制的动态运行过程,既反映出争端案件与其规则适用之间的总体关联,也集中反映出WTO法律框架体系内的不同协定之间、同一协定的不同条款之间在规则援引、适用上的应用差异。规则应用差异的本质在于不同规范品质,包括规范的功能定位、约束范围、内容指向之事实以及形式表现等诸多品质因素之间的差异。不同规则的应用差异既可能是某一因素单独影响的结果,也可能是多种因素交叉作用的结果。通过对有关差异成因的分析,具有透过现象揭示国际法制发展之普遍性规律的价值。

4. 对WTO成员方地位之界分——基于乌拉圭法律文本的分析。聚焦于WTO体制中的核心问题——作为主体的各成员方的法律地位,并在此基础上,提出中国作为成员方的特有问题。这些问题的提出和论证,对于WTO法和其他类似国际组织法本身的研究、对于中国的主体特殊性问题的研究,以及未来对于WTO解困和中国应对,均具基础理论和实践双重指导意义。

5. 对WTO争端解决中的"中国现象"研究。透过WTO争端解决中特殊的"中国现象",既可洞察中国参与争端解决机制的现实样态及其利弊得失,也可为中国未来进一步有效利用该机制提供更多启示:一是"WTO争端解决中的中国现象和中国问题"的首创与提出。随着WTO体制性危机越来越明显的暴露,特别是美国、欧盟等WTO主要成员针对中国的体制性摩擦和冲突频发,并由此引致一系列WTO争端案件的事实,充分证明了这一论题的前瞻性。二是"中国现象"的规律性抽象与提炼,将每一个个性的"现象"加以串联并揭示其背后的规律。三是有助于"中国问题"体系性归纳与聚焦。

附　录

附录一　校友名录

（1981 级—2021 届，11 301 人）

　　本校友名录,收录了 1981 年 9 月入学,至 2021 年 8 月毕业,包括本科生、法学硕士生、在职法硕、非全日制法硕生、非法学法硕生、法本法硕生以及博士生,以理论上的入学—毕业时间段为一届,编排时还有诸多其他曾经直接、间接在法学院学习、进修,并获得学历、学位或其他证书的学生,他们也是法学院的当然校友。因诸多原因,本次校友名录暂未编入,特此致歉,日后修订,再行增补。

一、本科生(3 953 人)

1981 级(43 人)

王　松	王世梁	王国荣	王建润	叶晓辉	朱　凤	朱增进	刘挹阳	刘劲波
汪　萍	陈忠毅	陈　伟	吴姜宏	赵　阳	陆幼雅	洪庚明	法任飞	胡　荣
胡道才	周晖国	冯建妹	李之广	林　红	林　楠	金　俭	秦为民	徐文超
杨月霞	张春莉	袁　诚	袁　岳	侯雅梅	郭伟林	黄　倩	黄宏宇	唐　涛
夏明丰	钱　进	章恒筑	蒋荣春	曹静陶	高　怡	韩世满		

1982 级(41 人)

陈宏程	童天武	沈永明	赵志红	陈　健	潘青松	张守举	朱　庆	李卫新
夏锦文	黄继东	叶　扬	张建东	蒋瑾云	胡建华	郁　兵	徐炳达	孙正才
贾　晨	陈庆余	顾长洲	蒋中东	甘　怡	高中明	孙　飞	吕成刚	霍育英
苏倍增	陈　杰	李国栋	李会武	于振武	许　仁	朱晓光	刘永鑫	黄爱玲
迟伦民	万真真	董晓莹	徐　刚	费月梅				

1983 级(53 人)

| 丁志康 | 丁建新 | 马　荣 | 王宇月 | 史　青 | 叶　舟 | 冯　军 | 丛松峰 | 孙晓敏 |

李 庆	李玉生	李玉桂	李友根	李涣亭	刘 莉	刘安吉	朱 林	朱涤非
邢祯云	仲建华	陈 庶	陈建江	陈栋贤	陈鸿翔	张 伟	张宏伟	孟 红
沈 阳	肖 冰	何永玲	周亦扬	罗小荣	施建辉	姜梅香	钱若枫	浦晓冬
徐 军	徐永康	高志青	黄专一	黄启贤	黄伟钢	龚百成	葛燕峰	窦高林
谢国勤	蔡文水	潘琼琦	潘科明	魏良荣	魏振玲	李爱国	郑 杨	

1984 级（64 人）

卜 京	王述前	王晓红	巴春声	马晓甦	傅晔淮	齐逢春	印启国	叶 彤
田小勇	石琪萍	毕晓红	朱 昊	沈 敏	冯锡东	冯 驰	何爱武	何 蘋
佟丽萍	李 毅	李永江	李振川	李晓政	陆 军	贡永红	陈 玮	林举东
陈志伟	陈新为	邹春琪	杨 锋	杨庚银	赵 玲	陶 宏	金淮明	张 光
张 莉	张 颖	张忠庆	张获胜	徐 明	徐 海	徐永星	徐凤娟	黄庆麟
曾仲娴	夏正新	顾 琼	蒋 勇	葛华平	王妍红	刘惠琴	马海玲	刘 哲
胡雄飞	李艳春	张 建	张晓丽	张志强	叶卫东	马 军	曾培芳	盛建明
卞 革								

1985 级（95 人）

孔 勋	于剑华	于冀红	王 林	王 勇	王 斌	王久辉	王千竹	王兴冀
王国强	王洪成	王晓波	方文晖	叶桂萍	田起超	李 卫	李 俭	李成梅
李高强	刘 宏	朱 晋	朱国光	朱建珍	安向东	任荣兴	江晓帆	华勋菊
许锡忠	沈 丹	沈 江	沈洪山	沈洪兴	张 炜	张居一	张晓红	张锦道
吴志军	吴伯忠	吴敏超	杨小龙	杨宏斌	杨咏梅	陈 忆	陈 焱	孟 玲
来 嫣	金玉平	金旭东	金传会	范文蔚	周傅强	洪美成	郭 红	郭春涛
邹清文	荆 文	施 君	赵 苏	赵 峰	唐圣俊	徐 立	徐安欣	翁 文
翁历文	顾一生	高小明	秦 昕	夏维剑	黄 斌	黄咏梅	曾 希	蒋 旭
蒋洪斌	缪国平	薛菊香	王成义	陈 峻	王凯元	牛春儒	余凌云	王全法
苗 立	刘新东	徐建庆	方传新	代伟华	徐棣枫	吴思宁	汤云龙	季 旺
鲍 陈	程 斌	李祥生	张 谦	丁小林				

1986 级（64 人）

王 伟	王向阳	王筱文	王俊萍	向 群	朱伟斌	朱爱军	叶仁文	孙小忠
孙建平	许 玲	吴英姿	吴力翔	周建明	周春燕	祝 红	郑 琼	郑琳琳
赵 丽	李维祺	李向红	张 萱	张 潇	张志成	张勇敏	严 静	杜成吉
陈亚元	陈志红	陈海媛	曹 东	曹 晖	曹正丰	郭煜虹	黄建良	褚靖娟
薛 薇	董新凯	滕 云	滕天云	魏从农	王相肖	聂祝春	王向东	聂瑜杰
李 刚	官卫杏	赵铁军	袁长天	柴华平	董 伟	程前葆	丁师伟	赵建阳
李向阳	章 建	黄锡成	任 洁	曹丽君	蒋秋明	黄忠全	查立新	黄 勇
王德干								

1987 级(87 人)

王　静	兰　伟	冯　辕	史浩军	刘　伟	李　村	陈曙蓉	陈　东	陈精鸿
季鸿涛	周　浩	周　琦	阮炜炜	严国军	张卫忠	张希波	张建林	张朝晖
林　颢	徐国勇	杨新发	赵　卫	崔　滨	俞波涛	黄碧晖	熊碧云	顾帮朝
殷正宏	陈丕忠	严　峻	丁红荣	王　桦	王　毓	王明新	王雪梅	方小敏
马　筠	朱　东	朱　彤	朱晓冬	何　玲	林　毅	任晓东	李郁祥	冒金山
柯秋红	徐　光	郑哲兰	吴伟谦	张　勤	张应杰	陈　斌	陈和平	程　宏
杨　勤	杨柏林	章轶军	姜卫东	陶　勇	陶国忠	高来阳	黄卫华	顾　清
蔡咏梅	龚海燕	戴　玉	李　萌	丁　琼	汪　青	黄　冰	李兆琳	徐　斌
王海涛	黄志新	姜红卫	朱其龙	何冰洁	张忠文	刘　京	杨立宇	吴西峰
李世建	颜陵翔	王唤春	王于岭	祖传夫	赵　杰			

1988 级(105 人)

胡　坚	王　峰	叶年忠	刘　辉	李冬生	李伟胜	沈　燕	吴　嘉	陈文泽
陈柏青	周海红	杨　君	杨幼松	杨志宏	郁宝根	胡迎春	赵正才	赵建江
张志宏	张革联	张凌凌	张维生	徐　敏	贾　涛	顾海军	袁德康	黄　强
黄晓茜	曹　蕾	韩　辉	谭　斌	葛勇平	孙　君	卢卫东	丁　捷	于　群
卞红志	王　俊	马　虹	马　涛	史　伟	刘仲凡	李　洁	李文君	李　宇
李晓军	余　渊	何　畏	吴　军	闵海蓉	金　耀	林可敬	冯　颖	陈　军
陈　刚	陈　洁	张少波	张继军	袁　军	徐　强	徐剑敏	舒　蕾	盛　健
葛　冰	葛云松	管晓东	韩　梅	覃　勇	薛　英	谭东明	戴　放	马　赛
仲　津	刘　东	华宏宾	孙　佩	丰　萍	王红梅	刘　超	李伟东	李国英
杜文浩	周文忠	胡建军	万　海	王国金	朱钢陵	刘　敏	刘同君	罗传源
吴信岚	陈淑华	张文博	张树军	杨月斌	曹爱民	杜新虎	蔡红星	张晓涛
常福民	孙红军	单守国	吴一江	董同会	徐邦先			

1989 级(65 人)

王　菁	王彬彬	仇洪彪	冯卫红	刘　坤	严　澍	沈爱军	周志刚	周裕阳
林志雄	胡　平	范柏杰	赵小兵	赵晓力	施珂云	施晓琳	马红湘	丁新春
于晓明	王莉莉	方　哲	石　峰	江　涛	朱　敏	刘　浩	刘惠芹	刘聂蓉
吴建峰	陈　凯	陈　筠	陈晓军	周　皓	胡晓涛	姜　凯	徐　芳	徐　峰
苟　俊	赵文华	张　伟	顾　翔	顾卫康	郗沐阳	钱　明	袁卫东	黄旭东
陶爱民	涂储斌	党朝胜	童　年	詹　蓓	谢海航	林道渊	李兆琳	徐　斌
方　方	王海涛	黄志新	姜红卫	朱其龙	杨　乐	张忠文	杨立宇	刘　京
李世建	吴西峰							

1990 级(80人)

刘 超	吕先富	王红梅	丰 萍	周永忠	李卫东	胡建军	李国英	卜 海	
毛智慧	陈 斌	赵东山	黄 永	黄继强	曹 晖	徐 芳	张 清	卜旭刚	
王 路	史真鸥	许 光	许 瑾	许 慧	李 斌	李永军	李健华	刘 新	
刘 蓉	刘少青	刘立辉	刘征颖	吉 巍	吕 娜	朱志熙	孙企祥	何新容	
邵 滨	陈 炜	张 兢	张传兵	庞 凌	杨 春	杨 斌	杨晓蓉	罗 文	
赵汉玉	贾 毅	姜 冲	席玉峰	栾海港	屠为群	彭华军	缪 岚	王立新	
白世清	毛 蓓	卢仿杰	朱 青	朱 捷	刘华杰	孙德新	严 峻	肖建友	
张华明	张洪亮	张 炜	金 松	罗启春	胡先龙	胡红兵	黄 骞	周永忠	
胡建军	刘 超	李伟东	丰 萍	李国英	王红梅	杜文浩	顾向一		

1991 级(60人)

许 都	王明涛	李孝霞	何 灵	仲天荐	周振修	洪 巍	薛华勇	王 军
龙 威	王媛媛	张 煌	陈 广	韦 伟	戴锦华	王 云	叶林达	李 侠
杨 柳	陆 军	李 斌	刘诗昆	王晓卫	曹 霞	王浩峰	陈海燕	张 丽
俞湘红	高爱萍	杨 洁	唐胜凯	石爱莲	詹武刚	王 伟	高晓峰	瞿 萍
俞 洁	胡怀民	赵 静	刘静萍	陈春阳	陈 平	朱毅锴	黄长升	吕苏榆
邹健敏	曹 静	房宇辉	许 丽	朱正辉	孙向齐	汪 均	吴东桓	赵国玉
赵春燕	席 超	顾 涛	夏志红	焦玉敏	潘知愚			

1992 级(78人)

王丽娟	孙晓文	沈永敏	苏景姣	杜 娟	杨 文	杨晓华	高云虹	韩 焱
章金花	王 蕾	董屹威	顾美英	王超刚	朱 健	刘宇超	张 靖	李勇平
余献龙	段里鹏	唐建民	程 浩	李 扬	徐东生	孔大鹏	卢 敏	史承豪
刘 军	庄 挺	任 娉	张慧敏	李晓林	李 强	陈士莉	陈晓钟	陆晓路
陈 玲	沈剑波	周志刚	季召剑	查园花	徐 军	郭荣龙	翁俊妹	温秀芬
熊劲松	熊艳华	樊华辉	薛森儒	李三军	朱云峰	张文生	张满中	杨洪星
周晋峰	郭 丹	刁前进	于金琪	王建明	王锦奇	刘方启	刘耀彬	王海艇
苏 欣	李玛林	李 靖	杨良东	陈叶青	武 刚	柳 洪	唐天赋	黄 允
程明山	严 春	李红梅	邱思广	赵 菁	梁亚荣			

1993 级(83人)

王开强	王 健	史志冉	阮 健	张 勇	吴 晶	陈立蒙	李 森	林传鹏
韩 民	洪智勇	王文林	马丽健	马 聪	张金源	张锦文	贾世炜	谢 杰
徐东生	刘画洁	孙新艳	张 旸	张 艳	吴永真	陈 芳	陈学梁	李国辉
沈志刚	汪 婉	茅 一	夏春林	赵 义	涂 强	章柳勤	曹 蕾	程 序
葛兴安	蒋斌栋	熊 洁	蔡 莹	黎 华	叶媛慧	朱宇彤	冯 蔚	李钟鸣

杨 明	张 源	张慧俊	邵宏斌	杜 崴	武 琼	钱 鹏	韩 澎	戴玉芹
刘 全	郭 敏	杨先华	贾 宇	栗 娟	丁代红	冉 昊	左晶晶	朱成虎
许 椿	张天韬	张 敏	张 雁	吴立亚	吴 江	吴 薇	吴 晨	陈星德
茅 红	郑长君	郑 源	陶新琴	黄小娟	黄 颖	章 韵	郜 军	刘 昕
唐 君	董则明							

1994 级（103 人）

蔡 莹	陈 静	方 慧	刘 燕	续成刚	张 勇	华蓉蓉	秦 妍	周彩娟
陈广侠	丁红梅	徐 咏	邓见伟	杜 娟	葛海军	江 南	陆叶红	毛加俊
宋 洁	唐 军	杨兴业	叶 飞	张观方	杨先华	贾 宇	栗 娟	白锡峰
陈志超	黄汉卿	黄迎淮	蒋 轶	李金勇	林 可	刘 问	倪志宏	彭 蕊
史 蕾	宋小海	王靖华	王 艳	王振玮	吴卫星	张丽丽	郑汉甜	瞿 霞
冒蓓蓓	潘冬子	王建明	柳 洪	武 刚	朱立峰	杨洪星	张满中	于金琪
刘跃彬	杨良东	苏 欣	刁前进	程明山	李 靖	李玛林	陈叶青	王海艇
周晋峰	张文生	黄 允	唐天赋	刘方启	王锦奇	郭 丹	陈 曦	单 锋
李 凯	林 琳	刘 敏	吕丽萍	乔子欣	屈三才	孙晓映	王 宓	余迪南
袁杰辰	周 峰	周 洋	周 勇	朱晓飞	朱 震	佘 川	徐 翀	薛 莹
董屹威	王丽娟	曹武勇	杜恩昊	郭求远	姜永强	张 蕾	周圆圆	岑 峰
董 华	任 煜	杨照山	芮晓峰					

1995 级（92 人）

李 可	王 淳	华 林	刘 磊	余建超	吴亚玲	杨立业	周雪梅	陈倩凝
柯 恒	郑国庆	胡清涛	郭 钧	郭鹏驰	田 琳	任 龙	孙 永	孙成虎
刘宇乐	刘胜军	许石慧	汤红雨	汤俪瑾	周 尔	陈 治	陈 倩	杭 涛
封海滨	胡涛立	赵 渝	钱小华	秦月红	高 峰	高建明	顾健敏	常 青
崔丽芳	黄金满	董迎永	蒋 蕾	谢圣美	王 鸿	程国庆	刘建侠	沈 蕾
石琴雅	王 俊	张 慰	周 静	柏亚琴	曹丽丽	王春华	王 诚	王斯涛
亢爱青	白淑泉	朱小燕	朱丽婷	朱建华	刘宏宇	杜 一	沃 近	许 峰
李晓峰	张 勃	张振丰	杨静怡	邹海蓉	郑 羿	钟志权	段庆丽	胡湘华
倪长峰	顾凌燕	章 润	彭志刚	谢 懿	潘明祥	魏 华	姜 立	于 娉
徐津扬	严 春	李红梅	邱思广	赵 菁	梁亚荣	王 媛	韩 健	滕桦楠
丁 群	万 音							

1996 级（160 人）

邓见伟	宾 晖	曹 健	曹 啸	陈 慧	陈 晋	陈 伟	程伟华	程雨燕
崔 杰	戴华伟	丁 耘	范秀杰	高仰光	郭 超	贺 宽	黄 导	黄静锋
黄 炜	季 宏	蒋碧辉	李 冬	李 丽	廖书茵	刘晓峰	刘颖华	马乃东
聂 鑫	钱徐宁	沈 博	宋 丹	陶 蕾	王纪松	王 莉	吴 健	夏 青

徐天骅	徐 羽	徐 琰	叶 蕾	余亦麟	张剑峰	张 威	张啸宇	张 岚	
周 丹	朱立霞	王 燕	赵志刚	黄 宁	蔡 晨	陈慎绮	陈盐玲	陈莹莹	
陈邵青	邓 邯	邓远芬	丁 蓓	方家宁	方 鹏	胡宗凯	黄 波	黄 剑	
季金华	季 星	金亦佳	李 斌	李 柯	李 磊	李 薇	林 尧	刘 平	
刘伟聪	陆 军	马志凌	孟 科	莫敏越	钱 炯	钱 丽	钱志明	全 程	
沙秋琳	孙 宁	孙亚栋	陶烨红	王河生	王 俊	徐天静	薛晓莉	杨 晨	
殷海峰	余 玮	俞海滨	张晓然	张小羿	张燕华	周 旋	周 英	朱陈李	
邹朝明	奚 庆	张兴干	耿火花	冯 帅	魏 健	罗 勇	张婉苏	蔡生龙	
曹嘉智	曹卫华	查 妍	陈 飞	杜耀华	方建顺	费 佳	高俊兰	胡 熹	
黄 斌	姜 芬	蒋小平	李 纲	李弋强	李 霞	刘 平	刘 爽	刘 洋	
刘 莹	陆 端	吕苏越	戎 运	施勤学	孙晋岩	孙 莉	唐瑞琳	王 冰	
王凤华	王 凌	夏 毅	肖 山	肖 雄	徐小慧	许 冰	杨 蕾	杨丽莉	
章翰青	张 蕾	张小芸	赵锦昌	郑荣娜	周艳婷	朱 海	闵 丹	燕 芳	
陈 震	李 菲	董黎明	任 煜	杨照山	芮晓峰	董 华			

1997 级（171 人）

包振宇	卜 蓉	曹 斌	曹红霞	陈道文	陈振韬	陈 昊	陈 煜	戴苏亮	
邓小霞	丁培勤	胡 静	胡晓蕾	姜 越	李彩容	李欣玲	刘燕芳	刘 勇	
罗 明	马健铎	毛 妮	史乃兴	宋文燕	王 锋	王永和	王把星	吴海歌	
吴小书	吴 曦	杨 凯	叶雪峰	应丽仙	詹敬宗	张惠虹	张培华	张 楠	
赵 霞	赵迅燕	周 晨	周 婷	朱亚威	朱彦策	蔡国良	蔡剑波	巢静宇	
陈浩杰	成琳慧	崔建昕	戴 波	龚家兵	龚俊怡	侯幼萍	胡胜训	黄 欣	
贾劲松	鞠 淼	雷 芸	李 磊	李雪峰	刘金长	刘靖靖	卢小川	陆海天	
马丽芬	沈建平	沈雅瑾	施伟春	束 鹏	孙 乔	王 洪	王 冀	王 兰	
韦立波	韦 伟	吴 燕	谢芳林	徐 静	徐 娴	杨继永	杨金宇	殷源源	
尹海兵	陆文婷	张晶晶	张 敏	张晓芹	赵留军	赵 涛	周 兵	周 莹	
庄 玲	邹 燕	栾剑琦	孙 晗	陈 美	程家荣	丁 峰	丁 锋	高小威	
顾国华	何 颖	胡慧敏	华 伟	黄晓慧	黄伊琪	刘君波	刘叶媚	马建银	
任 丹	邵 科	邵 贞	沈 静	沈 越	孙佳敏	童 鸣	王佩瑶	王晓丹	
王 燕	王 震	王 炜	闻崇翊	肖 潇	杨 华	杨 辉	杨月华	阳继国	
殷鸽兰	尤伊丽	余 方	余 婧	张 莉	张露松	张书琴	赵 煜	周 斌	
朱 丹	庄晓泳	左 璐	芮越宏	李 凡	高 磊	王维航	黄 娜	黄利建	
姚 迅	夏 艳	戈 莺	虞 渊	陈 勇	刘丹平	程 菲	蒋继红	宋征宇	
杨登宇	孙海燕	沈 丽	李 敏	花 岚	杨 绮	陈 峻	马 宁	顾卓巍	
王 洋	徐 凯	徐雪莲	徐 洋	张 英	黄 岩	张燕萍	韩 冰	任睿勇	

1998 级（119 人）

陈英聪	符建辉	王晓祥	蒙 刚	余 飞	孙 伟	姚 旸	张 俊	蔡继征

任　飞　　林　青　　阮晏子　　吴　恒　　翟学义　　丁　勇　　夏　斌　　廖朝明　　房　涛
花秋实　　郦　锋　　范国辉　　仇　坤　　李景波　　陈旭升　　周　辉　　郑　辉　　袁兴武
吴国栋　　万　明　　黄伟峰　　吴国栋　　苏　琳　　施丽燕　　顾晓燕　　黄晓亮　　曹　琼
蔡源远　　马　琍　　徐亚莉　　郭　华　　徐婷姿　　陈　媛　　陈　静　　唐　琰　　刘旭明
王惠云　　邵　洋　　眭　敏　　贺新枝　　侍敏娟　　杨　磊　　吴亚峰　　王　洋　　杨淑瑾
富耀昕　　蒋　萍　　朱　虹　　钱君瑶　　杨　婵　　何　敏　　钱　蓉　　刘羚莉　　叶琴兰
朱　倩　　刘海燕　　马　宁　　姜　帆　　刘　彬　　段　涛　　秦浩梁　　王宏平　　黄存真
王鸣为　　章贺鸣　　孔振刚　　刘剑荣　　陈鸿志　　张惠健　　包巍岳　　周明明　　谢　蓠
林圣美　　胡铮铮　　吕国勋　　钱志坚　　朱　彬　　邹金俊　　林　震　　耿笃锚　　王　伟
古公亮　　李　丹　　李正东　　凌　通　　杨　华　　唐晋伟　　季乐宇　　王　亮　　严　明
郑莉惠　　姜宝玉　　张　婕　　王卫平　　窦海阳　　班　丽　　蔡赞娣　　曹钟林　　陈　婕
费晓燕　　邹芬芬　　郭　路　　何铭华　　李晓梅　　耿火花　　张　渊　　冯　帅　　魏　健
罗　勇　　张婉苏

1999 级（182 人）

刘　伟　　蒋　慧　　李桂芬　　蔡维娟　　钱　旼　　安媛媛　　赵婷婷　　徐蓓蓓　　陈　晨
陈天英　　宫玲琳　　李　丁　　郭　莲　　金童童　　何　韦　　沈维佳　　胡　琰　　陈彦理
范　铁　　傅　彧　　郑骏飞　　陈　莹　　虞涵谦　　高　芸　　刘　丹　　贺张翡　　何晶晶
王　丹　　孙丽丽　　赵　晔　　姜靖荔　　匡　伟　　宋　莹　　乐　丹　　洪彩霞　　郦红霞
刘　琴　　廖　菁　　徐晓静　　杨　培　　殷晓鸣　　叶亚军　　杨璨璨　　许韦韦　　叶青青
李　颖　　廖媛媛　　钱　平　　刘　申　　李　倩　　罗　玥　　马亚莹　　孙亚娟　　许　皎
谭　婧　　沈　文　　吴燕萍　　是璐华　　张　悦　　肖　卉　　曾　佳　　许凤亚　　熊甜甜
张晓颖　　肖晋进　　黄湘琳　　解　慧　　靳达宁　　周　薇　　陈映虹　　吴秀婵　　王　菁
周　围　　潘佶琦　　孙晓玲　　赵燕玲　　钟金梅　　张宇莹　　张　娟　　张锡春　　王曦娟
钟田珍　　奚少君　　夏亦冰　　谢之纯　　石　音　　潘　瑶　　孙玲玲　　肖　晨　　杨　娴
徐　青　　袁瑜洁　　余　慧　　朱晓敏　　宣志欣　　王　熠　　徐　方　　魏达娜　　范嘉倩
陈文婷　　孙　莉　　凌　巍　　万莉莉　　张　琼　　孙　薇　　王净植　　徐秀慧　　周苏拉
康巴色　　瑞　妮　　上冲彰宏　　　　　　恩　和　　王　萌　　夏　鹏　　徐宇江　　丁嘉一
杨　勇　　朱嘉浚　　孔永祥　　方　明　　姜云鹤　　顾　飞　　耿　健　　葛　涛　　朱　巍
赵恒东　　王　威　　赵　毅　　朱　纯　　朱云骐　　张宏波　　黄润华　　李晓磊　　刘春辉
征　诚　　梁燕辉　　钱　良　　马卜培　　郭　陟　　卞国栋　　黄英杰　　韩　飞　　安　翔
曹　毅　　何宇灏　　杜文杰　　唐伟杰　　陈新雄　　徐业伟　　刘昌胤　　黄丽俊　　唐伟和
肖　溪　　张　鸣　　沈　亮　　汤永安　　周　磊　　汪宗明　　许　佳　　吴良锋　　王　飞
徐杨斌　　仲　磊　　王　凯　　肖　肖　　吴后平　　陈　庚　　孟德玖　　刘　旭　　潘　雷
蒋建文　　王　超　　卞辉文　　马　宁　　李人杰　　陈　浩　　王　波　　张绍钧　　顾　嘉
吴昊亮　　陈亚雄　　戴茂戎

2000 级(235 人)

柏春敏	包 磊	卞静舒	步青芸	蔡 飞	蔡晓峰	曹 菲	曹 琪	曹晓艳
常 粲	陈 艳	陈 佳	陈 琳	陈梦钰	陈明月	陈奇峰	陈强俊	陈斯斯
陈蔚如	陈 曦	崇 伟	褚 莹	丁一览	董长涛	樊国民	范国文	范敏华
方 潇	方 芳	竺 璐	高 菲	葛石烨	葛志明	龚 甜	顾 彧	管铁文
管 莹	郭 创	寒 啸	洪 雁	胡守华	胡晓立	化 眉	黄 波	黄金强
季正刚	贾陈亮	姜艳秋	蒋 毅	蒋聿德	焦 健	金 维	居 兆	阚 赢
孔德志	李 荐	李 婧	李 良	李 林	李萌萌	李 炜	李 蕴	李振东
刘倩倩	刘秋枫	刘 妍	陆玲燕	陆圣钰	骆 威	马 广	马伟伟	梅 林
缪因知	潘 慧	潘 骏	庞 珏	彭冠南	彭 杰	钱 君	乔立鹤	秦存宇
戎 赟	阮薇薇	沈莉莉	史 敏	史耀平	孙 婧	孙医军	汤海英	唐莹莹
陶孝巧	汪 麒	王 飞	王 华	王 佳	王 佳	王晶晶	王 平	王顺健
王维肖	王卫东	王一静	邬 玲	吴 嘉	吴建华	吴建周	吴丽丽	吴维贤
夏 佳	项 蓉	肖 磊	谢 莎	熊 琰	徐良辉	徐小康	徐晓明	徐震旦
许 灿	许智明	杨 娟	杨 斌	杨 林	杨 晓	杨一曦	杨 宇	杨 云
殷 楠	余凌波	余 睿	袁博荣	袁丹霞	袁嘉妮	袁 妍	曾洁敏	张洪浩
张 婧	张 明	张汝飞	张 锐	张 玮	张文雅	张 瑶	张 豫	张跃春
张 昀	张 真	张征轶	赵丹丹	赵静怡	赵 凯	赵 敏	赵 莹	郑运超
周国斌	周 琦	周文俊	周习勇	周 燕	周 轶	朱珊珊	朱新贤	朱 元
朱 云	庄韬文	邹 渊	李 鑫	沈朝晖(复学)		李恩志(韩国)		
傅日升(摩尔多瓦)			成松笃(日本)		闫翔宇	姜丽君	魏佳佳	何小林
李 飞	茹 熙	李芳芳	王 建	李 敏	孟彦刚	郑会水	刘中明	仲怀惠
徐 瑾	邱 松	杜 奎	包美娟	乔 瑾	曾 益	吴 文	汪媛媛	徐 平
王轶峰	张 媛	杨 娟	郝娟娟	魏国荣	卞 芳	白 琼	金 鑫	张潇潇
魏建云	吴小燕	徐伶伶	宗晓进	侯善然	李 军	许疏影	邰明华	周凌波
金 颖	孟正中	时琼芳	王 超	吉国庆	魏 巍	孙激琳	杨丽敏	顾晓凤
李 艳	蒋贵斌	陈文博	吴 盛	郭 俊	钟 鸣	蒋 磊	陆士云	宫海燕
朱雪青	殷慧梅	张丽媛	王 毅	陈 曦	窦 莹	严晓鸣		

2001 级(86 人)

卓广平	符方宜	吴 昊	李 晶	严欢欢	徐晓明	杨 叶	刘 青	张 俊
薛罗萍	张 薇	孙 白	沈 洵	郑 羽	法地玛	吕剑峰	吕蕙君	孙义慧
胡 莹	吉广昌	陈 昊	何绮琴	孙 丹	李 莉	李 鸣	曹宇轩	吴文全
袁晓敏	徐彦杰	华乾乾	饶春红	杨俊达	石正红	李婧捷	王煊林	苏 琴
张京宁	徐晓辉	赵 楠	薛 姣	陈嘉贤	金玲芝	顾慧媛	于 力	巢丽娟
鲍丹艳	俞 斐	刘 杰	刘志民	徐 彪	彭蓓蓓	姜 瑾	谭 砚	杨冰梅
王 璐	常 乐	邱伟毅	王 超	韩 博	戴剑飞	顾海云	黄 茜	胡 婧

郭继光 高祥生 黄卫荣 茅建中 谭彬彬 李雁飞 颜爱中 李 峰 孙 哲
万林峰 杨 栋 戴庆月 杨清风 卞晓琦 孙小娟 周 剑 黄 彪 郑 仪
张喜凤 杨卫兴 刘永冈 陈 莉 朱 颂

2002级（177人）

熊 勇　彭上航　安尼瓦尔·日加甫　卡美拉·艾海提　阿布都外力·吐尔逊
阿依古丽·买买提　　　鲍星竹　毕 叶　卞文超　蔡崇豹　蔡 晔　陈 瑾
陈俊民　陈 坤　陈 玲　陈婷婷　陈怡净　陈 允　储 昱　崔晓晨　戴 兵
邓 聪　丁 鹏　丁 弢　杜 畅　冯小西　傅 静　高 蘋　高 扬　顾晓中
哈斯亚·哈银扎尔　　　韩江波　洪 皓　洪 潜　胡 范　胡进全　胡晓爽
黄丹敏　季立佳乐　江 舟　姜宗霖　蒋淳之　蒋 锋　蒋济云　金 波
柯 刚　孔德庆　孔俏玲　李丹青　李海强　李 辉　李静婉　李 雷　李凌骅
李 伟　李香峰　李 响　李 向　李秀娟　李肇星　厉雯雯　林 茹　林一凡
刘 丹　刘红梅　刘 婧　刘 静　刘露瑶　刘天虹　刘一楠　刘一政　龙 潭
陆文表　陆小涛　陆张键　路 漫　吕烨琪　罗凤仪　马 君　马 帅　马婷婷
梅松松　孟子祥　缪丽萍　倪莹莹　潘金山　潘金秀　潘 静　濮瑞宝　浦姝嫄
戚绪飞　钱 慧　钱益锋　热沙来提·沙木沙克　　　沙 丽　邵玉冰　沈 莹
施 景　石陈伟　时 昱　史凌飞　孙 洁　孙 隽　孙落雁　孙烁犇　谈 丽
汤伟栋　唐庆庆　田飞龙　宛 俊　王 慧　王方方　王 婧　王科琴　王 琳
王 舒　王 伟　王 伟　王 星　王亚丹　王永明　王 宇　王宇璐　王喆琼
王 卓　韦 熙　韦 珍　吴 婷　吴晓静　吴也牧　夏小雄　谢海波　辛元媛
徐 昶　徐 君　徐喜君　徐晓霞　许剑飞　薛 旦　薛 慧　薛倩倩　严 波
严晓飞　杨 丹　杨 丽　杨晓婷　叶 芳　叶 芊　叶 青　易振华　尹海鸽
余佳欢　郁明琴　袁白薇　曾婉霞　张国庆　张建忠　张 婧　张丽君　张美美
张 弥　张 明　张伟燕　张小磊　张晓声　张 昕　张 欣　张英才　张珍芳
赵 明　周洁敏　周 晓　周 艳　朱慧珺　朱晓杰　祝年玺

2003级（132人）

来 羽　曹 晴　陈 茜　丛红云　崔文倩　代 彦　戴静娴　戴 颖　邓 亮
丁梦佳　丁 一　杜 悦　樊晶晶　樊莎莎　樊 烨　范峰松　范 立　范 晟
范雨丝　方思越　高广宇　高 卉　高 阳　葛 辕　龚 媛　郭 薇　郭 玥
杭 婧　何 菲　何 露　呼梦羽　胡佳霖　胡 健　黄逸超　霍明韬　纪文婷
纪源圆　季于娟　冀 莹　江李李　江文亭　姜 鑫　康 健　李凤鸣　李剑峰
李石青　廉思文　林 音　刘蓓蕾　刘 畅　刘海成　刘 航　刘欢洋　刘 磊
刘 婷　刘晓曦　刘颖颖　龙 盛　娄 影　吕 荣　毛 伟　梅真卿　缪广学
慕雁翔　牛康进　庞 涛　钱铁伦　钱曾亿　强 欢　秦 丽　裘 实　任 祎
沙舜若　沈 翔　石 岩　史金花　是飞烨　粟晓艺　覃 思　谭大金　陶思晶
田 鸿　汪燕梅　王北平　王凌飞　王 倩　王志峰　卫丽丽　魏 洋　邬 青

吴冰冰	吴伟楠	吴 翔	肖凌云	徐聪萍	徐蔚钰	徐小明	许 超	薛爱丽
杨可可	杨茂旭	杨 发	姚 彬	俞 雪	张 瀚	张 洁	张静怡	张 立
张 平	张晓笑	张雅萍	张 怡	张 引	张 源	张 源	张 净	章 程
赵成豪	赵振宇	郑 灿	郑 飞	智寒斌	仲敏超	周 可	周丽娜	周 亮
周 沁	朱 玮	朱玉洁	朱 珠	邹艳星	陶滢滢			

2004级(151人)

俞志杰	艾力拜克·杰山拜克		热孜依古丽·依米提		努尔艾力·斯马义			
古丽克孜·祖农	加孜拉·朱卖		白 瑜	蔡 君	蔡松银	曹 秋	陈 东	
陈正琼	成 岗	成亚梅	仇 靖	储盛楠	褚 静	崔云辉	单 敏	窦 开
范 峥	方 圆	冯永强	符海斌	葛晶晶	耿柯镠	龚 玥	顾汉勤	顾维敏
顾新艳	顾永杰	海 娃	韩 倩	韩正人	何 欢	何 涛	黄 菁	黄 蕾
黄 欣	蒋 蕊	居 丽	匡 莹	李 解	李小婷	李晓光	李晓媛	李永源
刘丹丹	刘 蕤	刘天顺	刘 玥	卢 军	卢 珊	卢 寅	陆亚文	吕洁贞
马夕钰	毛晓磊	毛校霞	潘 静	潘 静	潘 骁	潘雨哲	钱 磊	钱 威
冉洋莉	桑林龙	沈 斌	沈敏泉	施鹏亮	舒秀琴	宋 庚	宋 慈	宋 书
苏海灵	孙飞镝	孙 倩	孙书妍	谭立军	汤菡清	汤镇华	唐 烨	唐怡雯
唐 轶	田琳怡	汪 洋	王 燕	王晨芳	王汉晓	王 莉	王 萍	王 睿
王 薇	王文心	王雯珊	王 尧	王志岗	温 恬	文 雪	巫 蓉	夏京京
夏静宜	夏 醒	肖依克	谢政华	谢 舟	徐东林	徐楷行	徐舒晨	许 娟
闫源远	颜芳芳	杨 洋	姚春蕾	遇 祥	曾韦子	翟金晶	张 宸	张乐乐
张 茜	张政健	张志程	张智玮	赵 倩	赵文娟	赵晓鹏	赵 鉴	郑雯洁
郑晓洁	朱 波	朱彩云	朱敏佳	朱兆飞	邹 洁	王通平	孙 琰	杜 赫
国 亮	李 枫	彭 超	王 旭	吴 耀	丰元麻衣子		姜愿善	李相晔
李昭和	李智惠	林玻泺	孟秀炫	闵庚勋	盛家华			

2005级(133人)

曾 佳	蔡 佳	郭圣阳	白 晶	卞 荣	蔡雪梅	蔡亚飞	曹姝隽	曹亦萌
查熙迪	陈 超	陈 恺	陈 璐	陈眉语	陈 萍	陈 晓	陈学家	陈莹莹
陈 昱	戴青青	戴政操	丁秋龙	杜 磊	高洁萍	高 媛	顾 宽	顾 新
关 静	桂 凤	郭晓丽	韩红亚	何爱微	何 苹	何润泽	胡罗曼	纪 萌
季雯娟	贾靖宇	蒋 莉	焦海东	金建科	金 元	李菁田	李 伟	李文红
李文辉	李旭斌	李 杨	李 愿	李占勇	郦 罕	廖 欣	刘佳璐	刘嘉琼
刘经吉	刘 凯	刘丽云	刘伟斌	卢 璐	卢 平	卢庆亮	陆建泉	马 飞
缪媛媛	南慧昕	潘 力	璩丽君	任 涛	桑华玲	邵彩霞	佘玲芳	史月华
唐欣然	田文洁	汪 丹	王 珺	王力卓	王 珉	王 姝	王晓芬	王 莹
王 煜	王泽坤	韦 欢	卫自由	吴华丽	吴 忌	吴姗姗	吴颖丽	吴 玥
武 雁	夏 雪	谢 衡	徐 彬	徐 佳	徐晓彤	徐莹颖	许柳柳	许英杰

薛爱好 薛园园 杨 波 杨丹丹 杨 磊 杨 洋 叶 燕 张 丰 张翠翠
张会强 张娟娟 张幸女 张 彦 张雨花 章 晶 赵 迎 甄 鑫 郑彩琴
仲 景 周爱惜 周 婧 周 君 周磊卿 周 骞 周 伟 周 鑫 朱 丹
朱静娴 朱希懋 朱晓丹 孙智静 冯 伟 向远腾 刘 芳

2006 级（103 人）

廖 静 韦 澍 安意诗 鲍逾越 边惠淀 曹欢欢 曹 瑞 曹 晟 晁胜利
陈安琪 陈芳云 陈广信 陈 建 陈 力 陈俐萍 陈 敏 陈文兴 陈 烨
程恺玥 戴 磊 丁 莉 范咪咪 冯 森 高 忠 顾 岑 顾超群 顾 香
郭晨晨 何红霞 何 屾 何天宏 贺晓寒 胡 娟 胡 蒙 黄兰兰 贾之航
蒋 洁 金 健 鞠海兵 雷 潇 李大虎 李 萌 李 强 李 燕 林雅莉
凌 敏 刘慧慧 刘平龙 柳 琳 柳 燕 鲁晓瑛 鲁 悦 毛 慧 孟 思
彭 丽 钱晨杰 钱夏晔 钱星星 邵 静 施君宇 苏 晨 孙英杰 谭幽桐
汤 娜 唐 欢 唐 赟 王步峰 王 晨 王莉莉 王龙飞 王 鑫 王 玥
翁琪惠 吴佳瑜 吴永全 相 伟 肖 静 辛玉梅 徐丹萍 徐思纤 徐 潇
徐园芳 徐 争 薛英泰 严逸文 杨 益 杨俊彦 杨炜炜 于筱欧 余方伟
俞 渊 袁 超 张蓓蓓 张 岚 张力毅 张 丽 张伟庆 章 媛 赵文雯
郑 琳 庄涵清 王筱蕾 李文涛

2007 级（95 人）

王舒怡 冯 准 潘正欣 陈 迪 陈 宏 崔亚文 代 雪 戴鑫泽 邓 瑶
丁翰卿 丁 宁 丁玉洁 董竟泰 杜 辰 杜 鹏 杜思琪 杜 炫 范婷婷
甘 敏 龚 晔 桂瑜琪 郭晓欢 郭远程 何雪锋 侯 能 黄丽华 靳蕊君
居 立 孔凡鲁 李好利 李 昊 李 静 李木子 李青旸 李 琼 李 莹
李雨濛 李 喆 林 珊 刘 礼 刘 淼 刘文钊 刘一品 隆 冬 卢 婧
陆 纯 吕 伟 马建安 麦淑贞 蒙 华 潘发銮 彭艳华 秦珊珊 沈晓燕
沈宗阳 盛楷金 陶 彬 夏仙镁 徐 菲 徐 骥 许 超 薛 景 闫 辉
杨淑媛 杨 杨 杨叶红 杨卓颖 姚丽清 姚铁睿 姚雨洁 叶秋艳 俞紫薇
袁 婧 翟京诚 翟晶晶 张爱伟 张博超 张成城 张 帆 张 莉 张力培
张浏松 张雪静 张燕波 张 瑜 赵媛媛 周 蓉 周亦然 朱 健 邹亦尘
周 毅 吉丽娜 宿扬帆 杨 昕 苏东歆

2008 级（94 人）

周 萍 祝文辉 蔡 蕾 曹福坤 曹晓琳 常 静 陈晓雨 陈志洋 单 奕
邓 杰 冯 渝 冯 哲 高 婷 龚西文 龚耀晨 顾佳庆 郭冶婷 何 慕
胡 洋 胡英阔 黄非可 黄 琼 黄 婷 惠昕午 蓝淑聪 黎剑峰 李博爽
李 峰 李 璐 李 佩 李 权 李 石 李曦璞 李砚川 林 萍 林有荣
刘 畅 刘 琳 刘欣莹 刘许可 刘 勋 马司夏 闵天悦 彭思英 钱馨韵

秦安琪　秦　春　沈　明　沈文君　施　展　宋　骎　苏庆林　孙丽娟　孙子尧
唐　慧　唐　骏　田　珂　田也异　王　磊　王丽双　王　星　王莹莹　吴　庆
夏　邑　向泽春　谢　慧　邢　黎　熊成娟　徐　聪　徐　苗　徐宗杰
许蔡梦骁　许鹏飞　薛佳颖　杨佩雯　杨雨格　尤亚敏　俞　新　张　丰
张弘志　张敬慧　张峻滔　张　敏　张　全　张少华　章　程　赵　旸　赵　祎
朱　骁　左　岚　王　瑾　左婧媛　朱培斌　黄　萍

2009 级（117 人）

卜　元　蔡佳宏　陈定源　陈方舟　陈飞燕　陈　凤　陈启球　陈杨一帆
陈　洋　褚君怡　崔芸孜　丁舟扬　段照琨　范希同　方智芸　冯博飞　高行吟
葛晴云　何畅文　何艳艳　和永盛　洪文财　胡培培　胡新雨　黄　柏　黄兰雁
黄宇骁　吉　晶　姜　来　姜苏容　姜　潇　焦燕芬　金　尘　寇增艳　李春艳
李林芳　李　萌　李　敏　李婉颖　梁官雪　梁　艳　刘帆远　刘嘉诚　刘　璐
刘　莹　刘永真　刘羽蕴　路　芸　洛桑达娃　　　　马雨茜　孟子琪　钮广源
潘丽雅　潘永欣　裴　铎　彭　思　钱　澄　秦　榛　邱　晨　邵　阳　石　霖
石　悦　史月圆　孙苏敏　孙玉环　谭秋婕　汤　莲　唐露甜　王　昊　王佳楠
王旌亦　王奎烁　王　宁　王盼盼　王　锐　王　涛　王田田　王婷婷　王　蔚
王宵添　王亚玲　王怡晴　吴娅萍　吴紫临　肖仕豪　谢巧芳　熊丹丹　熊功首
徐静语　徐　姗　徐颖蕾　徐子晴　许汉杰　杨梦佳　杨　钰　杨　子　姚双双
叶闻一　周梓言　尹　珺　袁君贤　张　赫　张　继　张　美　张胜祥　张瑶瑶
赵　彬　郑红顺　周梦倩　周子新　朱丹荔　朱玲超　朱昭媛　訾立杰　王　瑶
尤　方　张　敬

2010 级（118 人）

阿茹娜　白月明　卞冲冲　卞　证　曹浩然　陈安淇　陈　晨　陈　可　陈佩佳
陈舒婕　陈　艳　董伟平　方楠楠　方秋婉　高　攀　高文婷　高亦烜　葛淞伟
顾佳宇　郭京峰　郭松秀　韩　越　杭学程　何　琴　何香融　何　舟　侯偲玥
侯　慧　华徐依　黄　薇　李佳宁　李梦飞　李　心　李怡聪　林祁桢　林　强
刘　徽　刘韵真　卢晓文　卢雅昆　陆化羽　陆天阳　吕　皓　马梦丹
孟欧维诺　　　任　荷　佘佳玲　施　霞　史碧舟　舒显海　宋金璐　孙静媛
覃靖淇　唐鸿儒　田实龙　田　园　王　琛　王楚楚　王　菲　王　寒　王佳伦
王开宗　王可欣　王　强　王秋云　王　玉　魏　玲　吴静竹　吴群慧　吴小凤
许　喆　许缀缀　姚国进　伊茹罕　殷　铭　余炼炼　袁雪婷　袁雅蓉　詹德淦
张弘弦　张家玉　张经纬　张　婧　张　靖　张盼盼　张睿文　张　帅　张文杰
张　欣　张雪霏　张怡悦　章　岩　赵恩达　赵　婧　赵　娟　钟如华　周　畅
周　婷　周文威　周雪薇　周雨珂　周　悦　朱达涌　朱　江　朱雯婷　朱晓琴
朱正娟　左正欣　卢尚滨　费雅君　闵　熹　韩　怡　蔡航燕　陈珺沁　顾　婷
郭小月　赵淑英　王彦博

2010级体育生（30人）

汪一鸣　张　希　薛　晨　仇天旸　丁天裕　郭　健　郝嘉敏　华　书　姜晓琳
李家钰　厉文彬　刘　骥　刘　瑾　刘钰婕　卢尚滨　吕　游　么　琛　潘高琴
是越越　苏天亮　孙梦雪　王一鸣　魏　一　肖　霞　徐　恬　翟　荣　赵　希
周恺瑞　周晓晔　祝洲伟

2011级（119人）

包丽丹　卞清菁　岑　霞　陈　洁　陈竞妍　陈若滢　陈苏萍　陈　恬　陈笑娜
陈英姿　崔北媞　代　双　代　维　戴成城　但　铭　邓瀚宁　邓　静　丁楚潇
丁凤玲　丁　奕　傅雯颖　高　阳　葛文怡　宫　政　龚　麟　桂玉倩　郭　畅
郭嘉昀　韩玉洁　何　琴　胡　曼　黄立望　惠佳琪　金瑞琦　金晓霞　康亦宁
邝　晨　李小溪　梁思齐　林碧珊　林　哲　凌　帆　刘朝达　刘晨林　刘郭慧
刘佳瑶　刘庆文　刘艳艳　鲁帅杰　吕怡然　罗敏杰　马赢鼎　马忠明　毛　檬
潘嘉琪　潘淑君　潘　鑫　彭心宇　祁红龙　钱　森　邱佳静　全　嘉　任若雨
沈可尧　沈　莉　沈肖虹　施婧葳　苏岚昕　孙冬妮　谭碧赟　田晓媛　涂乃心
汪潇瑶　王成苗　王立伟　王林帅　王玫玲　王　森　王文倩　王语嫣　韦绍鹏
韦　也　吴甜甜　谢　晶　谢文武　邢思怡　薛飞成　薛　嫄　颜婷婷　杨　洁
杨　瑾　杨　婷　杨文轩　杨学良　杨　运　姚　欢　于江琼　张　静　张　琳
张沁宜　张小红　张亚楠　张　云　赵璋翙　钟蒂霖　周桂玲　周　豪　周惠琴
周婧姝　周亚琼　邹卢骏　刘　照　吴姣姣　依力哈木·依马木　张　屿　赵一
凡　郑文罡　薛天启　吴　燕

2012级（96人）

郭颖达　包甲翔　蔡文苑　曹林琳　陈奕霞　陈煜秋　程玉霄　崔　真　笪弘宇
单巧燕　单奕硕　迪力夏提·艾尔肯　　　　刁唯杰　杜晶晶　高明玥　顾佳慧
何　莉　胡　玥　黄博曦　黄海丽　黄梦琪　季君理　江海瑞　蒋宇莱　金淑君
阚碧云　康雅莉　来　慧　李晨熙　李光照　李开燕　李倩钰　李思筱　李思逸
李　子　刘　春　刘新宇　刘盈池　刘玉林　刘昭尹　刘子琦　吕佳丽　马步云
马淳清　马睿鹏　毛思可　任　莉　肉克衣木·乂尼瓦尔　　　汝　莹　盛　昊
时天沁　司马义·艾买提　王　婧　宿文嘉　孙姝雅　覃江禹　谭淑平　唐　妍　万旭寅
王冰洁　王建东　王　婧　王婧娴　王　琨　王明喆　王　叶　王子羽　吴　吉
吴　静　吴政道　席敏华　夏凌婧　肖　悦　谢亦庄　熊珊珊　严韵茹　阎箫歌
杨超颖　杨　立　叶子洋　尹雯娜　曾凡华　张　波　张　坤　张若愚　张莎莎
张水燕　张　馨　赵倩影　赵一宁　郑玉颖　周小琳　周心瑜　宗笑萌　訾　璐
徐洲洋　陈　瑜

2013 级(100人)

刘慕宇	黄荇	郑沁	姚秀娜	蒋玖珠	王平心	王双艺	冯璞	杭熹
茅理雯	徐之佼	万剑	廖宇凌	李思源	程彰彤	李文苑	徐凯悦	杨从英
艾克然木·苏皮盖		康婧	谢依达·阿不都谢依提		赵典	杜昊		
朱叶菡	潘虹颖	丁晓雯	高曦	程亚萍	周伟峰	艾丽美热·艾尼瓦		
郭文瑾	张乔	胡昂	郭民杰	辛章意	杨小昆	杨惠媛	李振楠	殷旻珺
张誉翔	王海林	王舒婷	刘艺	左承光	尹小童	李壮	陶静	张林潇
黄菊	赵若云	刘江林	韩非同	刘雨岚	张宇	姜何	马铂程	陈鑫鑫
王朋豪	张宁	则敏江·祖农		孙雨佳	高嘉琳	杨泽琨	杜沛桐	陆心瑶
王悦	周月	陈雨田	陈彦奇	秦暖清	刘雨璇	黄一帆	刘宇航	倪萍
杜煜婕	王鸣凤	陈护文	许洁	柳欣玥	庞果果	庄玥华	蒋慧	谢航天
房珂羽	林业	李德仁	张静	张莹辉	王禹茗	伊万鑫	魏晨曦	杨思嘉
潘雯婷	吴雨菡	王安	衡宇	张铭滟	聂鑫	李梦婕	曹嘉禾	

2014 级(103人)

卢琦	肖飞	许维	江临风	成栩慧	段佳敏	冯露	韩竹滨	黄晶慧
黄于粟	纪劲玮	蒋雪纯	雷希	李路路	李雪妍	李之	刘娜	戎宸
史旭成	孙光明	王成琳	王心宁	韦家琳	冼永尧	谢旭	俞仁舟	翟雪佳
张宇庆	张赟	赵越	周德轩	周彤	朱迪	朱洋珊	王丽莉	张甜
敖成彪	白敏	毕煜烨	曹李恒	成享邑	单鑫语	高峰	管悦	何贝贝
何瑞祥	贺宁	洪鹏晨	侯松	胡宜松	李成瑜	李非凡	李美仪	李青青
连旌	刘家豪	刘琦	陆叶	吕朝建	吕云骞	孟玥	米热古·吐孙	
倪露	农玲	庞凯迪	秦嘉伟	任小艾	阮茜	尚光明	沈杨蔻蔻	
沈杨喆	盛心怡	司梓璇	宋思贤	孙雪妍	谭书卿	唐洁	陶欣怡	王诗慧
王文恬	王小妮	王筱楠	王心怡	王怡	吴启帆	吴雅玟	吴一柔	谢嘉叶
姚凌	俞筠珏	张宏达	张金瑾	章宁	赵珍珠	赵振兴	周子竣	朱二祥
朱桂元	邹成	钱奕	美珍	喻坤坤	徐梦			

2015 级(89人)

阿米拉	安汇玉	卞珊珊	陈朔	陈依琳	陈瑜	陈毓恒	陈月坤	戴湘荣
杜学思	范家林	冯娇阳	高超星	高文涛	郭儒佳	郭宇佳	哈力旦	何婷
侯玥瑶	黄佳姗	黄景筠	黄哲	纪芯荟	蒋铭瑶	金子璐	李晨冉	李承丰
李琳琳	李新放	李一凡	李玉民	刘双双	刘爽	刘野	刘宇琪	卢怡帆
罗美峰	马静萱	孟祯	牟怡培	娜菲莎·安尼瓦尔		彭晓骥	钱逸凡	
秦雨宁	邱继锋	邱晓彤	尚佳	沈曦	沈雪荣	施明洋	舒可	田静
万金颖	汪西兴	王诚信义		王珺洁	王瑞晶	王瑞晶	王文杰	吴代月
吴紫彤	席缀洋	鲜悦	肖媛静	幸殊妍	徐惠	徐翔宇	阎维艺	杨仕龙

伊米拉	于嘉炜	张鑫鑫	张子凡	赵　曜	甄　丹	郑梦圆	郑　潼	郑文韬
支婧仪	周丹丹	周　娟	周诗月	周宇虹	周雨晨	庄　岩	宗　珊	顾雯媛
詹　珣	张黎黎							

2016 级（106 人）

曹文翰	陈鑫淼	陈钰有	陈　琳	谌思澜	程厚豪	丁吉瑄	丁梦贤	冯景怡
付和旋	嘎松卓玛		高　楠	郜　航	龚程程	顾加敏	郭宇雪	郭玥玥
韩　蕾	何桂馨	何　玥	侯惠林	黄泳铷	贾博扬	江怡雯	姜慕涵	姜　洲
金　苗	金曲苑	李鸿燕	李其昭	李睿琪	李若丹	李祥旭	李　燕	李一鸣
廖　峰	林玉梅	刘川云	刘　舸	刘敏玮	刘晓萌	刘星池	龙港柳	马李婕
毛丽悦	缪芸竹	欧阳陈宇		帕如扎·帕尔哈提		钱慧如	邱毅超
邱　源	史　豪	束方志	孙炯南	唐明月	王若蓝	王婉琳	王晓韵	王亚坤
王宇茹	王铮铭	吴　婕	武　阳	谢陶然	邢露元	徐陈煜	徐浩博	徐　爽
许　可	许馨梅	薛舒方	闫　铭	杨　靖	杨晓茁	杨志鹏	喻紫荆	袁茜璐
云梦成	泽尔迪·吾拉力别克		张美琪	张　琦	张　瑞	张晓雨	张新悦
张信邦	张滢鑫	张卓妮	章岳珲	赵文蕾	郑　佳	郑　陶	周莞欣	周嘉敏
周　洁	周子瑞	朱明磊	朱青璺	朱子龙	祝亚清	左　燕		
赛里扎提·阿力木江		程紫嫣	韦　豪	章娅铃	王明月	祖子涵	

2016 级体育生（15 人）

何嘉木	洪嘉妮	蒋　棣	冷柏辰	李　婷	李醒源	李紫微	刘晨曦	刘欣雨
吕梓瑶	吴华栋	徐恺奕	杨子衿	赵　曦	周家怡			

2017 级（109 人）

周知奕	陈端倪	杨淑莹	王尤佳	黄静好	王　浩	叶　涵	尹潇涵	毛清钰
周小茜	张一宁	许灵珊	俞傅樾	丁静雯	张辰婧	顾佳颖	陈智瑶	李梦欧
俞嘉颖	朱诗锦	朱婧怡	潘　韵	蒲瑛洁	李乃千	陈盈斌	陈雨娟	周诗玥
袁　玥	仲淑雅	朱诗雨	肖玥瑶	焦千锐	吕苏怡	邓稞萌	陆嘉薇	王雨骞
耿思宇	唐陈嘉翊		赵梦桦	朱鲁都孜		徐灵怡	赵彦秋	杨星宇
戴立硕	赵冰雪	张　娜	姜雯泽	张宇嘉	迪丽胡玛尔·阿力木		吕诗薇
陈　娟	朱婧雯	李祺琪	吴显旻	张思楠	兰　昕	佘沁语	代　婧	严　艺
倪君薇	王雨佳	胡　月	赵岚婧	赖郁薇	俞陈远	杜梦迪	陈菲寒	宋　攀
肖　韵	顾恬恬	朱文涵	曾静娴	辛　钰	封璐琦	吴雨欣	罗兰西	洪啊芳
李　珂	赵若彤	李　真	姜　玉	杨　蕾	陆泽国	冉雨茹	张　芝	许婷媛
韩恋秋	王馨瑶	袁　睿	姚雨茗	王　晨	殷志鹏	徐逸啸	施宇轩	汪继成
邓家昊	侯昕玮	钱　进	彭缘杰	郑小易	次仁论珠		褚振宇	张昊翾
杨国鑫	贺中正	马程钟	惠煜文	王晨宇				

二、法学硕士(1 907 人)

1985 级(3 人)

范　健　曹静陶　黄　倩

1986 级(3 人)

董晓莹　潘青松　宋月珍

1987 级(6 人)

肖　冰　陈　庶　李友根　浦晓冬　周亦扬　李玉生

1988 级(8 人)

陈　雷　胡大平　李娴春　沈义峰　盛建明　习　骅　曾培芳　张明乐

1989 级(7 人)

陈　峻　高基生　王成义　黄　斌　来　嫣　陈学东　周晖国

1990 级(8 人)

王宇峰　王明富　朱　庆　朱宝林　吴英姿　张　杰　张　萱　范耀胜

1991 级(12 人)

曹　翔　曹伊清　豆景俊　方小敏　乐　红　吴思宁　熊碧云　许利民　薛建忠
詹　高　周建华　朱立红

1992 级(12 人)

孙江功　常新友　葛勇平　贾　涛　解　荣　刘爱珍　潘晓峰　邵　燕　申屠加云
史　伟　孙　珺　王　专

1993 级(25 人)

陈志祥　董长春　郭光明　李　兵　刘永方　吴玉岭　张　廉　冯金才　顾婕妤
洪　平　李春桦　李红新　李荣珍　林　彬　刘　芳　马红湘　钱玉林　王　涌
邢谷川　于晓明　张　晨　张　革　张　永　赵　敏　钟德培

1994 级(28 人)

郭光明　苏学增　徐安欣　步　兵　蔡志良　董军峰　冯　骏　高文艺　郭　敏

季俊东	刘培峰	邵万雷	施建辉	王　存	王志荣	杨　珺	张　清	张子胜
周　梅	周羽正	朱　谦	彭真军	周楠生	潘　宁	沈秋明	孙企祥	魏青松
张　韬								

1995 级（16 人）

| 杨合理 | 方文晖 | 方　潇 | 王　朋 | 房宇辉 | 沈志军 | 孙　静 | 杨威夷 | 刘青文 |
| 朱国光 | 史浩军 | 李秀平 | 张永福 | 何正启 | 曹　静 | 方　莲 | | |

1996 级（34 人）

石少华	张　贞	张广永	桂万先	张红生	蔡　浩	陈　红	段晓娟	冯卫红
郭　艳	何春兰	胡晓涛	蒋大兴	焦美华	李　华	乔文豹	史仲阳	宋　俐
王　中	杨　飞	叶春燕	曾　洋	张顺荣	张元再	陈兰兰	丁锦希	沈悦志
石　磊	孙　雯	唐建辉	王　可	徐曾沧	阎天怀	闵永明		

1997 级（35 人）

薄振峰	郭伟平	吴立亚	邱国侠	杨兴宝	卜元石	陈广华	董新凯	高　歌
郭海容	何晓华	蒋恩铭	金　靖	吕瑞云	马　荣	马　燕	马思萍	茅　红
秦　瑜	沈安琪	束小江	吴广海	吴凌华	杨建勇	余永利	宗延军	池漫郊
戴德生	刘小燕	刘志军	冉　昊	陶国忠	窦莹杰	郭利峰	李　昕	

1998 级（35 人）

金卫东	施卫忠	王　静	佘　川	单　锋	汤立斌	叶　巍	李燕萍	刘金根
赵　娟	朱海齐	陈璟菁	丁凤楚	方龙喜	龚鹏程	李大雪	钱正英	施晓琳
宋传荣	孙玉松	王玉福	许　瑾	许德平	杨泽华	张文国	周　勇	程红星
范志鹏	葛娟娟	胡文博	姜　冲	李　斌	刘其昌	吕丽萍	钱先后	

1999 级（30 人）

黄　斌	亢爱青	杨　帆	朱晓飞	程　告	黄　涛	夏正林	赵雪雁	朱剑锋
蔡峻锋	常　青	陈书高	吕苏榆	苗海刚	倪宁军	武宜达	杨建辉	杨　阳
虞　蓉	张瑞来	邹海蓉	陈　倩	董君勇	葛　辉	李祥俊	刘　展	彭　岳
易在成	张成龙	章　毅						

2000 级（38 人）

陈莹莹	刘宏宇	吕建高	冒蓓蓓	魏昌东	徐天骅	邵小波	吴　健	程雨燕
黄建军	吕　梅	彭修凯	陶　蕾	吴卫星	丁　蓓	付晓梅	韩　勇	祭　晨
蒋小平	刘　爽	孟　翰	牛文怡	乔子欣	粟　静	孙　宁	王　鸿	王　莉
王汝娟	王艳丽	奚　庆	叶卫平	余　玮	张明艳	金亦佳	刘　平	陶烨红
吴一鸣	夏　毅							

2001 级(84人)

陈学超	冯 川	康 慧	刘 伟	鲁 杰	毛 娓	王方玉	王晓丹	吴金和	
包振宇	陈 煜	王 波	吴珺琼	许 博	戴银燕	楼玉华	路国连	沈 越	
王玉春	夏 凌	杨英超	张惠虹	张 慰	陈承堂	陈 昊	陈和平	崔 欣	
段 冰	樊 静	冯 军	古小东	何新容	黄迎淮	霍 懿	赖秀兰	李 芬	
李 艳	李 勇	廖耘平	刘 敏	刘 敏	刘绍奎	刘卫鑫	刘蔚文	欧阳芬	
邵 贞	沈 晖	孙佳敏	谭娟娟	佟竹青	王 炳	王广振	王建文	王劲松	
王晓伟	邬贵根	吴 宏	吴劲松	肖 潇	杨 凯	印晓慧	张保军	张黎华	
张 毅	郑 飞	周 洋	蔡剑波	董 勤	何 颖	季义流	刘 哲	栾剑琦	
孙秀娟	汪 洋	吴永平	谢芳林	徐丽丽	易楚晨	殷源源	郁 雷	张振中	
赵留军	钟 强	朱孝新							

2002 级(68人)

高 岭	郭 路	彭 燚	阮晏子	田 水	张光磊	张洪波	张 岚	卢 宁	
马 俐	曹 琼	杜 磊	段义明	郭百顺	何萧鹏	沈建东	施丽燕	田 雷	
张培华	郑琰滢	何永红	史乃兴	王 莉	钟连福	安 宁	董力群	何志文	
胡涛立	黄 河	姜 鹏	孙 丽	徐婷姿	陈文娟	丁 勇	费介华	费晓燕	
郭颖飞	何 敏	黄伟峰	季乐宇	刘 凤	刘玉杰	朴爱圣	唐晋伟	唐 莹	
王 渊	肖 健	肖 怡	谢雪梅	徐聪颖	叶小兰	喻胜云	曾 见	郑彦鹏	
周 晨	周 静	周书会	邹小锋	陈尚坤	樊瑞娟	孔立明	李 健	唐兆凡	
吴亚峰	杨 婵	张 讷	周 辉	周 晔					

2003 级(73人)

陈新雄	戴旭峰	方 明	李 岩	吴燕萍	徐以民	郑 林	朱 玮	陈 志	
党 敏	李 丁	李慧秋	赵 峰	朱玮玮	金雪花	李银娥	陆 媛	杨 娴	
张书琴	张彦翀	蔡 娟	郭 莲	李富强	李丽媛	刘伟伟	孟德玖	孙靖宇	
杨 华	姚为雯	袁瑜洁	曾 涌	张菲菲	张 健	党国华	杭正武	洪彩霞	
黄润华	刘 勇	宋纪连	宋 茜	孙嫦婵	陈 戈	丛 琳	方金贵	何旺翔	
贺 敏	姜 欣	李佳萱	刘 莉	钱 良	史顗华	宋 莹	王 倩	徐 茜	
殷晓鸣	虞涵谦	张登高	张 杰	张士举	张晓颖	张志斌	郑骏飞	朱一飞	
冯彦辉	胡晨光	胡玉凌	刘 丹	奚少君	徐 犇	应 君	周 佳	周 薇	
朱嘉浚									

2004 级(77人)

曹 榕	胡欣诒	钱 君	张方瑞	张 琳	赵 毅	周 燕	宗志凤	包 磊	
程隽秀	侯栋佳	黄立杯	李 霞	宋 杰	张文雅	张 真	侯忠群	李承华	
刘 松	刘志平	潘佶琦	裘 璆	朱姗姗	储 纯	管 莹	何 洋	李 红	

刘　娟	沈莉莉	谭秀萍	吴丽娜	徐松松	徐　宇	张　欣	张　岩	卜慧鹏
陈　佳	林　辉	陆　捷	孟　焱	牛春燕	施　磊	汪卫峰	王新江	吴　达
熊　琰	许　灿	甘　璐	麻　慧	沈　萍	毋莎莎	张晓卉	陈　亮	陈蔚如
程乾平	何　琼	姜艳秋	孔剑凡	李　淳	李敏娇	梅　林	闵　丹	史　敏
王卫东	吴佳佳	吴新菜	杨　娟	要志成	张　坤	赵丹丹	朱　军	洪　丹
刘慧峰	潘　骏	伍　霞	杨　瑞	张金玲				

2005 级（76 人）

宋业川	王　森	宣　轩	荀乃瑜	赵建军	骆　威	倪申曦	邰　婧	王冰如
王　珂	赵文健	朱晓静	杜柏仁	黄　薇	靳金桥	李　露	刘　伟	邢丽燕
于　博	赵　旦	崔现伟	范宇飞	李智保	孟慧颖	石婷婷	孙海燕	孙争鸣
吴　刚	吴秋实	徐　凯	曾庆会	张妤岚	章　盼	周　剑	常　乐	陈嘉贤
吕　英	徐　燕	张　红	张宏波	张恬恬	周进军	毕菲菲	李　飞	李　荞
温文斐	肖　捷	郑　仪	周荣华	卓广平	陈美颖	崔　艳	董春燕	宫玲琳
郁志茹	贾陈亮	林　琳	卢雪艳	史广龙	侍文文	孙　博	王　莉	王煊林
王艳虎	王　晔	文锦姣	伍华红	肖扬零	严欢欢	余　赟	张文婷	周　围
卜晓琦	李笛鸣	孙　莹	赵　黎					

2006 级（88 人）

陈　聪	陈　坤	程鹏飞	冯　琳	葛　霞	顾　蓓	李　璐	潘昌盛	杨　乾
郝玲玲	李文军	浦姝嫄	邵玉冰	施　璟	宋冰心	唐华彭	王　星	于　力
桂　舒	郭继光	潘　强	唐　宁	王　琳	武婷婷	夏瑞聪	朱慧珺	陈焕强
杜三军	李　鹏	刘丹青	刘天虹	潘慧庆	秦　倩	辛元媛	叶　青	张　伟
陈　莉	孙本明	孙烁犇	孙　闫	汤大好	王　博	王　玥	许剑飞	尹海鸽
朱　佳	傅玉慧	李秋芳	李香峰	宋靖璐	王科琴	吴也牧	余西湖	郁明琴
丁奕帆	冯锦恒	葛雅君	胡晓爽	李凌骅	李雁飞	廖　涛	刘岳庆	吕华伟
马　帅	沈　莹	沈昱良	司继宾	孙晓燕	王国红	王　艳	温大军	吴晓静
徐启楠	张　婧	张　倩	周德荣	周艳辉	朱　莉	朱　云	祝汉楚	丁一览
金　波	马　君	王方方	王鸿渐	王黎黎	张晓声	朱战勇		

2007 级（88 人）

江文亭	魏　曦	张瑞孺	张文龙	张珍芳	高　阳	黄　艳	刘振洋	卫丽丽
张建华	赵义东	陈　文	丛红云	邓丽娟	邸凌云	李　良	李荣荣	沈钰婷
丁　旭	黄　星	冀　莹	姜金良	李　根	李肇星	唐佳丰	王　沁	肖　雄
许波涛	曹燕飞	丁梦佳	胡　皓	李　烁	濮瑞宝	任　祎	王　倩	邢　群
徐聪萍	赵文杰	赵晓花	郑晓剑	高　卉	何　露	侯　静	金　晶	孔盼盼
李　向	任芝娜	唐贵金	曹　灿	戴　颖	单慧慧	范颖颖	范雨丝	何　维
李　刚	李　理	刘　恋	刘志军	骆　意	冒鹏莉	潘　星	秦　丽	任雪丽

任咏梅	宋亚辉	苏艳靖	仝斌斌	童　超	王海涛	王　淇	王汝燕	魏振禄
杨　顾	杨　溪	战秋君	张瑞婷	张　诤	周　亮	董体乾	樊　烨	焦　南
刘海成	沙　鹭	田　键	王　青	吴伟楠	徐　昶	张　婧		

2008 级(103 人)

陈　晨	程　玲	胡　杰	杨　栋	杨光远	张　平	周　育	李相森	李晓婧
李祎恒	朱　颂	樊晶晶	马夕钰	王东莉	徐艳茹	许　菁	赵一苇	白　瑜
储盛楠	丁新建	郭　巧	李贝贝	李小婷	毛校霞	彭　湛	齐秋敏	孙子迪
熊　敏	颜朝生	姚家耀	李　华	李　鹏	林　博	门　睿	潘　静	潘芝雯
刘　铮	孙　婷	唐怡雯	王　丹	夏珮佩	邢晓娟	张海霞	张　威	赵成豪
邹　溪	曹　哲	陈　东	陈　放	陈梦晓	迟　铭	崔　涛	董　岚	杜　丹
冯永强	付茂鲁	郭荣涛	洪　彪	金学武	金　雪	李　夏	罗继舟	庞　媓
曲睿涵	权冬生	宋晓萍	苏海灵	汪　磊	王　楠	王通平	王心如	王　颜
王战涛	徐翠竹	徐楷行	姚　慧	于东升	于　凯	章　静	赵　倩	赵晓鹏
郑雯洁	窦　开	裘　实	沈　忱	张安娟	邓红梅	方　圆	侯　磊	姜　羽
李　卓	王维金	许　多	袁钰菲	张马堃	张　斯	张宇轩	赵世强	蔡钟庆
覃雅胤	严　颖	范乃玉	赵图雅					

2009 级(88 人)

曹祎杰	胡罗曼	潘　静	徐　卉	蔡亚飞	李治培	陆建泉	王子尧	徐　丹
周爱惜	郭鹿敏	纪　萌	王万里	吴　霞	许　蕊	尹碧玲	虞蓉蓉	曹甜甜
陈　璐	陈　萍	卢节来	罗　飞	阮　柯	王春玉	王　蒙	吴进娥	许成巧
戴政操	胡双双	季　蓉	李　娜	刘　瑛	韦　欢	夏　雅	张俊丽	朱静娴
成　岗	冯煜清	何湘萍	刘　徽	刘　舒	刘　颖	徐　倩	徐文静	薛园园
张　静	曹姝隽	陈秋爽	陈颖亭	何　侃	柯菲菲	李　伟	李　杨	廖　欣
刘佳璐	刘雪北	刘彦辛	牟　凡	彭鲁军	田文洁	汪希希	奚双双	谢丽君
许英杰	薛　瑞	杨　尧	姚　涛	曾　琦	张子畅	赵良敏	郑彩琴	郑志华
朱　丹	邹青松	吴　恺	张娟娟	周　斐	陈安妮	冯　宇	何顺龙	巨丽娜
毛　丹	孟维真	王　超	徐飞云	张夏文	章　晶	赵文祥		

2010 级(104 人)

黄　斌	钱　航	史　程	韩秀珍	何　懿	林　岚	孙娅娣	谭罗娟	向冬梅
李海芬	纪　杨	贾　坤	林　巧	毛　慧	时　准	王　芳	王　莹	邓飞宇
宦　伟	李旭斌	王泽坤	王真瑱	曾仕权	朱云飞	曹缪辉	季列夫	刘　成
刘慧慧	孙英杰	唐　赟	张晓峰	朱建彩	顾玉春	贺晓寒	胡　娟	李本灿
陆宏飞	孙　川	汪景洪	徐金霞	杨明易	郑秀娟	蔡　甜	陈本林	林　楠
毛　丽	强文瑶	任亚楠	王友庆	徐　一	俞　渊	张本良	张力毅	郑以琳
李姗姗	李素琴	刘　凯	刘雅鑫	陆嬿池	孟元元	唐科红	王鹤立	王　静

徐振华　曹欢欢　曹　琰　陈俐萍　陈　童　陈　烨　杜志浩　高　颖　郭　蠢
韩莉娜　姜雅朦　金　健　刘　敏　刘志阳　龙　昊　鲁晓瑛　漆思瑶　任思思
王冷玫　王丽娟　王芷冰　翁琪惠　吴　勇　肖　玢　袁　超　张　丽　张钟岑
章　媛　邹志军　李文涛　卢妮妮　万　里　范咪咪　何　姗　李鹏浩　刘秋霞
申沁沁　吴晓燕　余宇偲　张炜斌　周燕红

2011 级（101 人）

李昌清　张小萍　陈书霞　胡文佳　姚　杏　焦玫莉　牟海艳　陈莉娟　彭　浩
陈贤花　丁　吉　郭肖菲　何雪锋　孟恩超　佘　澍　王　晨　吴姗姗　徐　红
鲁　悦　徐光煜　杨宇剑　丁梦依　黄丽华　李　晋　刘婷婷　沈　纯　徐荣荣
杨　昕　张子辰　葛维维　汲广云　凌巧云　刘兀群　罗　恒　吴海涵　张　倩
张　杨　赵丽君　陈　丹　戴鑫泽　甘　敏　胡晨晨　胡瑞涵　刘名节　刘姝雅
刘　杨　刘玉成　牛然菲　吴先猛　张博超　周　蓉　陈　琦　黄文晶　蒋易轩
李佳鸿　潘正欣　彭艳华　彭永刚　秦　瑶　王步峰　王青双　杨曼曼　叶秋艳
俞紫薇　陈　颖　邱　楠　范婷婷　高　涵　葛　淼　葛云云　郭　旭　郝　慧
黄红玉　冀梦娇　居　立　李　锦　李晶晶　李　琼　李　正　陆明敏　麦淑贞
邵　斌　盛世同　史梦宵　王有惠　王竹君　郄志勇　闫孝丹　叶竹君　曾文莹
张　岚　张小燕　张燕波　邹亦尘　龚　元　侯海燕　于乐平　陈振辉　吴　垠
肖　亮　张文静

2012 级（96 人）

付永庆　潘付林　李佳佳　马平花　马亚莉　符　斌　崔茹楠　葛　佳　刘　礼
平　恒　吴　尘　谢昕欣　张　俊　杜晓雪　钱　婧　田也异　王珊珊　杨柳青
周亦然　祝　笛　冯　哲　郭田田　王海洋　王小维　姚朝华　袁　珩　张津珣
曹福坤　方　雪　华艺曼　王金侨　王　珊　张晨凤　张梦秀　周　晓　郭增瑞
姜光明　李　栋　王婷婷　王　滢　谢　慧　薛　亢　颜　超　臧建建　张　京
朱海蛟　蔡楠楠　黄　超　李　峰　刘　璐　王　蕾　王　星　杨　倩　张雪静
周　丹　鲍平晓　邓婷婷　高　欢　高　奇　贺颖昕　黄斌慧　黄金迪　冀俏然
李步先　李　璐　李　悦　刘　月　柳　盈　卢　琦　马敏英　钱馨韵　秦　春
芮　一　孙丽娟　汤旸旸　吴　庆　吴文惠　熊成娟　徐　苗　徐宗杰　张梦夏
周晓慧　邹明慧　杭昀竹　郝金玲　章楚加　蔡　蕾　范　玲　黄非可　李雪莹
刘　颖　潘鹏程　汪　茜　殷砾清　仲　玮　周　建

2013 级（97 人）

盛　涛　白殊遇　温　利　彭大秋　樊剑洁　赵乌兰　艾红永　曹晓琳　陈喜兰
傅娇阳　胡培培　李雨晨　刘心怡　苏为彬　吴　昊　徐致远　钟宏全　程若锦
胡英阔　李　宁　王泽宁　余　航　张　敏　朱雪娣　陈　明　陈晓宇　韩大贤
李　丽　王　准　宿　锦　张　继　章　杰　朱熠博　陈　静　胡敏慧　孟庆慧

沈 斌	王 群	王 涛	杨俊杰	陈逢玉	姜娟娟	厉春琴	庞 军	孙 蕾
王 超	徐 琳	余 莉	张 春	郑中云	朱昭媛	陈飞燕	邓正亮	郭玉玺
何 楠	蒋珊珊	师 丹	孙玉环	王 晓	王一轩	许鹏飞	陈雨彤	褚君怡
杜骏飞	范 芳	冯晓茹	胡新雨	黄安力	黄小苏	刘元兴	卢 微	鲁虞舟
毛子健	钱 力	邵骏玮	汤 莲	王丹丹	王佳楠	王金星	王俊梅	王亚玲
徐颖蕾	喻 露	翟润方	张路路	张 昕	张 朕	郭馥宁	孔志强	钱 澄
邵天婷	史洪媛	唐露甜	王晓璐	杨 帆	杨若宇	訾立杰		

2014 级(96 人)

蒋兴飞	陆海灿	马 萍	王 林	杨盼盼	曾承富	丛 芳	覃亦佳	杨建伟
龙思凌	陈 晨	陈丽珍	贺黎明	蒋 超	刘南南	邵 涵	张 瑜	崔 坤
郭 杰	李 雍	刘丽媛	是越越	宋金璐	高王慧	黄宇宸	江米昊	靳亚平
王 星	吴顶忠	杨 伟	张怡悦	左正欣	纪文哲	姜良贺	蒋成连	李 莎
刘 瑾	钱昕辰	史吉昌	陈 菁	高亦烜	郭敏敏	季一江	马梦丹	孟奥旗
彭凉恩	秦 菁	唐鸿儒	唐诗瑾	王和悦	王 涛	卜 元	代 涛	梁丽丽
苏宝成	魏雯珺	徐琨玉	余朝晖	张玲玲	陈 艳	黄乾艳	黄 薇	李梦飞
梁泽宇	刘 婷	刘钰婕	卢雅昆	陆 平	聂丽娜	乔芳芳	沈凯祥	孙世轩
孙亚男	汪 赛	王 瑞	王夏侯	王 仪	吴小凤	徐 靓	张虹玉	张梦泽
张玉华	朱 韵	陈 曦	刘 宁	明 智	冯臣莉	金 晶	林 强	刘 捷
刘柳妤	马雪娇	邵玉婷	魏 玮	赵 婧	赵 伟			

2015 级(91 人)

洛绒央宗	秦昉新	郭志鹤	谭 阳	陈帅师	陈玉玲	丁 奕	高 宇
李 心	魏伟伟	吴林昊	叶 爽	赵红豆	周夏青	祁红龙	张立经	赵贺鹏
周文威	丁 颖	刘 月	王 宇	韦科顺	谢本谦	杨 震	章 甜	毕海燕
李昱丞	刘艳艳	王玫玲	杨学良	叶春燕	张 婷	姜 宁	李 昂	李培根
林月月	瞿晓丽	唐 然	王丹亭	王文倩	杨 婷	赵燕霞	韩玉洁	何 琴
李淮杨	刘 堃	马艳云	任中涛	孙士凤	辛奇来	邬文豪	操 雅	曾明月
陈丽佳	陈若滢	丁凤玲	傅雯颖	黄薏庭	李 菁	刘 畅	刘文丽	刘 心
潘淑君	沈 逸	王伯阳	王冬冬	王林帅	王倩倩	王语嫣	王卓然	肖 玲
谢 晶	张 琳	张丘铃	张之晗	章耀尹	周沛远	周秀婷	陈 晶	李小溪
董仲英	葛盈鑫	李孟妍	李蔚林	马思薇	沈可尧	涂乃心	王丽君	王思湉
徐梦瑜	袁文涛							

2016 级(88 人)

陈卓枫	单明旭	刘 敏	史佳楠	史夏婷	王 森	赵 璇	赵一凡	何舟宇
李 悦	潘悦寒	齐文玲	闫萍萍	张 云	陈欣悦	董 建	高陆萍	蒋旻悦
李 娜	马世花	孟祥曼	吴 静	谢明睿	杜晶晶	李 博	李 林	万蓓蕾

庄倩倩	廖　鑫	莫　敏	孙维婷	吴　吉	许嘉琛	薛世平	张　坤	张艳萍
郑钰彦	钟　岩	周心瑜	黄梦琪	林秋鸾	苏　幸	王小玲	徐明阳	杨　帆
赵倩雯	朱肖潼	柴佳宁	陈　洋	邓流青	董　楠	方丽氚	高明玥	郭　智
何　莉	胡　萍	李　欢	李　聘	李思逸	柳婷婷	毛立琦	毛晚晴	汝　莹
谭淑平	王靖萍	王　珏	王令琦	席敏华	肖语桐	宿文嘉	杨关峰	张　馨
郑佳裔	周昊然	胡宇行	纪福莲	马金凤	田　放	杜　立	范雨田	霍　亦
罗一铱	任　莉	沈碧霜	沈嘉凝	杨　迎	俞　雯	张珂煜		

2017 级（100 人）

马世花	李　林	廖　鑫	莫　敏	胡宇行	陈　炎	刘雨璇	泮炜锋	吴　冉
姚秀娜	仪　蕊	关迪心	黄　炜	蒋　慧	侍映如	孙　瑜	奚海林	杨　琦
杜昕怡	宁继凯	宋丹丹	陶　静	魏　荣	魏子航	赵艳洁	陈福牛	陈思汝
郝晶晶	李文君	刘佳铭	王昌杰	张林潇	张莎莎	陈护文	陈　思	郭颖达
韩璐璐	黄　荇	黄玉瑜	连文斌	米　倩	徐凯悦	杨　乐	尹　竹	袁倩茹
章　波	戴晓雨	谷萌萌	金　晶	申晓楠	王平心	徐娟慧	杨从英	张莹莹
庄　丹	程亚萍	郭勇初	侯亚文	黄　硕	黄　莹	蒋玖珠	蒋可元	来楚轩
李铭扬	李　雯	李昕玥	李诣灏	刘　荣	彭　茹	孙　睿	王冰心	王嘉翔
王君丹	王　棋	王晓琪	王　雪	王延云	魏晓艺	张润竹	钟婉琪	周伟峰
祝　彧	陈　诚	陈梦颖	贾晓冉	金茹雪	廖佳洋	夏林冉	陈　汉	笪弘宇
刁　赟	杜　昊	黄　菊	金妍琼	李嘉辉	林燕玲	楼　炯	田雪银	王　琨
王　悦								

2018 级（89 人）

陈滢珂	单小波	胡耀云	刘　琼	刘　艺	盛铀钧	杨　琪	范　晴	郭文瑾
孙光明	汪宁远	徐珮瑶	张嘉颖	周晖林	毕煜烨	陈日建	陈鑫鑫	李云轩
刘　娜	沈一凡	张金瑾	成享邑	何金璞	宁弘毅	宋　谦	宋文莉	王成琳
赵　桐	周德轩	冯　露	傅乐天	韩竹滨	蒋雪纯	马　奔	吴　莹	赵洪祯
赵慧慧	赵玉蓉	朱心怡	朱洋珊	康雪卉	蓝文想	李思颖	石杭莹	苏碧颖
王心宁	严家玮	余文芳	翟雪佳	赵　越	陈　晨	成栩慧	楚惠如	段佳敏
葛　畅	江心怡	金　婷	雷　希	李　婧	李路路	刘　琦	刘　艳	马新月
莫炜婷	钱　玥	戎　宸	佘梓欣	王佩思	谢　旭	徐佩文	杨鸣捷	叶嘉祺
余新语	张　燕	张　媛	周鹿鸣	周　彤	周怡彤	朱　迪	胡慧蝶	李　敏
葛慧茹	王胜楠	徐发敏	张　硕	张宇庆	张　赟	周　聪	周梓珮	

三、在职法律硕士(2 938 人)

1998 级(51 人)

成　杰　戴　涛　邓建云　狄邦建　韩晓帆　韩学艳　杭正亚　何建明　何　涛
胡欣荣　解晓东　李后龙　李　华　李加超　李强国　刘亚军　卢　苍　吕　青
罗　鹏　马　育　毛方余　毛玮红　钱云华　邵步运　邵　忠　沈　红　时　刻
宋　华　孙复龙　孙元明　王彬彬　王海晨　王均柏　王　俊　王明新　王　欣
王雪珂　王宇月　姚志坚　张凤梅　张洪宝　张　浪　周　斌　周达松　周建英
朱绚凌　朱　昊　宗豪杰　蒯建欣　徐永伟　旺希卓玛

1999 级(82 人)

陈立志　杜明君　方忠宏　方　红　顾钦宏　郭迎春　葛燕峰　郭锦勇　顾明军
葛　冰　衡　阳　黄亚珍　蒋新生　刘权新　柳　洪　卢希起　李广文　陆广文
李玉柱　陆　军　马伯亚　凌爱武　潘昌锋　沈　峻　孙　凌　施展辉　舒　海
汤　雷　唐　涛　唐旭东　王劲松　王　颖　王卫东　王新阳　翁　文　吴曙明
王　前　王荣朝　薛剑祥　薛宏伟　徐永清　熊敏翙　薛忠贵　徐　萍　夏　晴
徐　筠　徐　涛　辛立林　俞波涛　杨晓蓉　杨　凯　叶仁文　叶　宏　岳　安
赵述安　赵殿中　赵培元　朱涤非　郑杭斌　邹文梅　周宏彬　朱良平　陈宽山
戴桂洪　戴　勇　丁师伟　韩　亮　李　宴　戚枝淬　孙　丽　王文德　王亚明
吴　嘉　许国忠　薛　枫　杨　文　张朝晖　郑哲兰　周海南　朱卫东　朱　雁
左祥瑞

2001 级(112 人)

安祥卫　安仲润　包同英　鲍崇军　毕晓红　采　飞　蔡　智　曹　琼　陈　晨
陈高峰　陈玲伟　陈　卫　陈以强　陈志红　戴　舒　单云娟　丁爱国　丁千岭
董安庆　傅成保　高洪江　高树林　管俊和　何国祥　贺佩娟　侯海军　胡道清
胡　俊　扈　斌　花玉军　姜亚炎　金爱晶　乐　涛　李　冰　李惊涛　李　伟
李小宁　梁海峰　梁　云　刘长力　刘红兵　刘加云　刘文起　刘雪梅　刘玉江
陆朝新　罗玉清　马林瑞　茆法勇　聂馥蕾　欧文钺　潘全民　钱光武　邱学峰
沈玉华　盛利华　孙建平　孙　辙　谭永生　汤小夫　陶　宏　田　雨　童衡涂
储　斌　汪卫国　王　川　王建国　王靖华　王丽纹　王　牧　王　群　王士贵
王湘群　王祥英　吴卫兵　夏　奕　谢满林　徐　静　徐　强　杨海燕　杨正宏
姚　蕾　尹维达　尤铁梅　俞灌南　袁长伟　翟良彦　张建秋　张克晓　张　黔
张婷婷　张　霞　张永娣　张　源　张志良　张志平　张中华　张忠文　赵同双
周　慧　周建飞　周　洁　周万荣　周艳波　周　宇　朱　东　朱红祥　朱金刚

朱少华　朱友银　吴建华　王克浪

2002级（116人）

毕少斌	蔡　云	陈　峰	陈富贵	陈国华	陈　玲	陈玲刚	陈　敏	陈庆太
成　靖	邓增萍	樊华辉	范艳萍	盖之明	高红银	高　军	高立稳	高玉成
葛晓燕	贡丽华	顾帮朝	管月刚	韩　宁	韩　祥	杭　鸣	何效红	胡劲松
胡雪梅	黄文青	黄旭东	姜方平	景双彬	李　彬	李　彬	李　芬	李立云
李龙梅	李　盛	李新超	李徐州	李玉明	林　颢	刘建功	刘　坤	刘　蕾
刘慎辉	刘　峥	陆金保	马　力	马仁慧	马正华	毛　矛	毛照华	茅金峰
祁贵明	钱　莉	钱亚祥	钱　智	乔　斌	沈　烈	施　东	时庆海	水振华
宋长健	宋　峰	宋金玲	眭炳祥	孙建明	孙　杰	谭　斌	汤茂仁	滕　云
汪兴国	王　兵	王洪祥	王华民	王前旭	王　韧	王　荣	王　胜	王淑梅
王晓慧	吴瑞安	吴　炎	席玉峰	夏　琦	夏正方	肖　文	徐清华	严　彤
杨　斌	杨维国	杨雪峰	殷　珉	虞忠和	袁爱军	袁绍云	袁晓华	恽爱明
臧　静	张革联	张　鹏	张卫平	张晓淑	张祖超	章　群	赵建江	赵　苠
征汉年	郑　光	周军民	周顺忠	周学风	朱　斌	朱春明	朱冬霞	

2003级（196人）

鲍建武	蔡　溦	曹翠萍	曹　霞	陈　波	陈德泉	陈　刚	陈　钢	陈怀友
陈淮波	陈加宽	陈　健	陈晓钟	陈亚鸣	陈易平	陈正山	成　勇	程梦玮
崔　民	戴　娟	邓　楠	丁　钰	董学峰	方　勇	丰友芳	冯晓华	冯亚晨
冯　辕	冯志柏	葛　蕾	谷　健	顾海燕	管　波	郭会文	郭　林	韩　冰
郝大全	何俊妍	侯中淮	胡斌兵	胡红亮	胡吉勇	胡　进	胡永娟	黄　建
黄　亿	黄　屹	纪俊明	季　锐	江建华	蒋汉春	金淮明	瞿晓东	孔　勋
李成光	李传松	李道丽	李　军	李卫彬	李晓林	李　艳	李勇强	林雨农
刘　斌	刘　红	刘　俊	刘　林	刘　萍	刘益民	陆正勤	吕凡明	吕　飞
吕恒仁	吕　娜	茆　俊	倪　嘉	倪　明	聂朝晖	欧海鸥	欧青海	浦永军
渠华冰	荣汉奇	沈　菁	沈善文	沈　婷	沈晓莺	史承豪	史　俊	宋　川
孙　彪	孙玲玲	孙晓旻	孙宜波	孙　芸	孙展虹	谭晓兵	汤永东	滕天云
涂中勇	汪漳龙	王传敏	王道才	王德荣	王　刚	王更生	王金玉	王　俊
王　蕾	王　奇	王　琦	王庆彬	王天渊	王　伟	王卫东	王晓红	王绪凡
王　颖	王永刚	王　震	魏俊哲	温成刚	吴　晖	吴　玲	吴　苒	吴生良
吴玮翔	吴治中	武　琼	夏　祥	肖朝晖	肖立超	肖　楠	肖志强	谢　磊
胥　峰	徐　军	徐　荣	徐士平	徐同凯	徐晓明	许　辉	薛海蓉	薛　薇
杨昌俊	杨朝江	杨立江	杨越华	姚广建	姚建新	姚月梅	应海东	余　红
余荣红	袁永良	曾丽敏	张爱民	张继军	张加林	张　建	张　健	张江伟
张梅菁	张戎亚	张　薇	张卫明	张先昂	张向荣	张秀东	张　雁	张耀阳
张　颖	张震旦	赵春祥	赵宏勇	赵　敏	赵　宁	赵祥东	赵银龙	赵正才

郑 艳　钟连勇　种修环　周道航　周 皓　周 辉　周伦军　周 猛　周 敏
周永光　朱 明　朱秋卫　朱 荣　朱亚男　卓 洋　邹 毅

2004级(315人)

卞红志　卞胜东　卞为贵　卞正义　卜玉霞　蔡 勃　蔡 镝　蔡丽丽　蔡抒晨
蔡益明　曹松青　常美娥　陈碧莲　陈丛蓉　陈二华　陈国华　陈国俊　陈海鸥
陈 杰　陈 军　陈俊杰　陈 强　陈 卫　陈文峰　陈旭东　成荣海　程新苏
崔永峰　崔玉文　戴红翠　戴晓明　戴新生　单华东　丁 飞　丁凤玲　丁 浩
丁 锴　法宏坤　樊华勇　范胜彩　冯长征　傅宁燕　高玉军　耿振英　龚怀军
苟 忠　顾 韬　顾燕宁　顾勇军　桂兴卫　郭 峰　郭 红　韩利民　杭 胜
何立超　侯海峰　胡海玲　胡乐清　胡 凌　胡品花　胡 闻　胡晓卉　黄 河
黄加清　黄剑锋　黄 洁　黄 敏　黄普娅　黄 瑞　黄祥坤　吉庆方　季 芳
江 辉　姜 斌　姜 国　姜 云　蒋晓轩　蒋学群　鞠建荣　鞠月峰　瞿 霞
雷 蕾　李 冬　李国忠　李海淳　李红建　李建芬　李 泉　李 涛　李 卫
李晓平　李 新　李亚林　李 艳　李叶葳　李钟鸣　李竹影　李自刚　李作超
栗 娟　林惠云　刘爱东　刘佃红　刘 峰　刘福江　刘海红　刘 凯　刘 琳
刘 敏　刘赛连　刘晓南　刘艳春　刘源远　刘悦梅　刘 云　柳建安　陆宝成
陆 欣　栾卫国　罗 翀　罗 渐　罗中民　马 健　马 杰　马艳梅　马轶娟
牟如芳　倪 军　聂济松　聂 勇　欧雨农　潘静刚　彭 箭　钱东升　钱 俊
乔延彬　秦华胜　邱运峰　阙正国　任德平　任运松　沙文忠　邵旻杰　申 利
沈爱东　沈 荷　沈 华　沈 俊　施国伟　施家新　石金荣　石 丽　史晓进
宋长庆　宋朝阳　宋 军　宋文彬　宋晓波　苏 斌　孙富荣　孙建蓉　孙建中
孙 捷　孙人清　孙亚君　汤志武　唐东升　唐 岩　陶 红　陶 虹　田志兵
涂纯静　屠文华　万建平　万 静　万 励　万 龙　万新华　汪 睿　王爱红
王 斌　王丹俊　王富国　王 晗　王 建　王 晶　王 静　王军强　王 丽
王 莉　王丽华　王 路　王曼丽　王 梅　王 芃　王 萍　王庆新　王世杜
王素娟　王伟涛　王 燕　王聿广　王 玥　王 蕴　王政勇　尉延峰　魏怀勤
魏 玮　吴春鹍　吴洪燕　吴 军　吴卫星　吴 宇　夏绪敏　相文娟　肖天存
谢国勤　谢慧岚　谢新竹　邢光虎　邢 娟　徐成平　徐 慧　徐吉梅　徐 进
徐丽华　徐丽娜　徐 玲　徐世斌　徐寿权　徐孝军　薛印洋　薛 勇　闫冬妮
严 冬　严明生　严中良　颜 畅　杨 芬　杨海波　杨康健　杨 帅　杨 伟
杨 武　杨向涛　杨晓红　杨晔隽　姚 彬　姚 迪　姚 芳　姚曙琴　叶江霞
叶 梅　尹小龙　尤忠华　于 毅　俞旭明　袁 泉　袁 滔　岳德成　曾 亮
占立波　张 斌　张海艳　张 浩　张和荣　张红飞　张厚永　张 慧　张慧雅
张久栋　张 群　张松涛　张先花　张小帆　张兴立　张 燕　张 羿　张贞伟
张智慧　张 茁　章其彦　赵德石　赵会平　赵玉铭　郑 超　郑雯静　钟永久
周 成　周从华　周海茵　周洪兵　周金刚　周启泉　周守忠　周 涛　周 文
周小纯　周志刚　周 智　朱海天　朱家明　朱建华　朱 敏　朱世珍　朱同福

朱卫芳　朱卫星　朱文峰　朱晓军　朱亚平　朱　勇　朱志松　诸培根　祝　怡

2005 级（228 人）

包亚虹　曹　蕾　曹利勇　查军燕　陈　锋　陈　刚　陈国艳　陈海燕　陈劲草
陈来强　陈利军　陈士莉　陈　炜　陈　莺　成　伟　褚爱芳　崔保华　崔晓玲
崔　欣　戴　芬　戴前军　邓　丽　丁　可　丁永生　董德春　董洪利　杜　飞
杜　敏　段俊明　段里鹏　樊振宇　范柏杰　方兴宇　冯　伟　冯忠洁　傅志成
高柳松　高　瞻　杲先峰　郜　军　葛　宅　耿　德　龚向柏　顾卫东　顾　翔
郭　群　郭树林　郭煜华　韩春平　韩　澎　杭　涛　何　庆　何新龙　何　茵
贺许容　胡丽娟　华　杰　黄卫群　黄文政　黄振华　嵇东方　嵇文兵　季　敏
贾　红　江礼清　江早春　江　洲　姜　立　蒋　蕾　蒋凌军　蒋　平　蒋　伟
蒋小英　李海波　李海侨　李　娟　李　鹏　李　祁　李荣华　李　炜　李卫东
李晓东　李　雪　李　振　林　东　凌雄林　刘　宝　刘必军　刘顺航　刘　伟
刘文炯　刘　霞　刘小吾　刘　阳　刘永峰　刘宗开　柳慧敏　卢红娟　卢　力
卢　欣　陆轶群　陆真国　吕道龙　吕礼华　马　琳　马　芹　马文连　茅　斌
茅昉晖　孟公严　倪海英　潘明祥　潘兴军　钱　卫　钱晓芳　乔成杰　任　洁
戎浩军　伞波仁　邵军芳　沈小坤　施建红　史留芳　束昊俊　孙乃清　孙　青
唐　静　唐新存　田　径　王保林　王　蠢　王　淳　王　红　王后海　王华罡
王　辉　王　萌　王　敏　王　平　王铁军　王　彤　王　蔚　王　蔚　王小新
王旭奇　王　勇　王玉福　王　渊　魏德顺　魏美富　魏　震　魏志强　温秀芬
吴　斌　吴红娥　吴宏文　吴　洁　吴南燕　吴小强　吴泽群　武　旸　肖　红
谢亚洲　徐宝书　徐承业　徐高明　徐　海　徐立强　徐少飞　徐艳丽　徐永前
徐　铮　徐　智　许　成　许　嘉　鄢　剑　严　俊　杨利红　杨晔旻　杨忆江
杨正波　姚　庆　叶　飞　叶兴亮　乙　斌　殷武华　尹　春　尹者刚　余　卫
喻葵英　袁　蓓　袁子瑜　曾咏梅　张丙飞　张国民　张　睿　张文菁　张旭伟
张　震　章　润　章志成　赵　畅　赵　鑫　郑　炜　郑兆利　仲若辛　周　白
周宝奎　周道勇　周克桃　周庆兰　周文棣　周衍兵　周　懿　周寅辉　周　云
朱冬生　朱广洲　朱怀平　朱　健　朱　清　朱　嵘　朱　甦　朱祥才　朱向群
朱玉龙　庄　挺　邹　宇

2006 级（179 人）

艾铁松　卜　涛　蔡　栋　蔡　虎　蔡巧珍　蔡亚锋　曹兆虎　曹　铮　陈　晨
陈　德　陈　方　陈国桥　陈　辉　陈　琳　陈　萌　陈　涛　陈　尧　陈章平
陈志明　成广进　迟玉先　崔　红　单雪晴　邓纯华　邓建军　丁剑峰　范永刚
费季军　耿孟侠　顾建龙　顾梅梅　顾学荣　顾　羽　顾正兵　郭　云　韩学明
贺　达　洪　祥　侯庆武　胡传高　胡春燕　胡　卫　花纯芬　华美芳　黄　静
黄　山　黄勇翔　黄志坚　吉达红　季　红　贾　峰　蒋桂芳　蒋丽萍　蒋小涛
康　强　李　坚　李　俭　李前国　李　霞　李　欣　李兴中　李玉霞　李正州

凌 晨	刘爱花	刘长伟	刘 超	刘 锋	刘明富	刘 宁	刘齐国	刘 奇
刘伟民	刘艳祥	龙利勇	芦学林	鲁 帆	陆 剑	陆卫华	罗 为	马春艳
马 虹	马 融	马艳君	孟庆松	孟 源	潘红燕	潘 佟	祁 勇	钱航标
任峥嵘	施桂芳	施 君	石星恺	石 一	宋 洁	宋有泉	苏 琳	孙彩萍
孙 娟	苏晓映	孙 勇	锁立兵	邰一宁	唐 磊	唐黎刚	唐 张	童春纲
王昌圣	王 峰	王 刚	王国弟	王剑锋	王 珏	王仁堂	王 炜	王 勇
王苑羽	魏玉嵩	吴立香	吴永红	武 瑾	夏登俊	熊 辉	熊 亮	徐长明
徐 挺	徐秀林	徐莹莹	许 军	许胤熠	严玉中	杨 芳	杨金伟	杨俊能
杨敏叶	杨仕勤	杨 扬	姚卫强	姚晓东	叶 军	叶 妮	于 震	余 红
袁 辉	袁修来	张 珺	张保军	张金萍	张劲春	张乐群	张 磊	张 濂
张 玲	张 芹	张蓉彦	张素静	张向军	张 娅	张 燕	张益中	张志强
赵海森	赵建兵	赵 迅	赵亚云	赵 准	郑建和	郑 翔	郑跃峰	周 刚
周 火	周 珺	周 利	周玉芳	朱 俊	朱垭梁	邹成志	邹志红	

2006 级（苏州班，41人）

蔡永良	陈建祥	陈 峻	陈 翔	樊丽萍	樊月萍	高成干	洪海健	李 磊
李 阳	林 佳	刘 峰	刘 伟	毛俊彪	聂彩莲	钱惠彬	邱文莉	沈 斌
史兹保	谈 成	王德军	王贵君	王 健	王 燕	王月好	王 仲	王祖俊
吴 莹	徐天兵	姚 飞	殷其新	余亦麟	臧天强	张晓彬	郑 宇	周如军
朱德勇	朱 雷	朱 鸣	朱晓明	赵祥云				

2007 级（184人）

卞 森	曹 峻	曹守军	陈红梅	陈 华	陈 杰	陈 峻	陈培洪	陈小芳
陈彦理	陈艳艳	程 挺	戴 波	戴小俊	戴银凤	董桂红	杜 莉	范 林
范年红	高 峰	高贵亮	葛金山	葛中坤	耿玉基	谷友炳	郭宏君	郭 钧
何 凯	侯淑云	胡 兵	胡 煜	季 红	季 际	季炯蔚	季开云	季学俊
贾 凌	江静波	姜 丽	蒋 珩	蒋晓春	金 峻	金 坤	金盛峰	李传江
李大中	李 冬	李国帅	李 寒	李 皓	李 奎	李坤复	李麟俊	李 鹏
李 荣	李 涛	李小红	李晓东	李 艳	李友俊	李 宇	李正东	梁 萍
廖志平	林 琳	刘 芳	刘 洁	刘 萍	刘 涛	刘兴梅	刘亚玲	刘 艳
刘友青	刘柱文	陆志虹	骆怡中	马金虎	马卫东	齐献利	钱 俊	钱 丽
钱 颖	乔爱民	乔莲娣	秦月红	芮 峰	商春锋	商晓东	尚昌虎	沈林科
沈 明	石岩强	史真鸥	司开廷	宋 军	孙 磊	孙 颖	谈银成	滕春芹
田 皓	万莉莉	汪惠芳	王 蓓	王春华	王大志	袁学束	王 峰	王 刚
王 娟	王 磊	王 玲	王 敏	王式军	王 婷	王笑娜	王 艳	王 扬
王益峰	王 颖	王 勇	魏 娜	吴 楷	肖 雄	谢礼强	谢 寅	徐 培
徐 艳	徐 媛	徐竹君	许碧江	许象成	严 蕾	颜新颖	杨 军	杨连波
杨 柳	杨孝富	杨啸洋	姚继君	叶 航	叶茂标	尹晓青	尤堂震	于 磊

于　睿　　于兴春　　袁　辉　　连银军　　张　蓓　　张长琦　　张东方　　张怀伟　　张吉瑞
张　磊　　张　韦　　张维胜　　张　伟　　张新茂　　张燕君　　张　扬　　张　勇　　张勇庆
张雨红　　章晓春　　赵俊岭　　赵　萍　　赵守才　　赵　伟　　郑　磊　　周　天　　周文林
周新玉　　周媛媛　　周　云　　朱　斌　　朱　海　　朱惠明　　朱吉余　　朱　军　　朱　玺
朱　翔　　朱晓纯　　朱亚宏　　邹锐锐

2007级（苏州班，42人）

班　玲　　鲍　啸　　陈仰勇　　陈召强　　丁　芳　　杜永忠　　傅娟娟　　何德辉　　胡　青
霍振扬　　季长伟　　季　艳　　江雄军　　姜　苏　　李奕奥　　林彩霞　　鲁礼军　　潘　驰
庞　博　　秦国渠　　戎文欣　　沈永红　　舒良栋　　孙　娜　　汤　贝　　王加山　　王　凯
王敏捷　　吴　宸　　徐乐游　　徐　丽　　徐　敏　　宣义江　　于程程　　湛　军　　张　旗
赵启兵　　赵　强　　赵新中　　周海燕　　周　盛　　祝　红

2008级（130人）

艾　昊　　艾　青　　白　雪　　曹娅琦　　查敏敏　　巢华娟　　车静秋　　陈　佳　　陈竞萌
陈　静　　陈　烈　　陈　萍　　陈小俊　　陈　颖　　成晓清　　储海平　　刁岚松　　丁　燕
董长涛　　范　勇　　冯　晟　　傅建霞　　高倩倩　　高　冉　　高　媛　　耿国喜　　耿宗航
古公亮　　郭清亚　　韩琴芳　　韩　伟　　郝亚琴　　何晓晴　　贺小雄　　侯　波　　胡　滨
胡铁龙　　黄　坤　　黄　宁　　霍冬梅　　吉仲慧　　姜　涛　　姜　熹　　蒋　琳　　孔令红
李春静　　李晗光　　李金雯　　李　俊　　李明春　　李　松　　李艳红　　历洪光　　梁　枫
林　敏　　刘　敏　　刘　岩　　刘永明　　刘玉娟　　陆亚琴　　骆叶香　　马　阳　　茆蓓蓓
茆文娟　　梅　杰　　倪　誉　　宁　舒　　潘剑云　　裴　杰　　沈　晨　　沈　楠　　时　敏
史伟年　　史亚军　　孙　荟　　孙良勇　　孙中宝　　孙忠河　　万　华　　汪振林　　王惠云
王　洁　　王　蕾　　王　亮　　王敏华　　王　倩　　王　希　　王晓卫　　王振琴　　韦迎凯
吴　萍　　吴　悦　　肖　春　　谢洪婷　　谢　靖　　谢洪波　　胥　佳　　徐　靖　　徐素平
许　璐　　杨　旦　　杨　芳　　杨　菁　　杨　墨　　姚维娜　　尹子茂　　应慧燕　　余　亮
余　伟　　俞　亮　　俞　露　　曾全生　　张成城　　张　法　　张广涛　　张国民　　张和平
张红柳　　张　娟　　张　蕾　　张前上　　张　然　　张　涛　　张雪峰　　张英姿　　赵　敏
周　波　　朱益俊　　朱　莹　　宗　炜

2008（苏州班 108人）

陈　晨　　陈国鹰　　陈江华　　陈淑敏　　陈文杰　　程　岩　　范建设　　方　敏　　方　勇
封其银　　冯子龙　　高建立　　高旭芹　　顾秀梅　　管　欣　　何小勇　　华　娟　　黄春兰
黄凌青　　吉泰根　　季建国　　贾延安　　姜　锋　　姜　俊　　金　坚　　金建宇　　孔小芝
雷　勇　　李春香　　李　军　　李文斌　　李　宇　　梁　霞　　刘　琴　　刘万美　　刘晓琨
卢　宏　　卢克臻　　鲁　勇　　陆　曦　　陆跃亚　　鹿剑林　　吕旭辉　　毛　敏　　缪云磊
潘梅玲　　钱宏君　　乔　勇　　戎莉俊　　芮勤珠　　邵　林　　苏增贤　　孙冠男　　孙林海
孙小红　　孙志龙　　谭丽萍　　陶　蕾　　田少华　　万　方　　王　飞　　王　健　　王　晴

王庆辉	王 炜	王卫东	王裕中	吴应锋	习冬梅	徐 鹏	徐迎春	徐泽萍
许剑忠	许 洁	薛 丹	薛 凯	杨承荣	姚世鹤	叶金花	殷 飞	游鹤近
余庆丰	张建军	张敬武	张 君	张 莉	张 鹏	张素琴	张晓光	章 健
赵登伦	赵 辉	赵 强	赵莹莹	郑 军	郑来来	郑瑞华	郑苏耘	郑 伟
郑 潇	仲海云	周志翔	周忠喜	朱翀卉	朱 峰	朱海勇	朱 军	邹 波

2009 年（182 人）

巴业涵	鲍丹艳	毕宣红	卞媛媛	陈春明	陈 庚	陈国华	陈 全	陈秀梅
陈学明	陈亚雄	管轶文	郭 奇	郝 然	洪义勇	侯培光	季 云	江家莹
江建华	蒋立波	蒋园园	李 冉	李 霞	李筱艳	李 璇	刘 智	卢云云
陆红梅	吕剑峰	茅文雅	孟 睿	潘宁炜	彭蓓蓓	彭 敏	秦 岭	邱伟毅
阮军勤	沈 乐	孙大伟	孙芳远	谭 砚	唐 琳	田 亮	万扬飞	汪俊伦
汪 杨	王法初	王国喜	王 琴	王勤飞	王 涛	王 珣	王 滢	吴灿芳
吴婧丽	吴亮亮	吴旭坤	夏 恬	夏重庆	徐 闽	徐 艳	闫常伟	杨 帆
杨守亚	叶雪峰	尹力利	于红琴	俞伟杰	郁 奇	张 斌	张春禄	张昊男
张天戈	张映秋	张永浩	张有志	赵娟娟	赵 楠	郑 毅	周 斌	周 宏
周加强	周 娟	周 雯	周向东	朱家槽	祝明权	曹业华	曹 溢	陈宏俊
陈 娟	陈思寒	陈 耀	陈俞箭	仇 锋	崔建坤	崔 杰	戴 伟	单 敏
丁亚平	丁 毅	樊盈盈	冯旭昱	高 鹏	龚庆荣	龚雅娟	顾建梅	顾婷婷
过 悦	黄垠中	姜柯宇	蒋亚新	孔 非	李 晶	李 莉	李守华	李 玮
李徐生	刘 军	刘蓉蓉	刘 伟	陆晓飞	罗长红	祁 飞	齐 涛	秦 岭
邱荟荟	戎光庆	邵 婧	邵 亮	沈红霞	施俊晖	史 昊	宋芳如	宋秀俊
宋 瑜	孙 浩	孙科军	孙伟东	孙召军	童 心	汪丽英	王 飞	王加胜
王金根	王 晶	王 敏	王明涛	王 涛	王伟伟	王轶峰	王 毅	王 铮
韦 国	吴 宁	吴 炜	武孝奎	夏 炜	徐海峰	许贝丽	许 晔	杨 成
杨东来	杨金岭	杨 磊	杨 敏	杨庆艳	杨 翔	姚桢荣	印乐佳	俞锦华
张 斌	张丽华	张水兵	张云飞	赵 艳	周国强	周 捷	周 薇	邹 琦
邹 亚	顾 锋							

2009 级（南通班，31 人）

季 云	江家莹	蒋园园	汪俊伦	吴亮亮	赵娟娟	赵 楠	曹 溢	陈 耀
陈俞箭	单 敏	丁亚平	丁 毅	樊盈盈	顾婷婷	李徐生	陆晓飞	邱荟荟
邵 婧	施俊晖	孙科军	王 晶	吴 炜	许 晔	杨 成	姚桢荣	张 斌
张云飞	周 捷	邹 亚	顾 锋					

2010 级（200 人）

| 白佩伟 | 卞妮娜 | 卞修斌 | 蔡 嫣 | 陈 菲 | 陈 宁 | 陈瑞婷 | 陈 翔 | 陈 嫣 |
| 陈 燕 | 陈一文 | 戴晓君 | 戴羽白 | 丁 晨 | 丁 伟 | 方晓臻 | 冯佰权 | 付长洋 |

付科伟 耿立昂 耿 烨 顾宸菲 郭 婷 郭月芳 何成皓 胡大清 黄志敏
吉松祥 计永林 姜 勇 蒋 兵 金 波 金 蕾 金庆华 柯 刚 李 根
李 海 李晓飞 李晓红 梁 懿 林 欣 刘 畅 刘 伟 刘新媛 陆 莉
陆一君 马毅萍 孟春梅 孟凡玉 宁志坚 秦岸东 邱加明 荣 辉 尚 蕾
史 芳 束利云 宋 柏 宋德春 汤海英 汤 洁 陶 金 汪海艳 王宝柱
王海霞 王 见 王旻东 王一馨 魏佳佳 吴远慧 席宗堂 徐 正 薛 宁
姚 嘉 殷 虹 张 弛 张劲松 张 倩 张 强 张秦一 张 鑫 张云云
赵 静 赵璐瑜 赵 颖 赵 勇 赵 煜 周佳聪 周家科 周金凤 朱光辉
朱宏伟 邹成勇 曹建国 陈 亮 陈 铭 陈 宁 陈如庆 陈 亚 陈 宇
丁峰松 丁延军 丁 一 丁 宇 付 志 高 磊 葛 磊 葛小银 公茂磊
顾红刚 韩 路 何案彬 黄立军 黄齐畅 季通洲 江 涛 蒋 蓓 蒋鸿飞
蒋建奎 李鸿雁 李健勇 李 路 李 明 李鹏鹏 李秋璟 李 宇 梁艳萍
林 树 刘 备 刘 岚 刘孝潭 娄 岩 卢 静 马 骏 马兆国 彭国新
祁武林 秦 皓 任 博 时 忠 史 晶 水恒光 孙大江 孙 婕 孙 荣
孙伟华 唐 健 唐 奎 唐王荣 汪晶晶 汪为军 王大勇 王金海 王晶晶
王 珏 王 频 王 湘 王艳玲 王志敏 翁良勇 吴闻天 夏梦灵 项至陵
胥春阳 徐 莉 徐兴明 徐翊涵 徐 渊 许 可 薛 柯 杨 恺 姚久川
叶 开 尤之毅 于 雷 臧 耀 张 驰 张凤山 张 静 张明西 张乾良
张 田 张雅丽 郑小华 郑勇强 仲春雨 周 博 周二林 周建斌 周 静
周 婷 周耀虹 周 祎 周 煜 周远萍 周正丽 朱露林 朱晓敏 朱 盈
朱兆凡 庄建波

2010级（南通班，8人）

顾红刚 宋文娟 朱晓敏 陈 宇 张早早 李 华 汤海英 姜 静

2011级（140人）

卞小雯 卜德平 蔡 能 曹 娟 陈 波 陈芳芳 陈 丽 陈其敬 陈 强
陈姚坚 程春华 邓 彬 杜 伟 杜志国 樊 晨 范晟程 范 婷 方琳琳
冯朝阳 傅 祎 高建明 高 勇 耿 婷 郭安静 郭唯伟 何 文 贺小伟
衡凯旋 洪亦彬 胡 范 胡晓光 胡 炎 胡 莹 黄 苏 季雯晶 金 晶
阚肖虹 柯晓鹏 李 乐 李 飒 李孙仔 李 涛 李小敏 李永坤 李月婷
李中伟 梁 爽 凌沽怡 刘俊杰 刘 珂 刘杉林 刘蔚彤 刘 懿 陆及力
路东琴 骆菊杰 马绍峰 孟祥东 缪顺进 沐 阳 潘学蓉 彭 芃 朴正爱
乔瑞龙 邱鸿浩 任 慧 任李艳 邵方林 邵知渊 申慧君 宋 丽 孙长庆
孙传仁 孙 娟 孙 哲 孙志伟 唐新宇 屠本俊 万文杰 王 斌 王 诚
王海云 王建绪 王 强 王秋艳 王蓉蓉 王 婷 王 伟 王小国 王晓娟
王 艳 魏叶平 吴冬鋆 吴 改 吴俊锋 吴文豪 谢春城 谢毅海 徐春雷
徐嘉嘉 徐 枢 徐小花 宣 鹤 薛倩倩 严丽梅 颜珺婷 杨 光 杨 光

杨 靓	杨骏啸	杨 凯	姚叙峰	殷方勇	应 项	余 江	詹新红	张安娜
张葆蓓	张春雷	张催雷	张鹤胜	张宏伟	张 蕾	张 璐	张 茗	张 坡
张炜炜	张 晓	张彦婷	张桢臻	张振丰	赵 地	赵文杰	赵 燚	郑 瑜
周东虎	周卫华	朱亚红	朱 艳	邹 娟				

2012 级(125 人)

包 洁	薄春杰	曹 磊	曹 勇	陈青宇	陈 霞	陈小乐	陈 研	陈 禹
褚雄飞	崔茜茜	达 超	戴鲁霖	邓 爽	丁博伟	封其建	冯春琴	冯 琦
高 艳	龚 媛	管 中	韩 琴	韩 青	韩 燕	何 伟	侯国松	胡守珍
黄丹敏	黄 茜	贾海飞	蒋爱花	金 慧	李 春	李冠颖	李 静	李 丽
李 猛	梁海洋	刘欢洋	刘丽丽	刘秋枫	刘 陶	刘维东	刘震宇	龙 芳
卢锦龙	陆洪远	马 广	孟凡球	孟凡营	孟珊珊	芈永梅	裴 培	彭 景
秦国新	秦守柱	邱 甜	任晓军	邵文兵	邵文波	沈晓明	石有维	宋楠楠
宋 毅	孙 杰	孙士立	孙雪颖	谈 蓉	汤和燕	唐 猛	唐志龙	汪明丽
王积勋	王 锴	王心磊	王永泉	王玉林	武 敏	肖 靓	徐 杰	徐 君
徐 沛	徐其飞	徐 冉	徐新勇	徐志猛	许勤思	许 晓	许益民	薛立新
言 虹	杨 丹	杨 生	杨晓丽	游若望	虞 琳	袁丽丽	曾令平	张国萍
张海琪	张 静	张乃予	张 鹏	张淑娟	张松波	张 翔	张 想	张 尤
张 源	张 振	张卓慧	章 杰	赵 洁	赵 忠	仲 丽	周 鹤	周剑桥
周洁敏	周 冉	周 玉	朱 杰	朱 昱	朱 昀	庄 彬	宗俊祥	

2013 级(131 人)

安晓辉	曹娟娟	陈 宏	陈宏军	陈欢队	陈 力	陈明珠	陈 倩	陈维斌
陈伊然	陈 轶	仇平梅	丛丽萍	党国玲	狄 云	丁爱华	丁海峰	丁红兵
杜亚东	樊 蓉	方 华	方 伟	封钦行	高 霞	葛石烨	葛文宗	顾 敏
顾 问	管广海	郭 亮	韩 琼	胡晓波	黄克非	黄文婷	姜 聪	蒋学文
金丽丽	金 鑫	居龙俊	孔祥进	雷婷婷	李春华	李任飞	李 燕	李志君
练文峰	林希锵	刘俭荣	刘敏男	刘 翔	刘 颖	陆 燕	吕 欢	马 骏
毛 君	糜雪丽	彭鸣俊	钱晨亮	钱 锦	钱 晋	秦 旖	阮永生	佘智洲
沈超彦	沈 忱	沈 翔	石震芳	宋同鑫	宋正奎	孙保卫	王 舒	唐 峻
王爱国	王 超	王 敏	王 琪	王 炜	王小凯	卫 俊	魏飞艳	魏 洋
吴骄健	夏梅花	夏艳雪	谢中凯	熊 艳	徐 波	徐东伟	徐佳丽	徐明媚
徐 昕	徐子敬	许 杰	许文明	闫 杰	严小莉	杨 帆	杨 勇	叶珈睿
叶棋刚	于春朝	余存冬	虞海波	虞 娟	袁 孟	岳远翔	臧 耀	翟伟星
詹庆庆	张恩道	张 戈	张林球	张璐璐	张启晋	张 帅	张晓阳	张咏臻
赵晨曦	赵 冬	赵丽楠	赵 盼	郑 翔	周 迟	周 娟	周 珺	周珣彧
周韵琪	朱少尉	朱小杰	邹慧娟	薛立新				

2014级(115人)

艾秀	蔡晋川	蔡煜	曹东升	曹金陵	曹文娜	曹中宁	查瑞	陈都冉	
陈广金	陈浩	陈斯衡	陈妍婷	陈艳红	陈扬	陈叶飞	陈元景	陈志刚	
崔予宣	戴明慧	丁杰	丁科	杜悦	高建军	高山	高翔	高勇	
葛良志	顾宝娟	顾志坚	郭健	韩红梅	胡森林	胡友林	黄思颖	纪兵	
江华	姜迎	焦云	赖吉璇	李卉	李铁涛	李悦欣	林洪	刘飞	
刘景凯	刘静	刘露	麻婵娟	马丽	梅志军	彭健	齐萍	祁颖	
钱诚	任开峰	邵珠刚	沈波	盛伟	是飞烨	苏春琴	孙飞镝	孙文	
孙肖	谭存柱	谭大金	汤筱娴	万珊珊	汪俊龙	汪洋	王超逸	王海军	
王错	王凌	王蒙	王敏	王松	王亚妹	王悦	魏浩	吴健健	
吴婷	吴修源	吴雅群	伍小乐	肖丽	谢燕	胥伟	徐彩凤	徐涵宇	
徐茜	徐馨	许敏	杨夫彬	杨志博	姚明珠	姚燕	殷婉璐	郁欣	
喻绍玉	袁兴武	张家燕	张磊	张文杰	张小舟	张园园	赵小宝	钟帅	
周可荃	周焱	朱明超	朱苏媛	朱天晔	朱玉娟	庄妍			

2015级(128人)

安洪强	鲍菁	卜俊	曹亮	常毅	陈斌	陈迪	陈为扬	陈亚根	
陈瑶	成培曦	褚红艳	崔伟	狄永平	丁静宜	丁曲梅	杜彭	冯建勇	
顾劲松	顾嫄	关新苗	郭莲莲	韩书勤	何磊	何小敏	胡鹏威	贾小龙	
蒋志坚	焦剑	金振	荆佩	景亚岩	李晨	李冠兵	李虹伊	李剑峰	
李杰	李聚聚	李良燕	李鹏	李卫林	李祥琴	李晓侠	李站营	厉彬彬	
练金龙	林志栋	刘昌政	刘宏俊	刘欢庆	刘佳杰	刘璐	刘涛	刘云飞	
刘中超	马龙飞	潘佳文	潘振飞	彭琨	钱旼	钱心璐	邱颖丹	任志成	
沈婧	沈敏	盛如虎	石峰	史成建	宋大振	孙健	孙岩	孙颖	
索中宝	谈心	汤智	唐亮	滕宏清	田琳	田扬	仝鑫	汪剑	
汪洁	王军洁	王鹏	王千	王伟	吴磊	吴越	吴峥	武运权	
席时永	谢云翔	徐成琼	徐丽华	徐庶	许祖福	薛宏曜	薛文婷	严洪彬	
晏红梅	杨琳	杨晓华	易早兰	殷春林	印倩	于欣	俞家佳	俞文祥	
俞颖菲	袁泉	袁晓敏	袁新宇	原宁	张汉威	张洁	张鹏	张巧玲	
张霞	张颖乾	张玉杰	赵刚毅	郑文辉	周涛	周莹	朱建宇	朱兴亚	
朱云	邹思远								

2016级(94人)

蔡军	车德雨	陈斌	陈丹	陈凯	陈冉	陈韬	陈骁	陈玉华	
陈志甜	成超	丁超	方寅	顾树勇	何飞跃	何芹	洪光军	侯永华	
胡娜	胡孙全	胡亚宁	季乃俊	金鑫	李金萍	李林峰	李敏	李文斗	
李卓凡	刘恒	刘美	刘品礼	刘琦琦	刘玉龙	吕品	马明明	马笑雯	

毛青青	糜 婷	苗 政	莫燕雯	欧琳琪	庞晓楠	钱松军	盛建强	石 可
史璞頔	孙晨晨	汤 敏	汤巧茹	陶 洁	陶玉兰	田秀珍	万 超	王 波
王 辉	王 辉	王雷鸣	王 玫	王琦璐	王 探	王文心	王 影	王 宇
韦铖韬	翁杰坤	吴 泱	肖 逸	谢 冰	徐 佳	徐园园	许欢欢	宣欢欢
杨东清	杨 芹	杨 颖	姚朝军	姚雨洁	殷淑娴	翟小健	张辰飞	张洪浩
张考收	张沁荃	张新亮	张 云	张政健	章佳影	赵士坤	赵志伟	钟 鼎
朱琳琳	朱 梅	朱 睿	诸 琼				

四、非全日制法律硕士(92人)

2017级非全日制法律硕士(25人)

曹宝喜	曹盼盼	陈凯强	戴德誉	房志浩	费馨莹	古方超	郭 雪	李晓飞
马金亮	潘海波	潘荣花	钱易安	宋宝鸿	王秀梅	肖宝璐	杨大为	杨 铸
张 丽	张一泊	曾金光	鲁 威	邱 敏	沈心茹	吴 佳		

2018级非全日制法律硕士(67人)

常光蒙	陈静怡	陈志恒	范帝威	郭林肖	韩 宇	黄敏捷	刘金晶	刘 坤
刘凌怡	刘美玲	刘 青	刘诗涵	彭 珊	沈伽禾	王 晶	吴 凡	吴雄英
武生萍	许淑颖	闫兴浩	杨逸文	叶家丽	于天舒	张 莉	张 实	张 阳
朱正楠	别天舒	曹洋洋	陈 锐	陈 悦	陈 越	丁明春	丁瑞祥	方 芳
高 晗	谷 丰	何满之	黄紫君	姜 舒	焦亦翾	李 童	李昕颐	李永超
刘羽蕴	乔 玥	孙迎秋	唐 禹	汪 勇	王冰星	王 鹏	王 萍	王 霞
熊靖雯	徐 晴	许高悦	许文婷	薛陈陈	杨素素	杨 洲	张寒香	张煜荻
章敬莲	赵伟星	周 静	周 全				

五、非法学本科法律硕士(1 508人)

2000级(40人)

陈渝娜	董晓波	樊永富	高泽银	龚寒汀	龚 跃	顾芳芳	顾加栋	胡贵安
黄 骞	蒋方凯	李少华	李载谦	刘耀彬	刘永春	陆煜章	马志忠	苗 野
任满军	芮晓峰	舒 胜	孙鸿宾	孙 倩	唐代盛	田 玮	王 峰	王俊华
王 莉	王晓敏	王一兵	吴 雷	吴孝文	严敏亚	姚庆伟	张 龙	张 平
赵加涛	赵文清	周 杰	庄生贵				

2001 级(52 人)

毕 玮	陈爱军	陈雄根	代 娟	戴玉英	戴忠喜	范慧茜	方少翊	高 莉
葛举玲	葛蔚蔚	龚大春	黄本莲	黄小彦	江振春	姜艳玲	蒋苏华	焦 娟
金 涛	李 瑜	刘禾秋	刘 爽	刘夏夏	刘运涛	陆应发	马新波	孟海鹏
孟兰凯	彭 松	申 卫	沈勇明	宋增华	汪维才	王 芳	王 飞	王海秦
王丽丽	王丽萍	吴晓斌	徐春玉	徐金海	杨 鹏	杨志琴	尤晓萍	虞 虹
张 斌	张成雷	张旭波	张以标	周 莉	邹锦林	邹清明		

2002 级(83 人)

曹荣国	陈道习	陈红梅	陈 强	陈绍峰	陈 纬	陈五星	程 宁	初光杰
杜 秋	葛 燕	郭 艳	韩 娇	韩 苇	洪 倩	胡雪冰	黄秋娜	黄栓成
姜 琪	姜 茜	蒋卫军	蒋 益	康姗姗	李海琼	李 蕾	李林胜	李 巍
李 伟	李 艳	李 泽	刘毕贝	刘继春	刘生林	刘树春	刘显峰	卢 懿
闾 刚	罗荣重	马冬燕	毛建峰	毛文静	潘杨华	钱玉文	邱 珂	沙 楠
沈路峰	盛 莉	宋海清	苏 赞	孙继承	孙 钻	汪 丽	王春雷	王春燕
王会然	王 杰	王 璐	王明新	王 青	王 维	王沿琰	魏 萍	吴建东
吴 江	吴 君	吴善略	夏家红	谢 瑾	徐福灿	徐青果	徐小明	杨继品
殷 晖	张 帆	张 嘉	张金明	章 祺	周达科	周一涛	周运宝	朱 健
朱美云	朱震宇							

2003 级(85 人)

陈 晖	曹 嵩	陈宝勇	陈 曦	陈阳升	陈云峰	崔志宁	单正刚	樊小兵
冯全章	傅亚东	高 跃	葛文亮	顾 烨	顾子杰	郭 刚	郭丽娟	洪 强
黄 亮	黄 蓉	黄 玉	季秀臻	贾永强	蒋 醒	蒋亚芳	金 钧	居松南
康秀军	李领臣	李胜发	廖兴存	林明生	刘 纬	刘先霞	刘新利	刘 鑫
刘 艳	刘艳生	刘 洋	娄国剑	罗华珊	毛 燕	糜 佳	潘巍松	潘学峰
浦碧英	钱建华	曲笑飞	屈庆昌	任良飞	尚兰兰	邵文龙	师广波	汪 晶
王冬梅	王 雷	王 伟	王雅敏	王 艳	王银自	王永俊	温振伟	吴加荣
相媛媛	肖鸿飞	徐海波	徐俊美	徐文东	许 梅	薛亚君	闫雪昆	杨 焱
杨永昌	于海东	余 玲	岳巧轶	张 慧	张庆利	赵韩华	周红艳	周 燕
邹 宏	潘洁兰	余冠文	许志瑜					

2004 级(81 人)

保 燕	蔡旭辉	蔡之兵	曹晓玉	曹永高	陈克军	陈田妹	陈文娟	陈艳红
陈 燕	陈玉敏	崔 春	代 浩	戴雪光	丁明明	董 婧	郭建华	郭尚春
过琳华	何震花	胡宪牛	胡有华	华 伟	黄 华	李吉利	李晓惠	李月华
李中华	李 忠	刘克军	刘黎军	刘 伟	刘文娟	刘永方	罗瑞林	马 健

聂祥辉	裴轶新	皮甘雨	钱 军	施 忠	孙红波	孙利华	唐祖保	仝 超
汪 斌	王碧波	王培虎	王 骞	王勤勤	王文献	吴 菁	吴堪冰	谢 莉
幸黄华	许 峰	许京来	许永生	杨 瑾	于童童	余本军	岳书光	张俊君
张 巍	张 潇	张 扬	张一鸣	张永霞	张余进	赵 刚	赵慧丽	赵金英
甄洪文	郑 昊	钟敬一	周 华	朱 娟	朱丽君	朱世拔	朱 赟	萧文杰

2005 级(84 人)

蔡玉敏	曹春林	曹 洁	丁明友	范存辉	方湘子	方友金	冯文强	顾 方
韩 丹	贺 珺	胡 晟	黄福松	黄海波	贾俊富	贾 磊	江贤仓	孔继伟
雷 云	李功成	李俊刚	李 娜	李艳云	林柏勋	刘合定	刘季平	刘培军
刘奇霖	陆银萍	吕冬梅	吕昆燕	孟 达	聂曼曼	申东明	唐栋良	唐 洁
唐铜香	陶剑涵	陶 伟	汪令钦	汪 琴	汪怡松	王 建	王晶晶	王 娜
王素燕	王新月	王徐兵	王叙城	王艳新	王宗成	魏存立	文 雅	吴洪龙
吴新明	席 宁	项 瑛	信银霜	熊志平	徐 刚	徐光明	徐银节	薛 勇
杨连春	杨文江	姚模义	叶炳华	叶晓红	尹 浩	袁 河	张 涛	张婷婷
张永言	赵 娟	赵丽萍	赵文娇	周晓丹	朱庆蓉	朱煜明	邹 波	左 涛
陈士林	刘思培	沈 洁						

2006 级(81 人)

蔡 坤	陈才娟	陈建斌	陈 兰	陈 鑫	陈玥潇	程芳颖	程 顺	储海东
崔 琦	崔瑞双	代 荣	戴启和	丁胜丽	丁天保	范作金	冯向伟	付 伟
傅 智	高 伟	龚富贵	顾赶赶	胡明明	胡 悦	黄 杰	黄金圆	惠 宁
季李华	蒋 洁	焦永生	李春歌	李建峰	李 明	李 攀	李文卓	李 云
梁 昕	林辉义	刘彩霞	刘 存	刘 松	彭月辉	任 延	桑雨青	邵云彪
沈俊华	孙海彬	王 超	王克文	王 琳	王 强	吴超令	吴 岚	吴修贵
吴嫣红	吴自阳	奚巧群	夏 昕	徐艳军	颜 勇	杨楠楠	杨 帅	杨 怪
杨 哲	姚 明	易 森	尹冠男	于倩倩	余延琼	袁秋伟	张 超	张兰祥
张 丽	张朋武	张文骏	张相升	张艳苏	赵长江	赵 展	周陈红	周 磊

2007 级(95 人)

曹 耀	陈从广	陈 兢	陈 明	陈燮峰	陈银刚	陈玉峰	单兴厂	邓 侃
邓亚囡	丁大慧	丁华平	杜永勇	范 军	范俊美	房明星	郭正胜	何艳君
侯 滨	胡菲菲	胡晓艳	黄 阁	江东丽	金永平	李洪冒	李克超	李 倩
李宪超	刘飞娜	刘 军	刘 盈	卢庆兰	马龙前	马 然	慕林涛	聂世武
潘叶娟	彭春梅	彭 祎	乔丕江	邵 斌	申 楠	沈明永	施 玛	石 彪
孙汉振	谭京凯	汤 婷	汤婷婷	文兴桥	唐实仁	唐伟伟	童 心	王 蓓	王海丰
王 启	王 松	王志勇	文兴桥	吴传知	吴功华	吴述娜	夏 雪	肖晨荣
肖三龙	谢 萍	邢友峰	徐长乐	许国庆	薛以品	杨汉勇	杨 宁	杨瑞东

杨思洁　叶志刚　袁　超　袁　杰　袁　洁　翟佳羽　张　炼　张庆锁　张　伟
张文强　章成云　赵安婷　赵　松　赵　雯　郑建峰　郑明强　郑一珺　周俊俊
周　杨　周子敏　朱　静　邹　昊　邹　武

2008 级（89 人）

柴新月　陈　浩　陈庆兰　陈卓然　程杜芳　程　名　崔鎏敏　崔世伟　邓　兵
邓秋霞　丁　浩　费津红　傅　丽　耿荣国　龚贵寒　胡安明　胡小栋　黄　博
江　辉　姜东祥　姜　宁　孔德伟　李建英　李丽玉　李　娜　李维朝　李　云
林鹏飞　刘广兰　刘　娜　刘庆志　刘双颖　刘文奇　刘晓凤　吕晓露　罗睿翔
马成斌　马丽丽　牛长健　牛　涛　钱　程　沈秀柔　宋　辉　宋　宇　孙景利
孙　婧　孙　念　王德堂　王　静　王丽萍　王　蒙　王　倩　王　寅　魏海燕
吴宝林　吴富强　吴静静　夏志阳　肖映闽　谢　达　谢荷树　谢辉灵　徐国栋
徐晶晶　徐淑洁　徐文会　杨显强　杨晓川　尤玉娟　于成冲　曾　慧　张　超
张　浩　张　径　张思印　张元军　赵碧霄　赵叶茜　赵振华　仲从甫　周　莎
周　艺　周裔良　周　颖　周　舟　朱　林　朱　涛　朱亚江　朱阳凤

2009 级（90 人）

贲道颖　陈成功　陈　林　陈　龙　陈其东　陈蔚云　陈忠良　程子薇　崔良华
戴祥光　丁文竞　范中振　方长存　付士海　傅海燕　顾爱冬　顾　皓　郭亚杰
何文君　胡才轩　胡克春　胡　玥　贾　青　贾　夏　贾玉环　蒋　莉　金建珂
孔　卫　乐云峰　李　岚　李　梅　李　雄　李艳蕾　李　永　梁　林　梁艳丽
刘　丰　刘　惠　刘让徐　刘　涛　卢　杰　罗彦滨　马　芳　马莉娟　孟　晋
彭　鹏　祁婷婷　钱　虹　邱翠萍　邱奎霖　全鑫琼　任丽萍　沈　浩　石存山
司培俊　孙　琪　孙雪丽　唐鑫邦　万晓磊　汪红妮　汪　晓　王　平　王　瑞
王　伟　王　伟　王　琰　王　贞　谢殿福　许　晔　薛婧闻　颜　力　姚金花
叶　聪　叶绍兴　于冬林　余　浪　昝　鹏　张殿军　张奎峰　张　赛　赵楠楠
赵文恺　周景生　周思阳　朱传超　朱全家　朱少华　朱欣欣　祝雪莲　庄　阳

2010 级（88 人）

卞梅娟　曹　洁　陈凯强　陈明星　陈　媛　崔新为　董菽荣　高　鹏　郭　超
郭宏宇　何　陈　贺　琪　胡春节　胡　凯　胡　晟　华　俊　黄亮亮　焦　巍
解钰玲　金　蕾　鞠　丽　李庆战　李　曳　厉力源　刘　丹　刘　娟　刘　倩
刘善征　刘晓东　卢　雷　鲁　佳　陆金玲　吕晓婧　罗文君　米　丹　倪　松
牛国康　邱　实　阮梦凡　邵丹丹　舒其岐　孙　晨　孙婷婷　田　灏　王　斌
王洪利　王　晶　王　乐　王　曼　王　伟　王文亮　王依杰　魏承凯　吴娟娟
吴小丹　夏　阳　徐江波　徐　婕　徐　涛　徐鑫燕　薛晓庆　杨镜民　杨连坡
杨一棵　杨　颖　尹世聪　于文霖　余　洋　袁　谦　张碧茵　张　超　张成瑞
张　雷　张丽萍　张　楠　张　琪　张秋菊　张　姗　张学明　张雪君　张玉君

章　露　赵于崴　钟敏滋　周　飞　周礼伟　周　琳　周　毛

2011 级（92 人）

白　雪	蔡华为	曹龙昊	陈　晨	陈　华	陈　瑶	邓丽乐	丁　盼	符　昊
高轲云	宫乾宇	龚　丽	顾　慧	桂丹丹	韩婷婷	韩月媛	胡诗睿	胡　悦
贾　涛	江登勇	李　鎏	李　娜	李　婷	李文静	李锡晶	李　益	刘德法
刘倩倩	刘　通	刘晓丹	卢成章	吕妍婷	罗金宝	马尧尧	缪　琪	倪　萍
彭树彬	彭　颖	任　强	商　亮	沈双逸	时　鹏	宋　健	宋　俊	苏传兰
孙怀猛	孙　辉	孙琳琳	陶　丽	汪　俊	汪美霞	王欢欢	王惠梅	王　苏
王文丽	王俞尹	韦　艳	沃丽娜	夏　静	夏玮屿	夏燕燕	邢文周	熊晓乐
徐国剑	徐　龙	徐　艳	许　军	许双龙	杨　丹	姚虹宇	尹　欣	喻聪聪
曾　璜	曾琳琳	翟夏炎	张　彬	张乘玮	张东园	张　凡	张宏伟	张体成
张伟政	张新欣	张钰晨	赵　超	赵瑞先	郑梦月	郑　惺	周旭冉	周　韵
朱春雨	朱　慧							

2012 级（84 人）

蔡娟娟	常继超	常　燕	陈华新	陈慧敏	陈　婧	陈丽娜	陈伟伦	崔国彪
崔　磊	邓　程	董本阳	高　英	郭爱辉	何　娟	何延秋	黄　欣	纪小曼
姜自娟	蒋　琦	蒋盈莹	解芸芸	金云云	孔林立	李　彪	李润天	李　响
李渔儿	林鹏飞	刘晶晶	刘　琪	刘　庭	罗　砚	马子谦	毛婉月	梅　杰
彭丽媛	彭智慧	钱　雀	乔　亮	阮明超	邵文燕	沈　众	石　勇	宋芬芬
宋国栋	宋洪姿	汤　凝	唐丹蕾	田　霏	童　彤	王朝军	王　健	王先宇
王效阳	王　洋	吴　非	吴　凯	吴莉莉	吴　伟	夏　艳	谢　宁	谢小雨
徐　靓	徐　张	许梦茹	许少美	杨丹丹	杨荣超	姚　婧	袁敏敏	翟旭倩
张华华	张　婉	张　翔	张阳阳	赵根生	赵　辉	赵　霞	赵晓伟	周　鹏
周　俞	朱　磊	Cramer Mean						

2013 级（74 人）

陈　骅	陈林琳	陈　曦	窦慧婵	范五星	葛振升	龚笑婷	顾慧媛	黄骏千
黄幽燕	姜　波	蒋　成	蒋　茜	焦晨鸣	柯昌磊	李靖静	李　帅	李晓东
李亚秋	李媛媛	李子健	刘　东	刘　露	刘娅炜	刘　也	鲁　宁	罗　颖
马淑婷	倪蕴帷	彭　云	芮　明	萨·叶尔代	宋燕舞	孙诚君	孙德芳	孙伟戬
谭　熙	陶红艳	童　悦	王金瑜	王骏飞	王梦影	王梦媛	王　敏
王疏影	王司译	王汀蕙	吴　彬	肖　欣	熊　睿	徐　佳	杨道伟	杨　海
杨华云	杨书庆	杨　阳	尹　杰	张　超	张　迪	张　璐	张　启	张　瑞
张腾超	张　昕	张秀芝	张　燕	章立福	章玮雅	周　凯	周誓超	周至辅
朱乃进	朱　政	庄清桢						

2014级(74人)

曹 健	曹 坤	陈俊杰	陈瑞雪	陈 曦	陈小丽	陈 悦	丁小杰	冯 斌
耿 诚	谷 超	郭健文	何雨浓	洪梦凡	黄喃喃	黄 茜	计晓云	简利利
金 洁	琚玲玲	鞠醒柳	李 超	李超敏	李念群	李 帅	李天帅	凌 瑶
刘宝鑫	刘 飞	刘晋明	刘龙成	刘 鹏	陆湾湾	罗晨璐	骆叶琳	苗长青
潘俊美	彭博文	钱凯强	秦海月	秦婧雯	任海梅	茹 珊	沙 杰	沈思思
宋全胜	孙 超	汤姗姗	唐宝财	唐首翔	唐月婷	陶贻斌	童 琳	王 蕊
王晓晨	吴晨昀	夏必闯	徐德运	徐军辉	徐文凤	徐英磊	徐作桁	许 娜
杨 岚	杨 沛	杨小艳	杨弋正	于亚航	袁 辉	赵云超	郑 航	朱 涵
朱 蔚	朱 毅							

2015级(79人)

柏琴琴	常 杨	陈鸣晨	陈 瑶	陈莹雪	陈 悦	成 禹	崔恒兰	董志成
杜琳琳	杜 雪	段白杨	丰丙蒙	高 丹	高 黎	郭 健	郭兴国	韩永光
胡鸣宇	胡 璇	皇甫辉楠		黄成燕	黄子强	季 琳	姜玉芳	金 珊
康地发	匡军杰	李晨鸣	李 静	李 明	李田坤	李雪静	蔺 肖	刘 静
刘 黎	刘 裕	刘政洁	龙淑娟	陆 颖	吕晓凤	孟 妍	潘海涛	荣泽清
沈 艳	孙培元	孙文超	汤俊山	田 野	汪 焕	王冠宇	王惠东	王钦丽
王香香	王小庆	王叶荣	王 颖	王雨潇	王玉婷	魏 超	魏 力	文樱霖
武蓉蓉	夏 露	熊晓琳	徐佳红	徐 昆	严 云	杨 威	张飞飞	张 凯
张 林	张 涛	张晓东	赵 楠	赵 岩	周斯良	朱士杰	朱淑雯	

2016级(77人)

安晓雯	曾小波	陈忆双	代诚诚	代明心	邓序慧	杜绍好	段义章	范瑞航
冯 波	高 洁	高 炜	韩昊辰	何 旺	黄宏鸣	黄 旭	贾明月	金 磊
孔 超	李江鸿	李晶晶	李宁宁	李思敏	李晓杰	李宇涵	李 昱	刘亚玮
刘 艺	刘振鹏	梅 玲	倪 略	潘 蓉	秦 琪	盛雪锋	施颖凡	石 影
束双红	苏常青	汪 微	王晨星	王陇花	王梦婷	王 韬	王晓叶	王雅珣
王亚楠	吴贝贝	吴俊琪	吴燕玲	吴 越	夏童言	向钟燕	谢菲菲	谢明杰
邢 丹	徐云雷	严善晨	杨铁助	杨文宗	杨亚男	叶 振	张润韬	张韶秋
张晓伟	张 悦	赵 彬	赵可阳	赵丽丽	赵 梦	赵 舒	郑晨昱	郑惠云
钟文俊	周汶瑾	朱国栋	朱明昊	朱 逸				

2017级(78人)

常锦龙	陈 惠	陈 龙	陈 琪	仇志俊	戴少斌	董 健	郭志亮	胡洪贤
胡梦迪	胡淑敏	华 乔	蒋太路	居 慧	康彦杰	柯心仪	李金霞	李 乐
李 馨	李 玉	李 峥	林 薇	刘成荫	刘 欢	刘佳佳	刘 苏	刘旭洪

陆文君	罗　伟	吕晨荧	潘　成	裴哲元	祁甜甜	沙单单	沈晓晓	宋　歆
苏　苗	孙潇潇	唐　瑞	唐　钰	滕怀刚	田士威	田天洋	王豆豆	王　立
王　莉	王璐敏	王世豪	王素萍	王田田	王永刚	王　煜	王泽宇	王　正
吴梦齐	武　琼	席才懿	谢文璇	谢　逊	谢玉梅	徐於雪	杨荣娟	杨竹茜
叶晓莹	余　涵	俞安迪	岳晓文	张飞霞	张凤婷	张　瑾	张明星	章胜兰
仲兵强	周菊含	朱先芹	安晓雯	向钟燕	邢　丹			

2018 级（82 人）

白　露	曹玖正	陈佳玮	程　昕	戴东升	段怡帆	范恒运	范文婷	方若晨
高文菊	巩文雪	古方超	何　平	何小伟	洪丹丹	侯润泽	胡敏仪	黄晨昕
黄亚男	黄　云	黄镇江	江闰恬	李　卉	李　静	李思雨	李文婷	李亚培
李志盼	刘　畅	刘　静	卢柃旭	路　扬	马维维	倪佳奇	倪钰君	裴靖蓉
亓　娇	施煜杰	唐　娣	田志林	王　娟	王　森	王圣凯	王寿宇	王思璇
王嫣然	王艳春	吴海涛	吴　瑾	吴雪燕	吴　悠	夏逸雯	夏　雨	向圣焱
谢　东	熊爱霞	熊　烜	徐近怡	徐乔乔	闫雪晗	颜文青	杨定邦	叶　松
印佳雯	于明君	余晓芳	袁亚楠	张　栋	张家昊	张金晶	张美惠	张雯逸
张宇森	章　筠	郑佳莹	郑　仪	郑子萱	周馨雨	周　艳	周　源	朱曼婷
朱智超								

六、法本法律硕士（452 人）

2009 级（66 人）

蔡春丽	陈晓阳	陈艳霞	程美霞	丁　映	冯　凯	冯业员	冯　颖	龚　茜
顾群雁	郭荣莉	洪丽莎	胡　越	解冰心	金　丽	巨婷芳	李红枚	李　琳
李　鹏	李　瑞	李少帅	廖细玲	林雪野	刘海宁	刘丽云	刘亚惠	刘燕峰
鲁小祥	马斐斐	马　雷	潘　赟	彭　阳	钱祥升	盛海玲	孙晓伟	孙雪飞
孙智静	陶金海	汪　倩	王　慧	王静静	王　潇	王新光	王雪雁	王　莹
王越玲	温明花	吴灵曙	吴颖丽	辛艳茹	徐绍侃	徐莹颖	薛凌英	姚志明
应志华	张璟洋	张　娜	张荣杰	张　硕	张炜斌	郑　琳	周慧郡	朱大勇
朱　焘	邹　菲	邹　旋						

2010 级（40 人）

陈安琪	陈鲲扬	陈书宇	丁　民	董艳芬	冯　杨	韩　露	何小平	黄泓祯
雷　潇	李翠昉	李大虎	李豪飞	李玉峰	刘长乐	陆　飞	苗亚琼	孙海芳
孙　建	唐　欢	陶若晨	陶月月	王立志	王　丽	王　玥	卫　珊	夏丽君
杨俊彦	杨炜炜	杨雯琪	杨　益	余　玲	张昌凤	张　帆	张旭博	张宗振

赵联超　仲　帅　周　蔚　朱晓丹

2011 级(31 人)

陈　晨　陈永林　陈志清　崔亚文　邓　瑶　杜　辰　范　舒　方晓芬　冯程翔
冯　准　龚　晔　桂瑜琪　郭倩倩　靳蕊君　李好利　刘　纯　刘建云　刘　爽
倪　冉　秦珊珊　沈　杰　沈思嘉　陶幸宇　滕　珞　徐丽娜　许　娟　袁　婧
张　莉　张　舒　张　爽　祝　琳

2012 级(42 人)

单　舟　丁　渡　冯　琪　高敬娜　高　婷　郝　敏　洪　虹　胡　颖　黄　琼
贾梦姣　江　琴　姜燕燕　冷洋洋　李　昇　李　跃　刘　畅　刘　俐　刘　路
刘　琴　刘思捷　刘许可　陆兰兰　闵天悦　缪丽娟　宁　凯　彭思英　秦安琪
陶　燕　万　玮　汪　磊　王宏春　王建颖　王旖珏　王子倩　邢　黎　杨雨格
俞　新　张恩睿　张　沛　张书娟　张天涯　赵明月

2013 级(32 人)

戴晓婷　丁雨薇　段斐斐　范园园　冯　蕾　谷敏骢　管秋瑾　何　苗　和永盛
黄兰雁　蒋　艾　金　尘　金　蕾　孔令营　卢广利　苗泽一　钮广源　邱　晨
汪子轩　王旌亦　王　湘　王宵添　魏秋晨　谢巧芳　颜颂程　姚双双　袁明珠
章世容　赵秋月　钟　斐　WERNER FLORIAN　MENG CHOU

2014 级(34 人)

崔仁辉　郝嘉敏　胡　欢　姜晓琳　李怡聪　李　悦　刘洪国　刘　慧　刘　康
刘雪婷　刘　杨　刘雨萌　吕　羚　毛　涛　潘燕媛　阮欣欣　施　霞　苏　婷
孙静媛　覃靖淇　谭显旺　王秋云　王盈祥　邬建明　邢文彬　薛英泰　闫鹏飞
杨书山　张红良　张　露　赵慧椒　周乃夫　周　婷　朱国祥

2015 级(29 人)

曹为尚　陈　刚　陈　璐　戴志强　胡　曼　季　静　焦璐璐　康亦宁　李　妮
刘松茂　苗佳伟　钱　淼　沈　璇　史娟妮　陶碧丹　汪　雪　王健斐　王领刚
王思悦　夏丹丹　谢文飞　徐　号　许馨予　杨　璐　杨　子　姚晓聪　赵　婕
郑　康　周桂玲

2016 级(33 人)

曹静茹　曹林琳　常瑞峰　方　超　冯　哲　郭笑天　黄　萍　金淑君　康雅莉
孔明明　邝文新　刘　超　刘晗彦　罗馥鑫　马　琳　戚莎莎　钱宇骁　石秀文
宋歌歌　孙　赞　王　瑰　王佳希　王　敏　王晓青　徐璟航　严韵茹　杨　超
姚　琳　余梦迪　张光卉　张若晴　张思哲　赵京南

2017 级(40 人)

白　曦	曹亦奇	方霄杰	高　迪	黄博曦	纪大柱	江昌昊	金　墼	李丽媛
李　响	廖宇凌	林　业	林幼妹	刘菁菁	刘晓群	刘玉林	卢怡彤	罗鸿琦
马　薇	彭蓓丽	彭玉瑜	祁　欢	石佳丽	孙乃毓	唐科龙	佟义旭	王新茹
吴　阳	杨鹿君	叶新华	伊万鑫	余柳鸣	张　乔	张　啸	张莹辉	赵　稳
周　瑞	庄　宇	杨　超	邝文新					

2018 级(56 人)

敖成彪	程希泽	堵守露	高　贵	高　媛	巩　睿	郭添情	韩金熹	黄晨璐
黄晶慧	季益青	江旻哲	金　真	李海文	李慧莹	李　林	李思源	李文苑
李晓航	刘　乐	刘　艳	刘逸云	刘雨舒	罗　慧	孟长伟	庞　晨	邱欣宜
任昭亭	邵国璠	邵智韦	陶倩倩	田　瑞	王凯旋	王利利	王文珺	王灼豪
奚　畅	肖世芳	徐　婷	许雅静	杨长舰	叶晓东	袁梦阳	袁紫薇	张　丹
张红豆	张　宇	张卓怡	周晶蕊	周梦蝶	周　倜	周小倩	周　赢	朱甜甜
朱学甜	朱永荔							

2019 级(49 人)

陈美林	陈　顺	陈天韵	陈　莹	邓　叶	窦帅博	范玉颖	葛　崔	胡登君
孔霜依	李建馨	李思媛	李星亿	李　叶	刘梦鸽	刘姿彤	罗　吟	吕秋蕾
马　胜	毛昕哲	彭　潇	彭鑫林	钱逸凡	邱洁敏	冉宇仙	沈中天	时翔昊
宋　琦	孙思佳	孙叶香	滕婧如	屠希月	王海伟	吴　霄	熊紫依	徐　己
叶　萍	余林倩	张桂敏	张健荣	张鲁喆	张　楠	赵　炎	郑梦圆	钟　欣
周金婧	周　禹	朱欢欢	庄　严					

七、博士研究生(451 人)

2002 级(16 人)

| 董溯战 | 何　鹰 | 蒋大兴 | 李　斌 | 潘科明 | 茹　洋 | 史文才 | 孙　雯 | 王　存 |
| 王　中 | 王显勇 | 吴　旭 | 曾　洋 | 张　理 | 张道庆 | 赵　娟 | | |

2003 级(16 人)

| 单　锋 | 龚鹏程 | 蒋恩铭 | 焦富民 | 金　俭 | 李　华 | 李后龙 | 李培才 | 彭　岳 |
| 唐建辉 | 肖伟志 | 肖泽晟 | 徐棣枫 | 易在成 | 张复友 | 张莉莉 | | |

2004 级（16 人）

董新凯　方　红　冯　涛　胡小红　姜　冲　李玉虎　马　荣　彭真军　汪维才
王　宏　王建文　杨仕兵　余冬爱　周海南　周合星　张忠良

2005 级（11 人）

孔玉飞　李　彬　李文涛　刘　忠　吕苏瑜　陶国忠　徐金海　许石慧　张宇润
赵国华　周晖国

2006 级（23 人）

曹　静　成　靖　段晓娟　龚　跃　郭富青　金　涛　李领臣　李载谦　刘　伟
刘蔚文　刘　颖　刘正峰　骆小春　马　燕　倪同木　佘发勤　王　炳　奚　庆
于文婕　翟相娟　张书琴　张婉苏　宗延军

2007 级（25 人）

陈承堂　陈晓钟　程亚萍　顾芳芳　韩其峰　胡贵安　胡宜奎　李红新　刘　蕾
路艳娥　钱玉文　荣汉奇　唐晋伟　汪　莉　王本宏　王方玉　王　鸿　王莉莉
王雪梅　吴　宏　徐安住　颜　延　杨志刚　朱　娟　朱一飞

2008 级（28 人）

包振宇　陈太清　陈子军　戴仁荣　高志宏　季义流　蒋苏淮　李文军　刘宏宇
刘　进　刘　勇　刘　振　鲁忠江　孙文俊　王建富　王思锋　王　众　徐　浩
徐祖澜　闫瑞波　杨　华　喻胜云　曾凡燕　张洪波　张振辉　周金刚　祝　彬
邹焕聪

2009 级（32 人）

陈恩才　范晓宇　方友金　郭林将　郭文利　何新容　黄本莲　黄　韬　黄　星
刘惠明　刘思萱　刘雪莲　刘训峰　闫　刚　宋亚辉　孙　箫　孙远辉　谭正航
吴啟铮　夏黑讯　谢绍芬　熊赖虎　徐　静　徐科雷　叶小兰　曾日红　张爱菊
张瑞孺　张晓云　张　艳　张　园　周　亮

2010 级（33 人）

阿不都克衣木·阿不力　阿斯哈尔　　陈红梅　胡　杰　贾权鑫　雷俊生
李　强　李小红　李晓婧　李祎恒　刘伟伟　骆　威　吕　翾　秦康美　曲笑飞
任海青　尚清锋　邵　丹　沈　鼎　陶伯进　田　键　王　辉　王启迪　吴君霞
许　多　羊　震　杨福学　杨晓蓉　张瑞婷　张　薇　赵玉意　郑晓剑　周槊平

2011 级(33人)

陈　萍　　陈思融　　陈　瑶　　戴中璧　　杜珍嫒　　冯永强　　高　莉　　郭　琛　　郝朝信
黄伟峰　　黄　义　　李谒霏　　李　煜　　李园园　　刘　洋　　马　辉　　莫英耐　　潘军锋
沈　凌　　田　海　　王通平　　姚朝兵　　叶　朋　　余枫霜　　张红侠　　张华民　　张建军
张乐乐　　张　斯　　张先贵　　朱　颂　　朱　媛　　朱开平

2012 级(31人)

陈　琛　　陈　聪　　程子薇　　戴　炜　　杜乐其　　高永周　　郭　平　　郭怡萱　　姜海峰
蒋晓妍　　李本灿　　李激汉　　李银生　　刘思培　　刘文丰　　卢　敏　　毛志远　　牛玉兵
钱洪良　　孙　军　　孙　辙　　涂　慧　　王国红　　王　恒　　王启辉　　宣　顿　　叶芳芳
岳　文　　张啸宇　　赵文祥　　朱垭梁

2013 级(36人)

丁宇峰　　冯　准　　高国梁　　葛晨亮　　葛　辉　　耿玉基　　郭伟伟　　韩宏伟　　贺　琛
洪莹莹　　李　良　　李相森　　娄正前　　马　雷　　马梦青　　钱祥升　　沈　浩　　时　方
苏　欣　　汤葆青　　唐代盛　　田　海　　王会清　　王萌萌　　尉　琳　　夏宏强　　夏建民
徐　进　　徐文进　　薛亚君　　薛张敏敏　　张海兴　　张　娅　　张　扬　　赵俊岭
Florin

2014 级(31人)

毕少斌　　储翔昱　　杜玥昀　　高诚刚　　何向阳　　衡　阳　　黄　犨　　姬云香　　季晨溦
金　波　　寇建富　　李　亮　　李　炎　　刘海波　　卢　峰　　陆　宸　　罗秀兰　　潘剑云
权冬生　　孙荣杰　　王　慧　　王　静　　熊　敬　　杨丽珍　　杨　昕　　喻怀峰　　岳书光
张家宇　　章　润　　赵　靓　　周　成

2015 级(31人)

陈菲菲　　陈　飐　　丁天立　　韩　伟　　胡敏慧　　江晓光　　金　晶　　李　响　　梁鸿飞
刘　汉　　刘小波　　刘裕利　　罗丽香　　马春晓　　马　啸　　苗泽一　　潘鹏程　　沈小军
孙烁犇　　唐　雯　　唐　赟　　万　艺　　王　镭　　王作化　　谢　晓　　杨　毅　　姚　杏
张　内　　张召媛　　周　蔚　　朱　昊

2016 级(29人)

刁岚松　　张冠华　　蒋　超　　刘　强　　刘振洋　　张　慰　　吴　涛　　吴姗姗　　钱　春
吴进娥　　唐鸿儒　　倪蕴帷　　王　磊　　王　滢　　段晓娟　　肖　雄　　马　莉　　戴坤钱
刘　露　　刘俊梅　　魏　想　　李　涛　　曹　莉　　钱　澄　　何叶华　　刘　畅　　阮梦凡
于海东　　艾　米(Mazzaracchio Noemi)

2017 级（32 人）

纪 琼	王 慧	曾耀凤	孙 越	周文臻	高 洁	齐晓宇	姜金良	周宁静
徐 墩	张金科	冯德淦	韩家佳	刘媛媛	丁凤玲	巫 蓉	房 梁	朱健辰
商红明	谭佳珍	刘 晶	周燕红	崔莉莉	龙乙方	王诣博	韦科顺	杨喆翔
柴永旺	汪 芳	孟 睿	闫宇晨	严 骥				

2018 级（28 人）

陈红兰	崔 嵬	代 娟	丁鸫文	丁 璐	顾 芮	胡罗曼	胡 敏	黄珺珺
姜悠悠	李 欢	李 蔚	梁 庆	刘克军	刘丽媛	刘 伟	吕吉海	毛立琦
潘 琳	石记伟	孙海燕	王月英	徐璟航	薛皓元	杨 晓	余翛然	周 围
朱荣荣								

附录二 奖学金名目

1. 南京大学杨建华奖学金

由中国台湾前"大法官"杨建华先生于1997年在南京大学法学院设立,每年捐赠2万元人民币,评选名额4个,每人5 000元,评选对象为南京大学法学院家庭困难、品学兼优的本科学生(淮安籍优先),现由其长子杨克仁先生负责。

2. 南京大学王洁卿奖助学金

由南京大学校董王绎绚先生于2002年以其父亲名义捐赠112万元人民币(留本基金)在南京大学设立,每年提取不超过4万元人民币用于奖励南京大学法学院品学兼优或家庭经济困难的本科学生,原则上每年评选10名。其中奖学金6人,一等奖1人,奖励5 000元;二等奖2人,奖励4 000元;三等奖3人,奖励3 000元;助学金4人,每人4 000元。自2016年开始,每年追加捐赠人民币12 000元,为期十年,用于增加3名助学金名额,每人4 000元。

3. 南京大学赢火虫奖励金

由上海赢火虫金融信息服务(上海)有限公司于2018年捐赠9万元人民币在南京大学设立,捐赠分三年划拨,每年3万元,用于奖励南京大学法学院20名优秀学生,每人1 000元。

4. 南京大学弼兴奖学金

由上海弼兴律师事务所于2017年捐赠10万元人民币在法学院设立,为期五年,每年2万元,用于奖励南京大学法学院知识产权方向学生,设一等奖1名,奖金4 000元;二等奖2名,奖金3 000元;三等奖5名,奖金2 000元。

5. 南京大学法学院81级校友奖学金

由南京大学法学院1981级本科校友于2013年捐赠设立,捐赠金额10万元,用于奖励品学兼优的本科学生。

6. 南京大学法学院83级校友奖学金

由南京大学法学院1983级本科校友于2007年捐赠16万元人民币设立,每年捐赠2万元人民币,用于奖励法学院品学兼优、家庭经济困难的本科学生,共10个名额,每人2 000元。

7. 南京大学法学院85级校友奖学金

由南京大学法学院1985级本科校友于2009年捐赠20万元人民币设立，每年捐赠2万元人民币，用于奖励法学院品学兼优的本科学生，共10个名额，每人2000元。

8. 南京大学法学院86级校友法律援助基金

由南京大学法学院1986级本科校友于2010年捐赠设立，每年捐赠1万元人民币用于奖励法学院法律援助优秀学生志愿者10名，每人1000元。自2016年起，86级校友决定捐赠15万元人民币，每年支出3万，共分五年，其中每年2万元用于支持法律援助活动，1万元用于奖励法律援助优秀志愿者10名，每人1000元。

9. 南京大学法学院94级校友奖学金

由南京大学法学院1994级本科校友于2008年捐赠3万元人民币设立，用于奖励品学兼优本科学生，每年支出3000元，共评选3个名额，每人1000元。

10. 南京大学法学院05级校友奖学金

由南京大学法学院2005级本科校友于2009年捐赠1万元人民币设立，用于奖励品学兼优的本科学生，每年支出2000元，每年评选2个名额，每人1000元。2019年，2005级本科校友决定捐赠50250元人民币，用于奖励品学兼优、家庭经济困难本科学生，每年评选2个名额，每人2000元。

11. 南京大学法学院法律硕士校友基金奖学金

由1999级法律硕士校友于2013年捐赠93129元人民币设立，用于奖励品学兼优法律硕士研究生，每年支出2万元，共评选10个名额，每人2000元。

12. 南京大学法学院联邦制药奖学金

由联邦制药公司于2013年捐赠20万元人民币设立，用于奖励非法本法律硕士研究生，每年支出5000元，共评选5个名额，每人1000元。

13. 南京大学刘元根奖学金

由江苏旅港同乡会副会长刘文银先生于2012年以其父亲刘元根名义捐赠10万元人民币设立，用于奖励品学兼优本科学生，每年度支出2万元人民币，共评选4个名额，每人5000元。

14. 南京大学中德法学研究所校友奖学金

由南京大学中德所校友于2009年捐赠设立，用于奖励品学兼优的中德所研究生，每年3万元人民币，共评选6个名额，每人5000元。

15. 上海汇业(南京)律师事务所奖学金

由上海汇业(南京)律师事务所于 2010 年捐赠 16 万人民币设立,用于奖励和资助品学兼优和家庭积极困难学生,其中 8 万元用于奖学金,每年支出 8 000 元,共评选 4 个名额,每人 2 000 元;另外 8 万用于助学金,每年支出 8 000 元,资助 10 人。

16. 上海贝克·麦坚时律师事务所奖学金

由上海贝克·麦坚时律师事务所于 2014 年捐赠 15 000 元人民币设立,用于奖励优秀研究生,共评选 1 个名额。

17. 南京大学方本奖学金

由上海方本律师事务所于 2019 年在南京大学捐赠 10 万元人民币设立,用于奖励法学院品学兼优的本科生和硕士研究生。奖学金共分三个学年实施,第一个学年 4 万元,评选 8 个名额,每人 5 000 元;第二个学年 3 万元,评选 6 个名额,每人 5 000 元;第三个学年 3 万元,评选 6 个名额,每人 5 000 元。

18. 南京大学炜衡奖学金

由北京炜衡(南京)律师事务所于 2019 年在南京大学捐赠 10 万元人民币设立,用于奖励法学院品学兼优的本科生和硕士研究生各 10 名,每人 5 000 元。

19. 张志宏校友捐赠设立南京大学"宏志全球法律英才计划"

2018 年 6 月 29 日,张志宏校友捐赠南京大学法学院发展基金暨南京大学"宏志全球法律英才计划"启动仪式在我校鼓楼校区举行。薛海林副校长、张志宏校友、王丽娟书记、叶金强院长共同为"南京大学法学院发展基金"启动揭牌。由张志宏校友捐设的"宏志全球法律英才计划"是法学院发展基金人才培养方案的重要组成部分。该计划将支持南大法学院学子赴全球顶尖法学院校攻读法学博士学位或法学硕士学位。张志宏系我校 1992 届法学院毕业生,毕业后曾在法院等司法部门工作,后创业从事房地产开发。2017 年,张志宏校友曾捐建南京大学鼓楼校区南园小楼(校友文化中心);2018 年再次慷慨捐赠 300 万元支持法学院人才培养。

20. 张志宏校友捐资发起设立南京大学"宏志法学基金"

2018 年 7 月 12 日,南京大学"宏志法学基金"捐赠签约仪式在我校鼓楼校区举行。南昌同创基业房地产开发有限公司董事长张志宏校友,希望本次设立的南京大学"宏志法学基金"能够帮助学校在法学学科建设方面,尤其是人才引进、在校教师激励和学生培养等领域取得良好成效,引进一流学者和大师,营造你追我赶的竞争氛围,为学生提供职业发展和学术发展等方面更加良好的体验。吕建校长对张志宏校友多年来心系母校、回馈母校的慷慨善举表达了诚挚的谢意,他非常赞赏张志宏先生作为校友与母校在"双一流建设"战略的很多观点上不谋而合。据悉,本次张志宏校友慷慨捐资 2 000 万元发起设立南京大学"宏志法学基金",该基金为开放式基金,计划五年内规模达1亿元人民币,主要用于支持南京大学法学学科的人才引进、师资培育、奖教激励等项目。本次"宏志法学基金"的设立是张志宏校友在半个月内的第二次慷慨捐赠。

21. 黄建良校友捐赠800万支持南大发展(2020年)

2020年11月30日,南京大学黄建良校友捐赠仪式在鼓楼校区树华楼举行,南大杰出校友、江苏东来集团董事长黄建良,南大副校长薛海林和发展委、学工处、法学院相关负责人等出席仪式。黄建良是我校90届法学院毕业生,留校后从事团、学工作,曾任校学生会常务副主席、法政学院学生会主席、医学院团委书记。之后,他自主创业,成立了江苏东来集团,任集团董事长;曾获得省级和市级"新长征突击手"、南京市"思想政治工作先进工作者""优秀党支部书记""南京市劳动模范"等荣誉。黄建良校友此次捐赠的800万元将用于鼓楼校区文科楼的修缮,并在法学院、医学院和新闻传播学院设立专项奖学金。这是黄建良校友自2010年捐赠支持法学院设立"86级法律援助基金"、2015年上半年捐赠支持医学院校友工作之后,第三次回馈母校。学校为感谢黄建良校友的捐赠善举,决定将鼓楼校区文科楼冠名为"建良楼"。

主要参考文献

[1] [美]易杜强：《战争与革命中的西南联大》，饶佳荣译，九州出版社 2012 年版。
[2] 《大学院指令》第 590 号（1928 年 7 月 4 日，抄件），《南大百年实录》（上）。《南大百年实录：南京大学史料选》[以下简称《南大百年实录》（上、下）]，该书编写组编，南京大学出版社 2002 年版。
[3] 《第一学期国立中央大学研究所概况表》（1941 年 12 月 30 日），《南大百年实录》（上）。
[4] 《各科研究所主任名单》，《南大百年实录》（上）。
[5] 《国立中央大学法学院概览》，《国立中央大学一览》第四种，1930 年 1 月印行。
[6] 《国立中央大学复校第二届（医学院第一届）毕业纪念刊》，《南大百年实录》（上）。
[7] 《国立中央大学复校第一届毕业纪念刊》，插页，国立中央大学各院系学生人数统计表。
[8] 《国立中央大学概况》（1937 年，纪念国立中央大学 10 周年，三江 35 周年），《南大百年实录》（上）。
[9] 《国立中央大学概览》，1930 年 1 月印行。
[10] 《国立中央大学教员人数统计表》（1933 年度下学期），《南大百年实录》（上）。
[11] 《国立中央大学教职员学生概况简表》，《南大百年实录》（上）。
[12] 《国立中央大学学院教职员表》，《国立中央大学一览》（第四种，法学院概况），1930 年。
[13] 《国立中央大学研究所概况表》，《南大百年实录》（上）。
[14] 《韩德培文选》，武汉大学出版社 1996 年版。
[15] 《韩德培先生传略》，载《韩德培文集》（上），武汉大学出版社 2007 年版。
[16] 《韩德培自述》，高增德、丁东编：《世纪学人自述》（第四卷），北京十月文艺出版社 2000 年版。
[17] 《纪念国立中央大学成立 10 周年时的概况总结》，（1937 年），《南大百年实录》（上）。
[18] 《教授会关于成立校务维持会的通知》（1949 年 1 月 31 日），《南大百年实录》（上）。
[19] 《教育部指令同意中大增设法科研究所、政治经济学部》，《南大百年实录》（上）。
[20] 《教员与学生简表》（1939 年），《南大百年实录》（上）。
[21] 《历届政府外交部职官年表（1912—1949）》，载石源华主编：《中华民国外交史辞典》，上海古籍出版社 1996 年版。
[22] 《刘伯承、宋任穷任命赵卓为中央大学军代表的通知》（1949 年 5 月 7 日），《南大百

年实录》(下)。

[23]《南京大学 2021 年博士研究生招生简章》。

[24]《南京军管会文化教育委员会关于更改校名的通知》(1949 年 8 月 8 日),《南大百年实录》(下)。

[25]《南京市军管会文化教育委员会关于组织校务委员会的决定》(1949 年 8 月 10 日),《南大百年实录》(下)。

[26]《钱端升先生纪念文集·我的自述》,中国政法大学出版社 2000 年版。

[27]《设置文科研究院理由书》,《南大百年实录》(上)。

[28]《孙本文等在教授大会上的报告记录》(1949 年 5 月 5 日),《南大百年实录》(下)。

[29]《校务维持委员会和校务委员会交接文》(1949 年 8 月 15 日),《南大百年实录》(下)。

[30]《校务维持委员会为所有被非法逮捕、传讯、开除之学生一律取消处分布告》(1949 年 2 月 2 日),《南大百年实录》(上)。

[31]《校务维持委员会总辞职书》,《南大百年实录》(上)。

[32]《校长室召开应变委员会筹备委员会第一次会议函》(1949 年 1 月 22 日)。

[33]《燕京大学人物志》(第二辑),北京大学出版社 2002 年第 1 版。

[34]《应变委员会工作总结报告》(1949 年 6 月 1 日),《南大百年实录》(下)。

[35]《张乃燕为修改大学本部各学院名称呈文》(1928 年 7 月 2 日),《南大百年实录》(上)。

[36]《郑集等关于成立校务临时维持委员会致李宗仁等的呈文》,《南大百年实录》(上)。

[37]《中大教职员名册 1949 年》,中国第二历史档案馆馆藏中央大学法学院档案,全宗号 648,案卷号 1155。

[38]《中央大学本部组织大纲》(1929 年 11 月 15 日),《南大百年实录》(上)。

[39]《中央大学一年来工作报》,(1930 年 9 月 12 日),《南大百年实录》(上)。

[40]《中央大学组织大纲》(1940 年)。

[41] 艾永明、陆锦碧编:《杨兆龙法学文集》,法律出版社 2005 年版。

[42] 敖从庆:《胡长清生平与著述综览——兼述其地方自治思想》,《朝阳法律评论》2015 年 2 月,第 11 辑(总 1363 期)。

[43] 曹建明:《卢峻先生与中国国际私法》,载卢峻《国际私法之理论与实际》,中国政法大学出版社 2004 年版。

[44] 戴修骏:《我竞选立法委员的经过》(1965 年记录整理);《文史资料存稿选编》(政府、政党),中国文史出版社 2002 年 8 月第 1 版;董宝瑞:《民国著名教授马洗繁传略》,《文史精华》2013 年第 9 期,总第 280 期。

[45] 郭双林、高一波编:《中国近代思想家文库·高一涵卷》,中国人民大学出版社 2015 年版。

[46] 龚祥瑞:《盲人奥里翁:龚祥瑞自传》,北京大学出版社 2011 年版。

[47] 何勤华、黄源盛主编:《中华法学家访谈录》,元照出版公司 2020 年版。

［48］何勤华主编:《中国法学家访谈录》第一卷,北京大学出版社 2010 年版。

［49］胡玉鸿、庞凌主编:《东吴法学先贤文录·司法制度　法学教育卷》,中国政法大学出版社 2015 年版。

［50］胡长清:《中国民法总论·编校说明》中国政法大学出版社 1997 年版。

［51］黄细良主编:《走向辉煌——今日南京大学》,南京大学出版社 1995 年版。

［52］林坚强等:《郭心崧传》,中华书局 2014 年版。

［53］刘敬坤:《抗战中的中央大学》,江苏省政协文史资料委员会编《江苏文史资料集萃》,1995 年印行。

［54］陆锦璧:《献身民主与法治大业的先驱——纪念著名法学家杨兆龙教授百年诞辰》,《东吴法学》2005 年春季卷。

［55］罗家伦:《两年来之国立中央大学》,1934 年 6 月,《南大百年实录》(上)。

［56］梅仲协:《民法要义》,中国政法大学出版社 2004 年版。

［57］民标:《闲话司法组毕业铨定资格考试》,《震旦法律经济杂志》3 卷 8 期,1947 年 8 月号。

［58］南京大学法律系(院)1981—2021 年课表统计,南京大学档案馆馆藏教务档案。

［59］南京大学校史编写组编著:《南京大学史》,南京大学出版社 1992 年版。

［60］倪徵㠅:《淡泊从容赴海牙》(增订版),北京大学出版社 2015 年版。

［61］潘抱存、沈守愚:《国际海洋法院法官赵理海先生》,《南雍骊珠:中央大学名师传略续篇》,南京大学出版社 2006 年版。

［62］潘抱存:《潘抱存自述集》,法律出版社 2013 年版。

［63］浦薛凤:《浦薛凤回忆录》,黄山书社 2009 年版。

［64］浦薛凤:《西洋政治思潮》,北京大学 2007 年版。

［65］浦薛凤:《音容宛在》,商务印书馆 2015 年版。

［66］钱端升:《我的自述》,赵宝煦等编:《钱端升先生纪念文集》,中国政法大学出版社 2000 年版。

［67］阮毅成:《八十述忆》,1984 年印行。

［68］芮沐:《芮沐文集》,北京大学出版社 2020 年版。

［69］沈守愚、潘抱存:《志节高超学贯中西之黄正铭教授》,《南雍骊珠:中央大学名师传略续篇》,南京大学出版社 2006 年版。

［70］沈守愚:《怀念恩师王铁崖教授》,中央大学南京校友会、中央大学校友文选编纂委员会编:《南雍骊珠:中央大学名师传略》,南京大学出版社 2004 年版。

［71］陶希圣:《潮流与点滴》,中国大百科全书出版社 2009 年版。

［72］王伟:《中国近代留洋法学博士考》,上海人民出版社,2019 年第 2 版。

［73］谢冠生:《篷生堂文稿》,1951 年 11 月。

［74］徐道邻:《论现行的法律教育制度》,载《观察》第 5 卷第 3 期,1948 年 9 月 11 日出版。

［75］徐友春主编:《民国人物大辞典》,河北人民出版社 1991 年 5 月第 1 版;《民国人物大辞典》增订版,河北人民出版社 2007 年第 2 版。

[76] 张乃燕:《第一届毕业生毕业纪念册·序言》,《南大百年实录》(上)。

[77] 张其昀:《黄正铭先生行述》,杜元载主编:《革命人物志》第12集,中国国民党中央委员会党史委员会编辑,1973年12月初版。

[78] 张宪文等主编:《中华民国史大辞典》,江苏古籍出版社2002版。

[79] 赵理湖:《怀念胞弟赵理海教授》,《沧桑》2003年第5期。

[80] 赵理湖:《忆与理海弟相处的岁月》,《沧桑》2001年第2期。

[81] 郑玉波:《民法债编论文选辑·编辑说明》,台湾五南图书出版公司印行。

[82] 中国第二历史档案馆馆藏中央大学法学院档案,全宗号648。

编后记

法学院院史无疑是法律教育史的载体之一。法学院王丽娟、叶金强领衔的党政班子富有学术见地,设立了《南京大学法学院院史》(简称《院史》)编写课题项目。2020年初,本人受法学院委托,主持《院史》的编撰。时至今日,历一年半载有余,终于拿出这份样稿。

我研究法律史有年,常常对历史上的法律制度、法律人物,基于事实详细论证,依据价值判断,尽情臧否,一旦有所发现,不无得色,自赏自乐。可是从研究法史,到编纂法史,尤其还要记录当代法律教育史,则兴味顿减:因为所记录的不少人物还在,要叙述的事还在持续发生,都有鲜活的实体,连合理的想象都无法实现。囿于此,编写《院史》,就无法像史迁编《史记》那样,可以对不少上古人物事件汪洋恣肆,纵情抒怀。加之自1927年国立第四中山大学成立以来,历经94年,大量历史记录淹没在故纸档案堆中,需要钻进去埋头翻检。这样一来,这项工作就变得繁琐枯燥,很不好玩。曾有人打趣我:可以编一部法学院"野史"或"故事",真那样的话,一定生动轻松。尽管如此,还是有几点原因促使我下决心揽下这份活。

第一,南京大学法学院渊源于国立中央大学法学院,其历史及内涵,均可称得是近代中国法律教育史的典型样本;出于对法律教育史尤其是民国法律教育史的偏爱,对法学院的历史进行溯源,本是我的志趣之一。为了编写上编"峥嵘岁月",我几乎查遍了第二历史档案馆馆藏的有关国立中央大学法学院的档案(现由南京大学档案馆整体复印保存),翻检了教师们的聘书、应聘书及开设的课程,摘抄了学生们的学籍卡。

第二,法学院1981年恢复招生,我刚好1981年进入大学,就读于苏州大学(1981年前为江苏师范学院,1982年改为苏州大学),前身即为名震法林的东吴大学。虽然我本科未就读于南大,但与法学院的恢复同期入学,别有一份共情,故有记述同期院史的冲动。

第三,我于1988年南开硕士毕业后,分配到南京海军指挥学院任教,1993—1996年,在南京大学历史系攻读博士学位,其间与法学院相关老师就多有接触。1998年被引进到法学院,从副教授到教授、博士生导师,参与了第一届法律硕士以来各届法律硕士的教学,亲历了博士点的申报、招生及培养过程,乐于参加学生组织的活动,即便多年后见面,尚能叫得出许多同学的名字。对法学院绝大多数同行、学生,具有自然的亲近感,记述其人其事,并不隔膜陌生。

《院史》的编就,得益于集体的力量,尤其在中编《时代足音》、下编《教研菁英》及《附录》的编写过程中,几任班子成员提供了数次学科评估的资料;教研室(中心)主任协助征集老师们的学术小传,并提供学科方向的简要介绍,他们是艾佳慧、陈伟、邹立君、李华、吕炳斌、秦宗文、张华等;石红梅、郭俊义等提供了法律硕士培养方面的资料;刘青文主拟了中德法学研究所的介绍;曹明主拟了图书资料的介绍;林仕尧提供了学工及奖学金方面的资料;张莉、刘亚芳、王玲、周燕、江天际等提供了本科生、硕士生、博士生及法律硕士的课表、名册;校友办许利民提供了校友资料;王心宁同学提供了法律援助中心的资料;学术平台的负责人提供了各研究单位的资料。所有汇集而来的资料由我择录、补充和编校。

校档案馆王雷主任为查阅中央大学法学院档案提供了便利。我撰写的有关国立中央大学法学院的论文,曾于2021年4月在华政举行的"来自何处——中国法律教育史研讨会"上宣读,复旦大学法学院王伟教授、华东政法大学的李秀清教授等,提出了诸多宝贵建议;王伟对近代留洋博士的考证著作,更是为我介绍近代有中央大学法学院求学经历的法学博士提供了直接的参考线索。尤令我感动的是华东政法大学前任校长何勤华教授今年寒假期亲自去华政档案馆帮我抄录核对有关资料。

由于档案常有缺失,文献多有模糊,回忆也未必清晰,因此,为了核实模糊不清的时间、人名及职务,不得不经常求助法学院资深教职人员,曾多次电话采访杨云霞、陈晓宁、许江、田军、张惠兰、戴奎生、王凤英等老师,当面求证于范健、吴建斌、孙国祥、金俭、张理、肖冰等老师;校友名字难以辨认的,则请同班毕业校友回忆询查。

我对数据统计一类的事儿素来畏惧,如《院史》中涉及恢复建院40年中,数以百计的课表统计与每一门任课老师名单的对应,数以万计的各届校友人数的统计比对,还有诸多图表的制作,这些就顺便请我爱人许秀媛女士代劳了。

尽管费心费力,《院史》仍然存在不足,诸如:"教研菁英"部分,因篇幅所限,缩减了不少老师的自述内容;预先请老师们提供照片,也未能集齐,加之格式不统一,排版不易,遂接受出版社建议,忍痛弃用;对一些离世老师的信息,力所能及地搜集,但远不全面;其他无法亲自提供自我介绍的老师,编者只能间接搜罗,或通讯访谈,误差在所难免;个别教职员的名字或有遗漏,等等。感谢法学院老师们的配合,所有瑕疵由编者一人负责,并僭用一下孔圣"知我罪我,其惟《春秋》"之叹:"知我罪我,其惟《院史》。"所幸法学院的历史还在续写,乾隆五年清廷颁行《大清律例》时,曾有"五年一小修、十年一大修"的训谕,《院史》自可照此先例,不断修订。今日之罅阙,来日尽可弥补。

感谢南京大学出版社金鑫荣社长对出版《院史》的关心,感谢束悦女士及责任编辑为编辑《院史》付出的辛劳。

还有其他若干直接或间接提供帮助的人士,兹不列举,一并致谢!

封面题签集自顾廷龙先生的字迹。

《院史》于疫情暴发及持续流行两年有余期间成稿,庶可作为对这段非常时期教研生活的纪念。

祝法学院百尺竿头,更进一步;愿疫情早日结束,生灵喜乐平安!

张仁善

2022年1月29日　于金陵御沁园